询问儿童领域典范之作

告诉我发生了什么

—— 就虐待事件对儿童进行询问

（第二版）

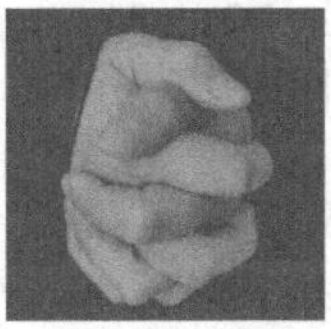

[英] 迈克尔・E. 兰姆（Michael E. Lamb）
[新西兰] 迪尔德丽・A. 布朗（Deirdre A. Brown）
[以色列] 艾里特・赫什科维茨（Irit Hershkowitz） 著
[美] 耶尔・奥巴赫（Yael Orbach）
[美] 菲利普・W. 艾斯普林（Phillip W. Esplin）
刘 涛 译

Tell Me What Happened
Questioning Children
About Abuse
（Second Edition）

知识产权出版社
全国百佳图书出版单位
—北京—

图书在版编目（CIP）数据

告诉我发生了什么：就虐待事件对儿童进行询问：第二版 /（英）迈克尔·E. 兰姆（Michael E. Lamb）等著；刘涛译．—北京：知识产权出版社，2025. 1. —ISBN 978 - 7 - 5130 - 9738 - 3

Ⅰ. D914. 34

中国国家版本馆 CIP 数据核字第 2025XY3993 号

责任编辑：薛迎春　　**责任校对：**潘凤越
执行编辑：凌艳怡　　**责任印制：**孙婷婷
封面设计：瀚品设计

告诉我发生了什么
——就虐待事件对儿童进行询问（第二版）

［英］迈克尔·E. 兰姆（Michael E. Lamb）
［新西兰］迪尔德丽·A. 布朗（Deirdre A. Brown）
［以色列］艾里特·赫什科维茨（Irit Hershkowitz）　著
［美］耶尔·奥巴赫（Yael Orbach）
［美］菲利普·W. 艾斯普林（Phillip W. Esplin）
刘　涛　译

出版发行：知识产权出版社有限责任公司　**网　址：**http：//www. ipph. cn
社　址：北京市海淀区气象路 50 号院　**邮　编：**100081
责编电话：010 - 82000860 转 8714　**责编邮箱：**443537971@ qq. com
发行电话：010 - 82000860 转 8101/8102　**发行传真：**010 - 82000893/82005070/82000270
印　刷：北京建宏印刷有限公司　**经　销：**新华书店、各大网上书店及相关专业书店
开　本：720mm × 1000mm　1/16　**印　张：**24. 25
版　次：2025 年 1 月第 1 版　**印　次：**2025 年 1 月第 1 次印刷
字　数：380 千字　**定　价：**138. 00 元

ISBN 978 - 7 - 5130 - 9738 - 3
京权图字：01 - 2024 - 3740

本书为国家社科基金一般项目“讯问/询问取证方法的国际发展及其在我国的本土化应用研究”（18BFX075）结项成果

这本关于如何对儿童进行询问的新修订版专著，内容新颖全面，语言通俗易懂，包括了最新的科学证据以及真实的案例研究。该书的诸位作者既是科学家也是从业者，均为该领域的杰出贡献者。此新修订版超越了对儿童记忆的孤立研究，将其纳入已知的儿童社交和情感的功能中进行探讨。本书对于儿童保护领域的专业人士和研究者都将是重要的参考资料。

——斯蒂芬 J. 塞西（Stephen J. Ceci）博士

H. L. 凯尔发展心理学讲席教授

康奈尔大学

阅读新版《告诉我发生了什么》一书对我而言实属乐事。20 年来，兰姆及其同事在一丝不苟的研究中，贡献出卓越而敏锐的信息，提出了明确实用的指导建议，对如何向儿童和青少年进行司法询问这一领域的研究和实践产生了深远影响。该书早期版本向读者介绍了结构化的询问方案，提倡、推广使用记忆提示性语言和策略来挖掘儿童对其个人经历的回忆。修订版在此基础上，帮助询问人员解决在面对配合度欠佳的儿童进行询问时遇到的障碍。作者引领我们深入了解儿童在调查程序和询问过程中面临的各种巨大障碍，仔细观察儿童的主动和被动抗拒形态，以及通过言语和行为向他们提供非暗示性的支持。在此鼓励之下，我们将在实践中展开更敏锐和更熟练的询问。

——琳达·科迪斯科·斯蒂尔（Linda Cordisco Steele）

教育学硕士、事务律师

国家儿童倡议中心

威利丛书之

犯罪心理学、警务及法律

丛书编辑

格雷汉姆·M. 戴维斯（Graham M. Davies），英国莱斯特大学
雷·布尔（Ray Bull），英国德比大学

威利丛书之“犯罪心理学、警务及法律”简明且综合地论述了当代新兴的重要研究。本丛书旨在以清晰易读的形式呈现相关研究结果及其对相关实践和政策可能产生的影响。这一套丛书不仅对心理学家有用，对所有参与犯罪侦查、犯罪预防、儿童保护、警务和司法程序的相关人员也有益处。

本丛书的其他书籍查阅，请访问网站 www. wiley. com/go/pcpl。

关于作者 ix

迈克尔·E. 兰姆（Michael E. Lamb）：英国剑桥大学心理学教授。他在美国马里兰州贝塞斯达（Bethesda）的美国国家儿童健康与人类发展研究所（NICHD）担任了17年的社会和情感发展部门的负责人后，于2004年入职剑桥大学。他在研究所和同事们发起了研究计划，并开发了本书所述的调查询问方案。

迪尔德丽·A. 布朗（Deirdre A. Brown）：新西兰惠灵顿维多利亚大学心理学高级讲师。在奥塔哥大学（University of Otago）获得博士学位并完成临床心理学培训后，她在美国国家儿童健康与人类发展研究所（NICHD）和英国兰卡斯特大学（University of Lancaster）开展博士后研究工作，在此期间，她领导了本书对智力残疾儿童的研究。2007年她被任命为现任职位。

艾里特·赫什科维茨（Irit Hershkowitz）：以色列海法大学（University of Haifa）社会工作学教授。在海法大学获得博士学位后，她在美国国家儿童健康与人类发展研究所（NICHD）完成博士后研究工作，其间她在本书所述的调查询问方案的研究发展过程中发挥了关键作用。1994年她回到海法大学，此后一直致力于调查询问人员培训的评估和改进工作。

耶尔·奥巴赫（Yael Orbach）：在美国国家儿童健康与人类发展研究所（NICHD）的社会和情感发展部担任高级研究员近15年。2006年从研究员岗位上退休后，她继续与本书其他合著者进行合作研究，专注于将认知和发展研究应用于儿童受害犯罪调查，此项工作一直持续到2015年。她不仅全面参 x
与了NICHD调查询问方案的研发，并参与了本书所述的众多司法询问的研究。

菲利普·W. 艾斯普林（Phillip W. Esplin）：司法心理学家，在美国亚利桑那州凤凰城工作了40多年。在询问疑似受害者并对其他专业人员实施的询问进行评估之后，他开始进行旨在提高询问实践质量的实地研究，于1989年担任NICHD调查询问方案研究小组的高级顾问。以此身份，他全面参与了本书所描述的调查询问方案的研发和评估。

丛书序言 xi

威利丛书之“犯罪心理学、警务及法律”收录了众多独著、合著以及当代研究重点新兴领域的编辑评论。丛书旨在以清晰易读的形式呈现这些研究成果及其对相关实践和政策可能产生的影响。本丛书不仅适用于心理学家，对所有参与犯罪侦查、预防、儿童保护、警务和司法程序的相关人员也有益处。

近年来，许多国家采用英国普通法抗辩式诉讼，对儿童性侵或者身体虐待的成功诉讼有所增多，令人欣慰。这一现象得益于训练有素的警察或社会工作者对受害者进行的调查询问，以及视频和后来出现的数码技术对询问过程的记录。在英国和其他普通法国家，这类询问记录可以在法院审判时作为指控被告人唯一或最重要的内容向陪审团播放。通过恰当的询问，儿童能以一致且详细的方式对被告所涉罪行的情节和性质进行描述，这将成为有力的证据，使成年被告无法逃脱司法的制裁。然而，如同所有目击者证词一样，儿童在提供证词的过程中可能会误解或者被误导，从而产生司法误判的风险[塞西和布鲁克（Ceci & Bruck），1995]。

在《告诉我发生了什么》的第一版（2008 年）中，兰姆、赫什科维茨、奥巴赫和艾斯普林认为，这种不公正现象主要源于实践中不当的调查操作，尤其是有研究表明，询问人员极少使用开放式提问，而是依赖于封闭式或特定的提问。该书作者认为，开放式提问（例如，“之后发生了什么?”）能鼓励儿童积极思考并详细展开他们自己对事件的描述，而特定问题（例如， xii
“床单是什么颜色的?”）或封闭式问题（例如，“当时你是仰卧还是俯卧着的?”）会诱导询问对象顺从和更容易接受询问人员的先入之见。为了解决这一问题，美国国家儿童健康与人类发展研究所（NICHD）的兰姆、已故的斯滕伯格等人设计了一种新的询问方法：NICHD 调查询问方案。该方案基于该书主要作者对儿童认知和社交发展方面的广泛知识，把儿童自己做出陈述的需求视为核心要求。询问人员通过开放式提问极大地促进了这种需求的实现。这种交流风格与儿童日常照顾者和儿童之间的互动方式大相径庭，若要在询问时达到预期，则需要认真地学习和练习。本书对证明该询问方案有效性的证据进行了总结，借鉴了在不同国家进行的实验和实地研究，指出了从儿童控告人处获取详细且具司法有效性信息时，该询问方案优于其他现有询问方法之所在。

第一版《告诉我发生了什么》深受欢迎，对从业人员和研究者都具有相当大的影响力。由此书而产生的大量研究和评论，不仅来自最初的研究团队，还有其他受到此书启发的人。除政府发布的规范性文件等资源之外，此书是从事儿童保护工作的从业人员和专业人员的重要指南。该书这一版仍出自同一研究团队，他们与新加入的迪尔德丽·A. 布朗一起，不仅对大量新信息进行了总结，而且对原询问方案做出了重大修订，即额外考虑了情感和动机因素。经验表明，这些因素会影响受虐儿童是否会对虐待性质和施虐者身份做出完全的披露。通过这些新增内容，修订后的 NICHD 调查询问方案反映了记忆研究领域更为广泛的发展，即考虑对回忆起决定性影响的社交和情感因素，以补充单纯的认知因素［艾森克、德拉克尚、桑托斯和卡尔沃（Eysenck，Derakshan，Santos，& Calvo），2007；哈里斯、拉斯穆森和伯恩特森（Harris，Rasmussen，& Berntsen），2014］。

近年来在对配合度欠佳的证人进行询问的研究中，这一新的重点逐渐显露，它更为全面地解读了专业人员在询问非常年幼的儿童和患有发育性疾病（包括自闭症谱系障碍）的儿童时所面临的问题。正如作者所指出的，这些情况尽管所占比例很小，但在虐待受害者中都有出现。与第一版一样，这一版仍以儿童保护专业人士和学者为对象，提出的建议和意见也源于实际中的调查
xiii 询问和学术研究。与原版 NICHD 调查询问方案一样，修订后的 NICHD 调查询问方案也要求询问人员保持严格的复习巩固培训、监督和反馈，以确保他们能持续遵循询问方案的要求（兰姆，2016）。在英格兰和威尔士从事儿童保护的警察机构如果希望采用这个新工具，则须在预算不断缩减的情况下与

其他警务优先事项的需求相竞争，争取到足够的资金来支持其使用工具。

兰姆教授对心理学和社会的诸多贡献，尤其是在调查询问领域的贡献，已得到了国际认可。2015 年，美国心理学会授予他“公共利益心理学杰出贡献奖”和“心理学应用杰出奖”双重殊荣。兰姆教授及他的合著学者期望通过本书，使法院接收到的询问在整体质量上能得到提升，并将受害者或被告人可能遭遇的司法误判风险降至最低。本书值得所有参与儿童保护的从业人员阅读，无论是调查人员、法官还是律师。

格雷汉姆·M. 戴维斯（Graham M. Davies）
莱斯特大学（University of Leicester）

参考文献

1. Ceci，S. J.，& Bruck，M. （1995）. *Jeopardy in the courtroom：A scientific analysis of children's testimony.* Washington，DC：American Psychological Association.

2. Eysenck，M. W.，Derakshan，N.，Santos，R.，& Calvo，M. G. （2007）. Anxiety and cognitive performance：Attentional control theory. *Emotion*，7，336 – 353.

3. Harris，C. B.，Rasmussen，A. S.，& Berntsen，D. （2014）. The functions of autobiographical memory：An integrative approach. *Memory*，22，559 – 581.

4. Lamb，M. E. （2016）. Difficulties translating research on forensic interview practices to practitioners：Finding water，leading horses，but can we get them to drink? *American Psychologist*，71，710 – 718.

前　言 XV

2008 年首次出版的《告诉我发生了什么》，对儿童受害者作为证人的优势和不足进行了全面综述。在总结了大量实验和实地研究的结果后，我们描述了如何充分将这些研究结果付诸实践，并介绍了一种结构化的询问指南，即 NICHD 调查询问方案，该询问方案已经在若干司法管辖区得以成功实施。

十年后，我们对这些问题有了新的认知，因此也就有必要对此书进行修订。事实上，经过此次修订，可以说本书几乎成了一本全新的书籍，而且有一位新作者加入撰写。本次修订不仅回顾了第一版论及的主题，更囊括了自第一版出版以来发表的大量相关研究成果。这意味着，本书不仅涵盖了对优秀询问实践的经典研究和新近研究，而且囊括了对 NICHD 调查询问方案实用性和有效性进行探讨的近期研究。

NICHD 调查询问方案最初强调的是认知因素对受害者提取和报告其经历事件的影响，但新近研究则聚焦于情感和动机因素对受害者披露和详细描述虐待事件的意愿所产生的作用。因此，自本书第一版出版以来，作者及其同事对该询问方案进行了不断开发、测试、验证和实施，从而产生了修订后的询问方案。本书对修订后的 NICHD 调查询问方案进行了介绍和解释。

修订后的 NICHD 调查询问方案旨在帮助询问人员确定认知和情感条件，使受虐儿童在正式询问中披露及描述其受虐经历的可能性最大化。修订版《告诉我发生了什么》对修订后的 NICHD 调查询问方案进行了描述，同时列举其研究基础，并展示了使用该询问方案后对询问人员及疑似受害者行为产 XVi
生的影响。

关于有智力问题和学习困难、自闭症谱系障碍和其他缺陷的儿童作为目击证人能力的最新研究成果，也被综述性地纳入本书中。正如书中所示，日益增多的证据表明，对于这些极有可能成为受害者的儿童，以原版 NICHD 调查询问方案和修订后的 NICHD 调查询问方案作为指导来对他们进行询问，是非常适合的。

我们还回顾了关于在询问过程中广泛使用各种道具和工具之效用和风险的研究，这些道具和工具在使用者没有对其可能产生的影响进行充分了解的情况下被频繁使用。总体来说，正如我们在书中所表明的，几乎没有数据表明这些工具能够帮助询问人员获得在结构良好的口头询问过程中所无法获得的证据信息。当然，这种询问是指根据本书所总结的指导准则进行的询问。

修订版《告诉我发生了什么》如同第一版一样，是以从业者为出发点撰写的。我们致力于确保书中的论述便于这个领域的从业人员，尤其是社会工作者、机构工作人员、警察、学者和研究人员使用。我们同样密切关注学术研究成果，从而确保本书向询问人员提供的建议和指导是基于对调查人员工作特点和需求的全面了解，以及对儿童的倾向性、优势和局限性的充分理解。我们撰写本书的目的是推进优秀的询问实践做法，从而确保虐待事件中年幼和弱势受害者得到保护，免遭进一步伤害，同时使那些施虐者受到公正判决的制裁。

在撰写本书的过程中，我们获益于无数专业人士和研究人员的见解和意见，同时收到了许多从业者的实践反馈，这丰富了我们的研究，更为本书所述的调查询问方案的持续发展和优化作出了贡献。本书引用了诸多研究者的文献，前人的研究为我们提供了坚实的基础。此外，本书的成型离不开那些默默无闻的实践从业者，没有他们的不懈努力，就不会有这本书。在此，我们对大家表示衷心的感谢！

我们以本书为傲，并希望此书如同第一版那样，对读者有所帮助。

迈克尔·E. 兰姆
迪尔德丽·A. 布朗
艾里特·赫什科维茨
耶尔·奥巴赫
菲利普·W. 艾斯普林
2017 年 12 月

目 录
CONTENTS

第1章

就虐待事件询问儿童：回顾与导读 1

一位母亲对她3岁的女儿莎拉（Sarah）洗澡时所说的话表示担忧，因此联系了儿童保护服务机构。莎拉指着她的阴道说：“爸爸常对我做这样的事……”莎拉的父母最近分居了，她的父亲住在城外，每个月只有一个周末能见到她。莎拉所在的班级最近正在进行一项关于“友好的触摸，不当的触摸”的教育模式试验。莎拉在一次调查询问中被问及她当时谈话的内容，她回答说：“爸爸摸我的那个部位，让妈妈很生气，因为那是不当的触摸。”

本（Ben，4岁）的臀部周围最近发生了感染。他的医生在检查中注意到，本身上的一些擦伤已经部分愈合，而这些伤有可能与虐待有关。在调查询问的建立融洽关系阶段，本谈到了他对海盗的兴趣。在实质性询问阶段，本告诉询问人员，他的朋友乔伊（Joey，8岁）“用他的剑刺了我的屁股，然后我一拳打在他脸上，他就死了”。

特丽萨（Theresa，6岁）与她的母亲和继父沙恩（Shane）生活在一起。她经常和他们一起熬夜，他们看电视时，她就睡在沙发上。特丽萨每个月有两个周末和她的父亲史蒂夫（Steve）、继母梅利莎（Melissa）和继妹莫利 2
（Molly，4岁）在一起。特丽萨将两个娃娃叠放在一起玩弄，并对莫利说：“这就是你向别人表达爱的方式，这样的你才是他特别要好的女孩。”看到此情形的梅利莎有些担忧，她问特丽萨是如何知道的，特丽萨回答说：“我就是沙恩特别要好的女孩。”梅利莎告诉特丽萨，大人不应该用那样的方式爱孩子，她需要告诉父亲，沙恩在用错误的方式对待她。调查由此开始。

假设你要对莎拉、本或特丽萨进行询问以调查所提出的问题，你会想知道些什么呢？也许是在儿童福利官员或执法调查人员面前儿童能否充分描述其经历；或者是其他人的关注会如何影响儿童在询问中的表现；抑或甚至是儿童对某些高度不可能发生的细节情况的陈述（例如，声称在某人脸上打了一拳，或没有尸体却声称杀了某人）是否会令儿童的全部陈述都变得不可信。这些问题只不过是从事儿童受虐事件调查的从业人员和研究者所面临的众多挑战中的一小部分。儿童对其经历进行详细、一致和可靠陈述的能力，会受到律师（例如，考量案件的哪些方面会受到质疑）、法官和陪审团成员的评估，所有这些人都可能需要了解儿童作为证人提供可靠目击证词的能力。

关于儿童证词及儿童被询问方式如何影响他们所提供的信息质量，有许多研究，本书对这些研究进行了更新。我们整合了自 2008 年第一版撰写以来十年中发表的大量研究成果，并对该领域应当继续探讨的问题进行了思考。虽然我们对儿童的能力和其欠缺之处已经有了相当程度的了解，但这些经验教训仍然难以有效地转化为询问实践。许多国际研究表明，无助于儿童在询问中提供详细、准确叙述的询问方法仍然继续存在，而在这一点上，研究不断发现，使用循证 NICHD 调查询问方案是有效的。在接下来的章节中，我们将回顾的内容包括：证明年幼证人具有优势也面临困难的研究；询问人员在引出儿童证词过程中面临的挑战；如何有效地帮助儿童为接受询问做准备；NICHD 调查询问方案如何帮助询问人员进行高质量且关注证人发育特点的询问，尤其是针对那些年幼或有其他缺陷的弱势询问对象。需要提醒注意的是，
3 对儿童进行的司法询问可以成为宝贵的信息来源，但这应当始终只是司法调查的一部分，不能被视为整个调查的代名词。

背景：询问与儿童发育情况

关于儿童叙述其经历的能力，我们对此的了解源于研究目击者证词中两种截然不同而又互补的方法。许多研究者考察的是儿童在关注到其发育特点和支持性询问中能做出怎样的陈述，而另有一些研究者关注其他因素对儿童叙述的负面作用，如暗示性提问和错误信息的影响。总之，由促成儿童准确回应（responding）和引起错误回应的各种情形所合成的知识向我们

展示了如何创造最佳条件，从而帮助儿童完整、系统、准确地描述他们的经历。

对影响儿童证词能力的关键问题进行研究设计，可大致分为两类方式，但研究检验的方法却是多元且互补的。大多数检验儿童目击者证词的研究都是基于实验室模拟进行的。例如，在典型的实验室研究中，儿童会经历策划上演的事件或者观看视频短片，然后接受已撰写好的问题提问。这些测试中使用的问题根据研究重点（例如，儿童回忆与暗示感受性的关系）而有所不同。此类研究方式的优点是，研究人员可以系统地对那些被认为对回忆（或暗示感受性）有影响作用的变量进行检验，同时又可以限制混合因素的影响。重要的是，研究人员可以根据实际发生情况的客观记录来评估儿童陈述的准确性或可靠性。然而，这类研究方式对于表现调查虐待案件时的诸多特点所能模拟的程度有限，因此它们的生态效度经常受到质疑。

为了缩短实际司法询问与严格控制的实验室研究之间的差距，研究人员还研究了儿童对自然发生事件的回忆（例如，就医流程、创伤性事件），这些事件与虐待相似，以及他们对自己提及的情感显著的事件（例如，快乐、悲伤或恐怖的事件）的叙述。虽然相比于策划上演的事件，这些被描述的事件被认定为是更显著、更难忘的，但它们却无法被客观记录，这也就意味着其准确性无法得以验证。

研究人员同样进行了实地研究，对可能是虐待受害者的儿童进行了调查。 4
这些工作不仅有助于阐明严格实验控制以外的询问实践，同时也指出了有待进一步研究的领域。虽然实地研究提供了特别的机会来检验各种询问方法对真实环境下儿童回忆的影响，但因缺乏客观记录或无可辩驳的补强证据来评估儿童陈述的准确性，实地研究通常也有局限。这一领域中建构循证实操建议正是得益于这两类研究方式的研究成果［兰姆和蒂埃里（Lamb & Thierry），2005］。就询问策略方法对儿童回复的影响而言，虽然研究方式迥异，但得出的关于儿童局限性和能力的结论却非常一致。

我们没有立见分晓的检验方法来评估儿童陈述的准确性，但趋同的研究结果显示，各种因素的互相作用影响着儿童证词。概括而言，这些因素可分为：①要求儿童所描述的经历类型；②儿童的特点；③询问儿童的方式。鉴于能减轻与经历本身相关因素影响的干预机会有限（如果存在这样的机会），大量的关注已集中于儿童和询问人员各自能为询问语境带来什么，以及他们之间的互动对引出的证词性质有何影响。简言之，本书后面详细回顾的研究表明，尽管儿童能清楚地记得他们所经历过的事件，但年龄和记忆之间的关系是复杂的，儿童所提供的信息质量受各种因素影响。就我们目前的研究而言，或许这些因素中最重要的是询问人员获取信息的能力以及儿童表述这些信息的意愿和能力，而不是儿童记住这些信息的能力。认识到儿童与成人一样，也可以成为提供充分信息的证人，各种专业团体和专家已经针对对儿童进行司法或调查询问的最有效方法提出了多种建议［例如，美国虐待儿童问题专业协会（American Professional Society on the Abuse of Children, APSAC），2012；英国内政部（Home Office），2011；兰姆、拉·鲁伊、马洛伊和卡茨（Lamb，La Rooy，Malloy，& Katz），2011；里昂（Lyon），2014；塞维茨和卡帕洛（Saywitz & Camparo），2013］。显然，询问人员通常是可以从儿童处获取有价值信息的，但需要周密的调查询问程序以及对儿童能力和倾向的切实了解。具体地说，用开放性提问（“告诉我发生了什么”）唤起回忆（tap recall）而引出的叙述比再认记忆（recognition memory）更为准确，
5 而无关乎儿童的年龄差别。当询问人员利用儿童首次自发表达中所提供的信息来引导儿童做进一步阐述时（例如，“你说那个男人触摸了你，告诉我更多关于触摸的事”），就可以提高这些初始简短叙述的完整性［兰姆（Lamb）等，2003］。然而令人遗憾的是，司法询问人员经常使用一些非常具体的问题（“他触摸你了吗?”），这些问题引发的是再认而非回想记忆（recall memory）。与开放式提问相比，这类问题引出的回答通常不那么准确，甚至可能导致儿童在证词中混入错误信息。我们对儿童的记忆和汇报能力的了解，以及对司法询问人员的启示，是本书第 2 章重点讨论的内容。

本书第 3 章概述了帮助儿童作为信息提供者做好准备可以显著提高他们在询问中的贡献和信息量。研究表明，在向儿童介绍调查询问的重点之前，建立“基本规则”并与儿童进行简短的询问练习，可以产生积极的影响。我们概述了一些相关的注意事项。例如，需要给予儿童练习机会去掌握基本规则从而达到最佳效果，询问练习需要遵循的原则与后期实质性阶段的询问相

同（强调开放式问题的使用）。此章不仅对评估回应式询问的研究进行了探讨，考察了询问人员对儿童提出的澄清要求和“我不知道”类陈述做出回应后对儿童后续报告信息所产生的影响，同时还回顾了关于不同类型提问策略的有效性的证据。

正如对司法询问中儿童能力的研究所达成的共识那样，评估这些询问实施情况的研究也表明，不论国家或培训方法如何不同，得出的结论是一致的。遗憾的是，这些基于研究并得到专家认可的建议虽然得到广泛宣传，却很少被遵循。正如第 4 章所深入讨论的，对美国、英国、加拿大、瑞典、芬兰、挪威、新西兰、以色列以及其他国家的司法询问所进行的描述性研究，都突出强调了司法询问人员面临的共同且长期存在的问题。这类研究表明，尽管开放式提示（open-ended prompts）比焦点式提示（focused prompts）更能引出可靠信息，但司法询问人员却很少使用这类提示，而且，焦点式提示还被普遍推荐为面向年幼儿童（实际上也包括成人）进行询问时引出信息的首选。询问人员在询问中经常使用未经测试或未经证实的方法，此举可能令他们使用更多的焦点式提示的倾向变得更为严重。除了不可取的做法之外，询问人员经常将推荐的练习省略掉（例如，基本规则、实质性询问前的叙述练 6
习），而这些练习是可以促进儿童更多地参与询问并提供更多信息的。此外，令培训师、询问人员和管理人员苦恼的是，即使询问人员接受了广泛的培训、充分了解推荐的做法，并且经常自以为遵守了这些建议，但实际上他们偏离“最佳做法”的情况也十分明显！针对调查询问人员无论是强化的还是简短的培训项目，似乎是传授了理想做法的知识，但对司法调查人员的实际行为几乎没有任何持久的影响（兰姆，2016）。

由于司法询问人员通常难以在实际操作中遵循推荐的询问方法，奥巴赫（Orbach）及其同事制订了一份结构化的询问方案，作为一个报告的附录发表（2000），旨在将专业建议转化为操作指南。本书中的结构化询问方案阐述了最大限度向疑似受害者获取高质量信息的方法，为询问人员提供指导。如第 5 章所述，NICHD 调查询问方案（得名于为大多数研发工作提供场地及经济支持的研究所）涵盖了调查询问的所有阶段。该询问方案的最新版本包括了如何加强以儿童为中心的询问方法的指导，询问人员应自始至终增进与儿童的融洽关系并给予儿童支持（此版本请见本书末尾之附录）。这一章我们对该询问方案的结构以及询问流程的展开进行了描述，并对支持此询问方案发展以及此询问方案适用于询问不同年龄儿童的证据基础进行了回顾。

接下来本书转向实地研究，这些研究旨在检验使用该询问方案的询问人员是否在询问中确实遵循了本书前面章节所描述的普遍公认的“良好做法”，以及这些做法是如何影响儿童作证陈述的（第6章）。在几个不同国家（加拿大、以色列、日本、韩国、英国和美国）独立进行的实地研究令人信服地证明了：遵循该询问方案的询问人员在使用更高开放性、更低风险性和暗示性的提示方面，是不使用该询问方案询问同龄儿童的同类案件的三倍；同时，在使用该询问方案的询问中儿童也提供了更多与司法相关的信息（包括做出披露），这些信息因获取方法的不同而更为准确。近期的实验室研究对使用该询问方案的询问中儿童对已知事件的作答情况进行了检验，进一步证明了
7 该询问方案能在询问人员输入或影响最少的情况下有效地获取儿童准确、详尽的陈述。此外，尽管该结构化询问方案对年幼儿童是否有帮助作用的疑虑普遍存在，但本章所讨论的研究却表明，该询问方案对4岁儿童的询问同样有效，并且这类儿童所提供的信息量更大。当然，更为年幼或年长的儿童则不同，本书也将讨论为充分利用年龄更小（3～5岁）儿童的能力和倾向而专门设计的策略（第7章）。

患有发育性障碍疾病的儿童特别容易受到虐待。尽管如此，这些儿童在司法询问中提供有价值信息的能力却很少受到关注。在使用该询问方案的一系列研究中，我们对不同程度智力残疾儿童以及自闭症谱系障碍（autism spectrum disorders，ASD）儿童的作证能力的各个方面进行了考察，本书第8章将对这些研究的结果和实践建议进行介绍。

已发表的司法询问研究大多关注的是合作型的疑似受害者所接受的询问，这些人已做好了披露的准备，在正式调查之前通常已经对虐待行为提出了具体的指控，并对开放性提问做出积极回应。然而，有充分证据表明，许多虐待案件的受害者很晚才会报案，而且即使已报案，许多人也会在面对直接提问或正式调查时对虐待事件否认或不报。本书第9章描述的就是对不情愿的受害者、不是受害者的证人［兰姆、斯滕伯格、奥巴赫、赫什科维茨和霍罗

威茨（Lamb，Sternberg，Orbach，Hershkowitz，& Horowitz），2003］以及年幼的嫌疑人［赫什科维茨、霍罗威茨、兰姆、奥巴赫和斯滕伯格（Hershkowitz，Horowitz，Lamb，Orbach，& Sternberg），2004］的询问。

第 10 章讨论了关于从疑似受害者处获取信息的替代或补充方法有效性的研究结果。视觉辅助工具［如玩偶（dolls）、图示（diagrams）和绘画（drawing）］的使用在司法询问中很常见，但证据基础相对有限或缺乏。我们列举了针对询问人员为帮助儿童回忆和提供信息而可能使用的额外方法所进行的研究，如作为认知询问组成部分的心理情境（mental context）再现、绘画、身体图示（bady diagrams）和玩偶等方法，结论是其中一些技术存在不必要的风险。

第 11 章探讨的是如何对询问人员的实际操作进行持续的监督和检查，目的是保持和提高他们进行司法询问的质量。在此章中，我们回顾了有助于实现良好询问的培训方法和岗位培训实践。我们也讨论了可能出现的令监督工 8
作难以实施的困难，并对旨在解决这些难题的新近创新进行了探讨。

由于该询问方案的使用提高了对疑似受害者进行司法询问的质量和信息量，使调查人员更易于判断受害者的陈述是否属实（因为儿童在叙事形式下提供的可接受可信度检验的信息更多）。此方法应当有助于提升调查的价值并将调查结果纳入疑似性虐待事件，同时帮助调查人员提取更多能引导他们搜寻佐证的线索。以儿童为中心的询问能向儿童提供多种机会来讲述其经历，在这样的询问中也可能出现明确的指控，而儿童证词的质量（事实上也就是询问本身的质量）对案件在刑事司法系统中的进展是有影响的。这些问题将在第 12 章全面探讨。

最后一章（第 13 章）对前面章节进行了总结，并对尚未知晓的领域做了简要描述。我们相信该询问方案推动了儿童司法询问的重大进展，同时也希望今后的研究将进一步阐明有效的询问策略并继续为司法实践提供有益的信息。

结　论

本书中所回顾的研究表明了这两点：①关于儿童的交流和记忆提取能力

已经了解到的程度；②询问人员可以利用这些信息，以实现对报称或疑似虐待受害者进行调查询问的价值最大化。在询问中，儿童通过自由回忆产生的信息比他们回应询问人员提供的信息和线索更为准确。这些行业专家已达成共识，并在实际中证明了：有助于改善调查询问人员行为的原则正通过本询问方案得到实施。

当然，本询问方案并没有解决对虐待儿童事件进行调查的人员所面临的全部问题。占疑似受害者总数三分之一的儿童不愿对虐待事件做出披露，且有数量不明的儿童遭受虐待但未提出指控。为了以可靠的途径向这些儿童提
9 供情感支持、提升激励因素，各种努力还在进行之中。我们同样证明了对于一些有发育、智力和沟通障碍的儿童，如能从其发育程度的角度对他们进行评估，就能帮助他们有效地参与到使用本询问方案的询问中。对患有特定类型发育障碍（例如，语言障碍）的儿童，是否需要在询问环境和策略上做出特殊修改，目前尚属未知。同样，我们也没有研究本询问方案用于询问成年人的效果如何，无论是正常发育的成年人还是患有某些精神、智力或沟通障碍的成年人。对于年轻的犯罪嫌疑人，特别是那些有语言及智力障碍者，还有相当大的研究空间。

那么回到本章开头所述的案例，所有这些研究的总和告诉了我们什么？让我们来考虑一下本、莎拉和特丽萨，以及案例中出现的一些问题。非常年幼的儿童能否向那些为他们福利负责的人或调查犯罪的人充分描述自己的经历？儿童陈述中那些极不可信、不可思议的信息是否无法挽回地损害了儿童作证的可靠性或可信度？在询问中，他人的行为对儿童在询问中的表现有何影响？我们的研究表明，通过适当的准备并使用以儿童为中心的询问方法，即使是非常年幼的儿童也能为调查提供有价值的信息，而他们对看似不可信事件做出的披露也可以通过后续跟进的开放式提示来澄清。在询问的准备阶段，向儿童清晰传达询问人员对他们在询问中如何表现的期望，也可以是一种保护策略。而第三个问题的答案就不那么明确了，良好的询问可以反映出由询问前辅导而导致的前后不一或事先准备的脚本式语言，也能反映出非正式（暗示性）询问所带来的负面影响（例如，来自对此事关切的父母、医生、老师等人），但是对这些可能受到不当影响情况也不能断定就是如此。

许多研究都证明了询问前的暗示可能产生长期的影响，尽快进行司法询问的必要性就在于，这不仅有助于儿童的回忆，也能将儿童记忆受损的概率降至最低。

总而言之，尽管本询问方案的运用改善了某些儿童接受司法询问的方式，但大量的工作还有待开展。我们应共同努力，竭尽所能地保护易受害儿童群体免于遭受更多的虐待，也确保无辜的成年人不因司法询问人员未能向儿童证人获取准确信息而受到未犯之罪的指控。本询问方案仍然是一个“进行中 10
的工作”（work-in-progress），对其必须持续研发从而使之适应于新的研究成果。本书所呈现的是这项“进行中的工作”的最新进展、其对询问的影响、儿童在调查中的作用以及对未来研究方向的强调。

第2章

11 影响儿童证词的因素：儿童与事件

如果我们试图预测莎拉、本或特丽萨（第1章）对他们的评论之后的调查有多大贡献，那么我们很可能会将评估重点放在影响儿童回忆和报告的三大类因素上，即与儿童有关，与事件有关和与询问有关。下面的文本框中显示了我们在每个类别中分组的各种因素。

在我们介绍的三种情况下，儿童是在其身上所发生的事情的唯一可用的信息来源。没有人可以提供其他或佐证的目击者证词，这是虐待行为调查者普遍面临的挑战。调查的结果通常取决于儿童在调查询问中叙述的质量，而很少有其他佐证。在本章中，我们将回顾儿童成长的重要方面，这些方面会影响他们在接受有关其经历事件的询问时提供有用信息的能力，我们同时考虑了所涉及事件的特征会如何影响儿童记住和报告的内容。

12 **事件**

它发生了多少次?

它发生在什么时候?

儿童卷入的程度如何?

是什么类型的事件?

儿童

年龄多大?

语言能力如何?

智力水平如何?

是否有发育障碍？

对问题的响应能力如何？

信息处理能力如何？

- 心智理论[①]
- 源监控
- 编码
- 处理速度
- 注意力
- 知识
- 策略使用

动机为何？

询问

事件被揭发至今过了多久？

询问过多少次？

是否进行了询问前评估？

谁与儿童谈论过发生的事件？

是如何向儿童解释询问的？

儿童是如何为询问做“准备”的？

与儿童建立了什么样的融洽关系？

询问了哪些类型的问题？

在整个询问过程中问题是如何分配的？

询问是由儿童主导的还是询问人员主导的？

是否使用了其他辅助工具或者技术？

① 心智理论（Theory of Mind，缩写为ToM），心理学术语，是一种能够理解自己以及周围人类的心理状态的能力，这些心理状态包括情绪、信仰、意图、欲望、假装与知识等。——译者注

13 儿童给询问带来了什么？

当提及儿童成长时，我们通常会想到一系列的技能和属性，这些技能和属性随着儿童成长而增加并变得越来越复杂。

研究人员已经确定了儿童初次展现技能或掌握技能的典型年龄范围或阶段。尽管这样的预估有助于理解我们对儿童的期望，但重要的是要认识到，实际上，“平均水平儿童”（average child）可能永远不会面对司法询问。在儿童群体中，大多数技能的获得年龄都有很大的差异，因此，将儿童何时获得技能的年龄估计值应用于任何单个儿童群体都是有问题的。例如，受多种因素的影响，很难将我们对儿童记忆力如何发展的知识转化为对特定儿童如何描述事件的预测。一般来说，“儿童可以在多大年龄……？”这个问题没有简单的答案。因为通常答案是“这取决于……”也就是说，儿童的表现反映了许多因素之间复杂的相互作用，而不是任何孤立的单一能力。此外，一个儿童可能会表现出不同水平的不同技能，如注意力或语言技能。尽管如此，对于儿童记忆力表现最可靠的预测指标之一是年龄，这一点已为人们普遍接受，接下来我们将简要讨论记忆的发展。

◆ 儿童长期记忆的出现

强有力的科学证据表明，成年人无法记起人生最早的经历，很少有青少年或成年人能够回忆起大约 3 岁之前的生活事件。这种现象被称为“幼儿期遗忘”（infantile amnesia），且引发了相关发育科学家的困惑，尤其是有大量证据表明，很年幼的儿童能够形成自传性的记忆，这些记忆会在比 3 岁小得多的年龄中保留数天、数月，甚至更长的时间［杰克、麦克唐纳、里斯和海恩（Jack, MacDonald, Reese, & Hayne），2009；彼得森、王、侯（Peterson, Wang, Hou），2009；彼得森、沃伦、肖特（Peterson, Warren & Short），2011；塔斯廷和海恩（Tustin & Hayne），2010］。实际上，即使在习得语言之前，如果使用了适当的非言语记忆方式，很小的婴儿也能清楚地记住经历，有时会在很长的一段时期内记住［参见罗维－科利尔与海恩

（Rovee-Collier & Hayne），2000，文献综述］。最近的研究表明，我们最早的回忆年龄受到被要求回忆事件时年龄的影响——儿童和青少年可能比成年人回忆起更早期的事件，远早于通常所说的3岁［杰克（Jack）等，2009；彼 14
得森（Peterson）等，2009，2011；塔斯廷和海恩（Tustin & Hayne），2010］。儿童最早的记忆在7岁左右开始变得更难记起。此后，儿童对早期经历的回忆开始消失或变得不那么详细，就像成年人对这一时期的事件的回忆一样［鲍尔（Bauer），2015；鲍尔和拉基纳（Bauer & Larkina），2014a］。

幼儿期遗忘发生于各种早期经历的记忆，即使是非常有特色的事件也无法避免被遗忘。尽管有些早期事件比其他早期事件更容易被记起［菲伍什、塞尔斯、高柏、巴瑞克与帕克（Fivush，Sales，Goldberg，Bahrick，& Parker），2004；奈瑟（Neisser），2004；彼得森（Peterson），2015］，但早期发生的创伤性事件同样会被忘记。

有几种理论试图解释为什么成年人在找回关于童年的早期记忆时会遇到困难。神经生物学（Neurobiological）的研究强调了与学习和记忆有关的大脑区域和神经递质系统生理成熟的作用［马德森和金（Madsen & Kim），2016］。一些研究人员认为，幼儿期遗忘会随着语言发育的开始而结束，这意味着语言是我们能够保留和交流经历的重要组成部分。语言显然起着作用：婴儿期获得的记忆非常脆弱，部分原因是这些记忆仅以非言语形式编码，涉及基于感知的属性［海恩和罗维－科利尔（Hayne & Rovee-Collier），1995］。为了以语言形式回忆和描述事件的非语言表现，必须将这些记忆重新编码为语言。当儿童获得必要的词汇时，能够将早期的非语言体验转换为语言格式的能力似乎很脆弱，并且依赖于情境的支持，例如，作为经历的一部分的物体的存在可以作为线索或提示［鲍尔（Bauer）等，2004；达尔、金吾、克鲁伊加德（Dahl，Kingo，& Krøjgaard），2015］。当没有这样的线索时，尽管有时儿童可以通过行为重演来做到这一点，但无法口头描述他们在发展语言之前的经历［辛科克和海恩（Simcock & Hayne），2002］。社会互动主义者对自传式记忆出现的观点［菲伍什（Fivush），2011］也强调了语言发展的重要性。例如，尼尔森（Nelson）和她的同事认为，只有当儿童开始与他人谈论自己的经历时，他们才会开始形成长期记忆，从而创造出有意义且持久的自传式记录。个人叙事的这种社会建构会影响儿童叙事的数量和质量［尼尔森（Nelson），2013］。记忆的出现是动态交换的一部分，个体是由系统的各个层次（家庭、文化、背景）塑造的，这在自传式记忆发展的社会文化观点中得到了认可［王（Wang），2016］。

15 其他学者认为，幼儿期遗忘会随着自我意识的出现而消失，并认识到其他人是与我们自己不同的个体，有着不同的思想、经历、信仰和知识［普莱博、亚迪斯和蒂皮特（Prebble，Addis，& Tippett），2013］。只有当我们了解到存在一个独立的“我”或自我时［豪伊（Howe），2014］，我们才需要处理并从自己的经历中回忆信息，因为我们知道其他人不会分享我们的经历［请参阅豪伊、卡里基和艾迪森（Howe，Courage，& Edison），2003；尼尔森和菲伍什（Nelson & Fivush），2004；佩尔奈（Perner），2000］。

还有其他研究者认为，幼儿期遗忘反映了在整个生命周期中持续发生的基本记忆过程［鲍尔和拉基纳（Bauer & Larkina），2014a，2014b］。作为幼小的婴儿，我们以非常原始的方式对记忆进行编码，这取决于经历的确切情境，并且以非语言的方式进行存储（因为我们尚未开发语言）。我们存储和保留这些经历的能力有限，并且随着经历的相关性降低或者变得更加自动化（新颖性和信息丰富性较低），它们会被后续的经历所取代。结果，成年人最终会将这些经历遗忘。随着年龄的增长，编码的信息可能会变得更加丰富、详细，因此可能包含更多的线索，我们可以在以后利用这些线索来触发对它们的回忆［海恩（Hayne），2004］。

◆ 儿童多大年龄？目击者证词中的年龄差异

大量研究表明，儿童报告的信息量呈逐步增长的趋势，年幼的儿童报告的信息量通常少于年龄较大的儿童和青少年［布朗、路易斯和兰姆（Brown，Lewis，& Lamb），2015；布朗、路易斯、兰姆和斯蒂芬斯（Brown，Lewis，Lamb，& Stephens），2012；杰克、列夫和扎亚克（Jack，Leov，& Zajac），2014；杰克、马丁和扎亚克（Jack，Martyn，& Zajac），2015］。但是，年龄本身不足以解释这些差异，因为在群体中通常有年幼的儿童比年长的儿童表现得更好。具体而言，尽管对平均表现的衡量指标可能显示年龄较大的儿童更有能力，但相邻年龄组之间往往存在重叠，因此，有表现好的低龄儿童，他们比表现较差的大龄儿童能更好地提供信息［格迪、弗兰丁和比尔（Geddie, Fradin, & Beer），2000；莱彻曼、塞西和莫斯（Leichtman, Ceci, & Morse），1997；派普和萨尔曼（Pipe & Salmon），2002；夸斯、古德曼、盖蒂和雷德利克（Quas, Goodman, Ghetti, & Redlich），2000；夸斯、秦、沙夫和古德曼（Quas, Qin, Schaaf, & Goodman），1997］。此外，当任务的要求发生变化时（例如，允许儿童以不同的方式展示信息），年龄组的差异可能会最小化甚至消除［塞西、罗斯和托利亚（Ceci, Ross, & Toglia），1987b；科尔和洛夫特斯（Cole & Loftus），1987；琼斯、斯威夫特和约翰斯顿（Jones, Swift, & Johnston），1988；塞维茨（Saywitz），1987］，这表明，与年龄相关的表现差异反映了除记忆能力以外的其他因素（例如，信息的评估方式）。在某些方面，年龄较小的儿童实际上可能胜过年龄较大的儿童。例如，相比 16
于年龄较小的儿童，年龄较大的儿童和成人更有可能错误地包含与待记忆材料主题强烈相关的未呈现的信息［布雷纳德和雷纳（Brainerd & Reyna），2012］。年龄似乎并不能决定儿童叙述其个人经历的能力，而是可以用来概括性描述与儿童能力有关的许多变量的影响，这些影响在询问或回忆语境下可能有所不同。

◆ 对问题的回应：儿童口头陈述的发展变化

一旦儿童能够谈论自己的经历，他们的回忆能力通常会令人印象深刻，尽管在幼龄时期，显著的发展变化仍在继续。与大龄儿童相比，幼儿通常回想起的信息量要少得多，特别是在像回答诸如“告诉我发生了什么”之类的非常普遍的提示时，他们的回答可能不包括成年人会提到的各种细节［斯特林奇和海恩（Strange & Hayne），2013］。但是，他们自发地在报告中提到的内容与大龄儿童提供的信息一样准确。因此，4 岁和 5 岁的儿童通常需要询问人员提供更具体的提示［哈蒙德和菲伍什（Hamond & Fivush），1991；赫什科维茨、兰姆、奥巴赫、卡茨和霍罗威茨（Hershkowitz, Lamb, Orbach, Katz, & Horowitz），2012］，但是在回应这些具体的提示时，他们陈述的准确性相较于大龄儿童可能较差［比约克伦德、比约克伦德、布朗和卡塞尔（Bjorklund, Bjorklund, Brown, & Cassel），1998；古德曼、夸斯、贝特曼－弗朗斯、里德尔斯博格和库恩（Goodman，Quas，Batterman-Faunce，Riddlesberger，& Kuhn），1994］。不过，最近的实地研究表明，尽管儿童回应开放式提问所做回答的简洁性使得询问人员需要以儿童先前的回答为线索，使用提示触发进一步的回忆以获取额外的信息，但 4 岁儿童在回答开放式问题方面所提供的信息与年龄较大的儿童成相近比例。［兰姆（Lamb）等，2003；赫什科维茨（Hershkowitz）等，2012；本书第 7 章］。

儿童回忆的质量和程度的发展差异不局限于平常的经历或具有积极情绪效价的经历，而且在询问儿童有关痛苦的、压抑的和创伤的经历（例如，意外伤害，侵入性医疗程序）［彼得森（Peterson），2012］以及被虐待的经历［兰姆、斯滕伯格和艾斯普林（Lamb，Sternberg，& Esplin），2000；斯滕伯格、兰姆、奥巴赫（Sternberg，Lamb，Orbach）等，2001］时也很明显。尽管大多数研究并未报告开放式自由叙述报告准确性的发展变化，但对于年幼
17 的儿童，对提示和问题的回答的准确性可能会明显下降，尤其是当他们与询问人员产生分歧而必须提供正确回答时［迈尔斯（Miles）等，2003］。

总而言之，即使年幼的儿童可以准确地描述过去的经历，但在记忆方面仍会存在发展变化。年龄之所以成为事件记忆的重要决定因素，部分原因是它与影响记忆的其他变量相关，包括儿童的先验知识和对事件的理解以及所使用的记忆提取策略的有效性。正如我们将看到的，当通常与年龄相关的变量（例如，知识）的混杂影响得到控制时，有时可以消除或减少记忆在成长发展上的差异。

个体差异(Individual Differences)

儿童回忆信息的数量、准确性通常存在明显的个体差异。个体差异在某种程度上可能具有司法上的相关性，例如，儿童是否可能被暗示或易于误导，从而说谎或从特定的询问策略中受益［戈登（Gordon）等，1993；派普和萨尔曼（Pipe & Salmon），2002］。尽管我们从对儿童发育和功能各个方面对他们的记忆能力贡献的研究成果中学到了很多东西，但是所报告的关联性还不足以使我们能够可靠地预测任何特定儿童的作证能力。更广泛地讲，了解儿童回忆中变异的来源可能有助于将他们的证词置于特定语境中，帮助询问人员理解为什么有些儿童可能对自己的经历吐露得更少。大多数对个体差异在

记忆中的作用的研究都集中于确定那些可能容易受到暗示性询问的儿童［参见夸斯（Quas）等，1997］。少数但越来越多的研究也关注认知和性格变量对儿童回忆准确性的影响。

智力(Intelligence)

有证据表明，在通常智力水平范围内，较高的智商分数与儿童对事件的记忆力呈正相关［埃利施贝格和罗伯斯（Elischberger & Roebers），2001；格迪、弗拉丁和比尔（Geddie，Fradin，& Beer），2000；梅林德（Melinder）等，2010］，尽管这种关系可能对于年龄较大的儿童（例如，8～10 岁）作用更显著［罗伯斯和施耐德（Roebers & Schneider），2001］，并且还可能取决于询问的方式［布朗和派普（Brown & Pipe），2003a；梅林德（Melinder）等，2010］。正如我们在第 8 章中讨论的那样，将认知功能明显受损的儿童与智力能力在正常范围内的儿童进行比较时，低智力能力表现出的影响更加明显。

依恋与气质(Attachment and Temperament) 18

依恋与气质会影响儿童体验其经历的各个方面的方式以及他们赋予事件的意义，而这些反过来会影响回忆事件的方式，进而影响儿童报告事件的质量［蔡、古德曼和艾德斯坦（Chae，Goodman，& Edelstein），2010；蔡、欧格尔和古德曼（Chae，Ogle，& Goodman），2009；梅林德（Melinder）等，2010］。例如，对于重要成年人没有安全依恋感的儿童可能在压力经历中更专注于寻找安全来源，因此无法像拥有安全依恋感的儿童那样处理与自身有关的相同数量的信息［古德曼、夸斯、贝特曼－方斯、里德斯博格和库恩（Goodman，Quas，Batterman-Faunce，Riddlesberger，& Kuhn），1997］。反过来，有安全依恋感的儿童应该能更好地调节自己的情绪，从而帮助记忆编码和随后的回忆。有一些证据支持这些预测：古德曼（Goodman）及其同事发现，与父母报告有安全依恋感的儿童相比，父母报告没有安全依恋感的儿童在痛苦和压抑的医疗程序中更加紧张，并且随后在重新叙述时犯了更多的错误［古德曼（Goodman）等，1994，1997］。此外，一项针对年幼（3 岁）儿童的实验室研究表明，有安全依恋感的儿童更容易回忆起积极事件，而没有安全依恋感的儿童则更多地关注负面事件［贝尔斯基、斯普利兹和瑟尼克

（Belsky，Spritz，& Crnic），1996］。梅林德（Melinder）等（2010）认为，当4岁以下儿童的父母依恋焦虑程度明显降低时，他们更容易回忆起医疗检查，并且更能抵抗暗示。

现有研究尚未在不同类型的气质和事件记忆之间建立明确的联系。戈登（Gordon）等（1993）发现，气质的三个维度（趋避性、情绪性和适应性）与3岁和5岁儿童对体检的记忆有关。梅利特、奥恩斯泰因和斯比克（Merritt，Ornstein，& Spicker）（1994）同样发现，适应性和趋避性与儿童对过程的回忆有关。然而，贝克－沃德、博格因、奥恩斯泰因和戈登（Baker-Ward，Burgwyn，Ornstein，& Gordon）（1995）并未发现气质与对面部撕裂小手术的回忆之间有任何关联，尽管手术中的应对方式与回忆有关［见派普和萨尔曼（Pipe & Salmon），2002；夸斯（Quas），1998；夸斯（Quas）等，1997］。扎亚克、胡里和奥·尼尔（Zajac，Jury，& O'Neill）（2009）指出，在交叉询问中，自信、自尊和果断程度较低（由其老师评定）的儿童比在这三方面得到较高评价的儿童表现更差。其他研究人员发现，害羞的儿童比那
19 些不害羞的儿童回答问题准确性低，而且可管理性（manageability）与3岁儿童在使用玩偶和道具重现事件时报告的入侵次数呈正相关［格林霍特、奥恩斯泰因、戈登和贝克－沃德（Greenhoot，Ornstein，Gordon，& Baker-Ward），1999；罗伯斯和施耐德（Roebers & Schneider），2001］。格林霍特（Greenhoot）等（1999）提出，更易于管理或“随和”的儿童可能更顺从并渴望取悦他人，这反过来可能导致他们产生更多的入侵错误。此外，格林霍特（Greenhoot）等研究发现，毅力较差的3岁儿童比更具毅力的3岁儿童更有可能犯错，因此更具毅力的儿童能够更好地完成任务。萨尔曼、龙科拉多和格雷兹曼（Salmon，Roncolato，& Gleitzman）（2003）发现，在通过行为重现事件时，“努力控制”（能够转移注意力和集中注意力以调节行为和情绪的能力）水平较高的儿童比“努力控制”水平较低的儿童报告的细节更多。与平时和特定情境中焦虑程度较低的儿童相比，容易产生焦虑和在回忆时焦虑的儿童更容易受到暗示［阿梅里戈娜、欧斯特、布尔和阿克赫斯特（Almerigogna，Ost，Bull，& Akehurst），2007］，并且焦虑水平还可以预测儿童对质疑性问题的回答，例如，在交叉询问中遇到的问题［贝特奈、里德

利、亨利和克雷恩（Bettenay，Ridley，Henry，& Crane），2015]。

幻想(Fantasy)

幻想和假装游戏是标准的、适合儿童发展的行为。但是，儿童对幻想人物的信念或者对幻想与现实之间的判断可能会削弱他们作为受害者或证人的证言的可信度。通常认为儿童对幻想和现实表现出困惑并且无法区分二者，而且通常会将儿童对幻想人物的信念看作他们在这一方面存在困难的例证[见伍利和高盛（Woolley & Ghossainy），2013，综述]，儿童将"数量不成比例的注意力"放在他们倾向于相信的幻想形象上。3 岁和 4 岁的儿童也容易将真实事件或实物标记为"假扮"的，大概是因为他们在做出这样的判断时只能依赖有限的知识和经验。像成年人一样，6 岁以上的儿童可以轻松地区分想象中和经历过的事件[凯瑞克、拉什和夸斯（Carrick，Rush，& Quas），2013；琳赛和约翰逊（Lindsay & Johnson），1987；罗伯茨(Roberts)，2000]。研究表明，即使是 3 岁的儿童，也可以准确地做出一些"幻想还是现实"的判断[例如，他们意识到虚构的对象不能简单地出现在现实生活中，并且假装的行为也不是真实的行为；艾斯蒂斯、威尔曼和伍利(Estes，Wellman，& Woolley)，1989；弗拉维尔、弗拉维尔和格林（Flavell，Flavell，& Green），1987；伍利和威尔曼（Woolley & Wellman），1993]。例如，凯瑞克和夸斯（Carrick & Quas）（2006）向学龄前儿童（3～5 岁）展示了儿童故事书（例如，母亲对孩子大吼大叫与猫对小猫大吼大叫；老鼠穿着 20
衣服跳舞与人们在庆祝）中真实的和幻想的情绪图画。然后让儿童们指出所描绘的场景是否"可能发生在现实生活中"。不管图像有多逼真，儿童们都更有可能说出"可能发生在现实生活中"的真实画面。

儿童关于被虐待的陈述中幻想元素的存在通常会受到与幻想相关的道具（例如，玩具或玩偶）[蒂埃里、兰姆、奥巴赫和派普（Thierry，Lamb，Orbach，& Pipe），2004]的影响，或者受到询问人员让儿童"想象"或"假装"提示的影响，也可能受到询问人员将对儿童的指令和询问技巧一起使用的影响（例如，绘画）[麦克劳德、格罗斯和海恩（MacLeod，Gross，& Hayne），2016]。因此，司法调查人员被要求避免在调查询问中使用道具，以及避免提及基于游戏或想象的过程[兰姆、斯滕伯格和艾斯普林（Lamb，

Sternberg，& Esplin），1995；兰姆、斯滕伯格和艾斯普林（Lamb，Sternberg，& Esplin），1998；普尔和兰姆（Poole & Lamb），1998］。

信息处理能力(Information – processing Skills)

在记住经历的过程中一定会运用到大量信息处理的技巧。从感知经历开始，然后经过编码，这些技巧可以增强或削弱儿童提供详细而准确的证词的能力。

知识(Knowledge)

儿童对周围发生的事情的理解或知识会影响他们对这些事情的编码［哈登（Haden），2013］。在解释一个人回忆信息的能力方面，知识可能比年龄更重要。例如，比起新手成年人，作为某一话题（例如，恐龙、卡通）的专家的儿童能够重述与这些话题有关的更多信息［比约克隆德（Bjorklund），1987；比约克隆德和汤普森（Bjorklund & Thompson），1983；比约克隆德和泽曼（Bjorklund & Zeman），1982；智（Chi），1978；智和塞西（Chi & Ceci），1987；智和科斯特（Chi & Koeske），1983；兰蒂斯（Landis），1982］。研究人员表明，如果事件对成年人或儿童有意义的话，他们都可以更好地编码（并记住）信息。与记住一系列孤立的单词或概念相比，记住事件中所有元素彼此相关联的信息要容易得多，尤其当那些词汇对我们来说不熟悉时。同样，对事件有一定了解的儿童可以对正在发生的事情进行更多的编码，而对某类型的事件有更多了解的儿童，相比于了解较少的儿童，随后会回忆起更多的有关这些事件的细节［格林霍特（Greenhoot），2000；麦圭根和萨尔曼（McGuigan & Salmon），2004；萨瑟兰德、派普、希克、默里和戈博（Sutherland，Piper，Schick，Murray，& Gobbo），2003］。相反，如果儿童经历或见证的事件超出了他们的知识基础，他们可能难以理解它们
21 并编码信息，以及用作后来的回忆和交流。但是，儿童也可能会尝试使用现有的知识和概念，并将其错误地适用于他们的经历，从而导致儿童对实际发生的事情产生混淆。以本为例，他声称自己被朋友刺伤。可能的情况是，他是在使用他的知识储备或参考系来解释一些陌生的东西，也就是通过参考海盗挥舞的剑来解释他看不见的某处的刺痛。如果儿童将更多的知识或信息嵌入回忆中，利用脚本知识或利用认知作为报告相关信息的线索，那么，

增加对事件的了解也可能增加错误记忆形成的可能性［布雷纳德和雷纳(Brainerd & Reyna)，2012；奥特加尔、安德尔、斯科伯利亚和默克尔巴赫(Otgaar，Andel，Scoboria，& Merckelbach)，2010；奥特加尔、斯梅茨和彼得斯（Otgaar，Smeets & Peters)，2012］。

源监控(Source Monitoring)

儿童证词的可信度和可靠性可能受到以下因素的影响：他们能在多大程度上确定他们是如何了解他们所叙述的事情的，以及他们对类似事件的不同版本的区分能力如何。确定一个人的知识来源涉及源监控［约翰逊、哈什特罗迪和林赛（Johnson，Hashtroudi，& Lindsay)，1993］。源监控对于年幼的儿童可能特别具有挑战性，部分原因是他们仍在学习如何为他们的经历保留两种截然不同的表述——描述这种经历的核心组成部分的一个通用框架（或脚本)，以及对特定经历类别的特定实例的记忆。为了从许多类似的事件中回想起有关特定事件的详细信息，儿童必须辨别详细信息的来源，包括与该信息相关的场合、发生的位置、发生的时间等。在描述经历时，儿童还必须能够区分他们从直接经历中获得的信息与从其他来源（例如，媒体、与他人的对话甚至是自己的想象力）获得的信息［参见普林西比和申德沃尔夫(Principe & Schindewolf)，2012］。想一想特丽萨，她可能在与妈妈和继父待在一起时看电视，她的行为可能是一直在重复她在电视节目上看到的对话，并用玩偶示范动作。实地工作研究了儿童对来源的认识与他们对报称虐待的多重经历的回忆之间的联系，凸显了源监控对于情景回忆的重要性。例如，蒂埃里、兰姆和奥巴赫（Thierry，Lamb，& Orbach）（2003）发现，3～11岁的性虐待被害者中，更加了解自己的信息来源的儿童被害者，比那些了解较少的儿童回想起了有关多次虐待经历的更多情节性细节（不是更多的一般细节)。

提高儿童的源监控表现以及回忆特定事件的能力而又不提供其他类似经 22
历的扰乱信息的尝试取得了不同程度的成功。通常，与被问到具体问题相比，儿童被问到开放式、自由回忆陈述时犯错误的可能性更小［罗伯茨和鲍威尔(Roberts & Powell)，2001］。从大龄儿童更能为重复发生的虐待事件生成事件特定标签可以推断出，年龄较大的儿童比年龄较小的儿童能够更好地区分具有相似一般结构但内容不同的事件的各个组成部分［布鲁巴奇、格里西奇、罗伯茨和鲍威尔（Brubacher，Glisic，Roberts，& Powell），2011；布鲁巴奇、马洛伊、兰姆和罗伯茨（Brubacher，Malloy，Lamb，& Roberts），2013］。明确地询问儿童所报告信息的来源，例如，某事物是他们自己看到的还是别人告诉他们的——这可能对年纪更大的儿童有用［林赛和约翰逊（Lindsay & Johnson），1989；萨拉戈萨和雷恩（Zaragoza & Lane），1994］，但对年龄很小的（3 岁或 4 岁）儿童没有效果［莱彻曼、莫斯、迪克逊和斯皮格尔（Leichtman，Morse，Dixon，& Spiegel），2000；夸斯、沙夫、亚历山大和古德曼（Quas，Schaaf，Alexander，& Goodman），2000；请参阅罗伯茨和鲍威尔（Roberts & Powell），2001；罗伯茨（Roberts），2002，综述］。在询问其他特定事件的情景信息时，使用儿童针对不同事件揭露的标签可以帮助各个年龄段的儿童提供特定事件的详细信息，这对于确保成功起诉通常是必不可少的［布鲁巴奇（Brubacher）等，2013］。一项关于错误信息的研究还表明，要求忽略其他信息来源的询问指令也可能会提高儿童陈述的准确性［沙夫、贝德里亚－加德纳和古德曼（Schaaf，Bederian-Gardner，& Goodman），2015］。

策略使用（Strategy Use）

策略的使用（在编码或提取过程中采用有意识的方法来增强记忆力）随着年龄的增长而发展［施文克、比约克隆德和施耐德（Schwenck，Bjorklund，& Schneider），2009］，并且通常会改善回忆［弗拉维尔（Flavell），1970；奥恩斯泰因、海登和亨德里克（Ornstein，Haden，& Hendrick），2004］。与年幼的儿童相比，年长的儿童更善于运用策略帮助自己注意信息，并从记忆中获取信息，并且更有可能自发地这样做［施耐德和比约克隆德（Schneider & Bjorklund），1998］。随着儿童的长大，他们也越来越擅长生成自己的提取线索，这使得他们更少地依赖询问人员的支持和帮助［夸斯（Quas）等，2000］。年幼的儿童在被明确指示使用策略时可能会从策略中受益，尽管他们是否受益可能反映了他们使用策略的困难程度，并且他们可能无法将策略学习转移到一项新的任务上［克拉克、米勒和康斯涅夫洛伊（Clerc，Miller，& Cosnefroy），2014］。要求苛刻的策略可能会使儿童的认知处理（例如，工作记忆）资源负担过重，这意味着他们可用于记忆的资源较少［弗拉维尔、米勒和米勒（Flavell，Miller，& Miller），1993；米勒（Miller），1990］，或者儿童也许能够实施策略但效率不高［克拉克（Clerc）等，2014］。在现实 23
生活中，儿童或许不太能意识到他们会采用策略来加强对经历的编码，因为这要求他们认识到将来可能需要他们使用这些信息。复诵（rehearsal）（反复记忆）是一种自然发生的策略，即与朋友和家人交谈，或者重新接触或重新体验事件，但是这种对话会增加融入虚假信息的可能性（例如，其他人的暗示）［普林西比和申德沃尔夫（Principe & Schindewolf），2012］，或者在以后的询问中无法获得未复诵的信息［阿斯兰和鲍姆（Aslan & Bäuml），2010］。

语言能力

儿童证词的清晰度和完整性显然受到其发育过程中的沟通能力的影响［普尔（Poole），2016；沃克、肯尼斯顿和稻田（Walker，Kenniston，& Inada），2013］。幼儿即便似乎已经掌握了某些发音，他们也常常不能连贯地发出这些发音［赖希（Reich），1986］，因此，询问人员常常会误解儿童，尤其是学龄前儿童。此外，年幼儿童的词汇量比成年人少得多，描述性也较弱［布朗（Brown），1973；黛尔（Dale），1976；德·维利耶.J和德·维利耶.P（De Villiers，J. & De Villiers，P.），1999］，他们的陈述可能缺乏形容词和状语修饰语。儿童和询问人员之间也可能会产生误解，因为儿童词汇量的快速增长经常导致成年人高估他们的语言能力，从而使用与其年龄不相符且超出儿童能力的单词、句子结构或概念［奥巴赫和兰姆（Orbach & Lamb），2007；塞维茨和卡帕洛（Saywitz & Camparo），1998；塞维茨、内森逊和斯奈德（Saywitz，Nathanson，& Snyder），1993；沃克（Walker），1994；沃克（Walker）等，2013］。尽管看似成熟，但幼儿（尤其是学龄前儿童）仍经常在他们不了解词汇的传统成熟含义之前使用它们，可能会使用他们根本不懂的单词，并且可能难以理解一些看似简单的概念（例如，“任何”“有些”“触摸”“昨天”“之前”）［哈纳（Harner），1975；沃克（Walker）等，2013］。此外，受虐待的儿童比未受虐待的儿童更有可能表现出普遍的语言发育迟缓

[艾格斯蒂和西切蒂（Eigsti & Cicchetti），2004]，这可能会进一步加剧语言熟练程度的发展限制。儿童语言能力的不同方面与他们的记忆表现之间存在正相关关系已得到证实［库尔科夫西（Kulkofsy），2010］，语言的特殊贡献
24 根据语言的哪个方面和哪种记忆任务被评估而有所不同。例如，克勒姆弗斯（Klemfuss）（2015）的研究表明，儿童的生产性语言技能与他们自发叙述的准确性相关，而接受性语言技能与对暗示性问题的抵御相关。

儿童陈述的准确性在很大程度上取决于提问者使用的语言风格和语言的复杂性，尤其是在法律环境中［卡特、博顿斯和莱文（Carter, Bottoms, & Levine），1996；伊姆霍夫和贝克－沃德（Imhoff & Baker-Ward），1999；佩里（Perry）等，1995］。例如，经常会要求儿童否定成人的陈述或者确认其陈述的多方面“总结”（例如，“……难道不是真的?”），并期望他们理解不熟悉的单词以及语法复杂或模棱两可的复合句［M. 布伦南和布伦南（M. Brennan & Brennan），1988；登特（Dent），1982；皮（Pea），1980；佩里和赖茨曼（Perry & Wrightsman），1991；塞维茨（Saywitz），1988；沃克（Walker），1993；沃克和亨特（Walker & Hunt），1998；沃克（Walker）等，2013；沃伦、伍德尔、亨特和佩里（Warren, Woodall, Hunt, & Perry），1996］。这些问题在法庭和交叉询问中尤为普遍［安德鲁斯和兰姆（Andrews & Lamb），2017；克勒姆弗斯、夸斯和里昂（Klemfuss, Quas, & Lyon），2014；斯托尔岑博格和里昂（Stolzenberg & Lyon），2014；扎亚克、格罗斯和海恩（Zajac, Gross, & Hayne），2003；参见扎亚克、奥·尼尔和海恩（Zajac, O'Neill & Hayne），2012，综述］。儿童在法庭上经历的提问方式尤其令人担忧，因为有证据表明，年幼的儿童可能没有意识到他们不理解这些问题，因此应该寻求澄清［马洛伊、卡茨、兰姆和穆尼奥（Malloy, Katz, Lamb, & Mugno），2015；佩里（Perry）等，1995］，并且，即使儿童能够识别出一些问题没有意义，儿童也经常会尝试回答这些无法回答或毫无意义的问题，特别是当问题以封闭的方式表达时［沃特曼、布雷兹和斯宾塞（Waterman, Blades, & Spencer），2000，2001，2004］。在法庭上，即使询问者和律师试图提出更多开放性问题——他们通常会以短语开头，将问题变成是/否形式。例如，年幼的儿童常常以非常刻板的方式回答诸如“你还记得

它在哪里吗?”之类的问题，回答为“是”但没有详细说明，不会回答这个问题的意图（“它在哪里?”）[伊万斯、斯托尔岑博格、李和里昂（Evans, Stolzenberg, Lee & Lyon），2014]。律师，特别是辩护律师通常会反复提出暗示性问题[安德鲁斯和兰姆（Andrews & Lamb），2016；安德鲁斯、兰姆和里昂（Andrews, Lamb, & Lyon），2015a；克勒姆弗斯（Klemfuss）等，2014；斯托尔岑博格和里昂（Stolzenberg & Lyon），2014]，这特别容易引起儿童自相矛盾，甚至检察官也不太会对年幼的证人使用最佳询问技巧[安德鲁斯和兰姆（Andrews & Lamb），2016；安德鲁斯、兰姆和里昂（Andrews, Lamb, & Lyon），2015b；克勒姆弗斯（Klemfuss）等，2014]。

不幸的是，司法询问人员也经常问一些非常具体的问题（例如，“他碰过你吗?”）。年幼的儿童（6 岁以下）在回答具体问题时特别困难，并且可能表现出反应偏向[菲伍什、彼得森和施瓦兹穆勒（Fivush, Peterson, & Schwarzmueller），2002；彼得森、道登和托宾（Peterson, Dowden, & Tobin），1999]，或者在不知道的情况下不愿意做出“不知道”的回答[戴 25
维斯、塔兰特和弗林（Davies, Tarrant, & Flin），1989；塞维茨和斯奈德（Saywitz & Snyder），1993]。儿童也经常从提供的选项中选择答案，即使答案选项中未包含正确答案[罗恰、马尔凯和布里尔（Rocha, Marche, & Briere），2013]。询问人员通常被建议通过在选项中提供“或其他情况”作为答案，以最大程度地降低儿童从选项中进行选择的可能性。但是，伦敦、霍尔和莱特尔（London, Hall, & Lytle）（2017）指出，至少对于年幼的儿童（3～5 岁），这一策略并不能解决儿童倾向于简单地选择其中一个回答选项的问题。当答案设置中没有正确选项时，包含“其他情况”的选项提高了准确度（但不适用于当答案包含正确选项或者问题无法回答时）。此外，尽管有所改善，但儿童的回答准确性仍然低得令人无法接受（31%，而没有此选项的则为 15%）。

即使儿童确实回答了“我不知道”，询问人员也经常忽略此类回答继续探讨话题，并常常使用越来越封闭的问题[埃尔哈特、拉·鲁伊、布鲁巴奇和兰姆（Earhart, La Rooy, Brubacher, & Lamb），2014]。斯托尔岑博格（Stolzenberg）和佩茨德克（Pezdek）（2013）证明强迫儿童做出回答可能对儿童造成很大的伤害。在他们的研究中，儿童（6岁和9岁）被问及有关简短视频片段的可回答和无法回答的问题时，其中一些儿童被鼓励使用“我不知道”作为回答，而另一些儿童被要求即使他们不确定答案，也要回答（猜测），并在一周后对儿童重新进行了询问。研究人员发现，无论年龄大小，被鼓励回答无法回答的问题的儿童在初次询问中都是这样做的（比被鼓励在适当的时候说“我不知道”的儿童要多）。此外，在接下来的询问中，年龄较大的儿童更有可能重复他们在早期的询问中曾被鼓励给出的错误答案（即他们将早期的错误带入了后来的询问中）。所提出的问题的类型以及引入问题的语境决定了儿童报告的可靠性提高还是降低［布朗和兰姆（Brown & Lamb），2017］。

儿童的语言越匮乏，其陈述被误解或儿童误解询问人员问题和目的的可能性就越大［金和尤里（King & Yuille），1987；佩里和赖茨曼（Perry & Wrightsman），1991；沃克（Walker）等，2013］。此外，当询问人员误解儿童的话时，儿童往往不会纠正他们，因此，儿童可能在随后的询问中报告错误的信息［亨特和博尔吉达（Hunt & Borgida），2001；罗伯茨和兰姆
26（Roberts & Lamb），1999］。实际上，研究人员已经证明，当询问人员错误地解释儿童的陈述时，儿童很少质疑或纠正询问人员［伊万斯、罗伯茨、普赖斯和斯特菲克（Evans，Roberts，Price，& Stefek），2010；（亨特和博尔吉达（Hunt & Borgida），2001］。这进一步强调了询问人员行为的程度——尤其是他们的词汇量、话语的复杂性、暗示性以及他们在激发儿童提供信息和积极性方面的成功——严重地影响了询问的过程和结果。

此外，儿童经常会非常具体和严格地解释词语（例如，如果儿童生活在“公寓”中，儿童可能不会回答有关“家”中发生的事情的问题），或者引用的内容超出了听者的理解范围（例如，“他看起来像我的英语老师”），而这会使他们的说法含混不清。对介词的理解（例如，“在……上”“在……下”“向下”）以及对这种语言工具的具体解释、使用或扩展，可能会使儿童对其经历重要方面的描述不同于成年人。例如，在描述他们（或犯罪者）衣服的放置位置时，儿童可能会否认衣服被“拉下”，除非当时他们是站着的，因为他们会将“下”（和“上”）与垂直感关联起来［斯托尔岑博格和里昂

(Stolzenberg & Lyon)，2016]。当然，儿童的词汇量也可能非常有特点。心智发展理论（理解他人具有不同观点、信仰和知识的能力）的局限性也可能导致儿童以这种方式进行交流。

◆ 会话能力和经验

儿童也会学习如何参与会话[普尔（Poole），2016]。他们必须学习如何专注于话题，如何使表达适应不同的听众（例如，不认识儿童家庭成员且在所讨论的事件中不在场的“陌生”询问人员），以及如何构建有关过去事件的连贯叙述[沃伦和麦克洛斯基（Warren & McCloskey），1997]。调查人员面临的挑战是如何获得有条理的叙述，这些叙述中要有足够丰富的细节描述，以便了解儿童的证词。此外，与成年人和大龄儿童不同，年幼的儿童不能借鉴过去的经验来丰富和阐明他们的描述性叙述[约翰逊和福利（Johnson & Foley），1984]。

儿童对虐待经历的叙述的丰富性和实用性也受到交流的交际性或语用方面的影响。例如，当被问到诸如“你还记得他的名字吗?”“你知道你今天为什么在这里吗?”“你能告诉我他触摸你的位置吗?”之类的问题时，年纪较大的儿童通常能在字里行间进行解读并提供所需的信息，而年龄较小的儿童 27
可能只是从字面上回答“是”或“否”[伊万斯、斯托尔岑博格和里昂（Evans，Stolzenberg，& Lyon），2015；伊万斯、斯托尔岑博格、李和里昂（Evans，Stolzenberg，Lee，& Lyon），2014；克勒姆弗斯（Klemfuss）等，2014；沃克和沃伦（Walker & Warren），1995；沃伦（Warren）等，1996]。

儿童受到周围成年人的早期信息披露的影响很大。成年人在家中与幼儿交谈的方式以及其他环境（例如，日托机构）为儿童谈论过去的经历提供了示范（例如，要包括或省略哪些种类的细节，以及如何组织其陈述）[萨尔曼和里斯（Salmon & Reese），2015，2016]。例如，自传式记忆的社会文化理论[尼尔森（Nelson），2013]解释了父母与子女之间的早期对话交流如何帮助塑造儿童随后续的记忆发展以及他们叙述经历的能力。司法询问中要求的详细程度与对经历事件的典型对话描述形成鲜明对比[兰姆和布朗

（Lamb & Brown），2006］。此外，年幼的证人通常习惯于成为成年人交流的初级伙伴，成年人谈话的目的通常是让儿童学习、接受测试或获得反馈，而不是作为专门的信息提供者。如果儿童不能意识到询问人员对疑似事件几乎一无所知，或者认为成年询问者拥有更多的知识，他们可能不会报告他们所知道的一切。因此，询问人员需要清楚地传达他们的需求和期望，从而激发儿童提供尽可能多的信息。

随着儿童年龄的增长，他们报告的信息量的增加也可能反映了他们作为叙述者的技巧越来越复杂。幼儿仍在发展他们的元语言能力，逐渐了解听者想知道的内容以及如何有条理地报告信息，关注他们的交流结果以及必要时修改策略以确保听者能够理解［兰姆和布朗（Lamb & Brown），2006；塞维茨和卡帕洛（Saywitz & Camparo），2013］。将记住的细节组织成有条理的形式的能力对于交流（例如，聆听者对所叙述的经历的理解程度）和长期记忆都很重要；研究表明，与包含的细节水平相比，交流主题连贯性可以更好地预测记忆的保留时间［鲍尔 & 拉基纳（Bauer & Larkina），2015；莫里斯、贝克－沃德和鲍尔（Morris，Baker-Ward，& Bauer），2010；彼得森、莫里斯，贝克－沃德和弗林（Peterson，Morris，Baker-Ward，& Flynn），2014；王、布伊和宋（Wang，Bui，& Song），2015］。儿童对陈述的长期保留很重要，因为儿童在最初的披露、随后的调查询问以及出庭作证之间常常会经历长时间的延迟。因此，询问策略必须促进有条理的和详细的叙述。NICHD 调
28 查询问方案重点强调了依靠使用儿童自己的话语来鼓励儿童阐述其最初陈述的方法形成线索，以及众所周知可以增加条理性的开放性问题［菲利斯、鲍威尔、斯诺和休斯－斯科尔斯（Feltis，Powell，Snow，& Hughes-Scholes），2010；斯诺、鲍威尔和墨费特（Snow，Powell，& Murfett），2008］，该询问方案可能会增强证词的这一重要方面。

幼儿仍在发展他们的心智能力——他们认识到他人的心理状态、知识、信念、经验和情感可能与自己有所不同的能力。他们还在发展自己的技能，以监控自己和他人对会话内容和交流的理解。因此，当询问人员需要更多信息时，幼儿可能无法灵活地描述他们的经历，无法提供更多的细节来

澄清陈述，或者以不同的方式讲述事情。另外，如果儿童推断询问人员会喜欢特定的回答，他们可能会折中自己的说法来表现显得配合，而不是交流他们的实际经历［塞西和布鲁克（Ceci & Bruck），1993，1995］。因此，在司法环境中，询问人员必须对儿童对他们的知识和地位的看法保持敏感。例如，为了便于儿童进行全面、准确的报告，询问人员应强调他们不知道儿童的经历，以此让儿童尽可能多地透露给他们［斯滕伯格、兰姆、艾斯普林、奥巴赫和赫什科维茨（Sternberg，Lamb，Esplin，Orbach，& Hershkowitz），2002］。

儿童证人的暗示感受性

20 世纪 80 年代和 20 世纪 90 年代初期，多名受害人在日托中心遭遇性虐待的指控曝光，这促使许多研究人员研究儿童回忆的准确性以及在受到询问时回答的不可靠性［参见兰姆、马洛伊、赫什科维茨和拉·鲁伊（Lamb，Malloy，Hershkowitz，& La Rooy），2015；普尔（Poole），2016，综述］。暗示性提问被定义为通过使用陈述或问题来引入或假设未披露的相关指控的输入，并被设计来显著地传达询问人员预期的回答（例如，当儿童说："我们躺在沙发上"时，询问"他强迫你这样做，不是吗?"；或"他躺在你身上还是你躺在他身上?"）［兰姆（Lamb）等，2009；兰姆、奥巴赫、赫什科维茨、艾斯普林（Lamb，Orbach，Hershkowitz，Esplin）等，2007；奥巴赫、兰姆、阿尔伯特、赫什科维茨和派普（Orbach，Lamb，Abbott，Hershkowitz，& Pipe），未发表的研究，2016］。

儿童的暗示感受性是受几个不同的认知和社交过程调节的。例如，儿童可能会接触到事前错误信息或形成刻板看法，这可能影响儿童对后续事件的
解释和编码方式。在司法询问之前或过程中，儿童也可能会接触事件后的错 29
误信息（例如，当被要求去想象或推测已经发生的事情或者描述询问人员在儿童提及事件之前引出的指控的各个方面），这些可能会融入他们的回忆中。在询问过程中，儿童也可能会因为给出特定类型的回答或受到其他类型的社

交压力（例如，鼓励叙述或参考其他儿童的讲述）的影响而被强化（积极或消极）。当重复或采用一种以上的暗示性技巧时，此类影响损害儿童陈述的程度就会增加［加尔文、伍德、马尔帕斯和肖（Garven，Wood，Malpass，& Shaw），1998；加尔文、伍德和马尔帕斯（Garven，Wood，& Malpass），2000］。实验室研究表明，随着年龄的增长，暗示感受性会降低［帕兹－阿隆索和古德曼（Paz-Alonso & Goodman），2016］，但即使成年人也无法避免受到暗示性提问和错误信息的影响［沙曼和鲍威尔（Sharman & Powell），2012］。

对臭名昭著的日托所性侵案件的分析有助于引起人们对许多潜在的、存在问题的暗示性调查技术的关注（请参见下页文本框）。这种做法引起了发展主义者的警觉，并促成大量研究，澄清了我们对暗示感受性的理解［库恩勒和康奈尔（Kuehnle & Connell），2008；兰姆、斯滕伯格、奥巴赫、赫什科维茨和艾斯普林（Lamb，Sternberg，Orbach，Hershkowitz，& Esplin），1999；普尔（Poole），2016］，同时引发了关于实验室类似研究价值的激烈争论［塞西和布鲁克（Ceci & Bruck），1995；塞西和弗里德曼（Ceci & Friedman），2000；里昂（Lyon），1999，2002a］。随后学者进行了数十年的研究，他们展示了在日托案中发现的每种影响如何导致大量儿童做出错误的报告［克利夫兰、夸斯和里昂（Cleveland，Quas，& Lyon），2016；加尔文
30 （Garven）等，1998，2000；吉尔斯特拉普（Gilstrap），2004；霍伊、纳什、库鲁古苏里亚和鲍曼（Howie，Nash，Kurukulasuriya，& Bowman），2012；莱彻曼和塞西（Leichtman & Ceci），1995；普尔和怀特（Poole & White），1991；施赖伯、文图拉和比尔斯基（Schreiber，Wentura，& Bilskey），2001；乌尔、卡米莱蒂、斯卡林和伍德（Uhl，Camilletti，Scullin & Wood），2016；扎亚克、格罗斯和海恩（Zajac，Gross，& Hayne），2003］。结合儿童在最佳条件下接受询问时的回忆之研究，这些研究有助于识别有效和有风险技术的特征，并说明了一些儿童是如何被诱使默许询问人员的暗示，将不准确的暗示细节整合到他们的（否则是准确的）陈述中，甚至提供了完全虚假经历的详细说明和令人信服的描述［有关讨论，请参见塞西、库尔科夫斯基、克勒

姆弗斯、斯维尼和布鲁克（Ceci，Kulkofsky，Klemfuss，Sweeney，& Bruck），2007］。

日托所案中发现的暗示性技巧

- 将负面刻板印象归因于犯罪嫌疑人
- 怀疑证人证词的真实性
- 将假设嵌入询问提示中
- 引入未报告的信息
- 暗示期待的答案（标签疑问句）
- 表明询问人员的重要地位
- 施加同伴的压力（参考其他证人的说法）
- 使用奖励或威胁加强期望的回答
- 要求儿童假扮、想象或推测发生了什么
- 使用解剖玩偶作为询问辅助工具
- 重复以上任何一项
- 使用多种暗示性询问技巧

在此，我们不会对可能导致儿童产生不准确报告的各种因素进行详尽的综述［有关综述，请参见塞西、赫里茨和罗耶（Ceci，Hritz，& Royer），2015］。总的来说，研究表明，尽管成年人也容易受到上述技巧影响，并且会受到暗示，但儿童受到的影响更为明显。重要的是，在许多研究中，即使在几次询问中采用了多种暗示技巧，一些儿童仍然对暗示持抵触态度。相反，其他研究表明，非常温和的暗示性问题诱使许多（但并非全部）儿童默许并随后报告了被暗示的信息［有关讨论，请参见塞西（Ceci）等，2007］。显然，就像准确报告一样，暗示感受性反映了儿童与询问因素之间的相互作用，包括儿童在初次询问之前接触到的因素。

后续章节中描述的 NICHD 调查询问方案的要素提供了一些方法，通过这些方法，询问人员可以最大限度地减少上述文本框中列出的因素或减少在他们的询问中发生的可能性，从而从儿童证人那里获得更可靠的证词。奥巴赫（Orbach）等的研究（2016）表明，即使遵循 NICHD 调查询问方案，询问人员有时也会使用暗示性提示（尽管比不使用该询问方案时要少一些）[兰姆（Lamb）等，2009]。询问人员暗示性地在其提示中引入未披露的信息或做出与指控有关的假设，甚至与儿童证人就其证词进行对抗。奥巴赫（Orbach）及其同事的研究（2016）与实验室［亨特和博尔吉达（Hunt & Borgida），2001］和实地研究［伊万斯（Evans）等，2010；罗伯茨和兰姆（Roberts & Lamb），1999；沃克和亨特（Walker & Hunt），1998］的早期发现一致。在回复暗示时，儿童更倾向于默认（在 2642 项回复中占 52%），而不是拒绝询问人员的暗示。此外，他们证实，根据暗示的类型和儿童的年龄，儿童对询问人员的暗示做出的反应与默许和拒绝分别关联。抵制询问人员的
31 提示更有可能是回应“对抗性”（通过质疑儿童陈述的合理性来怀疑儿童陈述的真实性）而不是“假定”（暗示或明确地假设发生了与指控有关的行为）提示或“引入性”（非对抗性地引入未披露的指控的相关内容）提示（分别为 41.0%、27.1% 和 23.1%）。儿童年龄每增加一岁，抵制询问人员暗示的总体可能性就会增加 5%。研究人员观察到，儿童默认对抗性提示、暗示性提示和引入性提示的百分比分别为 36.7%，53.4% 和 53.9%。但是，当儿童默认而不是拒绝询问人员的暗示时，与早先言论产生矛盾的可能性就更大（96%）。确实，一些默许的回答实际上可以确认询问人员引入的与事件有关的准确信息，这也许是因为该信息是在询问之前由他们独立核实的（使用案卷、警察报告等）。但是，由于无法评估司法询问中引入的大多数内容的准确性，无法区分“准确”和“不准确”的信息或“引导性”和“误导性”的问题。重要的是，法律制度要求证人根据对其自己声称经历过的事件的记忆来提供证词证据，因此，通常鼓励司法询问人员“尽可能少地提供信息，同时使用开放式提示鼓励儿童以叙事形式提供尽可能多的信息”［兰姆、奥巴赫、赫什科维茨、艾斯普林（Lamb, Orbach, Hershkowitz, Esplin）等，2007；奥巴赫和兰姆（Orbach & Lamb），2000］。

事　件

◆ 编码个人经历——儿童是如何参与的？

尤其是对于年幼的儿童来说，直接的经历是事件信息的重要来源［尼尔森（Nelson），1986，1996b］。通常，与成为同一事件的旁观者、观察者或听众相比，直接参与事件可能会给成年人和儿童带来更强、更易于获取的记忆痕迹［马切弗、派普、戈登、菲伍什和欧文斯（Murachver，Pipe，Gordon，Fivush，& Owens），1996；帕斯曼、萨逊、杜加斯、卡贝扎和鲍尔（Pathman，Samson，Dugas，Cabeza，& Bauer），2011］。例如，托比和古德曼（Tobey & Goodman）（1992）发现，参加一次真实事件（“西蒙说”游戏）的4岁儿童可以比只在视频中观察同一事件的儿童更自由地回忆中心环节。鲁迪和古德曼（Rudy & Goodman）（1991）发现，直接参加现实生活事 32
件的4岁儿童比观察真实生活事件的儿童更不易受到误导性提问的影响。同样，马切弗（Murachver）等（1996）发现，与一名成年“海盗”进行刻意互动的儿童比阅读“拜访海盗”故事的儿童回忆的信息更多。与只看比赛或听比赛的儿童相比，他们的自由回忆更准确。即使通过行为重演来帮助回忆，阅读故事的儿童比参加或观察的儿童准确性明显更低。但是，对于年幼的儿童来说，直接参与是否会比其他来源带来更强的记忆还没有得到直接的研究检验。

直接经历增强回忆的一个常见解释是，参与可以增强所产生的记忆痕迹。理论家一致认为，记忆痕迹的强度会有所不同［布雷纳德和雷纳（Brainerd & Reyna），1990，2012；塞西、托利亚和罗斯（Ceci，Toglia，& Ross），1988］，因此可以创建更强或更弱的记忆痕迹。戈博、梅加和派普（Gobbo，Mega，& Pipe）（2002）比较了3岁和5岁儿童对他们听到的故事（叙述条件）和直接参与的事件的记忆时，发现参与事件的儿童比处于叙事环境中的儿童回忆的信息更准确。为了确定回忆的差异是不是由于参与而不是仅听取有关该事件的故事而产生的记忆轨迹强度的差异引起的，戈博（Gobbo）等（2002）

通过让儿童在每种情况下都达到标准的学习水平来使他们的学习水平（或编码水平）均等。其方法是通过让儿童反复接触事件来达到这一标准。听到该事件并达到标准学习水平的儿童回忆起了与参加该事件的儿童一样多的细节［参见马切弗（Murachver）等，1996，一致的研究结果］。因此，尽管参与事件会创建比仅被告知事件更强大的记忆痕迹，但是重复接触信息可以减少或消除这些差异。

成年人经常与儿童谈论预期的事件和过去的事件，并讨论他们参加的活动［菲伍什（Fivush），1998b；菲伍什、海登、亚当（Fivush，Haden，& Adam），1995；海登和菲伍什（Haden & Fivush），1996］。在事件发生时［奥恩斯泰因、普林西比、哈德森、戈登和梅利特（Ornstein，Principe，Hudson，Gordon，& Merritt），1997；泰斯勒和尼尔森（Tessler & Nelson），1994］或之后［古德曼（Goodman）等，1994；哈德森（Hudson），1990b］谈论该事件可能会增强儿童对事件的回忆。在特斯勒和尼尔森（Tessler & Nelson）（1994）的研究中，儿童对他们参加过的事件的回忆，反映出父母、儿童在事件中谈到的关于事件的那些方面。奥恩斯泰因（Ornstein）、普林西比（Principe）等（1997）在一项有关儿童对痛苦医疗程序的记忆的研究中报告了一致的结果［另见海登、奥恩斯泰因、埃克曼和迪多（Haden，
33 Ornstein，Eckerman，& Didow），2001］。古德曼（Goodman）等（1994）同样发现，父母事后与儿童讨论其经历过的痛苦医疗程序的回顾性报告与儿童后来抵御有关该程序的误导性问题的能力有关。换句话说，尽管父母的讨论与正确的回忆没有关系，但与对误导性问题的错误回答呈负相关。

父母与孩子在事件发生之前对事件的讨论也可能影响儿童随后的回忆［萨尔曼、钱皮恩、派普、缪顿和麦克唐纳（Salmon，Champion，Pipe，Mewton，& McDonald），2008；萨尔曼、缪顿、派普和麦克唐纳（Salmon，Mewton，Pipe，& McDonald），2011；萨瑟兰（Sutherland）等，2003］，尽管事件中和事件后的谈论要比事前的讨论影响更大［麦圭根和萨尔曼（McGuigan & Salmon），2004］。当然，如果父母（或其他人）在对话中包含错误信息，也会损害儿童的报告。之所以会发生这样的对话，是因为父母担心儿童可能经历过什么，并因此试图确定发生了什么事情［例如，我

们的案例中的特丽萨和莫利，或者前述日托案中的父母]，或者因为父母故意指导儿童以影响他们对调查人员的陈述。里昂（Lyon）、马洛伊（Malloy）、夸斯（Quas）和塔瓦尔（Talwar）（2008）展示了如何鼓励年幼的儿童（4 ~ 7 岁）在大量的指导下撒谎（对实际发生了的事情声称没有发生——错误的否认，或者对事实上没有经历过的事情声称发生了——错误的指控）。

与事件相关的讨论可能会由于以下几个原因而增强记忆。例如，事先讨论事件可以增加对事件的了解，从而使事件更令人难忘，而事后讨论可以确保重复，这可以巩固记忆，或者在长时间的延迟之后，可以促进记忆的提取和重新激活。此外，先前的、同时的或回顾性的讨论都可能突出儿童应当关注的重要因素，并为行为和物体提供适当的语言标签，从而促进记忆。

疑似受害者可能对司法调查中探讨的许多经历知之甚少，特别是当疑似受害者是幼儿时。此外，性虐待通常是在虐待事件发生后数月甚至数年才被披露的［参见赫什科维茨、霍罗威茨和莱姆（Hershkowitz，Horowitz，& Lamb），2005，2007；赫什科维茨（Hershkowitz）等，2006；赫什科维茨、奥巴赫（Hershkowitz，Orbach）等，2007；伦敦、布鲁克、塞西和舒曼（London，Bruck，Ceci，& Shuman），2005，2007；本书第 9 章］，在此期间儿童很少或根本没有与其他人讨论过。儿童时期遭受性虐待的受害者经常感到尴尬、害怕或被威胁不能说出来［塞德伯格、兰姆和劳雷尔（Cederborg，Lamb，& Laurell），2007］。在没有谈论和言语回忆机会的情况下，这些经历 34
可能无法以详尽或连贯的叙述形式加以记忆。

总的来说，对自传体记忆发展的研究表明，相对于年龄较大的儿童和成年人，年龄较小的儿童的报告内容匮乏，其部分原因是提取记忆的能力有限，元语言缺陷和叙事技巧不成熟。编码和提取策略随着年龄和经验的增长而发展，有效提取策略的使用通常与改进的信息回忆和报告相关。在选择和使用认知策略方面的发展差异会影响儿童谈论过去事件的能力，因此会影响他们全面描述事件所需的支持。随着年龄的增长，儿童会自发学会使用策略，从而使他们能够分配更多的注意力和精力进行记忆提取，而年龄较小的儿童可能仍需要在使用特定策略时接受明确的指导，尽管他们仍然不能像年龄较大的儿童那样从这些指导中受益［弗拉维尔（Flavell）等，1993］。随着儿童的长大，他们也越来越善于生成内部提取线索，这使他们减少了在询问过程中所需的外部支持［夸斯（Quas）等，2000］。

◆ 重复的经历——发生了多少次？

儿童的知识以及由此产生的记忆表征也可能会受到他们经历某事件的次数的影响。性虐待的受害者经常重复受到虐待，有时甚至是长时间的虐待。发生这种情况时，可能会要求儿童（在调查询问中或者在法庭上）提供按时间顺序组织的有关事件的信息。儿童们能够准确地为多个事件排序，对事件的组成部分进行排序以及确定他们经历的事件数量的能力在实验室研究中得到了大量的检验，在实验室研究中，可以使用客观记录的人为或自然发生的事件来评估其准确性。弗里德曼（Friedman）对儿童的时态概念（例如，日期、排序、频率）及其相关语言标记（例如，之后、之前、期间）的发展和理解进行了最有影响力的最新研究。弗里德曼（Friedman）系统地研究了重建过去事件的时间过程，以及这些过程如何受到特定的时间类别、任务特征、背景熟悉程度和儿童年龄的影响，从而确定儿童对时间判断的准确性［弗里德曼（Friedman），1990，1991，1992，1993，2000；弗里德曼和里昂（Friedman & Lyon），2005］。弗里德曼（Friedman）和里昂（Lyon）（2005）的研究报告说，当提示 4～13 岁的儿童回忆叙述他们对最近两次人
35 为的学校活动的记忆时，两次活动经历的间隔为 2 天，3 个月之后，一年级儿童准确地回忆起这两个事件的顺序。但是，在回答开放式问题时，他们几乎从未提供过关于事件的连续性的和顺序的信息。罗伯茨（Roberts）及其同事（2015）对 4～8 岁儿童在短暂时间间隔（1 周）后对重复事件的记忆进行的研究中指出，尽管儿童能够高度准确地确定自己是否经历过一次或多次事件，但儿童，尤其是年幼的儿童，都很难对四种经历中重复发生事件的组成部分进行排序，也很难正确描述每一次发生的顺序。同样，沙曼、鲍威尔和罗伯茨（Sharman，Powell，& Roberts）（2011）指出，经历一个或多个事件的幼儿能够准确地回答有关发生次数的一般性问题（“发生一次还是多次？”），但是经历过多次事件的儿童很难准确地说明他们经历过的事件的具

体次数。

奥巴赫和兰姆（Orbach & Lamb）（2007）研究了儿童在司法询问中描述所经历的虐待事件时提及的时间信息类型（顺序、日期、发生次数、持续时间和频率）。研究结果强调，在 10 岁左右，儿童报告时间信息的能力发生了显著变化。儿童普遍会提及事件发生的次数，针对 NICHD 调查询问方案中的认知提示（“发生过一次还是多次？”），儿童通常会使用非特定性回答（例如，“不止一次”），很少有对不连续发生次数的自发提及。儿童在回溯性描述中用于构建事件成分的主要时间属性是正向排序（“他先做 *x*，然后又做了 *y*”，将近 72% 的儿童自发使用了该属性）。该研究中儿童提供的时态参考总数中有 74% 是使用自由回忆和线索回忆提示来引出的。

当儿童经历类似的事件时，他们倾向于形成“同类型”事件的一般事件表达（或脚本），而不是针对特定事件的表达［哈德森和梅休（Hudson & Mayhew），2009］。因此，他们也许能够重述重复事件的整体“要点”，但却难以应对单一事件的具体细节［奥德加德、库珀、兰姆皮尼、雷纳和布雷纳德（Odegard，Cooper，Lampinen，Reyna，& Brainerd），2009；康纳利、戈登、怀沃德和普赖斯（Connolly，Gordon，Woiwod，& Price），2016］。尼尔森（Nelson）（1986）认为，记忆有助于促进对未来的预测，通常，与仅发生一次的经历相比，重复的经历可以提供更好的预测。因此，应该特别注意让儿童从小开始适应“经常发生的情况”。这些一般事件的表达可以帮助儿童预测事件走向，理解事件中发生了什么，并指导儿童对相似事件进行回忆 36
［布雷纳德和奥恩斯泰因（Brainerd & Ornstein），1991；布鲁尔和中村（Brewer & Nakamura），1984；哈德森（Hudson），1986；尼尔森（Nelson），1986，1993a，1993b；尼尔森和格林德尔（Nelson & Gruendel），1981］。重复的经历可能会增强对事件的记忆，使儿童回忆起比仅经历一次事件更多的细节［鲍尔和菲伍什（Bauer & Fivush），1992；康纳利（Connolly）等，2016；菲伍什、库布利和克拉布（Fivush，Kuebli，& Clubb），1992；哈德森和尼尔森（Hudson & Nelson），1986；请参阅鲍威尔和汤姆森（Powell & Thomson），2003，综述］。反复经历事件的记忆也可能不同于仅发生一次的事件的记忆，因为有多次机会通过重复来重新激活记忆。此外，儿童对经历

中反复出现的细节的记忆也更加准确，并且更能抵抗暗示和错误信息的影响［康纳利和林赛（Connolly & Lindsay），2001；戈博（Gobbo）等，2002；麦克尼科尔、舒特和塔克（McNichol，Shute，& Tucker），1999；鲍威尔、罗伯茨、塞西和汉布鲁克（Powell，Roberts，Ceci，& Hembrooke），1999］。

先前的经历也会对儿童进行事件回忆产生不利影响，尤其是在事件的不同实例之间存在差异的情况下。当事件以某一规律重复发生时，儿童的陈述很可能是框架性的，反映了共同的组成部分和基本结构，但缺少因不同情况而异的细节［布鲁巴奇（Brubacher）等，2011；布鲁巴奇、马洛伊、兰姆和罗伯茨（Brubacher，Malloy，Lamb & Roberts），2013；鲍威尔、罗伯茨和瓜达尼奥（Powell，Roberts，& Guadagno），2007］。至少在某些情况下，不断变化的组成部分也可能更容易受到暗示的影响［康纳利和林赛（Connolly & Lindsay），2001；法西格（Fasig），1999；麦克尼科尔（McNichol）等，1999；对照研究，请参见鲍威尔（Powell）等，1999；鲍威尔、罗伯茨和汤姆森（Powell，Roberts，& Thomson），2000］。

从实践的角度来看，知识和重复经验对记忆的影响非常显著。在司法环境中，尤其是在涉嫌儿童性虐待的案件中，经常会询问儿童重复发生的事件，有时是长期发生的事件。在法庭上，某一特定场合发生的事情往往至关重要。然而，要求儿童回忆与其他类似经历不同的单一事件，对幼儿来说可能是非常具有挑战性的。尽管对发生事件的详细信息有出色的记忆［菲伍什和哈蒙德（Fivush & Hamond），1990；鲍威尔（Powell）等，1999］，但在识别重复经历中的一次特定事件相关的细节时，年幼的儿童通常不能够做到同样准确［法拉尔和古德曼（Farrar & Goodman），1990；罗伯茨和鲍威尔（Roberts & Powell），2001］。尽管儿童能够表达出各不相同的细节，但他们可能很难将细节与特定事件联系起来［布鲁巴奇、罗伯茨和鲍威尔（Brubacher，Roberts，& Powell），2012；康纳利和戈登（Connolly & Gordon），2014］。研究人员研究了对可能具有某种独特性的事件的特定实例（例如，第一次或最后一次，或不同的时间）的提示是否有助于总体回忆和引出特定事件的信
37 息。有几项研究证明了一系列重复事件中首次事件的回忆效果较好［首因效应：哈德森（Hudson），1990a，1990b；鲍威尔、汤姆森和塞西（Powell，

Thomson，&Ceci)，2003；康纳利（Connolly）等，2016]，而改善最后一次发生事件的回忆效果的证据则稍显薄弱［近因效应：鲍威尔（Powell）等，2003（仅短暂延迟)；鲍威尔和汤姆森（Powell & Thomson)，1997（仅对大龄儿童而言)；康纳利（Connolly）等，2016]。将儿童注意力集中在一个不同的时间上（以一种意想不到的方式）可能有助于儿童回忆有关特定经历的细节［康纳利（Connoll）等，2016]，但是需要更多的研究来确定在何时以及与谁在一起时这一指令最有可能起效。儿童谈论重复经历的准备工作似乎也很重要：布鲁巴奇、罗伯茨和鲍威尔（Brubacher，Roberts & Powell）(2011）的研究表明，与先练习叙述单个事件的儿童相比，练习叙述重复事件的年幼儿童（5~6岁）提供了有关一系列重复事件的更多详细信息。相对于完全没有练习的儿童，年龄较大的儿童（7~8岁）可以从这两种练习中受益。布鲁巴奇（Brubacher）等（2012）强调了启发儿童对重复经历进行描述的重要性：要求4~8岁的儿童提供一系列重复事件中通常发生的情况的描述，然后要求描述特定事件，或者首先提示有关特定事件，然后要求其描述通常发生的情况。对一般陈述的提示使儿童总体上报告了更多的详细信息，以及各个事件更多的独特特征。

由于儿童可能难以回忆起多次经历事件中的特定事件，美国许多法庭制度放宽了要求儿童证人确定多次经历事件的个别事件发生时间的要求［罗伯茨（Roberts)，2002]，情节之间的一些混淆并不一定会对年幼证人的准确性或可信度造成怀疑［另见罗伯茨（Roberts)，2002]。

尽管存在这些问题，儿童经常会被要求描述他们经历某一事件的次数，而这可能会带来挑战。马洛伊、布鲁巴奇、兰姆和本顿（Malloy，Brubacher，Lamb，&Benton）(2013）研究了对4~8岁的儿童性虐待受害者进行的调查询问笔录，以了解他们如何回答“这种情况发生了一次还是不止一次？”的问题。大多数儿童做出了适当的回答，只有12%的儿童（均为4~6岁的儿童）做出了不适当的回答（例如，使用不正确的术语或提供不合理的数字)。罗伯茨（Roberts）等（2015）指出，年龄较大的儿童（6~8岁）比年龄较小的儿童（4~5岁）更有可能将重复事件按时间顺序排列——在他们对儿童 38
回忆一系列重复性策划事件的研究中，比起随后发生的事件，所有儿童更容易回忆起重复事件初次发生的时候，并且相对于系列发生的事件，年龄较大的儿童对最新近事件的回忆更清晰。

万德里、里昂、夸斯和弗里德曼（Wandrey，Lyon，Quas，& Friedman）（2012）还探讨了儿童对事件发生频率做出与法律相关判断的能力，并获得了能够客观验证儿童反应并据此测量准确性的数据。具体来说，由6～10岁的受虐待儿童判断他们参加法庭听证的次数，以及离开家后经历的安置次数。尽管儿童更擅长对更极端的值进行推理，但他们常常给出令人惊讶的错误答案（例如，当实际经历的次数与被问到的经历次数有很大出入时，即被问到“你来法院超过10次了吗”与“你来法院超过5次了吗”，事实上儿童只到过法院2次）。35%的儿童对经常提及的基本事件问题（“发生了一次还是多次”）给出了不准确的回答。因此，对于询问人员和法律专业人士而言，至关重要的是要认识到：即使儿童能够在某些情况下正确使用数字和量词，但儿童可能无法回答与事件的时间、位置或数量有关的问题，或者对其做出难以置信或不合适的回复，以及“对时间和数字问题的不正确回答可能无法说明事件是否真正发生”［万德里、里昂、夸斯和弗里德曼（Wandrey，Lyon，Quas，& Friedman），2012］。不幸的是，儿童很少自发提及事件的发生频率，这意味着询问人员可能需要提示儿童这方面的信息。

◆ 创伤、痛苦和其他不愉快的经历——什么类型的事件？

过去，司法专家常常认为性虐待的压力性质会使儿童的记忆明显不同，从而忽视了关于儿童记忆的实验研究的意义。事实上，关于刺激或压力会增加对儿童记忆准确性的影响的实验研究文献中仍存在大量争议。压力与记忆之间可能存在的全部联系都在研究中报告了出来——例如，压力事件的记忆增强、记忆退化，以及压力对记忆没有任何影响。例如，豪伊、卡里基和彼得森（Howe，Courage，& Peterson）（1994）发现，在急诊室手术后的3～5
39 天或6个月后，压力的大小（由父母报告）与儿童回忆起的信息量之间没有关系。相比之下，古德曼、赫希曼、赫普和鲁迪（Goodman，Hirschman，Hepps，& Rudy）（1991b）发现，在医疗过程中表现出较高觉醒水平的儿童报告的事件要比那些仅接受了可洗文身（washable tattoo）操作的儿童更为准确。巴瑞克、帕克、菲伍什和莱维特（Bahrick，Parker，Fivush，& Levitt）（1998）根据儿童遭遇安德鲁飓风（Hurricane Andrew）的程度将3岁和4岁儿童分为高、中和低压力组，他们发现高压力组和低压力组回忆起关于飓风的信息最少，而中压力组的儿童回忆起最多的信息，这表明有些压力可以改善回忆，而压力太大则可能阻碍回忆。

一定程度上，研究结果的某些差异可以通过研究方法差异来解释，包括如何定义和测量压力以及所研究事件的类型。然而很显然，压力和回忆之间的关系是复杂的，并且可能反映了（作为目击证人）儿童的特征（例如，他们的痛苦程度）［彼得森和诺埃尔（Peterson & Noel），2012］，事件（例如，发生在多久以前）［彼得森（Peterson），2015］，以及对他们采取的询问方法［夸斯和连奇（Quas & Lench），2007；夸斯、拉什、严和尼古拉艾（Quas，Rush，Yim，& Nikolayev），2014；拉什（Rush）等，2014；塞尔斯、高柏和帕克（Sales，Goldberg，& Parker），2001］之间的相互作用。重要的是，即使看上去压力增强了回忆，记忆仍然像普通的世俗记忆一样容易受到暗示和延迟的有害影响［柯登、派普、萨依凡、梅林德和古德曼（Cordón，Pipe，Sayfan，Melinder，& Goodman），2004；菲伍什（Fivush），1998a；豪伊（Howe），1997；塞尔斯（Sales），2001］。

许多因素会使某些事件比其他事件更令人难忘。很少有学者研究过虐待的严重程度（假定是压力的相关因素）和儿童回忆之间的关系，这可能是因为在衡量虐待的严重程度的方式，以及将各种事件（范围从遭遇“暴露狂”到遭受暴力强奸）定义为性虐待的方式等方面尚无共识。对于同一事件类别，儿童可能还会经历不同程度的痛苦，这意味着使用外部（而非内部）生成的定义可能无法获知压力的影响。此外，虐待是否会对儿童造成压力，取决于儿童的年龄、犯罪者的身份、应对机制、讨论和后期可获得的支持等因素。在更好地定义儿童虐待并获得了大量案例资料的基础上，研究人员将来也许能够根据表现实际虐待经历的许多内在关联因素，来确定不同类型的虐待是否能被有区别地回忆。

考虑到压力影响研究中的压力水平可能低于实际虐待中的压力水平，研 40
究人员研究了儿童对自然发生经历的记忆，这些经历在痛苦的强度和持续时间方面与儿童可能会在司法询问中被要求重新叙述的经历更为相似。一些研究检查了儿童对医疗程序的回忆——排泄性膀胱神经电图（VCUG），一种涉及生殖器接触的痛苦诊断程序，这意味着要记住的经历也可能涉及疼痛、尴尬或羞耻感。

通常，儿童对痛苦、令人感到压力的医疗程序［布朗（Brown）等，1999；古德曼（Goodman）等，1994，1997；奥恩斯泰因（Ornstein），1995；夸斯（Quas）等，1999；斯图尔德（Steward），1993；斯图尔德、欧·康纳、阿克雷多洛和斯图尔德（Steward，O'Conner，Acredolo，& Steward），1996］、意外伤害及其治疗［豪伊（Howe）等，1994；彼得森（Peterson），1999，2015；彼得森和贝尔（Peterson & Bell），1996；彼得森和沃伦（Peterson & Whalen），2001；参见彼得森（Peterson），2012，综述］、自然灾害［菲伍什（Fivush）等，2004；帕克、巴瑞克、伦迪、菲伍什和李维特（Parker，Bahrick，Lundy，Fivush，& Levitt），1998］的描述以及对涉嫌或指控的性虐待的司法陈述［兰姆（Lamb）等，2000；兰姆（Lamb）等，2003；斯滕伯格、兰姆和奥巴赫（Sternberg，Lamb，Orbach）等，2001］似乎受到许多相同变量（包括年龄）的影响，这些变量会影响平凡的或普通世俗经历的记忆［请参见柯登（Cordón）等，2004；彼得森（Peterson），2012；彼得森和沃伦（Peterson & Warren），2009］。此外，无论是否遭受创伤，幼儿期遗忘都会降低儿童和成年人口头回忆其最早经历的能力［菲伍什（Fivush），2002；豪伊（Howe）等，1994；尼尔森和菲伍什（Nelson & Fivush），2004；彼得森和里德奥特（Peterson & Rideout），1998；夸斯（Quas）等，1999］。并且，经历过疼痛疫苗接种的儿童比那些目睹别人接种过程的儿童更好地记住了过程中的某些方面［林德伯格、琼斯、克拉德和托马斯（Lindberg，Jones，Collard，& Thomas），2001］，从而反映出参与者普遍比观察者回忆得更好［鲍尔和拉基纳（Bauer & Larkina），2015；马切弗（Murachver）等，1996；托比和古德曼（Tobey & Goodman），1992］。正如理解和知识会影响对普通事件的记忆［格林霍特（Greenhoot），2000；奥恩斯泰因、夏皮罗、克拉布、弗尔莫和贝克－沃德（Ornstein，Shapiro，Clubb，Follmer，& Baker-Ward），1997；里奇和比尔（Ricci & Beal），1998；萨瑟兰（Sutherland）等，

2003]，对创伤性经历有更好的理解或解释的儿童，能更充分、更准确地回忆起他们的经历［古德曼（Goodman）等，1994］。

有证据表明，消极经历的记忆比日常事件的记忆要持久。当儿童在长时间的延迟后回忆中性或积极事件时，遗忘通常是很明显的［弗林、布恩、诺克斯和布尔（Flin，Boon，Knox，& Bull），1992；古德曼、贝特曼－方斯、沙夫和肯尼（Goodman，Batterman-Faunce，Schaaf，& Kenney），2002；哈德森和菲伍什（Hudson & Fivush），1991；琼斯和派普（Jones & Pipe），2002；奥恩斯泰因（Ornstein）等，1997；萨尔曼和派普（Salmon & Pipe），2000；参见菲伍什和施瓦兹穆勒（Fivush & Schwarzmueller），1998］，但痛苦和压力经 41
历的记忆在几年内发生的变化通常较小［博格因－贝利斯、贝克－沃德、戈登和奥恩斯泰因（Burgwyn-Bailes，Baker-Ward，Gordon，& Ornstein），2001；梅利特（Merritt）等，1994；彼得森（Peterson），1999，2011；彼得森和沃伦（Peterson & Whalen），2001］。例如，在一项研究中，经历飓风时非常年幼（大约 3 岁）的儿童在首次询问 6 年后再次接受询问时报告的信息甚至比首次询问时更多［菲伍什（Fivush）等，2004］，彼得森（Peterson）（2012）在研究儿童对 2 年前受伤情况以及后续医院治疗的陈述时，也观察到了类似的结果。当然，家庭成员、朋友、询问人员，甚至媒体可能经常提醒儿童他们曾经的经历。相比之下，对成年人的回顾性调查表明，年轻的受害者很少在童年时与他人讨论他们的被虐待经历［伦敦（London）等，2005，2007］，而且我们知道未经讨论的事件可能不会被很好地记住［菲伍什、派普、马切弗和里斯（Fivush，Pipe，Murachver，& Reese），1997；菲伍什（Fivush），2004a，2004b；萨尔曼和里斯（Salmon & Reese），2016］。在唯一的一项关于时间延迟对儿童回忆疑似性虐待的影响的实地研究中，兰姆、斯滕伯格（Lamb，Sternberg）等（2000）指出，相比于长时间（5～14 个月）延迟后接受询问的儿童，在疑似性虐待事件发生后 1 个月内被询问的儿童更有可能提供更多信息来回复询问人员的开放式提示和问题，尽管令人惊讶的是，较早接受询问的儿童所提供的信息总体上并不比最长时间延迟后接受询问的儿童多。报告的细节总数没有差异，可能是由于所研究的询问质量较差。

总而言之，尚不清楚创伤经历的记忆是否涉及独特的机制，或者可以用影响其他事件记忆的相同机制来解释［柯登（Cordón）等，2004］。创伤经历通常具有独特性，因此经过长时间后对其的记忆可能会比对较普通或意义较小的事件的记忆保留得更好［豪伊（Howe），1997，2000；奥恩斯泰因、拉鲁斯和克拉布（Ornstein，Larus，& Clubb），1992］。无论是否涉及特殊机制，对现实世界中发生的事件的记忆（例如，虐待儿童）未必都比对实验研究事件或刺激的记忆更清晰。首先，并非所有的性虐待事件都是痛苦的或创伤性的，因此无法假设兴奋和显著性的潜在促进作用。与此相关的是，儿童对性事件的无知或误解可能会使某些虐待经历不太容易被记住。其次，压力可能以不同的方式影响不同类型的记忆编码和记忆提取（例如，回忆、再认和重构性记忆）。不管目标事件是否发生，要求儿童在与儿童保护服务人员、
42 警察、律师或法官的谈话中回忆有关经历的信息可能会让儿童感到非常大的压力［古德曼（Goodman）等，1992］。学者尚未研究回忆过程中压力的影响，尽管有一些人研究了社会支持和询问人员支持性做法的效果，这些方法可能会减轻询问对象的压力［阿梅里戈娜（Almerigogna）等，2007；拉什（Rush）等，2014；夸斯（Quas）等，2014；夸斯和连奇（Quas & Lench），2007］。合理的预测是回忆时的压力可能会阻碍记忆提取［内森逊和塞维茨（Nathanson & Saywitz），2003］。最后，事件是否涉及耻辱、责任感、尴尬或罪恶感，以及是否被谈论、反思、保密或被否定，都可能影响虐待或创伤的经历如何随着时间的推移被记住和回忆。总体而言，尽管显著性通常会影响经历事件的可记忆性，但我们不能认为虐待事件总是显著的并因此容易被记住。

我们不知道当经历多次虐待并且压力变为慢性而非急性时，创伤事件的独特性是否还能得以保留［彼得森和沃伦（Peterson & Warren），2009］。经过反复的创伤经历后，可能会产生过度的记忆提取，尽管要求提供具体的例子，但可通过参考它们的共同特征总结出几个情节或事件，其特征是关于特定事件、时间、位置、人物、地点或活动的独特信息［麦克奈利（McNally），1998；威廉姆斯（Williams），1996；威廉姆斯和德利舍尔（Williams & Dritschel），1992］。威廉姆斯（Williams）（1996）假设，压抑的童年经历会

导致抑郁的个体采取通用的记忆提取策略，这是个体发育的早期阶段所特有的，以尽量减少与过去事件的某些特定特征相关的负面影响。作为家庭暴力的受害者、证人，以及同时作为受害者和证人的儿童，相比于未遭受身体虐待的儿童，抑郁的症状要严重得多［斯滕伯格（Sternberg）等，1993］。在这些情况中，儿童对其早期家庭经历的描述中笼统回应的比例与他们的抑郁得分呈正相关［奥巴赫、兰姆、斯滕伯格、威廉姆斯和达乌德－诺尔西（Orbach，Lamb，Sternberg，Williams，& Dawud-Noursi），2001］。

◆ 延迟的影响——事件是多久之前发生的？

一旦形成记忆，儿童们对自己经历的记忆有多持久？当儿童（和成年人）在中立或积极事件发生长时间后回忆起该事件时，遗忘通常是普遍的［琼斯和派普（Jones & Pipe），2002；奥恩斯泰因、贝克－沃德（Ornstein，Baker-Ward）等，1997；萨尔曼和派普（Salmon & Pipe），2000］。如果确实可以记起［古德曼（Goodman）等，2002；皮勒摩、皮卡特洛和普鲁厄特 43
（Pillemer，Picariello，& Pruett），1994］，儿童可能需要很多线索和道具以促进回忆［哈德森和菲伍什（Hudson & Fivush），1991；参见菲伍什和施瓦兹穆勒（Fivush & Schwarzmueller），1998］。例如，皮勒摩（Pillemer）和同事的研究表明，尽管 3 岁和 4 岁的儿童都记得火灾报警器响起时在学校发生的事情，并在不久之后便接受了询问，但在七年后接受询问时没有一个年龄较小的儿童能够回忆起来，只有一些较大的儿童能够记得［皮勒摩（Pillemer），1993；皮勒摩（Pillemer）等，1994；另见德鲁梅和纽科姆（Drummey & Newcombe），1995］。杰克、西姆科克和海恩（Jack，Simcock，& Hayne，2012）指出，经历过一次独特经历的 2 ~ 4 岁儿童中，约有 20% 能够在 6 年后的口头询问中对其经历进行描述，其中包括一些事件发生时年龄还不到 2 岁的儿童。鲍尔和拉基纳（Bauer & Larkina）（2015）比较了不同年龄（4 岁、6 岁和 8 岁）儿童和成年人对父母记录（或成人自我记录）事件在三年多的一系列询问中的遗忘率。与成人相比，儿童的遗忘率更高，而年龄较小的儿童比年龄较大的儿童的遗忘速度更快。

在经过很长时间的与司法相关的延迟后，儿童依然会记住一些经历。奥恩斯泰因（Ornstein）和他的同事指出，即使是很年幼的儿童，在延迟长达 6 周后也非常清晰地回忆了儿科检查信息［贝克－沃德（Baker-Ward）等，1993；奥恩斯泰因、拉鲁斯和克拉布（Ornstein，Larus，& Clubb），1993；克拉布、尼达、梅利特和奥恩斯泰因（Clubb，Nida，Merritt，& Ornstein），1993；梅利特（Merritt）等，1994；奥恩斯泰因、夏皮罗（Ornstein，Shapiro）等，1997］。对许多幼儿来说，身体检查可能是很熟悉的事情，这项研究中的良好回忆可能反映出儿童对这类检查的认识和理解。其他研究表明，与长期的平凡或中立的经历相比，长时间的延迟可能会让儿童更好地记住一些事先对此知之甚少的创伤性经历。在一项关于儿童对排泄性膀胱神经电图（VCUG，此前描述的痛苦诊断程序）回忆的研究中，尽管儿童在 6 周后接受询问时的回忆确实比在诊断后不久的回忆少了一些，但数量变化在统计学上并不显著［梅利特（Merritt）等，1994］。博格因－贝利斯（Burgwyn-Bailes）等（2001）报告了类似的对医院治疗的良好记忆，其中包括缝合面部裂伤。受伤时年龄在 3～7 岁的儿童在受伤 1 年后接受询问时，回忆起与手术几天和 6～8 周后接受询问时类似数量的特征。但是，经过长时间的延迟后，在回答暗示性问题时出现了更多错误反应，这表明记忆表征确实会随着时间的推移而发生变化。

在彼得森（Peterson）及其同事进行的研究中［彼得森（Peterson），2011；彼得森和贝尔（Peterson & Bell），1996；彼得森和沃伦（Peterson & Whalen），2001］，儿童还记得受伤以及受伤导致的医院治疗。当儿童在受伤
44 6 个月后接受询问时，他们报告的有关伤害和医院事件的信息比事件发生后不久接受询问时要少得多［彼得森和贝尔（Peterson & Bell），1996］；在受伤 2 年和 5 年后重新询问时，他们回忆起关于医院的信息比刚受伤后接受询问时有所减少，但是关于受伤的信息却和之前回忆起的一样多［彼得森（Peterson），1999，2011；彼得森和沃伦（Peterson & Whalen），2001］。尽管如此，在长时间的延迟之后，儿童对伤害和医院事件的叙述都没有比最初的询问中准确，这表明在不考虑回忆数量变化的情况下，记忆内容有变化。

菲伍什（Fivush）等（2004）重新询问了经历安德鲁飓风的儿童。结果显示，经过长时间的延迟，儿童报告的细节会变得更多而不是更少。这些儿

童在飓风发生时已经3～4岁，但在6年后接受了重新询问。这种影响非常显著，9～10岁的儿童报告的信息量几乎是事件发生后不久接受询问时的2倍［帕克（Parker）等，1998］。同样，在彼得森（Peterson）（2011）的研究中，儿童因受伤导致住院就诊的伤害报告的完整性（或结构）保持不变，但有关事件组成的报告的详细程度却随着时间的推移而增强，这可能反映了儿童对事件的更强理解能力。

无论研究的设定如何，记忆事件发生与询问之间的延迟都会对记忆轨迹的强度产生不利影响。兰姆、斯滕伯格（Lamb，Sternberg）等（2000）的研究表明，在延迟了1个多月之后，儿童报告的有关被指控的虐待的新细节要少于儿童早先回忆发生的虐待事件。因此，理想情况是在所指控的事件发生后尽快对儿童证人进行询问。询问人员应认识到，经过长时间的延迟后接受询问的儿童可能需要更多的时间来从回忆中检索详细信息，并且在长时间的延迟之后对儿童进行询问时也应该更加谨慎，因为此时儿童更容易受到暗示的影响。

尽管对于策划事件儿童更容易被误导［塞西、洛夫特斯、莱彻曼和布鲁赫（Ceci，Loftus，Leichtman，& Bruch），1994；莱彻曼和塞西（Leichtman & Ceci），1995］，而且延误时间越长，报告有关事件的信息越少［贝克－沃德（Baker-Ward）等，1993；奥恩斯泰因（Ornstein）等，1992］，最近的研究［罗伯茨和鲍威尔（Roberts & Powell），2007］表明，错误信息和测试询问的时机以及细节的类型会在反复经历后影响儿童的暗示感受性。尽管5～6岁儿童记住经历过一次事件，在很长时间后引入误导性信息比在事件发生不久后呈现误导信息更易被暗示，但反复经历事件的儿童在面对事件发生长时间后呈现的误导信息时，其陈述更为准确，但这种准确性仅发生在被问到不变的细节时。

如果在时间延迟的情况下对儿童进行询问，调查人员可能需要及时地确 45
定所指控事件的发生时间和地点。与证词的其他方面一样，有证据表明儿童可以准确地描述事件的某些时态方面，但从童年中期到青春期这种能力会发生变化［杰克、弗里德曼、里斯和扎亚克（Jack，Friedman，Reese，& Zajac），2016；李、温德肯、邦基和盖蒂（Lee，Wendelken，Bunge，& Ghetti），2016；

奥巴赫和兰姆（Orbach & Lamb），2007；帕斯曼、杜杜姆和鲍尔（Pathman，Doydum，& Bauer），2013；王、彼得森和侯（Wang，Peterson，& Hou），2010]。回忆时间顺序的不同方面的能力是不同的，回忆一天中事件发生的时间是最准确的反应类别，也是最早出现的。弗里德曼（Friedman）（1991）的研究表明，4 岁、6 岁和 8 岁的儿童能够识别先前发生的两个事件（1 周前和 7 周前）的相对新近性，以及事件发生在 1 天中的时间，但是只有 6 岁和 8 岁的儿童可以正确地记住 7 周前的事件发生在星期几、哪一个月和哪一季节。王（Wang）等（2010）的研究表明，当 8 岁、11 岁和 14 岁的儿童被问及他们开始上学之前发生的记忆（使用父母的报告作为准确性的指标）时，他们高估了 4 岁以后发生的事件过去的时间长度，并低估了 4 岁之前发生的事件过去了多长时间。

正确、及时地定位过去事件的能力在整个儿童中期和青少年时期不断发展。一项研究表明，对于发生在 8 个月前的经历，儿童（9 ~ 11 岁）比成年人具有较低的能力来识别一周中的几日和一年中的几个月，但儿童和青少年（14 ~ 16 岁）之间或青少年和成年人之间没有差异［杰克（Jack）等，2016］。这三组结果都有很高的准确性，在描述事件发生的时间上没有差异。在儿童、青少年和成年人识别事件发生的季节和年份的能力上没有发现差异［杰克（Jack）等，2016］。重要的是，所有组对时间回答的准确性（或缺乏准确性）都与他们对事件内容报告的准确性无关，而且其他研究人员也报告了类似的发现［弗里德曼和里昂（Friedman & Lyon），2005；弗里德曼、里斯和戴（Friedman，Reese，& Dai），2011；奥巴赫和兰姆（Orbach & Lamb），2007］，因此，建议此类信息中的错误或不一致之处不应被用于削弱儿童陈述中其他信息的可靠性。

在询问中帮助儿童辨别事件何时发生的一种常见做法是，将事件与具有重要意义的事件（例如，季节、生日或假日）相关联，但是最近的研究表明，儿童可能无法准确地将此类事件与涉案事件相关联。如果具有重要意义的事件发生在涉案事件之后，儿童可能会理解彼此之间“临近”或“之前”
46 发生的事件的概念。但是，如果具有重要意义的事件发生在涉案事件之前，则可能会存在问题，儿童似乎对时间和日历有线性观念，而不是周期性的理解。例如，一个 3 月生日的儿童可能不会认识到 4 月遭受的伤害是在他们生日附近发生的事，因为现在距离下一个生日只有 11 个月（相对于上一个生日仅 1 个月）。因此，儿童对具有重要意义的事件有关日期事件的回答可能不准确或存在误解［迈克威廉姆斯，里昂和夸斯（McWilliams，Lyon，& Quas），2016］。

结 论

如本章所示，我们可以自信地断言，尽管儿童能清楚地记得他们所经历的事件，但年龄和记忆力之间的关系却很复杂，并且有多种因素（包括询问人员的技能）会影响所提供信息的质量。显然，儿童（像成年人一样）可以成为提供有证据价值信息的证人。从儿童那里获得有价值的信息往往是可能的，但是需要细致的调查程序以及对儿童能力和倾向的现实认识。同时，我们还必须认识到，儿童可能需要帮助，并以精细的方式来回忆、组织和报告他们的经历。在本书中，我们着重介绍了许多有建设性的询问方法，这些方法可以提供恰当的支持却不会降低儿童的陈述质量。因此，询问人员有责任确保他们为儿童创造最佳条件，从而让儿童提供准确且详尽的描述，即使要描述的是非常痛苦创伤的经历。这样，我们就可以最大限度地提高儿童的陈述在法庭上被聆听和尊重的可能性，并保护他们不受虐待者的伤害，同时避免无辜的成年人受到诬告。

第3章

47 对证词的贡献：询问准备和提问策略

本书第 2 章描述了与调查事件和儿童相关的因素会对儿童描述其经历产生显著影响，在本章中，我们转向研究人员对询问语境的探讨，总结了为询问儿童需做好的准备，以及询问人员所采用的策略对促成儿童证词所产生的重大影响。在最初做出披露和调查询问的过程中，如何引出儿童证词，对于儿童所提供信息的质量和儿童证词可靠性的认可程度都有极大影响［布朗和兰姆（Brown & Lamb），2015；塞西（Ceci）等，2007］。因此，人们普遍认可，对儿童进行司法询问是获取宝贵信息的来源，但应始终将其视为司法调查的一部分，而非等同于整个调查。

假设儿童已对事件进行了编码，储存了记忆，并且能够提取这些记忆，为了有效地促成整个调查，儿童仍然需要报告他们所记住的内容。在整个调查进程中，询问人员最容易在儿童报告这一阶段进行干预或者施加影响，
48 因而此时就是确保良好询问做法得到实施的最佳机会。在报告阶段，有若干方法可以施加影响力。如同儿童会把自身特点和经历带入询问情景中一样，询问人员也是如此。更复杂的是，这些促成证词的因素相互作用。询问情景是动态的，询问人员和儿童通过提问和回复方式、非语言行为、融洽关系、参与程度等方式相互影响。那么，询问人员应如何准备与莎拉、本或特丽萨谈论他们可能已经遭受的虐待呢？本章概述了关于实施询问的若干问题，这些问题在得到充分考虑和准备之下，将有助于询问人员在询问中创造最佳机会从而实现儿童对其经历做出相关、准确、有条理和完整的陈述。

询　问

自儿童做出披露以来已有多长时间？
询问的次数是多少？
是否进行过询问前的评估？
有谁已经与儿童就此进行了谈话？
关系融洽吗？
询问准备如何？
已提问问题的类型是什么？
问题的分布情况如何？
是否使用其他辅助工具或技法？

自儿童做出披露以来已有多长时间？

正如儿童遭受虐待与他们将此事告诉他人之间可能存在延迟一样，儿童做出最初披露与相关司法询问之间也可能存在延迟。如前一章所述，时间延迟会导致记忆衰退。此外，从儿童做出披露到正式询问展开期间所发生的谈话也可能会“污染”儿童的回忆。对事件某些方面进行回忆和复述（例如，儿童思考该事件，或者与某个其他人谈论此事）可能会弱化记忆痕迹，给之后获取事件中未经思考或未被谈论的那些方面造成困难［村山、宫津、布克利和斯托姆（Murayama，Miyatsu，Buchli，& Storm），2014］。如果儿童对所指控的虐待行为提供了基于要点的描述或笼统的描述，以后可能很难获取和回忆任何特定经历事件的具体细节［布鲁巴奇（Brubacher）等，2011］。因此，普遍认为，在儿童做出披露后应尽快对其进行询问。 49

询问的次数是多少？

过去几十年来，对同一个儿童进行多次询问的利弊一直是一个争议性话题［布鲁克和塞西（Bruck & Ceci），2004；古德曼和夸斯（Goodman &

Quas），2008；拉·鲁伊、兰姆和派普（La Rooy，Lamb，& Pipe），2009；马洛伊和夸斯（Malloy & Quas），2009］。目前的研究主要集中在确定重复性询问会在多大程度上增加暗示感受性，而这种负面影响在法律界和学术界都引起了广泛的争论［参见布雷纳德和雷纳（Brainerd & Reyna），2005；古德曼和夸斯（Goodman & Quas），2008；拉·鲁伊、卡茨、马洛伊和兰姆（La Rooy，Katz，Malloy，& Lamb），2010］。由于对暗示性重复询问和重复询问本身两者的影响无法进行区分，因此无论专业性指导文件、检控决策还是司法事实裁决，通常都不鼓励重复询问这种做法［刑事司法制度（Criminal Justice System），2007，第 2.13、2.117、2.188 节；新西兰法律委员会（New Zealand Law Commission），1997，第 97 节；苏格兰行政院（Scottish Executive），2003，第 30 节；苏格兰行政院，2007，第 7,155 节］。然而，在许多情况下，对儿童进行不止一次的询问是非常有价值的，只要询问环境和提问类型符合询问最佳做法指南中的推荐［奥巴赫、兰姆、拉·鲁伊和派普（Orbach，Lamb，La Rooy，& Pipe），2012］。当儿童表现为不愿做出披露，而其他调查线索却表明可能发生了虐待事件时，儿童就可能会接受不止一次的询问［赛德伯格（Cederborg）等，2007］。如果儿童需要对多个事件进行叙述，或者儿童在首次询问中逐渐变得筋疲力尽或不安焦虑，也需要另行询问。此外，有新的信息浮出水面、案件重新开庭、为出庭做准备，以及在审判（例如直接询问、交叉询问和再次询问）的过程中，儿童都可能会在较长的时间延迟后再次接受询问［拉·鲁伊（La Rooy）等，2010］。

重复询问可能引发记忆恢复（reminiscence）［回忆起先前未报告的信息；奥巴赫（Orbach）等，2012］，也可能引起超常记忆（hypermnesia）（相对于前期的提取回忆尝试，报告的信息总量增加）［布雷纳德、雷纳、豪和金马（Brainerd，Reyna，Howe，& Kingma），1990；爱尔德依（Erdelyi），1996］。提取和报告信息的行为也可以重新激活最初的回忆，巩固记忆痕迹的强度，有助于随后获取提取线索［罗维－科利尔、格雷科－维戈里托和海恩（Rovee-Collier，Greco-Vigorito，& Hayne），1993；豪、卡里奇和布赖恩特－
50 布朗（Howe，Courage，& Bryant-Brown），1993］。随着记忆痕迹的加强，儿童有更大的可能生成他们自己的提取线索，而这些线索反过来也可能有助于引出额外的信息［奥巴赫（Orbach）等，2012］。

然而，如果早先询问中所报告的错误（无论是自己产生的还是对暗示性问题的回复）被纳入记忆表征［塞西、霍夫曼、史密斯和洛夫特斯（Ceci, Huffman, Smith, & Loftus），1994］，重复询问也会降低儿童叙述的可靠性。此外，在各次询问的间隔期间，儿童可能会接触到其他来源的信息，而这些信息随后也可能会融入他们的陈述之中（由于源监控错误或社会压力）。在后续的询问中，儿童也可能会做出不一致的陈述，表现为遗漏错误（omission）和张冠李戴错误（commission）［彼得森（Peterson），2011］。在调查人员、律师、法官和陪审员的眼中，这种不一致是可信度不高的表现。

重复询问的负面影响通常是在暗示性询问中表现出来的，而如果询问遵循了普遍认可的循证实践则不然［古德曼和夸斯（Goodman & Quas），2008；拉·鲁伊（La Rooy）等，2010；彼得森（Peterson），2011］。对于使用恰当询问技巧（例如，开放式提问）进行的重复性回忆的研究表明，与考量目击者证词的其他维度一样，延迟时间和所采用的提问策略都会产生影响［古德曼和夸斯（Goodman & Quas），2008；拉·鲁伊（La Rooy）等，2009，2010］。若延迟时间较短，重复询问有利于增加儿童报告高度准确信息的数量［即通过记忆恢复和超常记忆。参见拉·鲁伊、派普和默里（La Rooy, Pipe, & Murray），2005；夸斯（Quas）等，2007］。而询问间隔时间延迟较长（6个月或更长时间），儿童所报告的新信息往往不准确，但重复报告的信息却趋向于准确［拉·鲁伊（La Rooy）等，2005；萨尔曼和派普（Salmon & Pipe），1997，2000］。

是否进行过询问前评估？

为询问做好准备有助于确保获得相关、全面的信息，并能提前发现潜在的问题。虽然在过去，询问人员很少能获得关于儿童能力和局限性的有益信息，但这些信息可以帮助他们向儿童提供更好的机会就其所知情况进行交流。以英国为例，有发育性残障或沟通障碍的证人在接受询问或出庭时，可以获得“注册中间人”（registered intermediary）的帮助，以减轻相关残障造成的

不利影响［兰姆、拉·鲁伊、马洛伊和卡茨（Lamb，La Rooy，Malloy，&
51 Katz），2011；普洛尼科夫和沃夫森（Plotnikoff & Woolfson），2015］。即使没有中间人参与，对儿童发育、沟通、认知和社交功能的良好了解也能帮助询问人员对常规程序进程中的必要调整做好准备［例如，提问问题的性质、询问的次数、休息时间的安排等。参见布朗、路易斯和兰姆（Brown，Lewis，& Lamb），2015；布朗、路易斯、斯蒂芬斯和兰姆（Brown，Lewis，Stephens，& Lamb），2017；亨利、贝塔尼和卡内（Henry，Bettaney，& Carney），2011］。

有谁已经与儿童就此进行了谈话？

在司法询问中，儿童并不是从"空白的画布"开始的，他们往往已经历了家庭成员或最初做出披露对象的非正式询问［塞西（Ceci）等，2007］。这些非正式的询问或对话，有的可能意在为儿童对即将到来的询问做准备，都是儿童对事件回忆与其他来源所获信息融合在一起的机会［例如，儿童的谈话对象；普尔和琳赛（Poole & Lindsay），1995；普林西比和申德沃尔夫（Principe & Schindewolf），2012］。随着儿童对这些新的、修饰过的事件版本进行回忆（或重复），事件各方面之间的关联得以增强，但却破坏了初始的关联，而这会使儿童更加难以提取和报告那些未被扭曲的原始记忆。因此，除了探究儿童披露的信息内容之外，去了解这些披露是如何产生的、这些事件在询问前被谈论到何种程度，以及这些对话是如何展开的也十分重要。

研究表明，母亲与询问人员一样，都善于记住她们和子女之间谈话内容的总体要点而非谁说了什么具体内容，她们并不擅长准确记住儿童是自发提供的信息，还是在回答问题时提供的信息。布鲁克（Bruck）、塞西（Ceci）和弗朗克尔（Francoeur）（1999）的研究表明，父母难以回想起子女说过的话语，以及子女是如何说出这些话语的。在他们的研究中，母亲们对自己的子女（3～5岁）就母亲不在场时进行的一项游戏活动进行询问。研究要求母亲们在游戏活动结束后立即与儿童交谈以了解发生的情况。三天后，这些母亲接受了询问，考察她们对谈话内容的回忆程度。这些母亲们只报告了谈话内容的极少部分（仅5%），且只占曾经谈论过的活动内容的66%，母亲们将超过四分之一的通过直接提问所获得的信息当作儿童的自发回应。正如布鲁克（Bruck）等对研究的总结所述："我们的研究数据表明，母亲的陈述如果只是基于儿童对母亲提出的一系列直接甚至可能是诱导性提问而做出单一词汇答语这样的对话内容的重新构建，那她们可能就无法准确地回忆 52
起儿童自己的回复内容。真正令人担心的是，母亲也许可以准确地描述儿童所做披露的要点，但她们却没有意识到这种披露是源自许多重复的诱导性问题。"

科尔克曼（Korkman）及其同事在关于父母对子女向他们披露遭受性虐待的研究中也有类似发现［科尔克曼、尤索拉和桑蒂拉（Korkman，Juusola，& Santtila)，2014］。向警方提供关于自己与子女就虐待做出披露进行对话的录音的父母，就披露情况接受了询问。父母们严重低估了他们自己在信息披露过程中的表述造成的影响，也没有意识到他们所提问题的暗示性，对儿童的陈述以及儿童提供信息的自发性都进行了过度的报告。在随后一项由父母听取一段母亲询问孩子关于性虐待录音的实验研究中，也有类似的发现。在这项研究中，父母们错误地将51%的细节信息当作孩子的自发描述（其实是孩子母亲做出的描述），而父母所报告的细节信息中有12%根本不在记录之中［科尔克曼、拉亚萨洛、尤索拉、乌西沃里和桑蒂拉（Korkman，Laajasalo，Juusola，Uusivuori，& Santtila)，2015］。正如研究人员所总结的："看来，即使在理想条件下，人类逐字报告问题和回答的能力也很弱。"遗憾的是，这种选择性回忆不仅体现在父母身上，正如早期兰姆（Lamb）等（2000）进行的一项研究发现，即使询问人员表面上逐字逐句地同步转录询问笔录，他们还是系统性地误将引出的信息归因于开放式提示而非更聚焦的提示！

融洽关系的重要性

儿童对司法询问中披露虐待事件所产生后果的认识，可能会影响他们是否愿意对虐待事件做出披露以及就其经历进行讨论。儿童不愿对虐待事件做出披露或不愿接受询问可能出于各种原因，包括与犯罪者的密切关系［古德曼－布朗、艾德斯坦、古德曼、琼斯和戈登（Goodman-Brown，Edelstein，Goodman，Jones，& Gordon），2003；赫什科维茨（Hershkowitz）等，2007］，对犯罪者的忠诚感［米安、韦尔斯潘、卡利内尔－戴蒙德、勒巴伦和温德尔（Mian，Wehrspann，Kaljiner-Diamond，LeBaron，& Winder），1986］，害怕遭受报复和被抛弃［布格斯和霍姆斯特姆（Burgess & Holmstrom），1978］，同谋感、尴尬、内疚和羞愧［塞德伯格（Cederborg）等，2007；古德曼－布朗（Goodman-Brown）等，2003；赫什科维茨
53 （Hershkowitz）等，2007］，害怕给他人带来影响［布格斯和霍姆斯特姆（Burgess & Holmstrom），1978；古德曼－布朗（Goodman-Brown）等，2003］，害怕不被相信并因此受到惩罚［布朗恩和芬克尔霍尔（Browne & Finkelhor），1986］，以及害怕家庭破裂［劳森和查芬（Lawson & Chaffin），1992］。儿童常因调查启动的速度而惊慌焦虑，他们感到几乎无法控制调查过程，而且常常对他们接受询问的方式感到不舒服［韦德和威斯特科特（Wade & Westcott），1997］。司法询问中儿童要谈论的话题可能是令人尴尬、创伤性的，不同情绪可能会对儿童与询问人员交谈的意愿造成不利影响。因此，司法询问人员的任务是要创造一种气氛，让儿童愿意讨论那些通常不被允许的话题。若询问人员在这一任务中失败，无论是忽视建立融洽关系还是没有传递沟通的基本规则，儿童都不太可能完整、准确地与询问人员分享他们的经历。

在提及所调查的事项之前，与儿童建立起融洽关系被广泛推广为最佳做法［参见塞维茨、拉森、霍布斯和威尔斯（Saywitz，Larsen，Hobbs，& Wells），2015，讨论稿］。尽管如此，却很少有研究将建立融洽关系的不同方式进行对比，也未将这些方法与询问结果相联系［布朗（Brown）等，2013；哈迪和范勒文（Hardy & van Leeuwen），2004；普赖斯、埃亨和兰姆（Price，Ahern，& Lamb），2016；罗伯茨、兰姆和斯滕伯格（Roberts，Lamb，& Sternberg），2004；特奥和兰姆（Teoh & Lamb），2010］。同样，为数不多的研究对询问人员与儿童在询问中建立融洽关系阶段中的交流动态进行了审查，此类研究工作取得的证据表明，如同在询问的实质性阶段一样，询问人员话

语的性质（类型和内容）会影响儿童回复的信息量及回应度，甚至从询问一开始就如此［埃亨、赫什科维茨、兰姆、布拉斯巴尔格和温斯坦利（Ahern，Hershkowitz，Lamb，Blasbalg，& Winstanley），2014；普赖斯（Price）等，2016］。关于建立融洽关系的各种研究共同表明（如同以下描述的练习叙述一样），在此阶段，通过开放式风格的提问，询问人员可以用最少的输入来鼓励儿童做出详尽的回复。

许多研究将其询问方案开始时建立某种形式的简单融洽关系（例如，对儿童喜欢做的事情进行简短介绍和讨论）纳入考察范围。然而，包含或者排除这种简单的互动的效果如何却尚未得到验证。一些研究人员也考察了为询问创建支持性环境的其他方法（但并未对融洽关系的建立直接进行研究）。这些研究典型地表明，当询问人员以支持性行为方式对待儿童（3 ~ 11 岁）时，儿童能够更好地抵御暗示性问题，也能更为准确地叙述目标事件［阿梅里戈娜（Almerigogna）等，2007；卡特（Carter）等，1996；古德曼、博顿斯、施瓦兹－肯尼和鲁迪（Goodman，Bottoms，Schwartz-Kenney，& Rudy），1991；拉什（Rush）等，2014；夸斯和连奇（Quas & Lench），2007；夸斯 54
（Quas）等，2014］。此外，在一项实地研究中，莱维（Lewy）、西尔（Cyr）和迪翁（Dion）（2015）考察了儿童在被问及疑似虐待事件时的响应能力。结果显示，当询问人员采用非支持性询问方式时，儿童在询问过程中报告的细节信息较少。

当然，在讨论调查事件之前建立融洽关系并不能保证在整个询问过程中持续如初［塞维茨（Saywitz）等，2015］。最近，赫什科维茨（Hershkowitz）及其同事对融洽关系的建立和维持以及在整个询问过程中提供支持进行了研究，并记录了这些研究对象对儿童提供信息数量的积极影响［埃亨、赫什科维茨、兰姆、布拉斯巴尔格和卡尔尼－维塞尔（Ahern，Hershkowitz，Lamb，Blasbalg，& Karni-Visel），2018；布拉斯巴尔格、赫什科维茨、兰姆和卡尔尼－维塞尔（Blasbalg，Hershkowitz，Lamb，& Karni-Visel），2018；参见本书第 9 章］。早期埃亨（Ahern）等（2014）进行了一项实地研究，对比了 NICHD 调查询问方案的支持性版本和标准版本。研究表明，当儿童说出不愿讨论的话语后，询问人员跟进使用支持性的评论，随后儿童更有可能做出回应，而不是表现出不情愿。（有关 NICHD 调查询问方案的支持性版本及相关研究详见本书第 9 章。）因此，在儿童与询问人员的互动中，瞬间的得失往往取决于询问人员如何回应儿童所表达出的不情愿。这更加说明，在整个询问过程中监测儿童的动机、状态和融洽关系的重要性。

本书第 9 章中讨论的大部分研究都在探讨如何更好地与儿童建立融洽关系从而促进其进行完整而准确的叙述，同时避免对儿童有限的注意力和认知资源造成负担（例如，过度延长询问时间）。使用修订版 NICHD 调查询问方案进行的研究也说明如何有效（且安全）地与不愿配合的儿童建立融洽关系，这些儿童往往在询问的实质性阶段之前就有不愿沟通的表现［奥巴赫、希洛阿赫和兰姆（Orbach，Shiloach，& Lamb），2007］，有的儿童还呈现出高度焦虑或痛苦状态。如何与不同性格的儿童建立融洽关系，如何在询问过程中监测融洽关系的持续程度，当询问人员和儿童之间的融洽关系破裂时又如何以最佳方式恢复，这些都有待于进一步研究。

帮助儿童为询问做好准备——基本规则

为实现互动而建立“基本规则”，是帮助儿童做好接受询问准备的一个重要方面，这样的做法被普遍推广。这些基本规则通常包括给予儿童以下任
55 何或所有的指令，从而帮助儿童：不受限制地描述其经历（例如，“告诉我所有的事情，甚至是小事情”）；只报告他们确信的情况（例如，“不要猜测，只告诉我你真正知道的情况”）；认识到询问人员对所发生事情并不知情（例如，“我不知道发生了什么”）；据实以述（“只需告诉我真正发生了什么”）；在不知道问题答案时做出表示（例如，“如果你不知道某个问题的答案，就说‘我不知道’”）；不理解某个问题时做出示意（例如，“如果我说的内容你不明白，就告诉我”）；在询问人员表达内容有误时做出纠正（例如，“如果我犯错了，你就纠正我”）［布鲁巴奇、普尔和迪金森（Brubacher，Poole，& Dickinson），2015］。

基本规则被认为可以帮助儿童减轻在司法询问中面临的一些挑战。儿童从小就学会了如何建构性地描述其经历，这很大程度上是通过他们与父母的

互动实现的［菲伍什（Fivush），2011；尼尔森和菲伍什（Nelson & Fivush），2004；萨尔曼和里斯（Salmon & Reese），2015］，儿童可能会认为一个好的故事会优于一个准确的故事。例如，库尔科夫斯基（Kulkofsky）、王（Wang）和塞西（Ceci）（2008）的研究发现，与提供简短叙述内容的儿童相比，能更有组织、更详细地叙述事件的儿童通常对该事件具体细节的描述并不准确。当然，把讲好故事放在首位与司法询问的目的是不一致的。因此，强调据实以述重要性的基本规则可以凸显司法询问的重要性，同时也可以减少为构建好故事而进行修饰性描述。

一份公开发布的对疑似虐待事件进行司法询问的评估报告显示，很少说“我不知道”的儿童，对所有提示做出回复的比例不到 6%［埃尔哈特（Earhart）等，2014］。儿童不太可能意识到在这种情况下受到鼓励而做出“我不知道”的回答也是有价值的回答［斯科博里亚和菲西科（Scoboria & Fisico），2013］，在其他环境下（例如，在他们与父母对话时，或当老师考查他们知识时），他们也会受到鼓励（甚至压力）来回答具有挑战性的问题。儿童也可能难于承认他们不理解询问人员的要求，因此告诉他们这样做确实没问题，可以令他们得到宽慰。最后，询问人员在与儿童交谈时也会犯错，可能是错误地解读了某个陈述［兰姆、奥巴赫、斯滕伯格、赫什科维茨和霍罗威茨（Lamb，Orbach，Sternberg，Hershkowitz，& Horowitz），2000；罗伯茨和兰姆（Roberts & Lamb），1999］，或者引入了具有误导性的或不正确的信息。当这些错误发生时，很重要的一点是儿童能直接指出这些是错误的，否则可能意味着对错误信息的默许或确认。然而，儿童却常常不会直接对这些错误做出示意［伊万斯、罗伯茨、普赖斯和斯特费克（Evans，Roberts，Price，& Stefek），2010；亨特和博尔吉达（Hunt & Borgida），2001；罗伯茨和兰姆（Roberts & Lamb），1999］，他们也不太可能在其他环境下得到质疑 56
或纠正成年人错误的强化［布鲁巴奇（Brubacher）等，2015］。因此，明确告知儿童在询问中应对询问人员的错误进行纠正，能够提高儿童采用此举的可能性。

基本规则通常是一个统称，但其实各条规则涉及的是儿童在询问中的各种不同行为。虽然有些规则已经得到了广泛的研究和实证研究的支持［例如，引出据实以述的承诺：伊万斯和李（Evans & Lee），2010，里昂和多拉多（Lyon & Dorado），2008，里昂（Lyon）等，2008，塔瓦尔、李、巴拉和琳赛（Talwar，Lee，Bala，& Lindsay），2002，2004；鼓励儿童在适当的时候说“我不知道”，但他们在知道答案时要做出提供信息的回复：吉、格雷戈里和派普（Gee，Gregory，& Pipe），1999，塞维茨和莫昂－哈迪（Saywitz & Moan-Hardie），1994]，但其他规则则仅有极少量的（尽管是肯定的）证据支持［例如，告诉儿童询问人员对他们的经历一无所知：米尔德和瓦里吉（Mulder & Vrij），1996；告诉儿童不要猜测：沃伦、赫尔斯－特罗特和塔布斯（Warren，Hulse-Trotter，& Tubbs），1991；指导儿童在询问人员犯错时纠正他们：沃伦（Warren）等，1991]。

在实践中对基本规则的应用与遵循［亦称为拓展示范与教学，例如，丹比、布鲁巴奇、沙曼和鲍威尔（Danby，Brubacher，Sharman，& Powell），2015；克拉茨科和林恩（Krackow & Lynn），2010］看似是有必要的，因为这样可以确保儿童从基本规则的介绍中受益［布鲁巴奇（Brubacher）等，2015］并适当地遵守这些规则。例如，对于指导幼儿表达“我不知道”影响的早期研究发现，除非儿童也被告知在知道答案时不应这样做，否则儿童有过度使用这个表达的倾向［吉（Gee）等，1999；塞维茨和莫昂－哈迪（Saywitz & Moan-Hardie），1994］。

新的研究证据表明，儿童对于基本规则的理解程度［迪金森、布鲁巴奇和普尔（Dickinson，Brubacher，& Poole），2015］、使用情况［丹比（Danby）等，2015］和受益程度［埃尔哈特（Earhart）等，2014；特奥和兰姆（Teoh & Lamb），2013］取决于他们的年龄和能力差异［布朗（Brown）等，2016］。迪金森（Dickinson）等（2015）的研究表明，儿童对不同基本规则的理解随着年龄的增长而增强。对学龄前儿童（4～5岁）进行指导，让他们去纠正询问人员并在询问人员说错时告诉询问人员，难度较大。到7岁左右时，大多数儿童可以在练习中表现出对几条基本规则的准确理解，在单独调查各个规则时，他们通常也表现得很好。然而，在7条基本规则中，即使是在最大年龄的儿童（8～9岁）中也有39%的儿童至少对其中一条规则无法理解。丹比（Danby）等（2015）对迪金森（Dickinson）等的研究进行了拓展，对于在练习中已表现出熟练程度的儿童进行观察，看他们是否会在询问中或回答一些延迟性测试问题时运用规则。丹比（Danby）等的研究发现，使用“不知道”规则的练习增进了儿童在询问中对此规则的自发运用（相对 57
于那些被告知可以说“我不知道”但却没有经过练习的儿童），但是练习却并没有提高儿童叙述其经历的准确性。然而，无论儿童是否进行练习，他们仍然很少说“我不明白”或者去纠正询问人员。

尽管将各种基本规则与已知直接影响儿童证词质量的各种因素相结合的研究尚未系统性开展，但几乎没有证据表明这些基本规则会对儿童提供证词产生不利的影响。然而，关于各项基本规则以及如何以最佳方式向处于不同发育水平的儿童呈现这些规则，还有待深入研究［布朗（Brown）等，2016；布鲁巴奇（Brubacher）等，2015］。我们还需要了解应当何时引入这些规则，在询问各个阶段向儿童提示这些规则所产生的影响，以及儿童在询问过程中对规则的运用是否提高了他们叙述的整体可靠性。

帮助儿童为询问做好准备——叙述练习

儿童准备参加询问的方式会影响他们如何回复后续的提问［参见罗伯茨、布鲁巴奇、鲍威尔和普赖斯（Roberts，Brubacher，Powell，& Price），2011，综述］，这是因为儿童不太可能自己认识到司法询问与日常谈话有着非常不同的目的和需求［兰姆和布朗（Lamb & Brown），2006，讨论稿］。在日常谈话中，儿童描述事件时常常被鼓励要聚焦于关键行动、提供宽泛的总结或概述，无须包含众多细节信息，但司法询问的目的却是专门获取那些丰富的细节信息［兰姆和布朗（Lamb & Brown），2006］。此外，儿童仍处于叙事能力和学习如何构建有效叙事的发展过程中［包括关于环境、地点、人物及其动机、后果等的细节；里斯（Reese）等，2011］。让儿童在司法询问的准备阶段对其近期经历进行叙述练习，有以下益处：①可以帮助儿童了解询问人员所需信息的类型，从而充分了解儿童的经历（信息细节的程度、对具体事件的描述而非一般性总结）；②给儿童机会让他们对各种提示做出回复，在询问的实质性阶段询问人员将使用这些提示来鼓励儿童进行详尽阐

述；③建立更广泛的融洽关系；④使询问人员有各种机会熟悉儿童的沟通交
58 流方式。重要的是，练习叙述的方式影响着儿童在随后询问中的报告［普赖斯、罗伯茨和柯林斯（Price，Roberts，& Collins），2013；罗伯茨（Roberts）等，2004；斯滕伯格（Sternberg）等，1997］。鼓励儿童描述特定的中性事件能促进他们使用情景性语言来叙述目标事件。此外，对重复事件中具体实例的关注有助于幼儿自发报告多个事件的发生，并更加详细地描述每次事件［布鲁巴奇（Brubacher）等，2011］。所使用的提示类型也很重要：宽泛开放的提示（例如，“告诉我关于那件事你能记住的所有内容”）能够鼓励儿童做出更详细的报告［普赖斯（Price）等，2013；罗伯茨（Roberts）等，2004；斯滕伯格（Sternberg）等，1997］，而使用更狭窄的聚焦式问题时则不然［布朗（Brown）等，2013；普赖斯（Price）等，2013］。重要的是，叙述练习中的开放式风格促进了询问人员在询问的实质性阶段继续采用这种方式［普赖斯（Price）等，2013］，而这也能总体上减少询问人员使用的提示数量［普赖斯（Price）等，2013］，并且实质性提问的时间也能缩短［布朗（Brown）等，2013］。其他研究人员也检验了在实质性询问之前对儿童叙述事件进行明确训练的好处，研究结果也表明此举可以增进儿童的叙述能力［例如，布朗和派普（Brown & Pipe），2003a、2003b；坎帕罗、瓦格纳和塞维茨（Camparo，Wagner，& Saywitz），2001；塞维茨和坎帕罗（Saywitz & Camparo），2013；塞维茨和斯奈德（Saywitz & Snyder），1993，1996］。

奥巴赫（Orbach）及其同事（2016）建议，在询问的实质性阶段之前应当为儿童和询问人员创造更多机会来练习记忆提取［参见兰姆、奥巴赫、赫什科维茨和艾斯普林（Lamb，Orbach，Hershkowitz，Esplin）等，2007；奥巴赫（Orbach）等，2000；斯滕伯格（Sternberg）等，1997］，同时应尽量减少暗示性提示的使用。由于询问人员常将其自己的陈述与提问问题混淆［科基、鲍威尔和休斯 - 斯科尔斯（Cauchi，Powell，& Hughes-Scholes），2010；兰姆、奥巴赫、斯滕伯格、赫什科维茨和霍罗威茨（Lamb，Orbach，Sternberg，Hershkowitz，& Horowitz），2000；伊和兰姆（Yi & Lamb），未发表的数据］，且暗示性提示可能以任何形式出现（例如，开放式邀请、指示性提示、是/否型问题和强制选择性问题），奥巴赫（Orbach）及其同事

(2016）集中研究了如何增强询问人员在司法环境中辨别是否构成“暗示性”输入的意识，从而提高他们用非暗示性信息请求来取代暗示性信息请求的能力。

对儿童做出陈述的其他影响：询问人员很少会在不了解被指控内容的情况下开始询问。询问人员对儿童可能做出的关于披露的解释会产生假设，而这可能会影响询问人员提出的问题类型，并限制儿童对不同的解释提供其支持性信息的机会。换言之，询问人员的偏见可能会导致出现一系列旨在确认特定假设或解释的问题，而不是对各种可能的解释进行检测［塞西（Ceci）等，2007］，这会对儿童报告的内容产生不适当的影响，即使所使用的问题 59
是开放式的。伴随着问题的非言语性线索也可能会对儿童回复产生影响。例如，询问人员的语气、手势和面部表情可能会传达出询问人员期望回复的信息，或者会选择性地强化儿童予以回复（或不回复），就像重复提问一样［埃尔哈特（Earhart）等，2014］。

◆ 提问的问题类型

通过运用一系列方法的研究，我们了解了询问人员的提问策略是如何影响儿童回复的，这些研究包括针对各种影响儿童回忆事件方式和内容的因素进行严格控制的实验室研究，也包括审查为调查疑似虐待而对儿童进行司法询问的实地研究。尽管检验询问策略影响儿童回复的方法各不相同，但各种研究得出的结论却是相当一致。虽然年长儿童通常比年幼儿童提供的描述更加详细，尤其是在自发或自由回忆过程中，但儿童描述的准确性随着年龄的增长而保持惊人的稳定——至少儿童在回复高度开放的问题时表现如此［施耐德和比约克隆德（Schneider & Bjorklund），2003］。问题类型对儿童回复的数量、准确性和条理性有着广泛的影响。宽泛的开放性提示（例如，“告诉我关于那件事你所记得的一切”）和那些将已披露细节作为线索来鼓励儿童对先前报告过的信息做出详尽阐述的提示方法（例如，“你告诉过我他做了些特殊的事情，再跟我说说那些特殊事情的更多情况”）都要求“自由回忆式”的回复，这些回复与聚焦性提示下的回复相比，具有更高的准确性［布朗（Brown）等，2013］，产生了更多与司法相关的重要信息［菲利普斯、奥克斯伯格和麦克里博斯特（Phillips，Oxburgh，& Myklebust），2012］，以及减少了陈述中前后不一致的矛盾［兰姆和福希耶（Lamb & Fauchier），2001；奥巴赫和兰姆（Orbach & Lamb），2001；奥巴赫（Orbach）等，2012］。与聚焦性提示相比，儿童对开放性提示的回复也更加有条理，更有组织性［费尔蒂斯（Feltis）等，2010］。

与要求自由回忆的开放性提示相比，聚焦性的回忆提示（线索性回忆，cued-recall）将注意力再次集中在已经做出披露的、与指控相关的信息上，在使用特指问题（“Wh-”）（例如，当提到“汽车”时问“他的车是什么颜色的?”）获取更多具体细节信息时限定了范畴。可想而知，这样做获得的细节信息会更少，错误更多［布朗（Brown）等，2013］，陈述中的矛盾之处更多［兰姆和福希耶（Lamb & Fauchier），2001］。与任何其他类型的提示相比，聚焦性的再认提示（例如，是/否类问题或多项选择类问题）向儿童引入了
60 询问人员生成的信息，容易导致获取的细节信息更少［塞德伯格、奥巴赫、斯滕伯格和兰姆（Cederborg，Orbach，Sternberg，& Lamb），2000；科尔克曼、桑蒂拉和桑纳巴（Korkman，Santtila，& Sandnabba），2006］，出现更多错误和前后不一致的陈述［安德鲁斯（Andrews）等，2015；弗里德曼和里昂（Friedman & Lyon），2005；兰姆和福希耶（Lamb & Fauchier），2001；奥巴赫（Orbach）等，2016；奥巴赫和兰姆（Orbach & Lamb），2001；沃特曼（Waterman）等，2000］。

在实地环境中，儿童提供的细节信息难以得到独立验证，但研究人员替代性地以出现内在相互矛盾信息的发生率来指示不准确性。在一项此种研究中，兰姆（Lamb）和福希耶（Fauchier）（2001）对7名疑似遭受过性虐待的儿童受害者提供的司法性信息细节中的重复或矛盾情况进行了审查，研究发现，暗示性提问不成比例地引发了大量的矛盾性描述，而在自由回忆提示下儿童的回复却从未出现过矛盾的情况。

与兰姆（Lamb）和福希耶（Fauchier）（2001）的研究一样，奥巴赫（Orbach）和兰姆（Lamb）（2001）在研究中关注了与矛盾信息提取相关的诱发条件，但兰姆（Lamb）和福希耶（Fauchier）研究的是“平均水平”（average）的询问（当时世界各地调查机构的询问人员同行所进行的结构相

似、质量相当的询问)。奥巴赫（Orbach）和兰姆（Lamb）(2001) 研究选中的这一次调查性询问，具有过度依赖冒险做法的特点，他们希望通过对这次询问的研究，来说明这些不良做法会在多大程度上造成内在矛盾。在奥巴赫（Orbach）和兰姆（Lamb）(2001) 所研究的这次询问中，调查人员从询问一开始就使用提供选项或暗示性的话语，而在询问人员第一次提供选项或做出暗示性提示之前儿童没有提供任何信息。在询问的 195 句实质性话语中，有 143 句（占 73%）在性质上都是属于提供选项或暗示的。提供选项或暗示性话语中有 59 句（占 41%）与矛盾性的细节信息相关，这些语句要么引出了后来的矛盾信息（14 句话语，占 24%），要么引出了与之前已报告的信息相矛盾的新信息（45 句话语，占 76%）。在此项研究中，许多（占 85%）引起矛盾信息的话语都属于是/否类问题。此外，重复使用的语句，在 20 句提供选项的话语中占 5 句（占 25%），在 25 句暗示性话语中占 13 句（占 52%）。

类似地，在询问期间儿童提供的 403 项细节信息中，有 138 项（占 34%）自相矛盾，其中 51 项信息与后来报告的信息相矛盾，87 项信息与先前提供的信息相矛盾。此外，矛盾性话语中有超过 50% 与这名儿童先前做出的否认是相对立的，而这些话语中有 91% 是儿童对询问人员做出的提供选择或暗示性提示的回复。在 87 项矛盾性细节信息中，有 82 项（占 94%）是由 61
询问人员提供选择或暗示性话语引出的。如果询问人员使用的是开放性话语，则没有出现矛盾性信息。本书第 6 章详细描述了更广范围的实地研究［兰姆、奥巴赫、赫什科维茨、霍罗威茨和阿尔伯特（Lamb，Orbach，Hershkowitz，Horowitz，& Abbott)，2007］，该研究也得到了类似的研究结果。

最近的一项研究针对 6 ~ 12 岁疑似遭受性虐待的儿童受害者的庭审证词进行了审查，研究发现，与其他任何类型的提示相比，庭审律师提出的暗示性问题明显引发了更多的自相矛盾证词［安德鲁斯（Andrews）等，2015］。

奥巴赫（Orbach）及其同事（2016）在一项研究中将询问中出现的矛盾作为不准确性的指标，对 229 组儿童对暗示性提示做出的回复的一致性进行了评估，其中，儿童就相同问题（在同一询问中）已在询问初期进行了回答。144 名 4 ~ 13 岁疑似遭受性虐待的儿童受害者所做的司法陈词被列为 229

组回复进行鉴别。尽管总的来说，儿童在回复询问人员的暗示时，更可能对他们先前的陈词予以证实（80.4%）而不是否认（19.7%），但儿童陈述自相矛盾情况出现的可能性与询问人员的诱发性暗示性提示是相关的。

在奥巴赫（Orbach）等研究中使用的用于区分暗示性提示与暗示性输入类型的三种互斥的详细分类中，在介绍性提示（介绍某项未被披露的具体指控内容）和对抗性提示（对证人陈述的真实性提出疑问）之下，可能出现自相矛盾的情形明显更多，而在推想性（假设或暗示某项未被披露的具体指控内容）暗示提示之下则较少。有趣的是，尽管对抗性提示只占暗示性提示总数的5%，但它们引发了31%的矛盾性回复［奥巴赫（Orbach）等，2016］。对抗性提示的危险性在奥巴赫（Orbach）和兰姆（Lamb）（2001）的研究结果中也十分明显，在对一名5岁儿童进行的司法询问中，40%的矛盾性细节信息都是在询问人员质疑儿童陈述真实性时使用暗示性提示所获得的。

实验室研究中的对抗性提示大多是在类似游戏或是与个人无关紧要的策划上演事件中出现的，与实验室研究的环境不同，司法环境下的对抗性提示涉及在个人和情感上具有重要意义的疑似经历事件（例如，“你说过……但警官告诉我……”）。因此在司法案件中，询问人员做出的对抗可能具有相当的挑战性，导致儿童认同询问人员的暗示，即使这样的做法与他们之前的主张互相矛盾［参见奥尼尔和扎亚克（O'Neill & Zajac），2013；扎亚克
62 （Zajac）等，2003］。如此的前后矛盾可能会对儿童在法律环境中的可靠性和感知可信度造成负面影响，对年幼儿童而言，尤其如此［博格鲁德、马格努森和梅林德（Baugerud，Magnussen，& Melinder），2014；盖蒂、古德曼、艾森、秦和戴维斯（Ghetti，Goodman，Eisen，Qin，& Davis），2002；扎亚克、奥尼尔和海恩（Zajac，O'Neill，& Hayne），2012］。

◆ 回忆与再认过程

重要的是，询问人员使用的各种提示激发了不同的记忆提取机制。邀请和指示性提问都依赖回忆（recall），而提供选项和暗示性提问则有赖于再认（recognition）记忆过程。当询问人员使用开放式提示来探索儿童的记忆时，儿童需要在他们的记忆中进行搜索，尝试提供尽可能多的他们所“记得”的

相关信息。在这种方式之下，信息交流是由儿童主导的，儿童可以专注于他们最容易记住、最容易获取（或许也是最显著）的内容并进行报告。相反，若儿童需要对询问人员所提供的信息做出选择、确认或否认，再认记忆就被启动了。一旦使用这些问题，询问人员就变成了信息交流的主导者，这可能会干扰儿童从自己提取的线索中生成信息的能力，并导致潜在的重要信息未被包含在儿童的陈述之中。

再认的探查方法将儿童的注意力重新集中在调查人员所感兴趣的领域，并对儿童施加了更大的压力要他们做出反应，而不考虑儿童对自己的反应是否确定。由于反应偏向（response bias）（例如，不经过思考就回复“是”或“否”的倾向）以及对仅在先前询问中提及的细节信息或者从经历过事件的要点中推断的信息的错误再认［布雷纳德和雷纳（Brainerd & Reyna），1996］，再认的探查方法更有可能让儿童在作为目击者的语境下做出错误的回复。因此，优秀的询问人员应当使用开放性提示，最大限度地通过自由回忆来将引出错误信息的风险降至最低。

当然，儿童通过自由回忆所报告的信息并不总是准确的，尤其是在事件发生于询问之前很久时，或者在事件前［莱彻曼和塞西（Leichtman & Ceci），1995］或事件后儿童记忆的信息受到污染［莱彻曼和塞西（Leichtman & Ceci），1995；普尔和琳赛（Poole & Lindsay），1995，1997；普尔和怀特（Poole & White），1993；沃伦和莱恩（Warren & Lane），1995］，但这些信息可能还是比使用再认线索或提示所引出的回复信息更为准确。当询问人员把儿童先前自发话语中提供的信息作为进一步阐述的“线索”时，儿童简短的初始回复的完整性就可以得到提升［即“线索性邀请”（cued-invitation），例如，“你说那个男人触碰了你，告诉我更多关于触碰的情况”］［兰姆（Lamb）等，2003］。

开放性提问虽然是从儿童处引出详细而准确叙述的最有效方法，但并不是 63
保证回复内容可靠的灵丹妙药。尽管开放性提问通常会引起儿童做出详细的叙述性回复，但与其他类型的提示相比，开放性提问也与儿童更频繁地不做回复相关［科尔克曼、桑蒂拉和桑纳巴（Korkman，Santtila，& Sandnabba），2006；科尔克曼、桑蒂拉、韦斯特克和桑纳巴（Korkman，Santtila，Westeråker，&

Sandnabba），2008；梅林德和吉斯特拉普（Melinder & Gilstrap），2009；沃夫曼、布朗和约瑟（Wolfman，Brown，& Jose），2016］。此外，尽管儿童回复开放性问题的准确性通常更高，但在回复开放性问题时儿童提供的具体细节信息可能并不准确，就像他们回复更具聚焦性的问题时一样。在更为正式的调查询问中，开放性问题的广泛使用尤为重要，因为这样的提问尽管无法克服询问之前的暗示、错误信息或污染带来的不良影响，但却可以防止对儿童回忆的进一步暗示性影响。

不同发育水平儿童对询问人员提问回复的差异

研究儿童对各种类型提问做出回复的更细微差异，有助于揭示儿童回答开放性问题的能力是如何发展的。尽管年龄很小的儿童（例如，3～4 岁）在回答开放性问题时（例如，"告诉我关于那件事你能记住的一切"），能够提供有意义的信息，但这个年龄阶段的儿童，在聚焦性回忆提问（指示性问题）下（例如，当儿童已提到过"汽车"时，提问"他的车是什么颜色的?"），最能提供有用的信息。例如，赫什科维茨（Hershkowitz）等（2012）的研究表明，3 岁和 4 岁的儿童对聚焦性回忆提示（特指类提问）的回复，比对开放性提示下做出的回复更为详细，但 5～6 岁儿童的情况则恰恰相反。其他研究表明，4～6 岁儿童和 7～8 岁儿童在开放性提示下，回复每个提示语所提供的细节信息数量相当。因此，从 4～5 岁这个年龄段开始，其发育差异已不像在学龄前儿童中那么明显。学龄前儿童似乎能从询问人员狭义的特定要求中获取更多结构化的输入，或许是因为特指类提问为儿童提供了更具体的提取线索（例如，对需要关注的信息类别发出信号）。事实上，也有其他研究人员认为，开放性提示可能会引起更多儿童不做回复的情况，因为这些提示语没有为儿童提供足够的解构和指导来帮助他们理解和回答问题［科尔克曼（Korkman）等，2006，2008；梅林德和吉斯特拉普（Melinder & Gilstrap），2009］。

提问问题的分布情况 64

通常将询问方法比喻为一个漏斗，开始时提出开放性问题，然后随着询问的展开，逐渐转为更窄或更具体的问题［费希尔、罗丝和卡荷尔（Fisher, Ross, & Cahill），2010］。正如我们将在下一章描述的，这种漏斗式方法经常在对实地询问的评估中被提及，随着提出的问题大量出现，开放性邀请更多地出现在询问的前半部分而非后半部分［斯滕伯格（Sternberg）等，2001；沃夫曼、布朗和约瑟（Wolfman, Brown, & Jose），2016a、2016b］。漏斗式方法的问题在于，邀请的积极效果无法在整个询问过程中作用于儿童。此外，当更具体的问题在后面的询问中被引入时，儿童的回忆能力可能已经耗尽，此时再提出这类问题其负面影响可能会加剧。其结果是，儿童可能更容易受到这些问题对他们施加的社交和认知要求的影响。也有其他专家指出，暗示性问题的存在（和频率）并不一定会导致整个询问都具有暗示性，都有问题［塞西（Ceci）等，2007］。相反，重要的是要考虑这些问题在更广泛的询问背景下是如何分布使用的。事实上，布朗（Brown）等（2013）在对 NICHD 调查询问方案的一项实验室模拟研究中发现，儿童对（温和的）引导性和误导性问题的回复非常准确。对此他们推测，这样的结果可能是以下原因形成的：①暗示的温和程度；②本书 NICHD 调查询问方案所倡导的“配对”（pairing）做法产生的积极影响。“配对”是指在任何聚焦性问题（指示性、提供选项性或暗示性问题）之后立即跟进提出邀请（例如，“把你知道的关于那……的一切都告诉我”），从而鼓励儿童由自己主导进行详尽阐述，同时限制询问人员对儿童的信息输入。当询问人员遵循这一原则时，他们不仅更有可能向儿童发出更多的邀请，而且能在整个询问过程中都保持使用邀请。对于年幼的儿童而言，这种方法可能尤为重要，这些儿童可以受益于更为丰富的提问结构，这种结构帮助他们将回复组织成为连贯而详细的叙述［里斯（Reese）等，2011］。

是否使用视觉辅助工具或技巧？

许多专业询问方案和咨询文件都列举了视觉辅助工具（例如，玩偶、人体图、绘画）供询问儿童时使用［例如，美国检察官研究所（APRI），2003；美国虐待儿童问题专业协会（APSAC），2002；新西兰警务/儿童、青少年和家庭（New Zealand Police/Child，Youth and Family），2015；英国内政部（Home Office），2011；普洛尼科夫和沃夫森（Plotnikoff & Woolfson），2009］。列举
65 的这些辅助工具说明，玩偶和身体图示仍然是询问人员常用的工具之一。使用辅助工具的主要目的是：①减少出现儿童可能不愿意透露其过去经历的情形；②增强从所讨论事件的相关信息记忆中的提取；③辅助建立融洽关系并使儿童在询问过程中更放松［普尔和迪金森（Poole & Dickinson），2014］。

我们将在第 10 章回顾视觉辅助工具效果的相关证据，在此预告我们在那里得出的结论：几乎没有证据表明这些辅助工具有效地改善了儿童的回忆，至少当它们与详尽的最佳询问做法一起使用时是如此［参见布朗（Brown），2011，讨论稿］。在使用这些辅助工具进行询问时，儿童陈述的可靠性可能会受到影响，因为询问人员对风险问题的使用增加，这可能导致儿童陈述中错误数量增加。

关于视觉辅助的潜在作用，除了用于辅助回忆的目的之外，几乎没有其他研究（例如，建立支持性询问环境、增加儿童的参与度以及改善询问体验）［卡茨、巴内茨、赫什科维茨（Katz，Barnetz，& Hershkowitz），2014；普尔和迪金森（Poole & Dickinson），2014］。虽然使用视觉辅助工具可能会通过打破与陌生人面对面的询问中可能出现的一些社交障碍，从而间接地促进回忆，但可想而知，这样的工具容易令儿童忽略询问重点，进行更多偏离主题的语言表达，进而发展成不实的陈述。

结　论

司法询问可能会令儿童感到畏惧的原因有很多——参与询问的结果可能

会令他们不安；他们需要与不熟悉的成年人互动；询问要谈论的话题对他们而言可能很难（出于情感和认知方面的原因）；以及儿童不习惯扮演专家的角色，去具体详尽地讲述他们所经历的事件。因此，儿童面对这些要求的准备程度，会影响他们对询问的参与度和贡献。然而，这样的准备最好是在询问中进行，因为询问前的准备或指导（例如，父母的指导）可能会不可逆转地改变儿童对事件的记忆和描述。最重要的是询问人员引出儿童证词所使用的策略——提问问题的种类、问题在整个询问中的分布，以及是否使用其他工具（例如，视觉辅助工具）。已有大量的证据记载了使用不同询问策略的 66
优势和风险。这些证据表明，开放性邀请对儿童回忆最为有利。然而，正如我们将在下一章中描述的，询问人员通常不会在其询问过程中广泛使用此类提示。

第4章

67 调查人员通常如何询问疑似受害者？

对促进或妨碍儿童提供有用且可靠证词的能力的因素进行的研究得出了一致的结果，这为一系列最佳做法指南和询问方案提供了依据。显然，询问人员对儿童发育的了解程度，以及儿童对自身经历的记忆和描述过程，都会影响询问人员进行司法询问的有效性。在本章中，我们将重点关注在对疑似受害者进行调查询问时，询问人员在多大程度上实际遵守了儿童目击者证词研究中提出的建议。

正如第 2 章和第 3 章所指出的，许多研究人员研究了儿童提供其过去经历的准确信息的能力，而其他研究人员则特别关注儿童的局限性和脆弱性（例如，暗示感受性）。总的来说，研究表明，尽管儿童能够清楚地记住他们经历过的事件，但年龄和记忆之间的关系是复杂的，有多种因素影响所提供信息的质量。就我们当前的目的而言，也许这些因素中最重要的是询问人员
68 获取信息的能力以及儿童表达信息的意愿和能力，而不是孩子的记忆能力。显然，从儿童那里获得有价值的信息是可能的，但这样做需要细致的调查程序，以及对儿童的能力和倾向的现实认识。

推荐的询问方法

多年以来，专家专业团队和个人已经针对询问儿童公布了描述最佳循证实践的共识性声明或正式的指导准则［例如，美国儿童虐待职业协会（APSAC），2012；布朗和兰姆（Brown & Lamb）2015；英国内政部（Home Office），2011；拉·鲁伊（La Rooy）等，2015；奥巴赫、赫什科维茨、兰

姆、斯滕伯格和艾斯普林（Orbach，Hershkowitz，Lamb，Sternberg，& Esplin）等，2000；普尔（Poole），2016；塞维茨和卡帕洛（Saywitz & Camparo），2013；塞维茨、里昂和古德曼（Saywitz，Lyon，& Goodman），2011]，这类文件就下列关于询问儿童的原则达成了一致：

· 应当在疑似犯罪行为发生后尽快对儿童进行询问。询问人员应当采用以儿童为中心的询问方法，此方法应当在整个询问过程中使用无输入的开放性提示（open-ended prompts）（告诉我发生了什么）以及线索（cues）[例如，你（儿童）之前提到（已披露的内容），告诉我关于那方面的一切情况]，引导儿童做出详细的自由回忆叙述，同时应当尽量避免引入任何信息。

· 询问人员应当在开放性自由回忆提示（open-ended free-recall prompts）用尽之前，对提出聚焦性回忆问题（focused-recall questions）（指示性提示，directive prompts）保持克制，这种问题要求询问对象针对某一之前披露过的问题的某一特定方面回复额外的信息（例如，时间、外貌；“什么时候发生的？”或“那辆小车是什么颜色？”）。

· 询问人员使用再认提示（recognition prompts）（他触摸了你吗？）应当尽可能地推迟到询问后期，并且只能在引导出之前未披露过的适用于法庭所必需的相关信息时使用。

此外，大多数专家赞同儿童将会从询问前的准备中获益，准备包括解释儿童和询问人员各自的角色、解释询问的目的以及解释询问的“基本规则”。（例如，限定儿童自己对事件的描述，儿童只能描述真正发生在他们身上的事情，以及儿童在必要的时候可纠正询问人员、要求询问人员解释或者澄清，以及承认自己不知道。）

专家一致强调了使用开放性提示引导获得的自由回忆叙述性回复的价值，这种价值根植于实验室的许多类似研究。这些研究一致地表明，使用自由回忆开放性（邀请）和聚焦性回忆（指示性）提示引导获得的信息，很可能比 69
使用聚焦性再认提示（focused-recognition prompts）（提供选项或者暗示）获得的信息更为准确。

自由回忆邀请和聚焦性回忆指示性问题不包含任何源自询问人员的信息输入，并要求儿童从其记忆中回忆信息，相反，聚焦性再认提示（focused-recognition prompts）要求儿童识别由询问人员提出的一个或多个选项。在实地研究中评估其准确性时，观察到了同样的模式：儿童对司法询问人员提出的回忆提示的回复，与对再认提示的回复相比，可能更加准确；相反，再认提示可能造成更多的错误。因此，通常会建议询问人员避免使用“是/非”问题（“yes/no” questions）和“强制性选择”问题（“forced-choice” questions），尤其是在询问年幼的儿童时。这类问题可能会鼓励儿童默认询问人员引入的信息，甚至可能误导他们接受那些描述他们未曾经历过的事件选项。由于向6岁及以下年龄的儿童提出再认问题（recognition questions）实际上存在着更高的风险，因此司法调查人员在询问这类年幼的儿童时，需要做出特殊的努力来使用开放性提示。

对开放性提示价值的强调也得到了司法环境中的证据支持，儿童对于每一个自由回忆提示的回复，提供的有用信息量比聚焦性提示高出3～5倍，我们将在本章的后面部分展示。

询问评估——与推荐做法的差异

对儿童实施的调查询问进行审查的系统性实地研究只是在最近30年才出现。兰姆（Lamb）及其同事在以色列、瑞典、英国以及美国进行了一系列调查研究，关注在正式的虐待案件调查过程中询问人员向儿童提出问题的方式以及儿童对这些问题的回复。在每一项研究中，音频记录的询问过程由询问中所使用的语言的母语人员完整地转录为文本，并得到仔细检查以确保转录的准确性和完整性。然后针对每一场询问中与实质性问题有关的部分（排除在实质性阶段之前的引导性评论、建立融洽关系、叙述练习以及解释规则部分，在整个实质性阶段偏离主题的部分以及在询问结束时对中立性话题的讨
70 论）进行重点编码。编码人员审查了转录文本并将每一名询问人员的话语（utterance）归类，将其界定为谈话或会话过程中的“轮”，不区分问题和陈述。辅助性话语，例如，用于保持儿童继续提供有信息内容说话的鼓励性言

语（例如，“好”），不被视为独立的话语（这些言语引导出的细节增加到那些它们所跟随的话语上）。在各项研究中受到审查的主要的询问人员话语见表4.1。当两个或两个以上的询问人员的陈述或问题（能够以不同方式编码），被包括在一个“轮”中时，编码人员采用一种“胜过”（trumping）系统，将混合话语分配给代表询问人员输入的最高程度的类别。这样，如果表述为邀请的陈述包括暗示性输入，则该话语就被编码为暗示性。儿童对询问人员提示的回答被分类为（与主题）相关或不相关，通过计算第一次提到的关于疑似事件的每个细节，对披露的信息量进行量化。

表 4.1　在评估对儿童的司法询问实践时，询问人员使用的提示的含义和示例 71

询问人员话语（Interviewer utterances）	含义（Definitions）	示例（Examples）
邀请（invitations）	提示儿童做出自由回忆回复的问题或者陈述	“告诉我你能记住的一切情况”
线索性邀请（cued-invitations）	使用儿童已经披露的细节作为线索，提示儿童做出自由回忆回复的问题或者陈述	“你刚才告诉我，你和他做了一些特殊的事情，告诉我有关那些特殊的事情”
指示性问题（directive questions）	依据提示（prompts）进行回忆，将儿童的注意力再次聚焦到已披露的与指控相关的细节，通常使用“wh-”问题要求获得某一特定类型（例如，时间、颜色）范围内的信息	“这件事是什么时间发生的?” “他的T恤衫是什么颜色?”（当儿童提到“他当时穿了一件T恤衫”）
提出选项（option-posing）	聚焦于再认（recognition）的提示，引入儿童之前没有披露过、源自询问人员、与指控相关的内容，并要求询问对象在给定的选项中做出选择，选项使用“是/非问”或者选择问表达，但问题内容没有暗示期望得到某种特定的回复	“有人看到所发生的事情了吗?” “他触摸你衣服的外面还是里面?”

续表

询问人员话语（Interviewer utterances）	含义（Definitions）	示例（Examples）
暗示性问题（suggestive questions）	引入询问对象未披露、源自询问人员、与指控相关的内容，并暗示期望得到回复的陈述或者问题	“他触碰了你，不是吗？”“他碰你的时候疼吗？”（此时儿童并没提到过被触碰）
总结（summaries）	准确地重复儿童所说的内容，没有提出任何信息要求的陈述。如果引导出了新的有用信息细节，是由于“自由回忆”记忆	“你说他触摸了你”（在儿童说“他触摸了我”之后）

◆ 以色列

在第一项研究中，兰姆（Lamb）、赫什科维茨（Hershkowitz）、斯滕伯格（Sternberg）和艾斯普林（Esplin）等（1996b）审查了从以色列“青年调查员”对年幼的疑似受害者（5～11 岁）实施的一系列调查询问中抽取的 22 份录音询问的代表性样本。在以色列，以色列矫正局（Israeli Division of Correctional Services）和困境青年事务处（Services for Youth in Distress）（现称儿童调查部）雇用的受过专门训练的青年调查员是唯一被允许询问 14 岁以下儿童的人。他们需要在转诊后 72 小时内开始调查，并记录他们的询问情况。通常只对儿童进行一次例行询问，偶尔进行一次补充询问。

在兰姆（Lamb）等（1996a、1996b）的研究中，询问人员说的 3563 个实质性话语（平均每次询问 162 个实质性提示）中，大多数是指示性话语，而且相当多的是提出选项的话语。只有 77 个（2.2%）是邀请。大多数（3214，87%）询问人员的话语引起了儿童的相关回复（见表 4.2）。平均回答的长度是 6 个单词，产生了平均 2 个细节，细节的数量和儿童话语的长度之间有很高的相关性（0.83），大约每 3 个单词提供一个细节，不管他们回答的是哪种询问人员的话语。

表 4.2 调查人员从疑似受害者处获取信息时所使用的不同提示的相对显著度 72

研究	邀请	指示性问题	提出选项	暗示性问题
兰姆（Lamb）等（1996b）；以色列（$n=22$）	3	57	30	10
兰姆（Lamb）等（1996b）；美国（$n=24$）	2	39	49	10
斯滕伯格（Sternberg）等（1996）；美国（$n=45$）	5	33	50	12
斯滕伯格（Sternberg）等（2001）；英国（$n=119$）	7	54	33	6
塞德伯格（Cederborg）等（2000）；瑞典（$n=72$）	6	41	39	14

说明：本表中的数字可能与出版物中的数字不同，因为它们是按比例分配的，只包括表 4.2 中所列类型的话语；一些研究报告还包括其他类型的提示，尤其是辅助性提示，占询问人员所使用的提示总数的 10%~15%；但在后来的研究中，它们不被认为是独立的话语，它们引出的细节被添加到它们所遵循的话语类型所引出的细节中；在兰姆（Lamb）等的美国“玩偶研究”（doll study）（1996a）中，这一比率分别出现在有玩偶和没有玩偶的询问中；综合比率是为编制本表而估计的。

与指示性、提出选项或暗示性话语相比，邀请引起的回复明显更长、更详细（见表 4.3）。毫不奇怪，年龄较大的儿童比年龄较小的儿童提供了更长、更详细的回答，但不同的询问人员提示对儿童的回答产生了类似的影响，无论年龄大小。当分别分析询问的前半部分和后半部分的数据时，也得到了同样的结果，这表明，邀请的效果并没有随着孩子们“用完了”提供的新细节而逐渐减弱。

表 4.3 儿童对不同类型提示的回复的平均细节数量和长度（以单词表示） 73

研究	邀请		指示性问题		提出选项		暗示性问题	
	细节	单词	细节	单词	细节	单词	细节	单词
兰姆（Lamb）等（1996b）；以色列	5.0	15.8	1.7	5.6	2.0	4.9	5.1	2.0

续表

研究	邀请		指示性问题		提出选项		暗示性问题	
	细节	单词	细节	单词	细节	单词	细节	单词
兰姆（Lamb）等（1996b）；美国	9	20	2	5	1.8	3.5	1.5	5
斯滕伯格（Sternberg）等（1996）；美国	8.5	22.1	1.8	6.1	1.9	5.4	1.6	5.1
斯滕伯格（Sternberg）等（2001）；英国	7.8	—	2.7	—	2.8	—	4.7	—
塞德伯格（Cederborg）等（2000）；瑞典	3.6	—	1.9	—	2.1	—	3.4	—

说明：在兰姆（Lamb）等的美国“玩偶研究”（doll study）（1996a）中，询问时使用的方法分别为有玩偶和没有玩偶；综合平均数是为了本表的目的而计算的。

这些结果证实了基于前一章中回顾的研究文献的预期，即开放性问题或邀请比任何聚焦性提示（指示性、提出选项或暗示性）产生更长和更详细的回答。与年龄较大的儿童相比，年龄较小的儿童对于所有类型的话语都提供了更少的细节和更简短的回复。然而，最惊人的发现是，从平均数量来看，尽管每个儿童对邀请提供的信息都比聚焦性问题更多，但询问人员做出的邀请次数却很少。此外，这些结果表明，在询问儿童可能遭受的虐待问题时，询问人员并没有遵循专家给出的建议，即尽可能地依靠开放性问题，特别是邀请。

由于在这项研究之前的几年里，我们已经为许多询问人员提供了培训，
74 我们知道他们非常熟悉这些建议，但是，我们不知道其他国家的询问人员是否会更容易遵循这些准则，尤其是因为以色列的青年调查员还有其他专业责任（例如，缓刑），这可能会分散他们的注意力。自第一次研究以来，我们在美国、英国、瑞典、加拿大和韩国进行了几次描述性研究，使用了未经选择的司法询问样本，研究结果呈现在表 4.2 和表 4.3 中，在下文进行了讨论。

描述性研究

◆ 美国

斯滕伯格（Sternberg）、兰姆（Lamb）、赫什科维茨（Hershkowitz）、艾斯普林（Esplin）等（1996）研究了 6 名男性侦探在美国东南部一个小镇实施的 45 起案件中的询问。在这些询问样本中，有 23 起涉及儿童报告只受到过一次虐待，其余的涉及儿童报告在三个或更多不同场合受到过虐待。样本包括两年期间的所有询问，询问对象是 4 ~ 12 岁不等的儿童（35 名女孩，10 名男孩，他们的平均年龄略高于 8 岁），他们明确指控受到一名已确认身份的成年人的性虐待，并明确表示他们受到过仅一次或三次以上的虐待。

统计共确认出 4518 个询问人员话语。其中大多数是提出选项（40%）或指示性（28%）的话语，只有 5% 是邀请（见表 4. 2）。大多数询问人员的话语引起了儿童们的相关回复，令人惊讶的是，对报告仅有一次虐待事件的儿童的询问与对报告有三次或三次以上虐待事件的儿童的询问相比，二者之间几乎没有差异。两种类型的询问（单一与多次虐待事件）在询问人员话语或儿童回复的数量，儿童或询问人员所说的词语的数量，或者占主导地位的话语类型方面没有差异。

开放性邀请所产生的回复比指示性、提出选项或暗示性话语的回复长约 4 倍，相关细节丰富多达 3 倍。（儿童们在每次回复中所说的细节数量和单词数量再次高度相关。）

正如预测的那样，与报告仅被虐待一次的儿童相比，使用邀请也从报告有多次被虐待事件的儿童那里获取了更多的相关和核心的细节。这些研究结果重现了兰姆（Lamb）、赫什科维茨（Hershkowitz）、斯滕伯格（Sternberg）、艾斯普林（Esplin）等（1996b）在以色列实地研究中的发现，并且与早前关注已 75
知或策划事件的实验室研究报告［登特和斯蒂芬森（Dent & Stephenson），1979；古德曼和阿曼（Goodman & Aman），1990；古德曼、赫希曼（Goodman, Hirschman）等，1991］一致。有趣的是，经历过多次虐待事件的儿童并没有比报告仅有一次虐待事件的儿童提供更多的相关信息，这可能是因为询问中很少使用开放性的探讨（probes）。

这项研究还考察了不同类型的话语是否会因其在询问中出现的位置不同而产生不同的效果。事实上，在询问实质性部分的前半部分和后半部分的数据分析中得到了相同的结果，表明随着询问的进展，邀请的成效并没有降低。

克雷格（Craig）、沙伊贝（Scheibe）、拉斯金（Raskin）和多德（Dodd）（1999）进行了一项类似的研究，涉及警方对48名3～16岁（平均年龄将近9岁）的疑似受害者的询问。克雷格（Craig）和他的同事们主要对儿童叙述中的可信度指数感兴趣，他们对询问人员提示的定义与我们在各种研究中使用的不同。一半以上的话语被编码为聚焦性的，即要么是指示性的问题，要么是提出选项的问题。约20%是邀请或辅助性话语，另有20%为复合问题（包含一种以上的提示类型），约5%为暗示性问题。

◆ 美国对解剖玩偶使用的研究

下一项实地研究涉及美国司法社会工作者的询问，他们在询问中经常使用具有解剖学细节的玩偶。尽管美国虐待儿童职业协会（APSAC，1995）曾建议解剖玩偶只能由有知识和有经验的专业人员使用，但当时（或现在）对大多数专业人员使用解剖玩偶的实际技能水平知之甚少。鉴于解剖玩偶的广泛、普遍使用，这种无知尤其令人震惊，特别是在那些进行保护性和调查性询问的人当中，这些询问对有关儿童监护和监督的决定具有重大影响［孔特、索伦森、福格蒂和达拉·罗莎（Conte，Sorenson，Fogarty，& Dalla Rosa），1991；赫拉芙卡、奥兰热和拉什利（Hlavka，Olinger，& Lashley），2010］。

兰姆（Lamb）、赫什科维茨（Hershkowitz）、斯滕伯格（Sternberg）、布特（Boat）等（1996a）研究了录像记录的询问。这些询问录像最初由布特（Boat）和埃弗森（Everson）（1994，1996）收集，作为描述和理解在保护性服务调查中使用解剖玩偶工作的一部分。东南部一个大州的保护服务机构提供了近期询问录像的副本。这些机构并不知道布特（Boat）和埃弗森
76 （Everson）对解剖玩偶的兴趣，因为他们研究的一个目标是了解这些玩偶在参与调查的各县中的使用频率和典型程度。

编码方案是从前面所述的方案（见表 4.1 和第 3 章）改编而来的，设计了两个额外的类别来表示非言语手势和动作。

技术性暗示。该代码用于：①当非言语行为未被信息转录器（transcriber）提及，但被询问人员提及时；②当信息转录器没有询问人员所暗示的那样详细地描述非言语行为时。[例如，询问人员：他碰了你哪里？儿童：（指向下半部分。）询问人员：在你的私处。]

暗示性行为。当询问人员用玩偶展示儿童没有展示或口头描述的东西时，使用这个代码。例如，如果询问人员在询问（或被告知）犯罪者或儿童的衣服在所指控的事件发生时是穿着的还是脱了的之前移除了玩偶的衣服，则将使用该代码。

依据兰姆（Lamb）、赫什科维茨（Hershkowitz）、斯滕伯格（Sternberg）、布特（Boat）等（1996a）的研究，在询问的实质性部分中，儿童所说的单词或提供的细节的平均数量并不因是（M = 467 个单词，166 个细节）否（M =469 个单词，180 个细节）使用玩偶而不同。无论是否使用玩偶，询问人员都很少使用推荐的邀请，而是使用了许多聚焦性（指示性、提出选项和暗示性）的话语。不同询问人员话语的相对显著性并不因是否使用玩偶而改变。

此外，与先前的研究一样，不同类型的话语与儿童回复的长度和详细程度存在差异（见表4.3），与更聚焦性的（指示性、引导性和暗示性）话语相比，邀请引发的儿童回复更长、更详细。平均而言，询问中不使用玩偶时的回答明显比使用玩偶时的回答更长、更详细。此外，在不使用玩偶的情况下，邀请相对于更具聚焦性的措施的优越性特别明显。换句话说，相对于更具聚焦性的话语，解剖玩偶的引入减少了对邀请做出回复的长度和丰富性之间的差异。

尽管两组儿童经过仔细配对，但使用玩偶的决定仍有可能是基于一些系统的标准，比如孩子明显害羞或不情愿。为了确定调查人员是否在儿童似乎不太健谈时选择使用玩偶，我们将询问的实质性部分之前儿童说出的话语数
量和单词数量制成了表格，但没有发现显著差异。这表明儿童之间先前存在 77
的差异并不能解释使用玩偶的不利影响。

布特（Boat）和埃弗森（Everson）（1996）对这些询问进行的独立评级显示，在这16次询问中，除一次外，其他所有询问中的玩偶都被用作解剖模型以便于演示，也就是便于儿童描述所指控的虐待事件。在这种情况下，有些令人惊讶的是，当使用解剖玩偶时，儿童提供的相关细节的平均数量并不比不使用时多。事实上，对询问方法的审查表明，在没有玩偶的询问中，孩子们提供了更多而不是更少的细节，尽管这种差异在统计学上并不显著。当使用玩偶时，儿童提供的平均回复明显更简短，更缺少细节，此外，这也表明使用玩偶往往会抑制而不是促进信息的获取。在某种程度上，这种差异反映了一种持续的不显著的趋势，这些儿童比那些在询问中没有玩偶的儿童更不爱说话，尽管这种差异似乎被引入了解剖玩偶放大了而不是改善了。

也许这些询问人员引入玩偶是为了激励不情愿的儿童提供更多的信息。但只有随机分配的实验才能让我们确定引入玩偶是对缺乏信息的一种反应，还是造成这种情况的原因。另外，当使用解剖玩偶时，基本的询问过程并没有太大的差异：就像早期的实地研究一样，询问人员很少大量使用推荐的开放性邀请，即使开放性邀请会比更聚焦的提示产生更长和更丰富的回复。

◆ 瑞典

塞德伯格（Cederborg）、奥巴赫（Orbach）、斯滕伯格（Sternberg）和兰姆（Lamb）（2000）研究了来自瑞典一个警区的6名经验丰富的警官（2名男性，4名女性）对4～13岁的瑞典儿童（平均年龄近9岁）实施的72起案件的询问，以确定瑞典的司法询问是否与所研究的其他国家进行的询问相似。从1986年到1995年，这些警官实施的所有涉及4～13岁儿童的110起案件的询问都被纳入了这项研究，这些询问都是通过视频记录下来的。在最初的110起案件中，有38起被排除在外：其中33起是因为儿童没有提出指控，1起是因为儿童概述了两名不同犯罪者实施的虐待事件，4起是因为录像带质量差或找不到。

78 《瑞典司法程序法典》（SFS，1942，p. 740）详细规定了基于司法目的应如何询问证人。瑞典的法律规定是一般性的，尽管与其他专业建议保持一致，但没有具体的操作指示。这些规范强调，在提出任何聚焦性的问题之前，应允许证人用自己的话进行自发陈述，并且应当避免提出暗示预期回复的问题。然而，这些规定针对的是法院专业人员，而不是警察，尽管警察通常是最初询问证人的人。遗憾的是，为瑞典检察官和警察编写的关于《初步调查建议》（Recommendations for Preliminary Investigations 1942，p. 948）仅载有关于案件的管理和程序处理得非常笼统的说明，忽略了《瑞典司法程序法典》中具体规定的可取和不可取问题类型的章节。此外，除了在内容和语言上做了一些修改，自 1947 年以来，在调查技术方面没有任何变化。在塞德伯格（Cederborg）等（2000）的研究之前，瑞典警察实际上是如何进行询问的从来没有被审查确认过。

参与这项研究的警官在警察学院接受了为期三年的正规培训。在此期间，他们参加了关于如何询问儿童的 4 个小时的讲座，参加了关于《初步调查建议》的讨论，但在开始进行司法询问之前，他们没有任何受监督的询问儿童经验。

瑞典警察在调查询问中使用的不同话语类型的相对突出程度见表 4. 2。与之前的研究一样，邀请很少见（6%），而更具聚焦性的提示则很常见。提出选项和暗示性提问合计占调查人员话语的 53%。与其他研究结果类似，如表 4. 3 所示，邀请平均引出的细节（3. 6 个细节）比指示性问题（1. 9 个细节）、提出选项（2. 1 个细节）或暗示性问题（3. 4 个细节）引出更多细节。由于邀请很少，儿童提供的所有细节中只有 8% 是由邀请引起的，35% 是由指示性话语引起的，41% 是由选项提问引起的，16% 是由暗示性话语引起的。

在询问人员提出第一个选项问题或暗示性话语之前，话语的平均数量为 1，或者说仅占所记录的实质性话语总数的 2%。事实上，在 35 次询问中，第一个询问人员话语是暗示性的，而在另外 11 次询问中，第一个实质性的提示是提出选项。平均而言，在第一句提出选项或暗示性话语之前，儿童只提 79
供了 4. 3 个细节（占总数的 4%），这增加了在询问后期产生的信息被污染的风险。

如表 4. 2 所示，瑞典的询问在许多方面与以色列、英国和美国的司法询问相似。在所有这些国家中，询问人员很少使用开放性邀请来提示信息，而是倾向于严重依赖提出选项和暗示性话语。

◆ 英国

斯滕伯格（Sternberg）、兰姆（Lamb）、戴维斯（Davies）和威斯特科特（Westcott）（2001）研究了 1994 年至 1997 年间由警察（$n = 108$）或社会服务工作者（$n = 11$）在内政部（1992）《良好做法备忘录》（Memorandum of Good Practice，MOGP）的指导下对 119 名英国儿童（86 名女孩，33 名男孩）进行的询问。这些儿童的年龄 4 ~ 13 岁不等（平均为 8 岁）。按照 MOGP 的要求，在许多调查中，警察和社会服务工作者都在场，但通常由一人承担主要责任。在 55 次询问，只有一名专业人员在场。13 个合作的警察机构为本研究提供了询问过程的转录文字记录，每个机构平均提供了 9 个询问（范围 =2 至 21）。

由于 MOGP 非常全面细致，其关于如何对疑似的儿童虐待受害者进行司法询问的建议在整个英格兰和威尔士都得到了采纳，并在培训方面投入了大量资源。因此，人们可能会合理地预期，在英格兰和威尔士进行的询问质量会比在那些对调查询问人员的具体指导较少的国家进行的询问质量更高。斯滕伯格（Sternberg）等（2001）预计，与在瑞典、美国和以色列进行的调查询问相比，在英格兰和威尔士进行的询问将组织得更好，并且将会包括更多的备忘录中推荐的建立融洽关系的技巧。他们还预测，英格兰和威尔士的询问人员将提出大量开放性问题，并且会将更具聚焦性的问题推迟到询问后期，特别是提出选项和暗示性问题在询问后期才会出现。

MOGP 建议，询问的导入阶段应当用于与儿童建立融洽关系，解释询问的基本规则，提醒儿童只说真话，并评估孩子的发育能力。在斯滕伯格（Sternberg）等（2001）研究的询问中，几乎所有的询问（98%）都讨论了说真话的重要性，近一半（49%）的儿童被鼓励在不知道问题答案的情况下
80 承认不确定。但是，只有 8% 的儿童被告知他们应当提供完整的关于其经历的叙述，因为询问人员当时并不在场。

有 20 名儿童（17%）在询问人员尝试获取有关虐待的信息之前披露了虐待事件的细节。有 62 起（52%）其他案件，询问人员遵守 MOGP 的建议，在询问的实质性阶段使用邀请开始。在其他询问中，引入实质性话题的话语

情况为：使用指示性问题（4；3%），提出选项问题（16；13%），或暗示性问题（17；14%）。在询问的实质性部分，通过使用邀请开始比那些使用提出选项问题或者暗示性问题开始的更有可能继续使用其他开放性邀请。询问的实质性部分包括平均近 8 个邀请（6%）、20 个辅助性话语（13%）、71 个指示性问题（47%）、40 个提出选择的提示（29%）以及近 7 个暗示性提示（5%）。

为了避免污染儿童的回复，MOGP 建议在使用更具聚焦性的提示之前，应穷尽开放性提示的使用，因此，重要的是要确定在询问中邀请是否成比例的常见，聚焦性提问是在询问早期普遍出现还是在询问后期更多地出现。然而，在研究的这些询问中，邀请的话语并不多见，而且在调查的早期就引入了提出选项问题。平均而言，询问人员在引入他们的第一个提出选项的问题之前，只提供了 6 个话语。此时，儿童只提供了他们将要提供的实质性细节的 8%（32 个细节）。另一方面，在实质性阶段的第一个四分位数（quartile）中提出的邀请比后三个四分位数中提出的邀请成比例地多。暗示性话语的数量在第一个四分位数与后面的四分位数之间没有差别，因为这些提示出现在询问的所有四分位数中。

在所列的近 15000 个实质性询问提示（不包括辅助性话语）中，儿童回复提供了 62% 的实质性细节。平均而言，儿童提供了 402 个实质性细节（范围从 23 个到 1499 个细节），其中 14%（65 个细节）是通过使用邀请引出的，46%（191 个细节）是通过使用指示性提示引出的，30%（114 个细节）是通过使用提出选项提示引出的，9%（32 个细节）是通过使用暗示性提示引出的。换言之，所获得的信息中有近 40% 是通过提出选项或暗示性提示得出的，但众所周知，与开放性问题相比，这些提示产生的信息的可靠性较低。60% 的儿童在回复邀请时提供了他们最初的实质性细节，其他儿童在被要求回复指示性（8%）、提供选项（17%）或暗示性（15%）的提示时提供了他们的最初的实质性细节。

儿童最初的实质性回复平均包括 11 个细节（占询问中提供的细节总数的 81
4%）。如同我们其他的研究一样，邀请平均引出了更多的儿童回复细节（每个提示引出近 8 个细节），比其他话语类型（指示性、提出选项和暗示性）

引出的细节总和还要多（每个提示引出的细节不到 3 个）。平均而言，年龄较大的儿童比年龄较小的儿童在回复各种类型的询问人员提示时提供了更多的细节。

由于 MOGP 指导准则既具体又在全国范围内实施，我们曾合理地预计，MOGP 指导的询问将优于缺乏类似明确的国家指导方针的国家中由司法询问人员进行的询问。然而，出乎意料的是，英国的这些司法询问人员在很大程度上依赖提出选项的话语，而很少依靠开放性的话语从儿童那里获取信息。不是让儿童通过自由回忆来描述他们的经历，而是在询问的早期就提出选择性问题。然而，与其他国家的询问人员不同的是，大约三分之二的英国询问人员在引入实质性主题时使用了开放性问题，因此在这方面他们实施的询问比他们的同行略好一些。但是，就其他方面而言，与其他国家的调查人员相比，英国引入 MOGP 似乎并没有显著提高调查询问的质量。

◆ 韩国

李（Yi）、兰姆（Lamb）和乔（Jo）（2015）调查了 32 名警官关于他们进行询问儿童的实践情况，并审查了他们对 3 ~ 13 岁儿童实施询问的 45 份记录。结果显示，警官们对其实践做法的自我报告与对实践中发生的实际情况的客观分析之间不匹配。例如，警官们报告说，他们经常使用基本规则并解释询问人员的作用，但对询问记录的分析表明，没有任何记录包含了要求提供详细信息的指令，只有 18% 的询问人员强调说真话的重要性，不到 10% 的询问人员指导儿童在不理解问题时如何表示，在适当的时候说“我不知道”，并在需要的时候纠正询问人员。绝大多数（90%）警官表示，他们的询问中包括了建立融洽关系这一阶段（估计在这类活动上平均花费 14 分钟），但只有 31% 的笔录显示其中包括了建立融洽关系阶段（在询问的这一部分平均提出了 4 个问题）。警官们报告说，他们主要使用邀请和指示性提示来获取信
82 息，但事实上，询问记录中只包括很少（4%）的邀请，有许多指示性提示（37%）、提出选项提示（39%），以及大量的暗示性提示（14%）。

◆ 加拿大

卢瑟（Luther）、斯努克（Snook）、巴伦（Barron）和兰姆（Lamb）（2015）审查了自 2006 年以来 6 年间由 26 名询问人员对 3 ~ 16 岁儿童进行的 45 次询问。大多数询问人员至少忽略了一条推荐的基本规则：18% 的询问讨论了真相和谎言，但没有引出说出真相的承诺；29% 的询问鼓励儿童在需要的时候说“我不知道”；18% 的询问允许儿童在不理解询问人员所说的话时表达出来；以及 20% 的询问鼓励儿童在出现错误时纠正询问人员。不到三分之一（31%）的询问包括了建立融洽关系，只有 11% 的询问包含了叙事练习。询问的实质性阶段主要使用聚焦性问题（其中，指示性问题占 32%，提出选项问题占 39%），很少使用邀请（7%）。

其他调查人员的研究

在澳大利亚、芬兰、新西兰、挪威和美国进行了许多类似的关于询问的描述性分析，每个报告的结果与我们自己的研究结果非常一致，尽管各种不同的询问人员话语和儿童回复的编码方式存在差异。其他研究人员也研究了询问人员自己的实践报告，研究表明询问人员经常高估他们遵守推荐做法的程度。

◆ 澳大利亚

鲍威尔（Powell）和休斯 - 斯科尔斯（Hughes-Scholes）（2009）研究了 2001 年至 2007 年 95 名询问人员在澳大利亚两个司法管辖区对 3 ~ 15 岁儿童进行的 136 次询问。许多推荐的基本规则通常会传达给儿童（例如，告知儿童询问人员一无所知，允许儿童说“我不知道”，并可以要求休息），但是，只有很少的询问人员询问包含了告诉一切（27.2%）或不要猜测（7.4%）的指令，没有任何询问要求儿童在询问人员犯错误时纠正他们。此外，邀请占所有询问人员话语的 16%，询问人员的问话主要依靠聚焦性指示（45%）以及提出选择性问题（37%）。

83 ◆ 苏格兰

拉·鲁伊（La Rooy）、兰姆（Lamb）和梅蒙（Memon）（2011）调查了苏格兰 91 名警方询问人员对苏格兰行政准则（Scottish Executive Guidelines）的遵守情况，尽管他们没有直接研究司法询问。这些警官自信地认为他们通常从儿童那里获得了全面和完整的叙述，并将任何未能实现的情况归咎于儿童（而不是与此相反，归咎于他们的询问方法）。几乎所有的警官（97%）都报告与儿童建立了融洽关系，并经常告知他们基本规则（85%），但很少有人（13%）表示他们在询问中包括了叙述练习。许多警官（20%）报告他们从未或很少使用邀请提示；大多数（88%）警官报告的是他们总是或几乎总是使用指示性问题。然而，这些实践评估能在多大程度上得到通过转录笔录进行直接评估的支持尚不清楚，因为询问人员通常会高估他们对最佳技术的使用，而低估他们对不太理想的提问方法的使用［赖特和鲍威尔（Wright & Powell），2006；李（Yi）等，2015］。可能的情况是，与调查所显示的结果相比，这些警官们实际上遵守推荐做法的情况要差。

◆ 芬兰

科尔克曼（Korkman）和她的同事研究了芬兰几个较小的、代表性稍差的司法询问样本［科尔克曼、桑蒂拉和桑纳巴（Korkman，Santtila，& Sandnabba，2006］。其中一个样本涉及对 12 名 3 ~ 12 岁儿童的 27 次询问，这些儿童被选为研究对象是因为专业人员认为他们有问题，另一个样本包括对医院诊所的 43 名 3 ~ 8 岁儿童的询问。很容易看出为什么科尔克曼（Korkman）等（2006）研究的询问被认为是有问题的：只有 2% 的询问人员提示是邀请，22% 是指示性的，31% 是提出选项，31% 是暗示性的。在第二项研究中，科尔克曼（Korkman）、桑蒂拉（Santtila）、韦斯特克（Westeraker）和桑纳巴（Sandnabba）（2006）使用了略有不同的编码程序，虽然不是在此基础上选择的，但这些询问似乎也有很大问题：近一半的提示是暗示性的或提出选项，约三分之一是指示性的，只有 6% 是邀请。在这两项研究中，大多数信息都是通过有风险的提示获得的，而且在这两项研究中，询问人员通

过使用邀请或辅助性话语，在不到 20% 的回答中提供了与司法相关的细节，
从而加剧了问题。随后有一项关于对 43 名 3～8 岁儿童实施的询问的研究 84
[科尔克曼、桑蒂拉、韦斯特克和桑纳巴（Korkman，Santtila，Westeraker，&
Sandnabba)，2008]，结果显示，所有询问人员的话语中有 48% 是提出选项
或暗示性的，只有 6% 是邀请。开放性（邀请和指示）和辅助性话语引发了
儿童最长和最具描述性的回复。然而，当儿童报告重要信息时，询问人员很
少使用邀请跟进。

◆ 新西兰

在新西兰，沃夫曼（Wolfman）、布朗（Brown）和约瑟（Jose）（2016a）评估了在 12 个月（2012～2013 年）中对 6～16 岁儿童实施的关于儿童性虐待的 93 次询问。这些询问在很大程度上包括了在询问的实质性阶段之前所推荐的准备部分，但在实质性阶段提出的问题，无论从使用的问题类型的比例，还是在询问中提出这些问题的时机都偏离了理想的做法。虽然询问人员主要使用了基于回忆的问题（79%），但只有 22% 是邀请性问题。聚焦性（指示性）问题（57%）通常在所有问题的前 3% 部分被引入，而提出选项（21%）则在前 10% 的问题中提出。邀请在询问的前半部分比后半部分更突出。虽然这些统计数据表明，新西兰的询问人员比其他国家的同行表现得更好，但这可能是因为询问人员自愿参与研究，以及许多询问人员和新西兰的整个地区都没有被采样。

◆ 挪威

托勒森（Thoresen）、隆努姆（Lonnnum）、梅林德（Melinder）、斯特里德贝克（Stridbeck）和马格努森（Magnusson）（2006）研究了 1985 年至 2002 年期间进行的 91 次询问，这些询问中的大部分（85 次）是由警官实施的，但也有少数是由法官（4 次）或心理学家（2 次）实施的。疑似受害者的年龄跨度从略低于 4 岁到略高于 14 岁不等，平均年龄为 8 岁 9 个月。在采样调查的时间段内，很少提出开放性邀请，比例从未超过 2%。但是，在 1999 年至 2002 年间，相当于我们称为指示的提示的数量增加到 14% 左右，

而危险提示的数量有所下降。具体而言，提出选项的提示从 1990 年至 1994 年的 43% 的峰值下降到 1999 年至 2002 年的 31%，而暗示性提示的使用从 1985 年至 1989 年的 20% 下降到 1995 年至 1998 年和 1999 年至 2002 年的 8%。这些结果表明，询问人员（可能是由于 1992 年至 1994 年挪威的一起大
85 型多名受害者案件的巨大宣传而变得谨慎）在询问疑似受害者时，学会了避免使用那些最危险的提示，但仍然没有充分利用最可取的问题类型。在 2002 年之后的 10 年里，有学者针对询问人员对 3～16 岁儿童实施的 224 次询问进行了跟踪研究，约翰逊（Johnson）等（2015）发现，询问实践几乎没有什么明显的变化：在 2002 年至 2005 年进行的询问中，使用邀请所占比例不到 4%，在 2006 年至 2009 年不到 3%，在 2010 年至 2012 年进行的询问中不到 2%。如果考虑这两项研究所记录的整个 22 年进行的询问，询问人员的所有提示中只有 2% 是邀请。与之前的询问相比，在后期的询问中，提出选项的问题较少，且提出的指示性问题较多。

结　论

本章所描述的研究描绘了一幅非常一致而又发人深省的画面。许多研究人员已经证明，存在着限制询问人员对儿童进行高质量询问的普遍挑战。询问的重要组成部分经常被忽略（例如，介绍和练习一系列基本规则，并在引入调查主题之前为儿童提供一个练习描述中性的过去事件的机会）。询问人员还在继续使用未经证实或未经测试的技巧（例如，使用不同的视觉辅助工具）。综合在不同国家进行的不同机制和不同询问方案的多项研究，我们还发现询问人员通常很少使用邀请，尽管开放性问题比一般的聚焦性问题能产生更多信息。事实上，聚焦性问题是如此之多，以至于在回复这些更具体和有风险的问题时，往往会获得大量与司法相关的信息。这样的结果不仅在评估询问人员询问实践的早期研究中很明显，而且在最近的研究中也很明显。因此，尽管有越来越多的知识和研究证据表明，最好的方法可以从儿童那里获得丰富且准确的信息，但询问人员很难坚持推荐的做法。

这种令人失望的状态并不能说明对这一问题缺乏关注。在培训询问人员

方面已经投入了大量的资源，但效果令人失望（如上文所述）。比如说，英国警察遵循的是当时最先进的《良好做法备忘录》（Memorandum of Good Practice），但与其他国家的同行相比，他们之间只有相当小的差异［斯滕伯格、兰姆、奥巴赫、艾斯普林和米切尔（Sternberg，Lamb，Orbach，Esplin，& Mitchell），2001］，瑞典的专家和新入行的询问人员之间［塞德伯格和兰姆 86
（Cederborg & Lamb），2008b］，甚至在挪威臭名昭著的案件发生前后进行的询问之间［约翰逊（Johnson）等，2015］，情况亦基本如此。这些发现是否意味着良好的询问实践仍然是例外而不是常态？

第5章

87 # 针对年幼受害者和证人的 NICHD 调查询问方案

正如前一章中所表明的那样，在实施本领域所推荐的询问方法时，司法询问人员常常会遇到极大的困难。为了帮助询问人员遵循专业建议，本书作者及其同事开发了一套结构化的询问程序，将研究结果转化为实际操作流程。在本章中，我们阐述此询问方案的各个阶段以及为它们提供信息的研究。此询问方案最新版本的完整文本提供在附录中。第 6 章中我们将描述评估该询问方案对询问人员和儿童行为影响的研究。

专业人员和专家团体对于应当如何实施调查询问的方式方法在很大程度上达成了共识，并且相关实验和实证研究文献的结果也具有显著的一致性。显然，通过询问通常可以从儿童处获得有价值的信息，但一定要清楚地认识到其能力和倾向，并在谨慎的调查程序下进行。

88 然而，令人遗憾的是，正如前一章所示，基于研究且受到专家支持的建议尽管得到广泛宣传，但却很少被实施，司法询问人员通常不会使用开放性提示（open-ended prompt），即使这样的提示比聚焦性提示（focused prompt）能获得更多的信息。此外，令培训师和管理人员苦恼的是，即使询问人员接受了广泛的培训，对推荐的询问方法有了充分的了解，并且常常自信他们会遵守这些推荐建议，但偏离“最佳做法”的情况仍然很明显。

基于这个原因，斯滕伯格（Sternberg）及其同事（1997）最先开发了一个部分脚本化（scripted）的程序，分别为司法询问人员和儿童在调查询问的实质性阶段之前提供有关开放性提问和作答的练习机会。在训练之后，儿童首次做出的实质性叙述明显比接受指示性问题（directive questions）作答

"训练"的儿童要长得多，信息内容也丰富得多。但是，调查人员随后又开始恢复为聚焦性提问（focused questioning），在剩下的询问中很少使用开放性问题和提示。由于这些调查结果表明，询问人员需要指导准则来帮助他们组织整个询问，因此我们决定开发一个完整的结构化调查询问方案（见本书附录）。在随后的几年里，许多研究评估了该询问方案促进询问人员采用以儿童为主导和邀请性方法询问儿童的有效性，以及这种询问方案反过来对儿童报告质量和数量的影响。在过去的二十年里，该询问方案依据研究人员和实践从业者的反馈，持续进行了调整。最近，我们开发并确认了一个修订版，更加关注询问人员在询问过程中对儿童情绪情感和社交需求提供支持的行为，同时保持了对认知过程的关注。在以下章节中，我们将概述修订后的询问方案中所包含的策略以及证明其有效性的证据。根据本书所描述的研究，我们建议询问人员在虐待案件中对疑似被害者进行调查询问时采用这一修订后的方案。

询问前准备工作的注意事项

虽然此方案没有提供关于询问前准备工作的规范性建议，但询问人员应当在与儿童见面之前考量一系列因素。例如，了解儿童的日常活动可能有助
于确定最佳询问时间；了解儿童的身体机能水平（发育、交流、体能、智 89
力、社交、情绪、行为）有助于决定是否需要以及如何对询问环境或询问程序进行某些调整，以及需要进行多少次询问（包括所有情况说明会）；了解儿童的文化背景以及这种文化背景如何影响儿童与不熟悉的成年人互动和回答问题的方式，也很重要。还应考虑是否需要安排翻译人员或者中间人①，以及他们可能需要做的准备工作。关于询问前应当考虑的因素更多、更详细的讨论请参见 http：//www. theatesgateway. org/。

① 中间人（intermediary）是指相关领域的专家，在询问中帮助改善询问人员和弱势证人（如学习障碍者和儿童）之间的沟通和交流。——译者注

◆ 询问的预备阶段[1]

搭建支持性环境

为创建一个轻松和支持性的环境，首先，询问人员应确保房间不受干扰，例如，没有其他人、噪声、玩具和来电。一个支持性的、不受干扰的环境被认为能使儿童证人感到更舒适，从而更愿意披露信息，同时也能提高他们的记忆提取能力和准确性［张（Cheung），1997；盖泽尔曼、塞维茨和伯恩斯坦（Geiselman，Saywitz，& Bornstein），1993；鲍威尔和汤姆森（Powell & Thomson），1994；斯滕伯格（Sternberg）等，1997］。同样地，没有洋娃娃等玩具，可以避免与假装或幻想有关的非故意、暗示或模棱两可的陈述，而非儿童的真实经历。

导入阶段：解释询问目的和基本规则

在导入阶段，询问人员介绍自己及其职责，向儿童说明其任务（需要详细描述事件和说出真相），并解释基本规则和期望。儿童可能会在询问中带来一系列关于他们角色以及与询问人员互动如何展开的期望［兰姆和布朗（Lamb & Brown），2006］，这是由社会化过程以及之前与成年人互动所形成的［尼尔森（Nelson），2013］。如果这些期望和假设没有得到处理，可能会损害儿童的反应能力和可靠性。儿童从小就学会了如何将他们的经历构建为故事，这在很大程度上是由他们与父母的互动所引导的［菲伍什（Fivush），2011；尼尔森和菲伍什（Nelson & Fivush），2004；萨尔曼和里斯（Salmon & Reese），2015］，这可能会使他们相信，好的故事或许比准确的叙述更有价
90 值。例如，库尔科夫斯基（Kulkofsky）、王（Wang）和塞西（Ceci）（2008）的研究表明，从叙述角度而言，对某一事件讲述更好故事的儿童，对其具体经历细节描述的准确性，往往不如那些提供简短叙述的儿童。因此，强调说出真相重要性的基本规则有助于突出司法询问的严肃性。

---

[1] 原文为“The Pre – Substantive Part of the Interview”。——译者注

儿童可能意识不到在这种情况下“我不知道”是一个有价值的回答［斯科博瑞尔和菲西科（Scoboria & Fisico），2013］，这或许是因为他们经常被鼓励或被迫在其他环境下（例如，在学校）回答有挑战性的问题。埃尔哈特（Earhart）等（2014）的研究也报告了儿童很少说“我不知道”。儿童也可能难以承认他们没有理解询问人员的要求，因此指导他们这样做是被允许的并且事实上是被鼓励的，这可以使儿童打消顾虑。最后，询问人员在与儿童交谈时可能会犯错误，也可能会错误地转述语句［兰姆、奥巴赫、斯滕伯格、赫斯考维茨和霍罗威茨（Lamb，Orbach，Sternberg，Hershkowitz，& Horowitz），2000；罗伯茨和兰姆（Roberts & Lamb），1999］，或者引入误导性提示。当这种情况发生时，让儿童注意到错误是十分重要的，因为如果没有注意到错误可能就会被视为对询问人员错误的默认。然而，儿童往往不能直接表达这些错误［亨特和波尔吉达（Hunt & Borgida），2001；罗伯茨和兰姆（Roberts & Lamb），1999］，他们也不太可能在其他环境下得到质疑或纠正成年人错误的强化［布鲁巴奇（Brubacher）等，2015］。因此，明确向儿童指出在询问中纠正询问人员错误的重要性，可能会增加儿童应用这一规则的可能性。

因此，为了增强儿童自主性并缩小与询问人员身份、地位的差异，询问人员应努力向儿童解释他们是独特的信息来源，因为询问人员在事发时并不在场，因此不知道发生了什么。询问人员也应教导儿童，他们有义务说出真相［里昂和塞维茨（Lyon & Saywitz），1999］，并且只报告亲身经历的事件，而非他们听说或想象的事件。在实验室研究中，引导儿童做出说出真相的承诺会提高儿童揭露自身违反行为（self-transgression）［伊万斯和李（Evans & Lee），2010；塔瓦尔、李、巴拉和琳赛（Talwar，Lee，Bala，& Lindsay），2002，2004］和共同违反行为［里昂和多拉多（Lyon & Dorado），2008；里昂（Lyon）等，2008］的意愿，并降低儿童提供被教导的错误报告的可能性［里昂（Lyon）等，2008］。许多合作执法机构也要求我们提供一些问题，用以测试幼儿辨别真假陈述的能力。因此，使用我们这一询问方案接受询问的儿童会被问及几个简单的判断陈述对错之类的问题。但一些司法机构只是要求儿童承诺说实话。

91 询问人员继续向儿童解释，除了在适当的时候纠正询问人员之外，他们能够且应该通过用“我不记得”、“我不知道”或“我不理解”，来表达承认缺乏某些知识或者不能理解某些知识，而不是猜测。

在询问准备阶段列入基本规则，是基于这样一个假设，即这些规则有助于获得详细和准确的回复，这已成为国际询问指导准则和实践的共同特点。然而，如前所述（第 3 章），基本规则呈现的有效性，在很大程度上还缺乏证据。

建立融洽关系阶段

在导入阶段之后的建立融洽关系阶段，包括两个部分。第一个部分是为儿童创造一个轻松的、支持性的环境，并主要通过了解儿童的方式在儿童和询问人员之间建立起融洽关系。儿童得到鼓励坦率地谈论积极和消极的问题，并在提示下详细地回答由专心和明显对其关注的成年人提出的中性问题。修订版询问方案，对如何引入这些话题并对其做出积极回应提供了指导。对融洽关系影响的研究表明，融洽程度越高，儿童的回应就越强［戴维斯和博顿（Davis & Bottom），2002a，2002b；斯滕伯格（Sternberg）等，1997］，并且降低了暗示感受性［伍德和加尔文（Wood & Garven），2000；特奥和兰姆（Teoh & Lamb），2010］。令人惊讶的是，很少有研究关注询问人员如何才能最好地与儿童建立融洽关系，而且，没有研究探讨在儿童和询问人员之间的互动受到影响时，如何保持或修复这种融洽关系［塞维茨、拉森、霍布斯和威尔斯（Saywitz，Larson，Hobbs，& Wells），2015］。尽管在实质性询问之前建立融洽关系是互动的重点，但询问人员需要确保在整个询问过程中都保持这种融洽关系，以避免儿童变得不投入或不合作。

叙述训练阶段

就像在其他环境中儿童向周围的成年人学习一样，我们在司法询问中会看到，即使在非常短暂的互动过程中儿童是如何向不熟悉的成年人学习的，因此互动方式十分重要。实地研究［安德森和吉尔甘（Anderson & Gilgun），2014；赫什科维茨（Hershkowitz）等，1998；普赖斯、罗伯茨和柯林斯（Price，Roberts，& Collins），2013；斯滕伯格（Sternberg）等，1997］和实 92
验室研究［布朗（Brown）等，2013；布鲁巴奇、罗伯茨和鲍威尔（Brubacher，Roberts，& Powell），2011；罗伯茨、兰姆和斯滕伯格（Roberts，Lamb，& Sternberg），2004］表明，练习过回忆过去事件以回复开放性提示的儿童，在询问的实质性阶段反应积极。因此，为儿童提供机会详细谈论最近事件，让儿童练习对详细情景信息的回忆和报告，能够促进儿童熟悉实质性询问中所使用的提示类型，提高儿童对询问人员为了解儿童经历所需的细节程度的认识［布鲁巴奇、罗伯茨和鲍威尔（Brubacher，Roberts，& Powell），2011；罗伯茨、布鲁巴奇、鲍威尔和普赖斯（Roberts，Brubacher，Powell，& Price），2011］。在本询问方案的询问中，鼓励儿童对建立融洽关系阶段所讨论的问题进行详细阐述。

在询问之前，建议询问人员找出儿童最近经历过的一起中性事件（开学第一天、生日聚会、假期、庆祝活动等），这样询问人员就可以就那个事件提问了。如果可能，询问人员应当选择与被控或疑似虐待事件大致在同一时间发生（而不是在其期间发生）的事件。如果疑似虐待事件发生于某一天或某一事件过程中，询问人员应选择其他事件提问。建议询问人员观察儿童描述事件的方式，以确保从儿童处引出对特定大小事件的情景性描述（episodic account），为实质性阶段的情景回忆（episodic recall）［非脚本（script）］做准备。当儿童被要求对重复的经历进行一般性描述，那么他们在谈及被调查事件时，可能就会保持这种回忆和报告的风格［布鲁巴奇、罗伯茨和鲍威尔（Brubacher，Roberts，& Powell），2011］。

询问的实质性阶段

在预备阶段之后，询问人员应当尽可能不带暗示性地将儿童注意力转移到实质性问题上，由此开始回忆过程。

虽然有相当有限的疑似被害者在首次询问中从未对虐待情况做出报告

（详见第 9 章），但绝大多数的信息披露者［斯滕伯格、兰姆和奥巴赫（Sternberg，Lamb，& Orbach）等（2001）以及奥巴赫（Orbach）等（2000）的实证研究中有 80% 以上］对完全开放［无输入（input-free）］的某一种提示做出了回复。只有当儿童在所有无输入的提示下都未能识别目标事件时，调查人员才会逐步使用更具聚焦性（focused）的提示来识别疑似的虐待行
93 为，前提是当我们有合理的理由相信，儿童曾遭受过虐待，而且持续虐待所造成的损害风险很可能大于在没有发生虐待的情况下暗示存在虐待的风险。

在这个阶段，如果被害者没有提出指控，我们建议询问人员暂停以考虑是否中止询问，或者在另一个场合再进行询问。正如我们之前所报告的，很少有疑似被害者会因为这些更具聚焦性的提示而披露虐待事件，尽管这些提示都被设计得尽可能无害，但它们都伴随着风险。然而，在某些情况下，调查人员可能有充分的理由相信儿童受到过虐待，可能需要进一步探讨这种可能性，以确保儿童不会继续留在可能进一步受到虐待的家庭或环境中。在这种情况下，调查人员可决定是否推进下去，尝试最后几次直白但暗示性最低的提示，看看儿童是否会披露案情。

对调查人员的建议是，如果他们决定继续，则应当在询问之前，利用所掌握的事实，制订出聚焦性提问的具体方案。调查人员应确保尽可能少地向儿童暗示细节。如果他们没有事先准备这些问题，调查人员应中场休息并在继续询问之前先仔细拟定问题。

如果儿童证实或者提出指控，询问人员就可以说："告诉我关于那件事的一切。"

如果儿童没有证实或者没有提出指控，调查人员应将注意力转向一个中性事件（见下文）并终止询问，为之后某个时间的另一次询问留下机会。

自由回忆阶段

指控提出后，自由回忆阶段从第一次实质性的邀请（"尽你所能告诉我从开始到结束所发生的一切"）开始，接着是开放性提示（"然后发生了什么？""告诉我更多的情况"），目的是引出儿童对疑似事件自发的回忆叙述。

年龄较小的儿童（4~6岁）通常比年龄较大的儿童给出的回答更为简短，因此可能需要更多的提示来尽可能地引出完整的叙述（见第7章）。这些儿童常常难以对最常见的开放性邀请提示做出回复。（要求询问对象报告他们就某事件所记得的一切，例如，“发生了什么事?”）然而，在询问幼儿时，许多询问人员的反应是使用更具聚焦性的再认提示[①]（recognition prompt）（即是/非问或多项选择问）甚至暗示性提示（例如，“那么，他把手放到你尿尿的地方了吗?”），而不顾这样的提示可能会引出不准确的信息。本询问方案没有采用这些具有风险的提示，而是为询问人员提供了可供选择的开放性语境线索提示技巧（open-ended contextual cueing techniques），以便在普通开放性提示不再有效的情况下引出额外的自由回忆信息。这些线索性提示邀请与已被儿童提及的事件、动作、人物、地点或物品相关。（例如，“你说他碰了你尿尿的地方。告诉我更多的情况吧。”）类似地，时间分段邀请涉及一个时间段，用儿童提到的动作或事件来界定，例如，“你提到了某事（儿童提及的一个动作或事件），告诉我在那之前或之后发生了什么”，或者“告诉我从某个动作（儿童提及的一个动作）到另一动作（儿童提及的另一个动作）中间发生了什么”。 94

正如将在第6章和第7章中详细描述的，4~8岁的被害者在线索性邀请（cued invitations）下提供了相当数量的与司法相关的信息，因此，当一般的邀请提示无效时，这些开放性提问相对于具有风险的聚焦性提问，就更富成效。语境线索提示技巧（contextual cueing techniques）通过构建对经历事件的回忆，利用儿童已提及的细节，增强了年幼儿童重现过去事件和详细阐述陈词的能力，同时避免了在回忆过程中被询问人员影响。有趣的是，在兰姆（Lamb）、斯滕伯格（Sternberg）、奥巴赫（Orbach）和艾斯普林（Esplin）等（2003）对4~8岁儿童的研究中，无论儿童年龄大小，基于动作的线索提示（例如，“告诉我更多关于触摸的信息”），始终比所有其他类型的提示都更有效。

---

① 回忆和再认的区别。开放性提示引发的是自由回忆，再认提示引发的是再认过程（也是一种回忆）。再认比回忆要容易，能再认的不一定能回忆，能回忆的一定能再认。——译者注

因此，开放性提问被全面地用于各个年龄段的儿童以获取自由回忆的叙述性信息，而聚焦性提问只会在询问的最后阶段用来获取仍然缺失的关键信息。本询问方案还建议，在聚焦性提问得到确认性回答后，应回到开放性提问模式，这种做法被称为“配对”（pairing）。当询问人员使用此方法时，在询问中使用邀请的整体比例会增加，而聚焦性再认提问的比例会被最小化［沃夫曼、布朗和约瑟（Wolfman，Brown，& Jose），2016b］。此外，包括线索邀请和时间分段邀请的语境线索提示技巧，可以作为开放性技巧在整个询问过程中使用，从而让孩子们集中关注他们已经披露的材料，并获得进一步的阐述。

95 ◆ 可能存在多次虐待事件时

司法询问人员需要从调查事件的特定记忆中提取信息，而不是一般性或脚本性陈述，尤其是在询问经历过多次虐待事件的儿童时。但是，与成年人一样，儿童倾向于根据所有事件的共有特征报告多次事件的共同特征，而不描述每个特定事件的独特特征［鲍尔和菲伍什（Bauer & Fivush），1992；哈德森（Hudson）等，1992；尼尔森和格鲁德尔（Nelson & Gruendel），1986］。因此询问人员必须传达出对特定事件陈述的需求，并引导儿童叙述最容易记忆的部分，比如一系列事件中的开始或最后一次［罗伯茨（Roberts）等，2015］，或者引导年长的儿童（例如，8 岁或以上）叙述他们记得最清楚的一次［丹比、布鲁巴奇、沙曼、鲍威尔和罗伯茨（Danby，Brubacher，Sharman，Powell，& Roberts），2017］。从最后一次事件发生到询问之间的较短延迟，使其比之前更早发生的事件更容易被人记住［弗林（Flin）等，1992；普尔和怀特（Poole & White），1993］，同时，事后受到影响的机会减少，可能会提高与之相关记忆的准确性。另外，由于第一起事件是在一个整体组合形成之前编码的，所以它可能比后来发生的事件更容易记忆。与许多事件中的首次事件一样，不寻常事件的特定特征应该比符合一般脚本的其他事件的特定特征更容易被记住和重新恢复［戴维森和霍（Davidson & Hoe），1993］。

因此，一旦儿童完成他们的初始陈述，询问人员就应提示他们指出事件发生的次数是“一次还是超过一次”，进而获取事件的具体信息，同时表达出对具体事件陈述的需要，指导儿童陈述他们最容易记忆的事件。

如果儿童经历过多次重复的虐待事件，要引出与特定虐待事件相关的情景性细节是很有挑战性的。一些研究表明，如果儿童首先被问及与重复事件有关的“通常会发生什么”，紧接着要求其描述具体事件，而不是相反的做法（首先引出一个特定的描述，然后收集一个一般性的陈述），儿童可能会给出更多的与事件相关的整体信息［布鲁巴奇、罗伯茨和鲍威尔（Brubacher，Roberts，& Powell），2012；哈德森和尼尔森（Hudson & Nelson），1986］。这两项研究是在实验中使用人为策划事件进行的，因此目前还不清楚当儿童被问及虐待时，使用此方法是否会观察得到同样的益处。因此，我们在当前版本的询问方案中建议询问人员找出那些指控事件中独特或令人难 96
忘的事例，引出事件的情境细节，而非关注一般性、基于脚本的叙述。

跟进问题——配对原则

如果已用尽了开放性提问，指控事件的一些核心细节仍然缺失或者不清楚，询问人员可能需要使用一些指示性问题（directive questions）。在适当的时候，将指示性问题与开放性邀请配对是非常重要的。一般来说，询问人员被教导要首先将儿童的注意力集中到已提到的细节之上，然后提出一些指示性问题（见下面的文本框）。当儿童提供信息作为回复时，询问人员会使用一种邀请性提示来鼓励他们详细说明（见图 5.1）。

询问人员对聚焦性问题的过度依赖，至少在一定程度上，可能是由于未能坚持配对原则。鉴于询问评估通常显示，如果在询问的实质性阶段一开始就使用开放性提示，在实质性阶段的其余部分，它们的使用往往就十分有限了。遵循配对原则可能有助于询问人员在整个询问过程中保持一种开放性的提示风格，并防止在询问过程中出现逐渐狭隘的提示风格［沃夫曼（Wolfman）等，2016b］。

跟进具体细节

“你提到（某人/某物/某活动），何时/什么/何地（完成指示性提问）?”

例如：

“你说你当时在商店里。你具体在哪里?”（停顿并等待回答）**“告诉我那家商店的情况。”**（配对问题）

“早些时候你提到你妈妈用这么长的东西打你。那是什么东西?”（停顿并等待回答）**“告诉我你能记得的关于那样东西的一切。”**（配对问题）

97

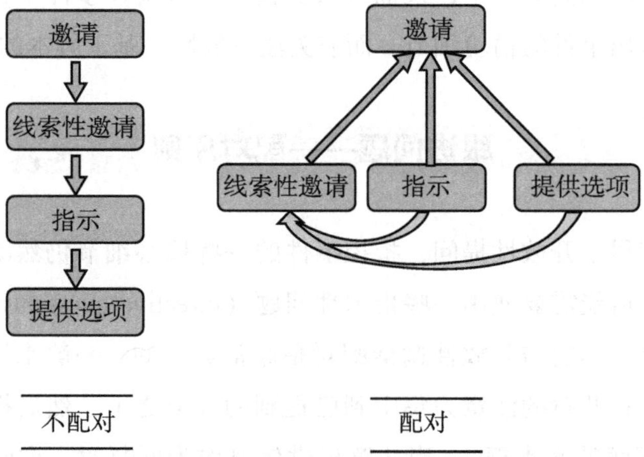

图 5.1　不配对和配对的假设询问过程

◆ 应当避免提出的问题

鉴于某些因素会增强儿童的提取能力，而某些因素会阻碍儿童的能力并增加错误的可能性［布鲁克和塞西（Bruck & Ceci），1995，1996；塞西和布鲁克（Ceci & Bruck），1995；塞西和霍夫曼（Ceci & Huffman），1997；塞西、霍夫曼、史密斯和洛夫特斯（Ceci，Huffman，Smith，& Loftus），1996；塞西、莱彻曼和布鲁克（Ceci，Leichtman，& Bruck），1995］。例如，鼓励儿童想象的言语提示［塞西和布鲁克（Ceci & Bruck），1995，兰姆（Lamb）

等，1995；普尔和兰姆（Poole & Lamb），1998]，依赖选项（选择问）或暗示性提示[黛尔（Dale）等，1978；莱彻曼和塞西（Leichtman & Ceci），1995；奥巴赫（Orbach）等，2016；伍德（Wood）等，1998]，以及包含“是/否”的问题[贝尔（Bell），1984；古德曼和安曼（Goodman & Aman），1990；奥卡拉汗和达西（O'Callaghan & D'Arcy），1989；彼得森和比格斯（Peterson & Biggs），1997；彼得森（Peterson）等，1999；普赖斯和古德曼（Price & Goodman），1990；塞维茨（Saywitz）等，1991]都可能损害儿童回复的可靠性。视觉辅助工具[例如，玩偶、图画、图表以及其他道具（如玩具）]的使用也可能损害儿童的准确性[布朗（Brown）2011]，此问题将在第 10 章进一步讨论。这些做法对年幼儿童的负面影响更甚，而且，如果错误诱导的做法早早出现在询问的实质性阶段，其负面影响会更为严重。因此，除了使用有助于信息提取的技巧之外，询问人员还应当避免使用妨碍信息提取或引起错误的技巧。

◆ 中间休息

在我们所描述的开放性提问结束后，理想状态下，在提出任何可能污染记忆的问题之前，询问人员被鼓励给儿童和他们自己一个短暂的中间休息来
考量已报告的信息以及需要讨论的任何其他事情。在休息期间，询问人员回 98
顾所获得的信息，以确定是否有遗漏，并规划接下来的询问，详细拟定聚焦性问题（最好以书面形式）。休息之后，询问人员开始向儿童引出尚未被提到的其他重要信息，提出如上文所述的其他开放性和指示性问题。在问完每个指示性问题后，询问人员被鼓励回到开放性问题（“告诉我此事更多的信息”）。只有在这些提问之后，询问人员才会针对儿童没有提到的话题继续提问。

询问人员只有在已经尝试过其他方法，但仍觉得有一些重要的司法信息缺失的情况下，才被建议使用这些聚焦性问题。在任何可能的情况下，将每个聚焦性问题与一个开放性邀请（“就你所能，告诉我关于此事的一切”）相配对非常重要。在可能发生多次虐待事件的情况下，询问人员应引导儿童关注相关事件，使用儿童自己的话，并只有在给儿童开放性机会详细阐述了核心的细节（具体指控的相关细节）后，才使用聚焦性问题。在将注意力转移到下一起事件之前，询问人员要确保他们已经获得了每起特定事件所有遗漏

的细节信息。

针对未被儿童提及信息的聚焦性提问，一般形式如下：

"当你告诉我（根据具体事件的时间、地点或儿童的描述）时，你提到了（某人/某物/某活动）。是不是（聚焦性问题）？"

在儿童回答之后，在适当的情况下，询问人员会提出一个邀请性问题："告诉我此事的一切。"

例如：

1. "当你告诉我那次在地下室的事时，你说他脱掉了他的裤子。你的衣服怎么样了？"（停顿并等待回答）"把你知道的都告诉我。"

2. "上一次你告诉我，你说他碰了你。他有没有碰你的衣服？"（停顿并等待回答）"告诉我所有的情况。"

3. "他在你的衣服下面摸过你吗？"（停顿并等待回答）"告诉我你能记得的关于那件事的一切情况。"

99 4. "你告诉了我操场上有事发生。有人看到发生什么事了吗？"（停顿并等待回答）"告诉我所有的情况。"

5. "你知道类似的事情是否发生在其他孩子身上吗？"（停顿并等待回答）"告诉我所有的情况。"

6. "你告诉了我谷仓里发生了一些事情。你知道那是什么时候发生的吗？"（停顿并等待回答）"告诉我所有的情况。"

如果儿童没有提到询问人员所期望的信息，有时可能需要使用其他具有潜在污染性的问题来提示信息。十分常见的是，孩子会与朋友或父母谈及信息，但在正式询问时却没有提及某些细节，这可能是因为感到难堪。

◆ 关于披露的信息

虽然最初并未包含在我们的询问方案中，但该领域的经验引导我们将询问的一部分设计为关注披露的历史记录，部分原因是询问儿童最先向谁披露，往往可以提供调查线索，顺着这种线索跟进调查，有助于更好地了解和记录儿童究竟遭遇了什么。

◆ 结束

在感谢儿童合作并将讨论转移到一个中性话题来结束询问之前，询问人员可以通过询问儿童是否还有额外的信息提供，来完结提问阶段。

结　论

我们这个询问方案是在发现询问人员难以遵守各种专业团队和个人提出的询问指导准则后开发的。与那些笼统、一般性的指导准则不同的是，本询问方案更为详细，并提供了非常具体的各种类型问题的范例，供询问人员在询问的特定阶段使用。虽然这些示例中有许多是脚本化的，但这些脚本通常是以“主干”（stem）的形式存在，询问人员必须予以改编和装入案件的具体情况和细节，最重要的是，儿童已经说了什么。此询问方案能全面帮 100 助询问人员构建其询问，使他们能够按照恰当的顺序来处理所有重要的事项——介绍询问人员和信息提供者各自的身份角色，解释基本规则，建立融洽关系，为儿童提供练习机会以回复对所经历事件进行特别详细描述的重复提问，对于正在调查中的事件提供非暗示性的介绍，以及审查披露过程。

事实证明，询问人员接受过培训之后，这种灵活的结构让他们感到很满意，并极大地提高了他们的询问质量，我们将在下一章中展示这一点。事实上，他们非常满意，因而与此询问方案类似的变体版也被开发出来用于询问目击者（而非受害者）。关于此询问方案的初始版、修订版及变体版的实用性价值研究记录将在下一章予以描述。

第6章

101 询问人员遵循 NICHD 调查询问方案对询问及儿童回复产生了什么影响？

在本章，我们对考察使用此询问方案是否与促进询问实践、增进儿童回复相关的研究进行了总结，描述了在加拿大、以色列、日本、韩国、英国和美国进行的 7 项实地研究。实地研究结果令人信服地证明，与不使用此询问方案的询问人员相比，使用此询问方案的询问人员，运用了更多恰当的开放性提示，大大减少了具有风险和暗示性的提示。重要的是，这些研究还表明，儿童相应地提供了更多的适用于法庭的相关信息（包括披露），而且这些信息因其获取方式而可能更为准确。我们对一项元分析（meta-analysis）进行了描述，该分析针对此询问方案对询问人员提问和儿童回复产生的影响，检验了 7 项实地研究中 5 项的聚合数据。我们还描述了一些实验室研究，这些研究考察了儿童在被问及已知事件时回复的准确性。儿童对询问人员
102 的回忆性提示做出了回复，尤其是在受到邀请时，呈现出高准确性。换言之，此询问方案显然实现了其目标，即运用此询问方案引导询问人员遵循被认可的良好做法实施询问，能够鼓励年幼的询问对象提供详细和准确的信息。

本章所述的每一项研究都是为了评估这一灵活的结构化询问方案的有效性而设计的。每一项研究都预期使用此询问方案将会影响询问人员和他们所询问的儿童的行为。就询问人员而言，在采用此询问方案的询问中，尤其是在询问人员深入调查指控时，预期开放性提示的数量和比例将显著增加。在采用此询问方案的询问中，儿童的表现、预期儿童提供的实质性细节总量将显著增加，儿童提供的更多实质性细节将由开放性话语表达引出。

实地研究参与者的特征

在每一项实地研究中，对运用此询问方案进行培训前后的询问，都尽可能地按照接近的儿童和控诉特征进行匹配。在一些研究中，同一位询问人员在此询问方案实施前后分别进行询问；而在另一些研究中，询问是由不同的询问人员进行的。这些询问探究了一系列单一或多次发生的疑似虐待事件，既包括儿童熟悉犯罪者的也包括儿童不熟悉犯罪者的，以及不同程度的虐待行为。儿童一般在 3 ~ 13 岁，平均年龄 8 ~ 9 岁。使用该询问方案的培训时间为 2 ~ 5 天不等。在评估阶段（使用该方案进行询问），大多数的研究包括定期审查会议以及对所实施询问的个性化反馈。其中一些研究探讨的是询问准备阶段，而另一些研究则侧重于评估询问的实质性阶段。

◆ 编码

在所有的研究中，研究人员对询问的电子记录的转录文本进行编码，以量化询问人员在使用第 3 章所述的技巧、类别的条件下，使用不同类型话语 103
的频率以及在儿童回复时所传递的细节数量。在每一项研究中，转录文本由另一位编码人员独立编码，以确保对话语信息进行准确的分类、对询问获得的细节进行准确的计数。

◆ 奥巴赫（Orbach）等（2000）在以色列的研究

对于使用此询问方案在何种程度上增进了询问人员和儿童在司法询问中的沟通，奥巴赫（Orbach）等（2000）首次进行了系统性评估。研究在以色列进行，研究中对比了 6 名有经验的青年询问人员（2 名男性、4 名女性）在此询问方案的指导下对疑似性虐待受害儿童进行的 55 次司法询问与未使用此询问方案的 50 次司法询问。使用此询问方案组中的 55 名儿童（43 名女孩、12 名男孩）和未使用此询问方案组的 50 名儿童（30 名女孩、20 名男孩）的年龄在 4 ~ 13 岁，每组平均年龄刚到 9 岁。

在 4～13 岁儿童性虐待的众多案件中，若询问人员遵循此询问方案，且案件与未向这些询问人员介绍此询问方案前的相似案例匹配，则列入使用此询问方案组，由这 6 位询问人员在 1995 年对这些儿童进行询问。列入非此询问方案组的案件，是由这 6 位询问人员在尚未使用此询问方案前的 1993 年、1994 年实施的询问。使用此询问方案组的所有询问都严格遵循此询问方案的指导，而非此询问方案组的询问则遵循以色列青年调查服务中心的一般询问指南。

询问人员接受了小组和单独的会议培训。所有询问人员首先参加一个为期 3 天的研讨会，重点是研究文献和专家推荐的方法。在随后的每月小组会议培训中，指导老师审核使用该询问方案的证据基础和概念框架，用节选的询问录像举例说明可取的做法和有风险的做法，之后受训人员以话语表达为基础系统地分析录制和转录的询问，然后，在彼此间使用这一结构化询问方案进行角色扮演询问训练。这些询问录像被其他询问人员和他们的指导老师审阅，并被用于小组讨论。对于反复出现的问题就寻求更理想的替代方案练习。

除了每月的小组培训，每名询问人员还参加每月的个人培训，在此期间，询问人员每次询问记录都被详细地分析和讨论。每一位询问人员的进步都被
104 监控并用图表来记录显示。此外，用信件、传真、电话为个人和小组提供会议培训之外的反馈。

◆ 斯滕伯格（Sternberg）等（2001）在美国的研究

斯滕伯格（Sternberg）等（2001）的这项研究，对美国西部一个中型城市 6 名有经验的警察（4 名女性、2 名男性）对疑似的性虐待受害者实施的 100 次司法询问进行了调查。接受询问的 27 名男性儿童和 73 名女性儿童的平均年龄为 8 岁，年龄为 4～13 岁不等。其中 50 次询问使用了此询问方案，而另外 50 次包括标准条件的询问的匹配样本是由相同的询问人员在引入使用此询问方案之前刚刚进行的。

在实施此结构化的询问方案之前，所有的询问人员都参加了为期 5 天的

集中培训。培训内容包括对此询问方案的观念性和实证性支持依据的回顾，对恰当的和不恰当的询问技巧进行录像说明，以及在同伴间进行角色扮演询问。在询问人员证明他们能够遵守此询问方案后，研究人员对询问人员使用此询问方案进行的司法询问进行观察，并向他们反馈使用技巧的相关问题。直至研究结束，研究人员依据记录的实地询问向所有的询问人员提供了书面反馈。此外，每 6～8 周组织一次个人和小组会议培训，重点关注对此询问方案的遵循以及对个别情况的调整适应。

◆ 兰姆（Lamb）等（2009）在英国的研究

关于此询问方案的第 3 项研究，是将使用该询问方案进行的 50 次询问与遵循 1992 年英国内政部《关于刑事诉讼中对儿童证人进行录像询问之良好做法备忘录》（Memorandum of Good Practice on Video Recorded Interviews with Child Witnesses for Criminal Proceedings，Home Office，1992）进行的 50 次询问进行了比较。1999 年和 2000 年，英国中部一个中型警察局里的 6 名警察（或他们的同事）使用该询问方案进行了询问；与这些询问相对的则是由这些警察和其他警员在接受使用此询问方案的培训之前实施的询问。接受询问的是 20 名男童和 80 名女童，其年龄为 4～13 岁不等，平均年龄刚刚超过 9 岁。

在该询问方案实施之前，所有询问人员都参加了为期 5 天的集中培训。培训内容包括对该方案的观念性和实证性支持依据的回顾，对恰当的和不恰当的询问技巧进行录像说明，以及在同伴间进行角色扮演询问。在询问人员证明他们能够遵守此询问方案后，研究人员对询问人员使用此询问方案进行的司法询问进行观察，并向他们反馈了关于使用技巧的建议。直至研究结束，研究人员依据记录的实地询问向所有的询问人员提供了书面反馈。此外，每 105
6～8 周举行一次个人与研究团队的会议培训，重点关注询问人员对此询问方案的遵循及他们在近期询问中所使用的策略。

◆ 西尔（Cyr）和兰姆（Lamb）（2009）在加拿大的研究

在这项研究中，17 位经验丰富的警官和心理健康工作者在此询问方案的指导下对法裔加拿大籍疑似性虐待受害者进行了 83 次司法询问，询问时使用了此询问方案的法文译本，与之相对是，由相同的 17 名询问人员在接受本询问方案培训前未使用此询问方案的情况下实施的另外 83 次司法询问。儿童年龄在 3 ~ 13 岁，平均年龄为 9 岁。

询问人员接受了为期 5 天的集中培训，回顾了关于记忆、暗示感受性、儿童发展认知能力和交流能力的现有知识，之后向他们解释该询问方案，用研究文献解释了该询问方案的结构和目的，并用录像和转录的询问来说明可取的做法和危险的做法。在每天的练习时间，学员通过角色扮演对脚本预先设定的“受害者”使用该询问方案进行询问。这些角色扮演过程被拍摄下来，供学员和整个团队一起进行回顾分析。经过一周的强化训练后，询问人员开始使用该询问方案对疑似性虐待受害者进行询问，每次询问都收集书面反馈，直至研究结束。他们还在每次询问后的两周内参加对询问做法的审评讨论。

◆ 仲真纪子（Makiko Naka）（2011）在日本的研究

仲真纪子比较了由 62 名在日本儿童指导中心工作的社会工作者和心理学家在接受 NICHD 调查询问方案培训之前（$n = 31$）和之后（$n = 31$）进行的 62 次询问。询问人员向目击证人（年龄为 5 ~ 62 岁不等）询问一段目击证人已经看过的简短视频（针对使用本询问方案之前的询问和使用本询问方案后的询问，目击者观看了不同的视频剪辑）。询问人员接受了大约 24 小时的使用本询问方案的培训。

◆ 西尔（Cyr）、迪翁（Dion）、麦克达夫（McDuff）和托特尔 – 西尔万（Trotier-Sylvain）（2012）在加拿大的研究

在这项研究中，研究人员将 19 名警察在接受使用此询问方案培训前对 79 次疑似性虐待受害者进行的询问，与其在接受培训之后进行的 84 次询问
106 做了对比。这些询问是根据儿童和指控特征进行匹配的，而不是依据询问人员的身份来匹配的。儿童年龄在 3 ~ 13 岁，平均年龄为 8 岁。在之前的研究

中，询问人员参加了为期 5 天的培训课程，内容包括记忆和发展心理学的相关理论知识，以及使用该询问方案的介绍和实践。在这项研究中，半数询问人员在研究期间收到了关于其每次询问的详细反馈，其余的询问人员在完成培训课程后没有进一步的反馈信息。

◆ 李（Yi）、赵恩京（Eunkyung Jo）和兰姆（Lamb）（2016）在韩国的研究

2010 年此询问方案引入韩国之后，李（Yi）等（2016）对 18 名韩国警察实施的询问进行了对比研究，在这项研究中，18 名警察各自在接受本询问方案培训之前进行 1 次询问，接受使用本询问方案的培训之后再进行 1 次询问。警察们参加了为期 2 天的培训课程，内容包括对儿童发展的研究、询问方案的基础和内容、良好做法的视频示例，以及带有反馈的角色扮演式询问。对于警察提交的培训前进行的询问，还提供了书面反馈。儿童平均年龄为 9 岁。

研究结果摘要

◆ 实质性阶段询问人员和儿童的行为

除了韩国和日本的研究之外，接受过本询问方案培训的询问人员与未使用本询问方案的询问人员相比，使用的提示明显少得多。此外，正如预期，在实质性询问阶段，开放性、自由回忆性话语（utterances）（例如，邀请）的数量和比例，明显在使用本询问方案的询问中高于未使用本询问方案的询问（参见表 6.1）。在除了韩国以外的其他所有研究中，遵循本询问方案的询问人员给出的指示性提示和选项性提示也相应较少。在美国、加拿大［西尔和兰姆（Cyr & Lamb），2009］、日本（基于平均的话语数量）和韩国的 4 项研究中，暗示性话语的比例有所下降。

107 **表 6.1　使用本询问方案和未使用本询问方案的询问中主要话语类型的比例（仅限询问的实质性阶段）**

研究	提示类型							
	邀请		指示		提供选项		暗示	
	方案组	对照组	方案组	对照组	方案组	对照组	方案组	对照组
奥巴赫(Orbach)等(2000)以色列	0.30 (0.14)	0.06 (0.04)***	0.44 (0.11)	0.51 (0.12)*	0.18 (0.08)	0.32 (0.09)**	0.07 (0.07)	0.10 (0.06)
斯滕伯格(Sternberg)等(2001)美国	0.33 (0.13)	0.10 (0.06)***	0.35 (0.12)	0.43 (0.09)***	0.26 (0.09)	0.36 (0.10)***	0.06 (0.06)	0.11 (0.06)***
兰姆(Lamb)等(2009)英国	0.34 (0.16)	0.07 (0.04)***	0.43 (0.12)	0.28 (0.08)***	0.18 (0.08)	0.27 (0.10)***	0.06 (0.06)	0.08 (0.08) (5.22)
西尔(Cyr)和兰姆(Lamb)(2009)加拿大	0.48 (0.18)	0.12 (0.08)**	0.26 (0.13)	0.42 (0.11)**	0.19 (0.11)	0.36 (0.13)**	0.07 (0.06)	0.10 (0.07)**
仲真纪子(Makiko Naka)(2011)[a]日本	0.63 (0.22)	0.18 (0.15)***	0.09 (0.09)	0.27 (0.14)	0.12 (0.10)	0.30 (0.14)***	0.03 (0.05)	0.07 (0.07)
西尔(Cyr)等(2012)加拿大	0.31 (0.17)	0.06 (0.05)***	0.30 (0.11)	0.42 (0.14)***	0.21 (0.10)	0.31 (0.10)***	0.05 (0.05)	0.04 (0.05)
李(Yi)等(2016)韩国	0.11 (0.07)	0.04 (0.05)**	0.37 (0.08)	0.39 (0.13)	0.35 (0.26)	0.31 (0.12)	0.19 (0.10)	0.25 (0.09)

* $p<0.05$，** $p<0.01$，*** $p<0.001$；显著性水平是指使用本询问方案和未使用本询问方案情况下的差异。

a　仲真纪子没有审查询问人员的话语类型比例；在培训前和培训后的询问中，询问人员每种话语类型的平均数量有显著差异。

总体而言，采用本询问方案的询问并没有比未采用本询问方案的询问引出更多的实质性细节。然而在所有研究中，更多儿童提供的实质性细节是在使用本询问方案条件下通过邀请性提示获得的，相应地在指示性提示下儿童回复的细节信息较少（见表6.2）。其中6项研究显示，使用提供选项提示时 108
儿童提供细节信息的比例下降；其中4项研究显示，使用暗示性提示时儿童提供细节信息的比例下降。

表6.2 使用本询问方案和未使用本询问方案的询问中每种类型 109
话语所获信息总量的比例（仅限询问的实质性阶段）

研究	提示类型							
	邀请		指示		提供选项		暗示	
	方案组	对照组	方案组	对照组	方案组	对照组	方案组	对照组
奥巴赫(Orbach)等(2000)以色列	0.51 (0.21)	0.14 (0.15)**	0.28 (0.16)	0.46 (0.14)**	0.10 (0.09)	0.26 (0.12)**	0.10 (0.16)	0.15 (0.14)
斯滕伯格(Sternberg)等(2001)美国	0.47 (0.19)	0.18 (0.13)**	0.28 (0.17)	0.40 (0.12)**	0.18 (0.11)	0.28 (0.13)**	0.07 (0.13)	0.14 (0.10)**
兰姆(Lamb)等(2009)英国	0.55 (0.18)	0.14 (0.12)***	0.25 (0.11)	0.46 (0.13)***	0.10 (0.09)	0.29 (0.16)***	0.06 (0.09)	0.10 (0.08)** (5.22)
西尔(Cyr)和兰姆(Lamb)(2009)加拿大	0.63 (0.19)	0.16 (0.14)	0.22 (0.15)	0.45 (0.15)***	0.09 (0.08)	0.29 (0.16)***	0.06 (0.09)	0.10 (0.08)**
仲真纪子(Makiko Naka)(2011)[a]日本	0.72 (0.22)	0.25 (0.24)***	0.08 (0.08)	0.30 (0.18)***	0.09 (0.09)	0.26 (0.16)***	0.01 (0.03)	0.04 (0.05)***
西尔(Cyr)等(2012)加拿大	0.46 (0.22)	0.09 (0.09)***	0.31 (0.16)	0.49 (0.18)***	0.13 (0.08)	0.29 (0.14)***	0.04 (0.07)	0.05 (0.06)

续表

研究	提示类型							
	邀请		指示		提供选项		暗示	
	方案组	对照组	方案组	对照组	方案组	对照组	方案组	对照组
李（Yi）等（2016）韩国	0.27（0.11）	0.12（0.15）**	0.37（0.10）	0.44（0.10）*	0.19（0.12）	0.23（0.11）	0.10（0.07）	0.18（0.14）

* $p<0.05$，$^{**}p<0.01$，$^{***}p<0.001$；统计是指使用本询问方案和未使用本询问方案情况下的比例差异。

a 仲真纪子的论文没有按照提示类型来审查询问对象回复的比例。在接受本询问方案培训前和培训后的询问中，每种话语类型所引出的平均细节数量有显著差异。

◆ 贝尼亚（Benia）、豪客－菲尔奥（Hauck-Filho）、迪伦堡（Dillenburg）和斯泰因（Stein）（2015）的元分析

贝尼亚（Benia）及其同事对询问人员提问的话语类型和儿童回复进行了一项元分析（Meta-Analysis）。该分析包括上述7项研究中的5项［除仲真纪子（Makiko Naka）和李（Yi）等的研究外，其他均包括在内］。贝尼亚（Benia）等结合了5项研究的数据，并将使用本询问方案进行的询问与对照组进行了比较（标准询问或在引入本询问方案之前进行的匹配询问）。该分析集中研究了“可取的”（开放性）和“不可取的”（提出选项和暗示）提示的使用，以及儿童在回复中提供的总体细节数量（以及核心细节）。贝尼亚（Benia）等还在3~6岁儿童的询问中研究了询问人员的提示和儿童的回复，以检验年龄因素是否会弱化这些发现的结果。在这5项研究中，544名3~14岁的儿童在四个不同国家的接受了询问（277名儿童的询问使用了本询问方案，267名儿童的询问使用了其他不同的询问方法）。

调查结果表明，本询问方案在帮助询问人员采用推荐的询问方法，避免使用有可能引出不准确信息的提示方面非常有效。在所有样本和学龄前儿童的子样本中，分析显示，当询问人员遵循本询问方案时，使用邀请的次数显著增加［效应量（effect size）大］，而提供选项（效应量大）和暗示（效应量中等）的次数显著下降。

在研究儿童的回复时，发现更多明显的可变性。分析表明，儿童在邀请条件下回复所提供的细节总量大幅提高，而对暗示性问题回复所提供细节的数量下降。在所有各项研究中，效应量跨度从中等到大（鉴于可变性，没有计算综合效应大小）。儿童回复的可变性在学龄前儿童中尤为明显，年龄较大的儿童在邀请条件下回复所提供的细节较多，而对暗示性提示回复所提供的细节较少。

◆ 准备阶段（实质性阶段之前）包含的询问要素 110

实地研究中的两项研究还考察了在询问的实质性阶段之前，询问人员在询问中运用相关要素的频率。斯滕伯格（Sternberg）等（2001）和李（Yi）等（2016）的研究都表明，询问人员在依据本询问方案实施的询问中更有可能介绍自己及询问的基本规则，并让儿童练习讲述最近发生的事件。在韩国的研究中，建立融洽关系的努力并未因是否遵循本询问方案而异，但斯滕伯格（Sternberg）等（2001）的研究表明在这方面的做法取得了进展。相比之下，李（Yi）等的记录表明在使用本询问方案时解释自身角色的询问人员数量增加了，但斯滕伯格（Sternberg）等（2001）的研究却并非如此（见表 6.3）。

表 6.3　斯滕伯格（Sternberg）等（2001）和李（Yi）等（2016）的研究中包含有准备要素的询问的百分比

推荐的做法	斯滕伯格（Sternberg）等（2001）		李（Yi）等（2016）	
	基准（%）	本询问方案（%）	基准（%）	本询问方案（%）
询问人员自我介绍	58	88	44	94
询问人员解释询问目的	76	90	17	94
询问人员建立融洽关系	52	100	39	44
询问人员组织讨论中性话题	2	100	6	61
询问人员概述基本规则	34	72	22	72

说明：除斯滕伯格（Sternberg）等（2001）“询问人员解释询问目的”的研究和李（Yi）等（2016）“建立融洽关系”的研究外，所有群体差异均具有统计显著性，$p<0.01$。

斯滕伯格（Sternberg）等（2001）还调查了询问人员尝试引入实质性话题的方式，以及性虐待案件中儿童对各种提示做出回复的比例。在宣读脚本化实质性提示之前，50 名儿童中有 4 名对案情做出披露。在剩下的 46 名儿童中，有 41 名（89%）在开放性提示下做出披露，而 46 名儿童中有 5 名（11%）是在被要求回复脚本化选项提示（例如，“你妈妈是不是担心你出了什么事?”）或者暗示性（例如，“我听说有人让你不安，告诉我相关的一切。”）问题后，才做出披露。相比之下，当询问人员在标准条件下自己构建提出的问题时，50 名儿童中只有 18 名（36%）在回答开放性问题时披露自己所受到的虐待，而 29 名（58%）在回答选项性或暗示问题时做出披露。

111 ◆ **实验室和实地研究中儿童回复的准确性**

上述实地研究对疑似性虐待案件中儿童的司法询问进行了考察。实地研究本身无法直接判定儿童在使用本询问方案的询问中对邀请做出回复时提供的细节数量的增加，是否会以降低准确性为代价；儿童回复准确性的提高反而是由于引导问题的性质而推断得出的［布朗和兰姆（Brown & Lamb），2015］。因此布朗（Brown）及其同事进行了一项实验室研究，将儿童对其经历过的某一策划事件的描述与该事件的客观记录进行比较，来直接评估儿童在各种类型的提示下所回复信息的准确性。该研究还检验了在使用 NICHD 调查询问方案下对未发生事件的询问中，儿童是否报告了完全错误的事件。

128 名 5 ~7 岁的儿童单独参加了一项策划事件（穿着剧装并被拍照）。活动后 4 ~6 周，研究者用 NICHD 调查询问方案对儿童进行了关于该活动的询问，并询问了一项没有发生过的活动（集体参观消防站）。询问提问以邀请提示为主，儿童根据这些提示做出了他们大部分的描述（见表 6.4）。线索性邀请（cued invitation）（即要求儿童对其之前披露过的内容进行详细说明）特别有成效，每个线索性邀请提示能引出和邀请提示一样多的信息，并且比指示性和暗示性提示获得了更多的信息。不论何种类型的提示，儿童所报告信息的准确性都很高。小部分的儿童（11%）对错误事件的提示做出了回复，并对他们在接受询问时最初回复的内容进行了详细描述。

表 6. 4　实验室模拟研究中询问人员使用各类型提示的比例以及儿童对各类提示回复的比例和准确性 112

	布朗（Brown）等（2012）		布朗（Brown）等（2013）
	1 周	6 个月	
所用提示的比例			
邀请	0. 25	0. 26	0. 65
指示	0. 20	0. 23	0. 22
提供选项	0. 19	0. 21	0. 00
暗示	<0. 01	<0. 01	0. 13
儿童披露信息的比例			
邀请	0. 63	0. 48	0. 67
指示	0. 25	0. 30	0. 19
提供选项	0. 10	0. 12	0. 00
暗示	0. 03	0. 09	0. 06
儿童回复的准确性			
邀请	0. 88	0. 82	0. 84
指示	0. 82	0. 64	0. 81
提供选项	0. 76	0. 56	—
暗示	0. 88	0. 90	0. 80

布朗（Brown）、路易斯（Lewis）、兰姆（Lamb）和斯蒂芬斯（Stephens）（2012）在一项包含智障儿童（children with intellectual disabilities，CWID）的研究中对儿童报告已知事件的信息质量进行了审查。这些智障儿童的年龄在 7 ~ 12 岁，将他们与相同实际年龄（7 ~ 12 岁）或相同智力年龄（4 ~ 9 岁）的正常发育（typically developing，TD）儿童进行比较。儿童在策划事件（一个关于健康和安全的互动课堂演示）的 1 周或 6 个月后接受了询问。询问对象受到的邀请性、指示性和提供选项三类提示的比例基本相同，但很少有暗示性提示（见表 6. 4）。尽管邀请性、指示性和提供选项的提示比例相似，但孩子们在两个时间点对邀请性提示提供了最多的信息（见表 6. 4），凸显了这类提示的成效。1 周后儿童回复的准确率较高（89%），但延迟后准确率下降（6 个月时为 75%），且所报告的细节总数也降低了。但在 6 个月的延

迟之后，通过邀请性提示获得的儿童所报告的信息仍然具有很高的准确性，而指示性和提供选项类提示所获得的信息则变得不那么准确了。第7章和第8章进一步讨论了智障儿童和更小年龄的正常发育儿童在信息量和准确性方面的差异。

◆ 比较证人和犯罪嫌疑人陈述——另一种确定准确性的方法

实地研究不太能分析出虐待事件中实际发生了什么，因此对回忆性信息价值的强调是基于实验研究的结果，正如第3章中描述的，由回忆性提示所获得的信息，与再认提示所得的信息相比，前者更为准确。由此，我们非常有幸能接触到以色列的一些案件，在这些案件中，我们可以比较疑似受害者的陈述和年轻犯罪嫌疑人的陈述，后者承认了同一被控事件的核心细节［兰姆、奥巴赫、赫什科维茨、霍罗威茨（Lamb，Orbach，Hershkowitz，Horowitz）等，2007］。平均而言，受害者提供了近360个细节，其中约一半
113 是在邀请性提示下获得或者是自主提供的（即并不是回复提示性问题得到的信息），33%的人在指示性提示下披露了信息，12%的人在提供选项的提示下提供了信息，8%的人在暗示性提示下提供了信息。

通过将受害者陈述与犯罪嫌疑人的陈述对比，受害者陈述中每个细节被分为确认、互相矛盾、模棱两可、忽略四类。受害者陈述的细节如果与犯罪嫌疑人提供的信息完全一致，则视为确认；受害者陈述的细节如果与犯罪嫌疑人提供的信息不相容，则视为互相矛盾；受害者陈述的细节如果与一名犯罪嫌疑人提供的信息一致而与另外一名犯罪嫌疑人提供的信息不一，则视为模棱两可；如果犯罪嫌疑人并未提及受害者所提供的细节信息，则归为忽略类。统计表明，平均有30个（9%）细节属于互相矛盾类，73个（24%）属于确定类，1个（0.4%）属于模棱两可类，253个（66%）属于忽略类。重要的是，与更为聚焦性的提示所引出的信息相比，受害者在开放性提示下披露的细节，明显更多地得到犯罪嫌疑人确认。一种不太显著的倾向是，使用开放性回忆提示引出的细节信息所得到确认的比例，高于聚焦性的再认提示。

这些结果仅部分支持以下预测，即使用开放性回忆提示使询问对象找回

的信息比触发再认过程的提示获得的信息可能更加准确。然而，超过 71% 由犯罪嫌疑人提供的细节与受害者提供信息一致，仅 28.7% 由犯罪嫌疑人提供的细节与受害者提供信息不一致。当犯罪嫌疑人明确同意受害者的陈述时，受害者提供的细节就可被认定。相对而言，很少一部分细节信息——平均数据为报告总数的 20% 略多一些——是通过这种方式得到确认的，但是通过邀请性方式所获信息中有近 30% 得到了犯罪嫌疑人确认，而不到四分之一——大约 20% ——通过其他类型提示获得的信息得到了确认。然而，研究结果并没有证实暗示性提示所获信息将得到最少确认的预期，也没有证实提供选项式提示虽比指示性提示风险高，但相比暗示性提示其风险较低（就回忆所获信息的准确性而言）。事实上，尽管指示性提示会触发回忆过程，但得到的确认率并不高于提供选项或暗示性提示，而后面这两种提示都依赖于再认记忆过程。这表明，邀请性提示因其开放性特点至少在某种程度上具有优越性，询问人员使用邀请性提示不会以任何方式缩小信息提供者在提取信息时关注的范围。

对互相矛盾类的分析结果更为令人费解，因为其比率并不取决于引出信 114
息所使用的提示类型。这些意料之外的发现可能反映了这样一个事实，即受害儿童所提供的细节信息很少与犯罪嫌疑人所述相矛盾，这可能降低了分析的敏感性。研究只包含了合作的犯罪嫌疑人（即那些完全或部分承认指控者），因此互相矛盾类的数量较低。

年龄的差异虽不突出但也在意料之外。被证实的细节其比例随着年龄降低而大幅下降，这可能是由于年龄较小的儿童所提供的信息虽明显不够详细，但同时却最为重要和突出，这些细节反过来，也最有可能被其他参与者证实确认。换句话说，年龄较大的受害儿童话语更多，这可能导致他们提供更多、更具体的（即使是主要的）细节，但这些细节在犯罪嫌疑人描述相同事件时被提及的可能性较低。

研究结果的意义

上述研究表明，当询问人员遵循本询问方案时，会产生一系列积极的结果：询问人员在向儿童引入调查事项之前，会进行更充分的准备，并在询问过程中采用更可取、风险更低的提问策略。儿童的陈述中对邀请性提示的回复更多，即使提出的邀请性提示不多时亦如此。基于实验室的研究证实，儿童对邀请性提示的回复可能非常准确，即使是在延迟了很长时间之后，而且邀请对年幼和有认知障碍的儿童也是有效的。

尽管在不同的实地研究中儿童在邀请性提示下提供了更多信息，但在使用本询问方案条件下儿童报告的细节总数与未使用本询问方案条件下儿童报告的细节总数没有明显差异［但西尔和兰姆（Cyr & Lamb）2009 年的研究显示依据本询问方案的询问更优］。由于本询问方案训练儿童在实质性阶段之前从情景记忆中检索详细信息，我们预期在使用本方案进行询问时，儿童将会提供更多有关实质问题的信息。这一预测并没有在大多数研究中得到证实，
115 因为儿童在这两种情况下通常提供相同数量的信息。我们猜测，询问人员可能含蓄地满足于“足够”的信息，但如果询问人员采用进一步的开放性提示，就可以获取额外的细节。询问人员显然必须进行具有挑战性的平衡——在不损害所获信息质量的情况下获取尽可能多的信息。本询问方案条件下的询问人员经过训练，或许特别了解到某些询问方法的风险，因此可能选择不提出他们之前以危险方式探究的问题。显然，对此问题在实地和实验室模拟环境两个领域进一步展开研究是有必要的。

尽管本询问方案使得由提供选项和暗示性问题引出的细节信息数量减少了 40% ~60%，但即使在使用本询问方案的条件下，仍有约四分之一的信息是分别通过提供选项和暗示性问题获得的。由于这两类问题比开放性问题更易引发错误信息，因此有必要关注儿童对这些问题回答内容的准确性。当然，由于这项研究是在实地进行的，我们通常不知道所报告的细节信息中哪些才是准确的。

◆ 询问年轻的目击证人

兰姆（Lamb）、斯滕伯格（Sternberg）、奥巴赫（Orbach）和赫什科维茨（Hershkowitz）等（2003）将司法询问的结构和信息量在类似事件中疑似目击证人和疑似受害者之间进行了比较，并将其与可能影响儿童回复的因素

（例如，受害者的年龄或受害者与罪犯之间的关系）进行了匹配。由于经历过的事件应当比单纯观看的事件更丰富、更突出，兰姆（Lamb）等预计，目击者与那些自称亲历类似可比事件的同龄者相比，目击者仅就其观察到的事件提供的信息细节更少。

在这项研究中，研究人员按照年龄、受害者与疑似犯罪者之间的关系、性虐待类型，将 26 名在性虐待案件中接受过本询问方案询问的年轻目击者（平均年龄为 10 岁），与 26 名性虐待案件中接受过本询问方案询问的受害者进行了匹配。相同的 22 名询问人员分别对两组儿童进行询问，但未就同一疑似事件对目击者和受害者进行询问。

询问人员的话语。年龄因素对询问人员使用的话语类型没有显著影响，但身份（受害者/目击者）对询问人员运用邀请性提示数量有显著的影响， 116
而且就暗示性提示而言，身份与年龄有显著的相互作用：随着年龄的增长向目击者提出的暗示性提示的数量逐渐减少；随着年龄的增长向受害者提出的暗示性提示的数量逐渐增加。通过对比分析各种类型提问的比例发现，在邀请和提供选项条件下身份因素存在差异，而年龄因素以及年龄与身份相互作用不明显。对目击者提出的邀请性提示多于对受害者，而对受害者提出的提供选项提示多于目击者。

儿童的回复。虽然 9 岁以下儿童提供的细节信息比 11 岁以上儿童少得多，但受害者和目击者提供的细节信息总数没有显著差异。对主要和次要细节的对比分析发现，年龄因素的作用类似，且目击者和受害者之间无差异，尽管目击者往往比受害者提供更多的次要信息。此外，使用邀请性提示从目击者处获得的细节信息比从受害者处获得的细节信息多，而使用提供选项的方式从年长儿童处获取的细节信息比年幼儿童多。平均而言，暗示性提示从受害者处得到的主要细节信息比目击者多。

总之，研究结果相当有力地证明，年轻的目击证人可以提供大量的与司法性相关的细节信息，尤其是在询问人员大量使用开放性提示的情况下。目击证人和受害者回复模式的相似性表明，在向目击者和受害者寻求获取信息的司法询问中应当遵循相同的原理，而且本询问方案在两种情况下都是有效的指导。

疑似受害者与目击者表现之间的相似性有些令人吃惊。实验室模拟环境下进行的研究表明，儿童提供的关于他们仅仅观察到的事件信息往往比他们实际参与的事件信息少［穆拉奇尔（Murachver）等，1996］。这些发现意味着，目击者回忆的信息应当比受害者少，然而兰姆（Lamb）等的实地研究结果却并非如此。目击者提供的细节与受害者一样多，且比受害者更倾向于提供体表细节（与外表或衣着等相关的司法性细节）。

有三个可能的因素（不相互排斥）可以解释为什么受害者没能比目击
117 者提供更多的细节。首先，受害者可能因其经历而比目击者更有压力，而这可能影响了他们的编码信息。虽然这一假设看似合理，但缺乏实验性证据支持：如第 2 章所述，关于压力是否阻碍或促进编码和记忆仍存在争议［迪芬巴赫（Deffenbacher），1983；古德曼与博顿（Goodman & bottom）等，1991；古德曼与赫希曼（Goodman & Hirschman）等，1991；奥兹与施林普顿（Oates & Shrimpton），1991；奥恩斯泰因、戈登和拉鲁斯（Ornstein、Gordon，& Larus），1992；彼得斯（Peters），1991；彼得森和贝尔（Peterson & Bell），1996；斯图尔德（Steward）等，1996］。其次，受害者在描述其经历时可能会感到更羞耻或尴尬。虽然有证据表明且按常理来说，信息提供者有时可能无法提供令人尴尬的细节信息，但所有关于参与者和目击者信息差异的实验研究都没有涉及可能会引起羞耻或尴尬的事件［塞维茨（Saywitz）等，1991］。最后，尽管询问人员都遵循了相同的调查询问方案，他们对受害者和目击证人的提问方式相当不同，询问人员这些不同的风格很可能提高了证人提供的整体信息量，而降低了受害者提供的信息量，询问人员尤其会向目击证人提出比受害者更多的邀请性提示，正如本研究所表明的那样，邀请性提示会比聚焦性提问获得更多的信息。值得注意的是，各个邀请性提示在两组儿童处所得信息数量相同，因此不同的询问风格不应归因于疑似受害者的沉默或无回复。然而，在询问疑似受害者时，询问人员还是选择了更具风险的探查——即使用更有可能引出不准确信息的提示，而且随着儿童年龄的增长，儿童能对邀请性提示做出更长、更全的应答，因此他们更倾向于此做法！虽然原因尚不清楚，但这些调查结果表明：尽管这些询问人员知晓获取信息的准确性存在风险，但他们更愿意“让证人多说话”，而更强硬地指示受害者提取回忆信息。

总而言之，这项研究的结果表明，本询问方案既适合于证人询问，也适合于询问年幼的受害者。事实上，研究结果表明，年幼的目击证人对于他们所观察到的事件可能提供惊人的信息量。这一发现的重要性在于，儿童虐待事件（尤其是在公共场所或集体看护场所）或家庭暴力事件的目击者往往是儿童，他们作为信息提供者的潜在价值不应被忽视。

结　论 118

我们在本章重点关注的研究十分有力地表明，本询问方案对司法询问人员具有相当大的价值。询问人员使用此询问方案，比其他同行更多地使用开放性提问，能够获得更多信息，而且这些信息与那些在大部分调查询问中盛行的更具风险的再认提示所获取的信息相比，可能更为准确。尽管如此，很明显的是，即使使用本询问方案，询问人员仍会过多地使用那些具有风险的提示，同时，当询问人员对本询问方案的使用以及对已进行询问的评估更具经验之后，就询问质量改变而进行记载的研究也尚不充足。

同样明显的是，本询问方案所包含的各种技巧不仅在年幼受害者的询问中有效，在年幼证人的询问中也可有效利用。这一结论不足为奇，因为本询问方案运用了大量有关儿童行为、思维和记忆经历的发展研究，而非局限于仅适用于疑似受害者的特点或特征。

第7章

119

对 6 岁以下疑似受害者的询问

普遍认为，年龄是影响儿童描述自身经历的重要因素之一。通常随着年龄的增长，儿童报告的信息量会增加，但信息的准确性（至少在自由回忆中）可能保持不变［吉和派普（Gee & Pipe），1995；古德曼、阿曼和赫希曼（Goodman，Aman，& Hirschman），1987；古德曼和雷德（Goodman & Reed），1986；马林、霍姆斯、古斯和科瓦奇（Marin，Holmes，Guth，& Kovac），1979；奥兹和施林普顿（Oates & Shrimpton），1991；塞维茨（Saywitz），1987］。然而，除了不同发育阶段存在差异外，年龄组内的差异也很常见，甚至在学龄前儿童中也存在明显的年龄差异［古德曼和阿曼（Goodman & Aman），1990；莱彻曼和塞西（Leichtman & Ceci），1995；莱彻曼、塞西和摩尔斯（Leichtman，Ceci，& Morse），1997；派普和萨尔曼（Pipe & Salmon），2002；夸斯、古德曼、盖蒂和雷德利克（Quas，Goodman，Ghetti，& Redlich），2000；夸斯、秦、沙夫和古德曼（Quas，Qin，Schaaf，& Goodman），1997；夸斯和沙夫（Quas & Schaaf），2002］。因此，年龄本身并不能为儿童叙述个人经历的能力提供一个准确的指标，而是用来总结与儿童能力相关的许多变量的影响，这些变量的影响在不同的询问或回忆环境中可能有所不同。然而，在许多被广泛报道的日托案件中，非常年幼的儿童成为疑似虐待案件的调查中心，这促使研究人员针对年幼儿童的询问是否应有别于对年长儿童的询问展开探讨。

120 根据提问策略对于儿童回复的影响的研究结果（见第 2 章），本询问方案特别强调了开放性提示的使用，依据的证据基础是通过自由回忆提示获取的信息比通过再认提示获取的信息更具准确性。然而人们普遍认为，学龄前儿童（4～5 岁）对自由回忆提示的回复过于简短和不完整［布尔格（Bourg）等，1999；翰威特（Hewitt），1999；里昂（Lyon），1999；塞维茨和古德曼（Saywitz & Goodman），1996；斯图尔德（Steward）等，1996］，因而有可能需要采用其他询问策略。在本章中，我们对司法询问背景下学龄前儿童所谓的和实际的不足与能力进行了仔细审查，尤其是借鉴了一项广泛的研究，该研究旨在考察幼儿对自由回忆提示的回复的年龄差异。

显然，学龄前儿童和年龄较大的儿童在自传体记忆提取策略和能力上存在相当大的差异［施耐德和比约克隆德（Schneider & Bjorklund），1998］。与年龄较大的儿童相比，年幼的儿童往往记住的信息较少，并对自身经历的描述更为简短［贝克–沃德、戈登、奥恩斯泰因、拉鲁斯和克拉布（Baker-Ward，Gordon，Ornstein，Larus，& Clubb），1993；兰姆、赫什科维茨、斯滕伯格、布特（Lamb，Hershkowitz，Sternberg，Boat）等，1996；兰姆、赫什科维茨、斯滕伯格、艾斯普林（Lamb，Hershkowitz，Sternberg，Esplin）等，1996；兰姆、斯滕伯格和艾斯普林（Lamb，Sternberg，& Esplin），2000；奥恩斯泰因、戈登（Ornstein，Gordon）等，1992；斯滕伯格、兰姆、赫什科维茨、艾斯普林（Sternberg，Lamb，Hershkowitz，Esplin）等，1996］。除此之外，年幼的儿童，尤其是学龄前儿童，与年龄较大的儿童相比，更有可能对关于他们经历的暗示性问题做出错误回复，以及在回答必须做出选择和是/非问题时表现出反应偏差、选择错误的选项［布鲁克、塞西、弗朗库埃和雷尼克（Bruck，Ceci，Francouer，& Renick），1995；塞西和布鲁克（Ceci & Bruck），1995；古德曼和阿曼（Goodman & Aman），1990；奥兹和施林普顿（Oates & Shrimpton），1991；普尔和林赛（Poole & Lindsay），1998；沃克、伦宁和埃尔茨（Walker，Lunning，& Eilts），1996］。一些研究表明，不同年龄儿童在自由回忆经历时的准确性没有差异［布朗、路易斯、兰姆和斯蒂芬斯（Brown，Lewis，Lamb，& Stephens），2012；弗林、博恩、诺克斯和布尔（Flin，Boon，Knox，& Bull），1992；古德曼和雷德（Goodman & Reed），1986；杰克、列夫和扎亚克（Jack，Leov，& Zajac），2014；约翰逊和福利（Johnson & Foley），1984；马林、霍姆斯、古斯和科瓦奇（Marin，Holmes，Guth，& Kovac），1979；奥兹和施林普顿（Oates & Shrimpton），1991］，而其他研究却发现，即使在回答开放性问题时，年龄较小儿童的准确性也低于年龄较大的儿童［布朗、路易斯和兰姆（Brown，Lewis，& Lamb），2015］。

第6章中所述的两项初始的实地研究［奥巴赫（Orbach）等，2000；斯滕伯格（Sternberg）等，2001］表明，使用NICHD调查询问方案询问的两个最小年龄组（4～6岁和7～8岁）的儿童，在每次邀请（开放性自由回忆
121 提示）下提供的平均细节数量以及回复此类邀请所提供的与司法相关的细节总量都没有差异［斯滕伯格、兰姆、奥巴赫（Sternberg，Lamb，Orbach）等，2001］。斯滕伯格（Sternberg）、兰姆（Lamb）、奥巴赫（Orbach）等（2001）对16名4～6岁儿童的研究中，儿童提供的信息中有半数是通过开放性邀请（自由回忆提示）获得的。这些研究结果表明，年幼的儿童对开放性自由回忆提示是可以做出有效信息回应的。

然而，这些对4～6岁儿童展开的研究，由于研究对象人数过少，因此无法对自由回忆提示下不同年龄儿童做出回应的差异进行深入细致的考察。为了更具体地检验使用本询问方案进行询问时年幼受害者的回复能力，兰姆（Lamb）、斯滕伯格（Sternberg）、奥巴赫（Orbach）、艾斯普林（Esplin）等（2003）对130名4～8岁儿童证人（90名女童和40名男童）接受的询问进行了研究。研究的目的是考察不同年龄幼儿对不同类型的自由回忆提示所提供的信息在数量和质量上的差异。在这项研究中，开放性邀请的范围有所不同，因为与年龄较大的儿童相比，年幼儿童对笼统的邀请（例如，“告诉我发生了什么”或“告诉我关于它的更多情况”）可能难以做出包含有效信息的回复，本询问方案建议询问人员采用更具体、更具聚焦性的线索性邀请（例如，“你说他亲吻了你，告诉我关于亲吻的事”）。“线索性邀请”使用先前已披露的信息细节作为上下文线索来推动进一步的自由回忆陈述，那些重新聚焦于时间段的线索被标记为“时间分段线索”（time-segmenting cues）。“时间分段线索”将先前已经披露的行为作为时间参照点，就此时间参照点之前或之后发生的事件，或在两个时间参照点之间发

生的事件，或在时间参照点既定行为同时发生的事件［例如，“你妈妈在厨房里的时候发生了什么事？”（预先披露）］，向儿童询问事件有关的信息。兰姆（Lamb）、斯滕伯格（Sternberg）、奥巴赫（Orbach）、艾斯普林（Esplin）等（2003）的研究目的之一，是希望检验此类提示性邀请是否可以在询问 4～8 岁儿童时有效使用，以及其有效性是否会因儿童年龄不同而有差异。

这项研究从已经引入使用本询问方案的三个警局或警队（一个在英国，另外两个在美国西部）的参与警官在 1997 年至 2001 年对 4～8 岁疑似受害者所实施的 271 次司法询问中挑选出 130 次，挑选出的儿童的年龄为 4 岁、5 岁、6 岁、7 岁和 8 岁。在研究期间，由 16 名参与调查的警官对涉嫌遭受性虐待的受害者进行的所有司法询问，尽管询问地点不同，均被纳入研究范围。有趣的是，被排除在研究之外的 141 次询问中，有 60 次的结果是不提出虐待指控，不披露率达 22%。这个比率明显高于早期研究报告的比率，但与本书 122
所述（见第 9 章）年幼的疑似受害者在受到询问时比年龄较大的儿童做出指控的可能性低这一观点一致［赫什科维茨（Hershkowitz）等，2005；赫什科维茨、奥巴赫、兰姆、斯滕伯格、派普和霍罗威茨（Hershkowitz，Orbach，Lamb，Sternberg，Pipe，& Horowitz），2007；伦敦（London）等，2005，2007］。共有 134 次询问被排除：因询问人员未使用本询问方案的有 60 次，因最终得出是身体伤害而非性虐待指控的有 59 次，因询问对象是目击者而非受害者的有 12 次，因二次询问，或涉及中间人，或其他可能来源而产生混淆的有 2 次。所有询问后做出的指控无一看似虚假，事实上，尽管事件的实际情况尚不清楚，但警方询问人员认为这些指控都是依法有效的。在报告虐待的严重程度、与犯罪者的关系或虐待事件的数量方面，各年龄段儿童做出的报告没有差异。

研究中的所有询问都遵循了标准的 NICHD 调查询问方案，所有询问人员在项目中进行模拟和实际的司法询问前，都接受了研究人员关于如何使用本询问方案的全面培训。在一些分析中，兰姆（Lamb）、斯滕伯格（Sternberg）、奥巴赫（Orbach）、艾斯普林（Esplin）、斯图尔德（Stewart）和米切尔（Mitchell）（2003）区分了一般性邀请（例如，“告诉我发生的一切”）和线索性邀请。线索性邀请会根据它们是否引用了事件、动作、时间段或其他主题而进行进一步分类。

◆ 询问人员的行为

在询问的实质性阶段，询问人员平均使用了 16 次邀请、17 次指示性提示、13 次提供选项提示和 3 次暗示性提示，使用每种类型提示的平均数量并不因儿童年龄不同而有显著差异。询问人员在使用第一个实质性提供选项的提示或暗示性提示之前，平均提出了 8 个实质性问题（占实质性提示总数的 15%），这同样也不受儿童年龄因素的影响。

平均每次询问包含 5 个线索性邀请。就线索性邀请的数量而言，儿童年龄因素的影响显著，对 4 岁、5 岁和 8 岁儿童（*Ms* =6，6，7）使用的线索性邀请多于对 6 岁和 7 岁儿童（*Ms* =4）的使用。除了这一非线性年龄差异之外，这些分析都表明询问人员与研究中所有年龄段的儿童进行的互动都是相似的。

123 ## ◆ 儿童的回复

不出所料，使用不同类型提示所引出的儿童回复的细节总量以及每种提示各自引出的细节数量都存在显著的年龄差异（见表 7.1）。使用邀请引出的所有细节数量属 8 岁儿童最高（57%），4 岁儿童次之（48%），但就使用邀请引出细节的占比而言，年龄的影响因素并不显著。

表 7.1　每一种提示引出的平均细节数量的年龄差异

年龄	话语（提示）类型				总数
	邀请	指示	提供选项	暗示	
4 岁	40.0	21.3	15.8	6.1	83.1
5 岁	54.5	32.8	22.7	6.1	115.6
6 岁	58.1	51.0	30.3	8.8	148.2
7 岁	65.6	43.0	26.5	9.0	144.1
8 岁	139.7	42.1	31.6	7.1	220.4
整体水平	68.7	39.2	25.6	7.6	141.1

每个邀请所获的平均细节数量存在显著的年龄差异，4 岁、5 岁、6 岁、7 岁、8 岁儿童提供的细节数量分别是 3、4、5、6、8。一般性邀请（相对于线索性邀请）会随着儿童年龄增长而获得更多的细节。引出一个或多个细节的各种类型话语，在数量上不受年龄因素影响，这表明所有年龄段儿童对相似类型的提示做出信息回复的可能性是相同的。

在首次对儿童做出提供选项的提示或暗示性提示之前，儿童提供的细节数量受年龄因素影响：儿童年龄越大，他们在首次接受提供选项或暗示性提示之前所报告的细节就越多。然而，在首次使用这类提示之前，儿童提供的细节总量的占比却并没有受到年龄因素的显著影响，尽管不同年龄儿童所提供的信息总量各有不同，但在询问人员首次引入使用提供选项或暗示性提示时，年幼和年长儿童所报告的信息量（占信息总量）的比例相似。

这项研究结果清楚地表明，4 岁的儿童就可以对自由回忆提示做出回复，并能提供大量的关于疑似虐待事件的重要司法信息。平均而言，几乎一半的信息都来自儿童对自由回忆提示做出的回复。正如预期的那样，年长的儿童 124
报告的细节总体数量、平均对邀请做出的回复，都多于年幼的儿童，但使用自由回忆提示引出的细节占比却并未随年龄增长而增大。此外，即使是最年幼的儿童也能在司法询问人员的自由回忆提示下提供大部分的信息（谁，什么），因此也减少了询问人员对使用更危险（可能污染证词）的是/非类问题和强制选择问题的依赖。平均而言，在所有年龄段的儿童中，邀请性提示普遍比其他类型的话语引出了更多的与司法相关的细节，与其他研究的结果一样［兰姆、赫什科维茨、斯滕伯格、艾斯普林（Lamb，Hershkowitz，Sternberg，Esplin）等，1996；奥巴赫（Orbach）等，2000；斯滕伯格、兰姆、赫什科维茨、艾斯普林（Sternberg，Lamb，Hershkowitz，Esplin）等，1996；斯滕伯格、兰姆、戴维斯（Sternberg，Lamb，Davies）等，2001］。

◆ 线索性邀请

我们通常认为学龄前儿童无法对过于笼统的邀请（例如，“告诉我发生了什么”）做出提供有效信息的回答，因此我们特别关注儿童在线索性邀请下所表现出的年龄差异，在这些开放性提示中，询问人员会根据儿童之前已提及的信息性细节（例如，动作、对象）做出明确的引用。在线索性邀请条件下，平均每次询问可获取25个细节信息。因此，线索性邀请引出的细节信息不仅占全部获取信息的18%，而且占邀请条件下引出的细节信息总量的37%。

未出意外，在线索性邀请下获取的细节信息总量与每个提示所获取的平均细节信息量都随着儿童年龄增长而增加。相比4岁、5岁、6岁和7岁的儿童，对于8岁儿童而言，动作和时间分段这两种线索性邀请所获信息更多。而其中，动作这种线索性邀请所获的信息多于时间分段线索性邀请、以事件为基础的线索性邀请及其他类型的线索性邀请。

兰姆（Lamb）、斯滕伯格（Sternberg）、奥巴赫（Orbach）、艾斯普林（Esplin）等（2003）的研究结果表明，对4岁年幼儿童的线索性邀请，尤其是使用令儿童回想起他们之前提及的动作作为线索的邀请，是引发信息回忆的有效方法，通过这种方法获取的信息比通过提出强制选择和是/非问题所获得的信息更为准确。此外，对于所有年龄段的儿童，询问人员如若使用更多的线索性邀请（平均每次询问中使用5.4个线索性邀请），尤其是明确引用儿童提到过的动作（使用以动作为基础和时间分段为线索的邀请），有可能获得更多的信息。线索性邀请（例如，“你说他摸了你的阴道。告诉我更多”）是富有成效且没有负面影响的，当一般性的笼统的邀请（例如，“接下
125 来发生了什么？”）似乎无效时，就可以使用这些线索性邀请来替代是/非问以及强制选择问的风险（例如，“他把手指放进你的阴道了吗？”）。线索性邀请通过构建对经历事件的回忆，将其与儿童已经提到的动作联系起来，并分解成更小的单元或时间段，增强了年幼儿童重建过去事件和详细说明其陈述内容的能力，也避免他们在回忆过程中受到询问人员的影响。有趣的是，对于各年龄段儿童，基于动作的线索性邀请（例如，“告诉我更多关于触摸的事”）比其他所有类型的线索性邀请更为有效。

我们的研究结果令人信服地证明了“线索性邀请”的价值，在司法询问人员决定是否需要使用更具风险性的询问方法之前，应给予所有年龄儿童机

会，让他们对自由回忆提示做出信息回忆。此举尤为重要，是因为研究反复发现，相对于年龄较大的儿童，年龄较小的儿童更有可能对是/非问题做出不准确的回答［布雷迪、普尔、沃伦和琼斯（Brady，Poole，Warren，& Jones），1999］，对未经历事件的误导性问题做出肯定的回答［普尔和林赛（Poole & Lindsay），1998］，或者对各种暗示做出默认［卡塞尔（Cassel）等，1996；塞西和霍夫曼（Ceci & Huffman），1997；塞西、罗斯和托利亚（Ceci，Ross，& Toglia），1987a，1987b；罗宾逊和布里格斯（Robinson & Briggs），1997］。这些研究结果表明，这些风险性提问对6岁及6岁以下儿童的询问会产生更多不良影响，因此，司法调查人员在向4～6岁儿童询问时需要更为注意，最大限度地利用风险低的自由回忆提示获取信息。

在兰姆（Lamb）、斯滕伯格（Sternberg）、奥巴赫（Orbach）、艾斯普林（Esplin）等（2003）的研究中，近半数的信息细节和83%对性虐待做出的最初披露都是学龄前儿童在自由回忆提示下提供的。这些研究发现表明，询问人员在使用更具聚焦性的提示之前，如能充分使用自由回忆提示，将有助于提高疑似受害者提供信息的准确性。这些研究结果同样表明，在使用“wh-”的特指提示（无论是视觉的还是口头的提示）之前，都应充分详尽地使用线索性邀请。这是因为线索性邀请促进的是自由回忆信息的提取，而非仅限于调查人员所指定的范围（例如，“那件衬衫是什么颜色?”，这样的提问仅仅将注意力集中在前面已提到的衬衫颜色上，而不包括其他特征）。非暗示性的、由询问人员提供问题内容的是非类问题和强制选择的问题，只有在自由回忆和指示性提示已使用完毕，但仍然缺少必要信息时才可使用，因为这些更具风险的替代方法更有可能引出不准确的信息。

根据兰姆（Lamb）、斯滕伯格（Sternberg）、奥巴赫（Orbach）、艾斯普林（Esplin）等（2003）的研究，就线索性邀请有效性的非线性发展而言，时间分段这种线索性邀请的表现尤为显著，该线索性邀请对8岁儿童的有效作用可参见表7.2。发展轨迹乍看似乎令人费解，因为动作线索邀请和时间分段线索邀请都使用了儿童提到的动作来获取更多信息。儿童对动作线索邀请的回复会随着年龄增长而稳步提高，而时间分段线索邀请对于8岁儿童的 126

有效性明显高于年龄更小的儿童。也许这是因为时间分段线索邀请与动作线索邀请的区别在于他们所需信息的类型不同。动作线索邀请寻求的是关于动作本身更多的信息；而时间分段线索邀请则旨在获取提及的动作之前或之后一段时间内，或两个动作之间的一段时间内所发生情况的信息。因此，动作线索邀请关注的是关于动作的信息获取，而时间分段线索邀请仅将动作视为时间参考点。因此，两种线索性邀请的认知需求是存在较大差异的。

表 7.2　对各种线索性邀请做出回复的平均信息量的年龄差异

年龄	事件线索邀请	时间分段线索邀请	动作线索邀请	其他类型的线索邀请
4 岁	1.1	1.7	3.7	2.0
5 岁	4.2	1.3	3.1	2.3
6 岁	3.0	2.7	2.3	2.3
7 岁	2.2	0.9	6.2	2.7
8 岁	1.3	4.6	8.6	2.8
整体水平	2.5	2.1	5.5	2.4

8 岁儿童比年幼儿童对时间分段线索邀请做出的回复更为有效，这一事实与皮亚杰（Piaget）（1971）的观察结果一致，即儿童对时间概念的理解迟于对物体和动作相关概念的理解。皮亚杰（Piaget）对此的解释是，对时间的理解涉及对动作后果的观察能力、对序列事件因果关系的认知能力以及用前一事件解释后一事件的能力［吉布森（Gibson），1991；皮亚杰（Piaget），1964］。动作线索邀请需要对动作本身进行进一步阐述，相比之下，时间分段线索邀请则需要对事件预测，从一个给定的动作开始按顺序推进，同时也包含从某一结果倒推之前的原因，反向回顾事件的能力。只有当儿童在实际
127 运用中将时间联系起来，他们才能以这种方式理解和重建时间序列。年幼儿童无法进行这样的可逆性操作，“而 8 岁儿童却可以用这种能力对真实事件和事件的不可逆顺序进行重新构建”［皮亚杰（Piaget），1971］。儿童七八岁时这种能力的发育使他们更有效地处理事件序列，这或许就可以解释在我们的观察中，儿童对时间分段线索邀请做出回复所提供的信息数量在 8

岁阶段急剧增加。此外，尽管动作线索邀请也需要关于事件的信息，但这种邀请对信息的需求更为集中，因此比时间分段线索邀请对认知的要求更低。

随后赫什科维茨（Hershkowitz）、兰姆（Lamb）、奥巴赫（Orbach）、卡茨（Kat）和霍罗威茨（Horowitz）（2012）在更大范围内研究了学龄前儿童在关于身体和性虐待的司法询问中对不同提示做出的回复。研究将 299 次对儿童的询问按照年龄分为四组（3 岁组、4 岁组、5 岁组和 6 岁组）。总体上，在实质性阶段询问人员的提示话语类型中，邀请性提示占 28%，指示性提示占 33%，提供选项性提示占 17%，暗示性提示占 3%（见表 7.3）。整体上，询问人员对每种提示语的使用随着儿童年龄而变化。使用邀请性提示的数量随儿童年龄增长而增加。对 3 岁儿童使用指示性提示的次数多于 4 岁儿童，但对 5 岁和 6 岁儿童使用指示性提示的次数增加。对于 5 岁以下儿童，提供选项性提示的使用随着儿童年龄增长而减少，而暗示性提示的使用则不分年龄。

整体而言，儿童对大多数提示（92%）做出了回复（见表 7.4）。回复率、提供相关信息的数量以及新细节的数量都随着年龄增长而提高。与其他类型的提示相比，儿童对邀请性提示的有效回应最少，对指示性提示的有效回应多于邀请性提示，这种差异在 3 岁和 4 岁儿童中最为明显。

儿童在回应邀请性提示时提供的新细节最少，儿童提供的新细节数量与年龄相关，视提示语类型不同而有所不同（见表 7.5）。最年幼儿童（3 岁）在所有各类型提示下提供的信息量最小，而 4 岁儿童在邀请性和提供选项性提示下提供的信息量低于 5 岁和 6 岁儿童。将研究转到关注每次提示所获得的细节信息数量上，分析表明，3 和 4 岁儿童在邀请性、指示性和暗示性提示下平均提供的细节信息数量类似，但在提供选项提示下提供的细节信息较少；而 5 岁和 6 岁儿童在邀请性提示下提供的细节信息数量较多，在指示性提示下提供的信息多于暗示性提示，在暗示性提示下提供的细节信息数量与提供选项性提示下提供的细节信息数量相当。

表 7.3　不同类型提示用于不同年龄儿童时的相对频数及绝对频数

年龄	提示类型												提示总数
	邀请数量（SD）	邀请比率（SD）	指示数量（SD）	指示比率（SD）	提供选项数量（SD）	提供选项比率（SD）	暗示数量（SD）	暗示比率（SD）	实质性数量（SD）	实质性比率（SD）	非实质性数量（SD）	非实质性比率（SD）	均值（SD）
3 岁	17.50 (13.45)	0.21 (0.08)	30.56 (23.70)	0.34 (0.09)	17.23 (9.02)	0.23 (0.11)	3.32 (4.05)	0.03 (0.04)	68.63 (43.02)	0.83 (0.07)	15.69 (13.84)	0.16 (0.07)	84.32 (55.63)
4 岁	19.89 (12.37)	(0.27) (0.11)	26.76 (21.66)	0.32 (0.10)	13.17 (8.15)	0.19 (0.09)	3.18 (3.91)	0.04 (0.04)	63.02 (37.96)	0.84 (0.08)	12.30 (10.20)	15 (0.08)	75.32 (45.32)
5 岁	24.93 (12.43)	0.31 (0.11)	29.65 (19.65)	0.34 (0.09)	11.97 (7.93)	0.14 (0.07)	2.9 (3.44)	0.03 (0.02)	69.47 (36.41)	0.83 (0.11)	14.94 (21.77)	0.16 (0.11)	84.42 (43.24)
6 岁	28.37 (16.28)	29 (0.11)	37.33 (22.41)	0.34 (0.10)	13.28 (8.11)	0.14 (0.07)	3.49 (3.16)	0.03 (0.03)	82.49 (38.22)	0.82 (0.08)	17.96 (13.66)	17 (0.08)	100.45 (46.30)
平均水平	22.82 (13.89)	0.28 (0.11)	30.36 (21.74)	0.33 (0.09)	13.44 (8.35)	0.17 (0.09)	3.18 (3.64)	0.03 (0.03)	69.80 (38.77)	0.83 (0.09)	14.79 (15.95)	0.16 (0.09)	84.59 (47.20)

表 7.4 不同年龄儿童对不同类型实质性提示的回复率

年龄	回复率				具体需求的回复率				提供新细节的回复率			
	邀请 M (SD)	指示 M (SD)	提供选项 M (SD)	暗示 M (SD)	邀请 M (SD)	指示 M (SD)	提供选项 M (SD)	暗示 M (SD)	邀请 M (SD)	指示 M (SD)	提供选项 M (SD)	暗示 M (SD)
3岁	0.91 (0.15)	0.91 (0.10)	0.83 (0.19)	0.91 (0.17)	0.43 (0.22)	0.59 (0.19)	0.55 (0.21)	0.65 (0.36)	0.26 (0.18)	0.47 (0.18)	0.44 (0.14)	0.56 (0.39)
4岁	0.92 (0.15)	0.93 (0.10)	0.90 (0.16)	0.89 (0.24)	0.47 (0.21)	0.66 (0.21)	0.65 (0.23)	0.61 (0.37)	0.31 (0.17)	0.53 (0.21)	0.52 (0.23)	0.54 (0.37)
5岁	0.95 (0.09)	0.95 (0.10)	0.92 (0.11)	0.97 (0.07)	0.61 (0.20)	0.73 (0.16)	0.78 (0.16)	0.71 (0.32)	0.44 (0.18)	0.60 (0.16)	0.65 (0.22)	0.55 (0.34)
6岁	0.94 (0.07)	0.96 (0.06)	0.93 (0.12)	0.94 (0.14)	0.62 (0.20)	0.72 (0.19)	0.76 (0.16)	0.68 (0.30)	0.45 (0.20)	0.58 (0.19)	0.62 (0.22)	0.58 (0.30)
平均水平	0.93 (0.12)	0.94 (0.09)	0.90 (0.15)	0.93 (0.17)	0.54 (0.22)	0.68 (0.19)	0.70 (0.21)	0.66 (0.34)	0.37 (0.19)	0.56 (0.19)	0.57 (0.23)	0.55 (0.35)

130 **表 7.5　不同年龄儿童在不同类型实质性提示下提供的细节量**

年龄	提示类型			
	邀请 平均数（SD）	指示 平均数（SD）	提供选项 平均数（SD）	暗示 平均数（SD）
3 岁	1.24（1.14）	1.43（0.89）	0.85（0.42）	1.72（1.81）
4 岁	1.81（1.36）	1.85（1.17）	1.10（0.78）	2.12（2.64）
5 岁	3.25（2.35）	2.45（1.49）	1.85（1.98）	2.17（2.28）
6 岁	3.78（2.81）	2.34（1.32）	1.74（1.16）	2.49（2.99）
平均水平	2.57（2.24）	2.07（1.33）	1.43（1.37）	2.15（2.49）

年长儿童做出有效回复的可能性高于年幼儿童。邀请性提示引出无效回复的可能性最高，这种情况随着儿童年龄增长而有降低的趋势。大约三分之一儿童的回复是不相关或者偏离主题的，即使是 6 岁儿童也有 30% 的时候是这样回复的，这表明儿童的理解监控能力和元语言技能在这个年龄阶段仍在发育中。另外，大约一半的提示产生了新信息，这表明儿童除了在最初陈述中报告的内容之外，还在继续致力于回忆与其经历相关的信息。

此项研究的结果与兰姆（Lamb）、斯滕伯格（Sternberg）、奥巴赫（Orbach）、艾斯普林（Esplin）等（2003）的研究发现存在一些重要差异。在赫什科维茨（Hershkowitz）等的研究中，对于宽泛的开放性邀请，学龄前儿童在回复率、产生新细节的可能性上都低于对更加狭窄的聚焦性指示、封闭式的提供选项或暗示性提示的回复。兰姆（Lamb）、斯滕伯格（Sternberg）、奥巴赫（Orbach）、艾斯普林（Esplin）等（2003）的研究相比赫什科维茨（Hershkowitz）等的研究，纳入了年龄更大的儿童，而每个年龄组中的儿童人数更少，因此其后的研究结果可能更具说服力。他们认为，随着儿童的成长，他们应对开放性问题的能力会增强。3～4 岁的儿童可以对非常宽泛的开放性问题（例如，“把你能记得的关于那件事的一切都告诉我”）做出包含有效信息的回复，但这个年龄段的儿童倾向于对更具聚焦性的开放性问题（例如，“他碰了你之后发生了什么？”）做出积极回复。宽泛的开放性提示可能无法为学龄前儿童提供足够的结构和支撑来帮助他们理解这些问题［科尔克曼（Korkman）等，2006；梅林德和吉斯特拉普（Melinder &

Gilstrap)，2009；沃夫曼、布朗和约瑟（Wolfman，Brown，& Jose)，2016b］。

赫什科维茨（Hershkowitz）等的研究结果将注意力转移到指示性特指提问（directive wh-questions）的优势上，这种提问不仅能引起聚焦性回忆，同时还提供了更具体的提取线索来识别那些集中关注的信息种类。与再认提示（recognition prompts）相比，这些提示能从学龄前儿童处引出更为准确的信息［彼得森、道登和托宾（Peterson，Dowden，& Tobin)，1999］。指示性提 131
示（directive prompts）虽然具体，但与儿童已提到过的信息相关，同时又不涉及任何未披露的信息，因此可以避免对证词的污染。赫什科维茨（Hershkowitz）等研究中的询问人员如果使用指示性提示，即使面对最年幼的儿童，都可以向儿童提供有效触发事件回忆所需的线索，促进他们以适当和包含有效信息的作答来回复询问人员的问题。

兰姆（Lamb)、斯滕伯格（Sternberg)、奥巴赫（Orbach)、艾斯普林（Esplin）等（2003）的研究发现，线索性邀请，尤其是动作邀请，在对年幼儿童的询问中特别有效。事实上，由于指示性提示通过先前披露的信息来集中儿童的注意力，因此在赫什科维茨（Hershkowitz）及其同事（2012）的研究中，这些提示对于非常年幼的学龄前儿童来说就像是开放性的线索性邀请。总的来说，就引出细节的数量而言，特定的提示似乎不如邀请性提示有效，这表明指示性问题（directive questions）对于引导幼儿做出回复，尤其是做出切题的回答很有用，但引导幼儿做出详细回复的更好方法还是邀请性提示。在赫什科维茨等的研究中，平均而言，邀请比其他任何类型提示都产生了更多的信息，这可能是由于特定的提示会引导儿童提取目标细节，而开放性提示则鼓励他们提取更详细的信息。就细节的数量而言，指示性提示对年幼儿童（3 ~ 4 岁）更为有效，而邀请性提示则对年长的儿童更有效。这些研究结果指出了自由回忆策略的有效性具有一个发育年龄门槛，即自由回忆叙事——引导性提示作用于 5 岁及 5 岁以上儿童时更加有效。

专家们之前认为，在对年幼儿童的询问中，因为幼儿难以处理自由回忆提示，因此使用再认提示是必要的［休伊特（Hewitt)，1999］。然而赫什科维茨（Hershkowitz）等（2012）的研究结果表明，在询问学龄前儿童时，聚焦性回忆的特指提问（focused-recall wh-questions）可能是更好的替代选择，因为这类问题结合了聚焦和回忆两者的优势。因此，提问者可以顾及幼儿对更具体提示的需要以及他们自己对获得准确信息的渴望，在询问时使用这些涉及回忆过程的特指问题（指示性提示）而非那些更可能引发不准确回复、涉及再认过程的提示（例如，提供选项性提示和某些暗示性提问）。

即使在学龄前阶段，年幼儿童也明显地对开放性提问做出有效回复越来
132 越熟稔。这些提问引出的回答更为详细、丰富，但仍然赖于回忆而非再认过程。然而，在同年龄组内和不同年龄组之间，儿童对不同类型提示做出有效信息的回复都存在相当大的差异。贝尼亚（Benia）等（2015）在评估NICHD调查询问方案的元分析研究中表明，儿童回复中的可变性程度明显受到年龄因素调节，当分析仅涉及学龄前儿童时，回复程度的差异明显更大。因此，有必要对幼儿在不同类型提示下的回复进行更多的研究。

儿童对时间属性信息的参照引用

与年幼儿童打交道的从业者，有时可能难以获取充分的信息去了解事件并判断事件可能发生的时间。尤其是如果儿童在一段延续时间内经历了多次虐待，他们可能更加难以在时间和环境条件下对事件准确定位［罗伯茨（Roberts）等，2015］。这可能是因为儿童在面对诸如时间这样的抽象概念时难以理解和进行运用，也难以觉察到需要将这种时间属性信息纳入他们的叙述中以使其叙述连贯、易懂。

在司法环境中，时间属性的信息，如发生日期、疑似虐待事件的次数和事件组成部分的顺序，可以从各个不同角度对特定事件进行界定［塔尔文（Tulving），1972，2002］，并有助于构建对经历事件的陈述。此外，在法律上，对所指控的刑事犯罪的发生时间进行明确说明是极为重要的。在儿童性虐待案件中，从受害者处获取此类信息的特殊重要性在于，一是缺少佐证，二是在大多数案件中除了犯罪嫌疑人，唯一的证人就是受害者。

即使罪犯不在场的辩护不大可能发生（例如，被指控的犯罪者为受害者直系亲属，有持续接触儿童的机会，或者被控多次进行虐待），而一旦被控虐待行为的时间背景得以明确，儿童证词的价值就会增强。因此，参照引用一天中的某个时间（例如，白天、晚上），联系另一项活动的邻近时

间（例如，“每次我母亲上夜班时”），或者估计虐待首次发生的时间（例如，“这种情况在我一年级时开始”），这样的做法可以提供重要的司法信息。此外，参照引用时间可以增强对事件特定叙述的提取并消除脚本描述 133
中典型的非情境化的系列动作。在高质量的询问中，大多数信息都是从儿童的回忆而不是再认记忆中提取的，所以评估儿童叙述的可信度也就容易得多［赫什科维茨（Hershkowitz），2001；赫什科维茨、费希尔、兰姆和霍罗威茨（Hershkowitz，Fisher，Lamb，& Horowitz），2007；兰姆、斯滕伯格、艾斯普林、赫什科维茨和奥巴赫（Lamb，Sternberg，Esplin，Hershkowitz，& Orbach），1997；拉斯金和艾斯普林（Raskin & Esplin），1991a，1991c；昂德奇（Undeutsch），1982］。

4岁的儿童就能准确地回忆起与几个月前发生的事件相关的季节、月份、星期、一天中的时间等时间［弗里德曼（Friedman），1991；弗里德曼、里斯和戴（Friedman，Reese，& Dai），2011；杰克、弗里德曼、里斯和扎亚克（Jack，Friedman，Reese，& Zajac），2016；帕斯曼、拉基纳、伯奇和鲍尔（Pathman，Larkina，Burch，& Bauer），2013］，但他们在司法环境下是否还能同样做到呢？如前所述，奥巴赫（Orbach）和兰姆（Lamb）（2007）研究了4～10岁儿童在自发描述疑似虐待事件时以及在询问人员进行时间性提问的条件下，他们在参照引用时间属性信息上所表现出的年龄差异（例如，排序、确定日期、发生次数、持续时间和频率）。该研究使用本询问方案对250名儿童进行询问，对儿童叙述中具有时间特征的陈述进行了鉴别。该研究对于儿童的年龄、具体时间属性信息的参照引用、信息提取方式（自发描述或在询问人员进行时间性提问条件下的回复），以及询问人员为获取信息而采用的提问方式（利用回忆或再认记忆），这几者之间的关系也进行了探讨。

实验室研究通常要求参与者专注于单一的时间特征，而奥巴赫（Orbach）和兰姆（Lamb）（2007）所实施的司法询问为儿童证人提供了机会，使得他们能够利用一系列时间属性的信息对经历事件进行描述，这种描述可以是自发的，也可以是对询问人员做出的时间性提问的回复。此外，实验室研究的重点通常是记忆再认过程中产生的时间信息，但这项研究的重点则是回忆过程中产生的时间信息。虽然通过自由回忆获得的信息比对回复再认记忆提示所产生的信息可能更为准确，但此研究中所获信息的准确性还不能确定。

奥巴赫（Orbach）和兰姆（Lamb）（2007）的研究发现，4～10 岁儿童无论是自发描述还是对询问人员的时间性提问的回复，都呈现出年龄较长者对时间属性信息的参照引用更为适当的情况。儿童的回复能力（儿童回复与询问人员的提问之间的匹配度）是由所使用的时间属性信息的类别、关系术语和时间尺度这些因素的适当性决定的。

相比于再认记忆（recognition memory），回忆能够引出更多对时间属性信息的参照引用，这体现了自发性陈述的能力。正如预期的那样，儿童在司法询问过程中提供的时间属性信息量（以所分析的时间信息类别中单位时间内信息量的总数表示）与司法信息总量（以细节信息的总数表示）之间存在正相关的关系；同样地，询问人员的时间性提问的数量和儿童参照引用的时间属性信息之间也是正相关的关系。因此，奥巴赫（Orbach）和兰姆（Lamb）（2007）在他们的许多分析中都对提供的细节信息总数和提问总数进行了控制。

134

排序是最常用的时间参照引用类别，使用者的年龄比皮亚杰（Piaget）预测的还要小得多，并在 4～10 岁呈线性增长。正如预测的那样，无论年龄大小，儿童总体上对反向排序（“在晚饭前我看了电视”）的使用要少于正向排序（“我在看电视之后吃了晚饭”）的参照引用。即使对细节信息总数和时间性提问的次数进行了控制，研究仍然发现，时间性排序的参照引用数量在年长儿童中大幅增加。这样的情况在自发陈述中表现得尤为明显。

然而与预期相反的是，研究人员并未发现 10 岁左右的儿童更多地使用“时间定位”（在传统的时间尺度上表示事件发生的时间）。这个结果令人惊讶，因为儿童为了把经历事件与时间定位联系起来，必须使用传统的时间模式，并在漫长的传统时间尺度上对事件进行定位，而这种能力通常是儿童在 8～9 岁达到的［弗里德曼（Friedman），1991，1992］。对嵌入其记忆的环境的熟悉程度（例如，熟悉的日常活动）有可能增强儿童对非具体的时间定位的参照引用，这些能力是学龄前儿童就拥有的。研究中提到的随年龄增长时间性排序的参照引用数量增加的现象，可能只是反映了儿童将事件或事件组成部分与传统时间的短期尺度（例如，一周的某一天或一天中的某个时间，即非具体的时间定位）联系起来的能力，而不是与传统时间的长期尺度（例如，一年中的某些月份或日历日期，即具体的时间定位）联系的能力。

总之，在这项研究中，儿童和成年人一样，能通过重建与时间模式相关的位置来记住过去事件的时间。成人可以使用时间的短期尺度和长期尺度这两种模式，而儿童大多使用短期尺度的时间模式或者将其记忆附着于熟悉的日常活动之中。

奥巴赫（Orbach）和兰姆（Lamb）（2007）研究中的儿童自发生成了大量的时间属性信息。在所有儿童参照引用的时间属性信息中，超过 50% 都是 135
自发的，而不是在询问人员进行时间性提问条件下的回复。此外，在儿童提供的时间属性信息中，将近 30% 是在自由回忆提示（free-recall prompts）下产生的，46% 是在线索性回忆提示（cued-recall prompts）下产生的，因而合计高达 74% 的时间属性信息都源自于“回忆”记忆。在儿童自发引用的时间参照信息中，近 72% 都采用了时间排序，这可能是因为此项研究所探讨的目击者陈词包含了儿童的事件回忆，这些回忆是儿童在询问人员使用本询问方案所强调的开放性邀请下用叙述的形式做出的回复。

参照引用中的时间排序除了本身传递的信息之外，还具有以下司法价值：有助于构建被调查事件的结构，帮助目击者重构其过去的经历，以时间顺序报告事件的各个组件事件，详细说明在披露组件事件之前发生的情况，或者在自由回忆提示下参照引用有因果相关的组件事件。此研究展示了自由回忆提示从儿童处引出的大量时间属性信息，表明司法调查人员不需要使用更为危险的（具有潜在污染性的）是/非问和强制选择问来获得此类信息。

奥巴赫（Orbach）和兰姆（Lamb）（2007）的研究表明儿童能够提供与其经历相关的重要时间信息。而兰姆（Lamb）、斯滕伯格（Sternberg）、奥巴赫（Orbach）和艾斯普林（Esplin）等（2003）之前的研究展示了儿童在童年时期此项能力的迅速增长可以达到何种程度。在分析年幼儿童对虐待事件的描述时，他们发现儿童通常会提供有关事件发生地点和内容的重要司法性信息，但有关时间的信息却往往很少提及，而年龄较大的儿童提供时间相关信息的可能性较高。与七八岁儿童相比，学龄前儿童提供的时间信息则要少得多。

当被问及虐待是否“发生过一次或多次”时，所有儿童都做出回答，提供了有效信息。相比之下，儿童对事件的具体时间定位则少得多，至少对学龄前儿童来说是如此，4 岁、5 岁、6 岁儿童的使用率为 50% ~59%，而 7 岁儿童为 83%，8 岁儿童为 85%，他们对发生事件中至少一次事件的时间描述，参照引用了日期（例如，“上周二”）或某个离散事件（“我最后一次在别人家里过夜”）。实验室研究发现，年幼儿童提供重复事件中具体时间信息的能力也同样呈现出类似的发展变化［罗伯茨（Roberts）等，2015］。

136

结　论

显然，3 岁的儿童就可以对开放性问题做出回复，NICHD 调查询问方案可以成功地用于对这些非常年幼儿童进行询问。无论年龄大小，儿童都有可能提供他们在回复开放性提示时产生的所有信息中的很大一部分。然而，同样清楚的是，对年幼儿童和年龄较大儿童的询问存在相当大的差异。最重要的是，年龄最小的儿童的回复非常简短，需要更多提示以增加他们提供的信息量。线索性邀请和指示性提示（“wh-”）可以作为一种特别有效的方法，来帮助年幼儿童回忆信息，同时避免聚焦性的提供选项和暗示性提问而引起污染证词的风险。尽管年幼的儿童比年长的儿童更少使用时间参照，但他们对事件组件排序的参照引用使得询问人员更容易理解这些事件的结构，即使信息是以一种杂乱无章的方式提供的。

第8章

询问有发育障碍的儿童 137

前一章我们重点关注了年幼儿童证人的能力和局限性，以及与年龄较大的儿童相比，提问策略的有效性在询问年龄很小的儿童时可能会有所不同。在这一章将讨论的是那些难以对其进行询问的儿童，因为他们在学习、行为、社交或沟通等方面存在的障碍，可能会影响他们回忆和描述自己经历的能力。

发育障碍儿童面临各种困难的潜在根源

与正常发育的同龄人相比，有发育障碍的儿童（children with disabilities，CWDs）会面临诸多挑战［亨利、贝特奈和卡内（Henry，Bettenay，& Carney），2011］。发育障碍的特征多数是认知功能和信息处理上存在普遍或特定的缺陷，这可能会限制儿童对其受虐经历的理解、注意、编码、存储、检索和报告的能力。例如，信息处理速度慢，对事件理解能力差，以及更具体的一些缺陷（特别是在工作记忆和执行控制方面）可能会减少对经历事件 138
进行编码的信息数量［亨利（Henry），2001；米尔恩和布尔（Milne & Bull），1999；斯汪森（Swanson），1990；斯汪森和特拉汉（Swanson & Trahan），1990；维卡里（Vicari），2004］。语言能力发展迟缓［菲尔德、艾伦和路易斯（Field，Allen，& Lewis），2015；平伯勒－齐默尔曼（Pinborough-Zimmerman）等，2007］或特定的语言能力缺陷可能会使儿童更加难以理解和回答问题［埃里克松、佩尔曼和伊萨克斯（Ericson，Perlman，& Isaacs），1994；凯贝尔、哈顿、约翰逊和奥凯莉（Kebbell，Hatton，Johnson，& O'Kelly），2001］。

此外，有发育障碍的儿童在与他人交往时还可能面临社交挑战，这是由他们的残疾特征和特定的社会经验所决定的。例如，智障儿童的父母可能会较少地以促进叙事和自传式记忆技能的方式与儿童互动［哈顿（Hatton），1998］。询问或法庭证词中的社交需求可能使这些儿童更容易受到暗示技巧的影响［西格尔曼、巴德、斯潘赫尔和舍恩罗克（Sigelman，Budd，Spanhel，& Schoenrock），1981］。存在发育障碍的儿童也可能很难理解询问的背景、询问的含义，以及对他们的期望。这些儿童往往比正常发育儿童更依赖他人的照顾，对不当行为（例如，性行为）的认知和理解有限，这可能会降低他们识别他人虐待行为的能力。残疾儿童也可能被忽略，因为其他人认为他们没有能力，所以对他们做出的任何披露的反应会被弱化。

在司法询问中，必须全面考虑残疾儿童所面对的种种困难，因为这些儿童极有可能受到虐待。许多研究都记录了这一群体受到虐待的比例在增加［威锡克、范·武格特、穆南、施塔姆斯和亨德里克斯（Wissink，Van Vugt，Moonen，Stams，& Hendricks），2015］，在某些情况下，他们受到虐待的概率是正常发育儿童的 3.4 倍［苏利文和克鲁特松（Sullivan & Knutson），2000］。在以色列，1998 年至 2004 年接受询问的疑似受害者中，11% 被描述为有轻微残疾，1.2% 有严重残疾［赫什科维茨、兰姆和霍罗威茨（Hershkowitz，Lamb，& Horowitz），2007］。赫什科维茨（Hershkowitz）等发现，所有年龄段的有发育障碍的儿童在疑似性虐待的受害者群体中都具有相当高的代表性，而在遭受身体虐待的受害者群体中（尤其是年龄较大的儿童）则代表性不足。

与正常发育的儿童受害者相比，有发育障碍的儿童受害者报告了更为严重的性虐待形式。具体来说，他们有可能比正常儿童更多次地受到伤害，遭受更多侵犯性虐待，遭遇更多涉及使用威胁和武力的事件。这些发现表明，残疾儿童可能成为性虐待案件中的“无风险目标”，因为他们没有足够能力
139 去避免或报告受害过程［威廉姆斯（Williams），1995］。此外，在大多数情况下，残疾程度越高，遭受性虐待的风险就越高。虽然轻微残疾儿童遭受虐待的风险高于正常发育儿童，但就举报经历的事件数量、性虐待行为的严重程度、使用武力的情况，以及虐待事件中造成身体伤害的可能性而言，严重

残疾儿童面临的风险更高。

与正常发育的儿童相比，作为受害者的残疾儿童举报虐待案件的频率低，而且通常更为延迟（赫什科维茨（Hershkowitz）等，2007）。同样，严重残疾儿童往往比轻度残疾儿童对虐待行为的举报频率更低、更为延迟。当然，在接受询问时残疾儿童没能举报虐待事件，可能导致他们遭受虐待情况的延续。

与虐待正常发育儿童的施虐者相比，残疾儿童的施虐者更有可能是父母或家长身份者［赫什科维茨（Hershkowitz）等，2007］。正如第9章中所讨论的，疑似受害者倾向于隐瞒其父母的虐待行为，而较少隐瞒其他施暴者的虐待行为［赫什科维茨（Hershkowitz）等，2005；伦敦（London）等，2005］。因此，有发育障碍的儿童可能会因为在心理上和身体上依赖施虐者而延迟或避免举报虐待情况。严重残疾的儿童尤其容易受到父母的虐待；在赫什科维茨（Hershkowitz）等（2005）的研究中，这些儿童疑似受到父母伤害的概率几乎是正常儿童的3倍。

在赫什科维茨（Hershkowitz）等（2007）和克瓦姆（Kvam）（2000）的研究中，残疾男童比残疾女童可能遭受性虐待和身体虐待的风险更大，也许这是因为男童比女童患有残疾的可能性更大。在轻度残疾儿童中，这一趋势比在严重残疾儿童中更为显著，在7～10岁儿童中比在年龄更大或更小的儿童中更加明显。

不幸的是，残障人士即使在他们可能遭受的迫害被曝光之后，也还面临着其他困难。在询问有智力障碍的证人时，警察经常感到技巧、资源和支持的匮乏，由于这些证人行为困难，认知、交流及注意力受限，警察往往将他们视为询问中难以处理的询问对象［阿伦斯和鲍威尔（Aarons & Powell），2002；阿伦斯、鲍威尔和布朗恩（Aarons，Powell，& Browne），2004；米尔恩（Milne），1999；夏普（Sharp），2001］。相对而言，涉及智力障碍儿童的案件很少被起诉到法庭［格林（Green），2001；古德琼森、墨菲和克莱尔（Gudjonsson，Murphy，& Clare），2000；威廉姆斯（Williams），1995］，也很少有研究人员去研究法律系统是如何回应智力或沟通方面存在障碍的罪案受害者［阿格纽和鲍威尔（Agnew & Powell），2004；米尔恩（Milne）， 140

1999］。即使涉及发育残疾或智力残疾儿童的案件上升到法庭层面，也因疏于认可和考虑到证人智力上的困难，而在程序和态度上弱化证人能力［塞德伯格和兰姆（Cederborg & Lamb），2006；凯贝尔、哈顿和约翰逊（Kebbell，Hatton，& Johnson），2004；奥凯利、凯贝尔、哈顿和约翰逊（O'Kelly，Kebbell，Hatton，& Johnson），2003a，2003b］。例如，尽管复杂的指示性和暗示性提问大量存在，这些提问对证人的可靠度、可信度可能产生不良影响，但法官却并不倾向于对此类提问进行干涉［凯贝尔、哈顿、约翰逊和奥凯利（Kebbell，Hatton，Johnson，& O'Kelly），2001］。

塞德伯格（Cederborg）和兰姆（Lamb）（2006）对39份瑞典法庭文件进行了归纳、定性研究，重点关注了法庭在评估儿童可信度时，是如何对儿童的残疾以及其假定后果进行描述和考虑的。

研究显示，法庭对这些疑似受害者的回应是否恰当主要取决于三方面的因素。第一，在一半以上的案件中，法官认为，残障儿童的可信陈述应当与没有学习障碍或残疾的疑似受害者的可信陈述具有相同的明晰特征。第二，不幸的是，法庭（大约有一半的时间）都没有得到专家的指导，来帮助他们更好地了解特定残疾证人的特点。第三，法庭与潜在的专家信息来源之间对于何种信息最为有效，双方的沟通理解有误，从而降低了所得到的专家证词的价值。因此，法院很大程度上是在忽视弱势证人的能力、行为和限制的情况下做出判定。

尽管存在相当大的障碍，但在许多国家，有发育障碍的儿童越来越多地参与司法询问和法庭审判［塞德伯格和兰姆（Cederborg & Lamb），2008；塞德伯格、拉·鲁伊和兰姆（Cederborg，La Rooy，& Lamb），2008；塞德伯格、丹尼尔松、拉·鲁伊和兰姆（Cederborg，Danielsson，LaRooy，& Lamb），2009；汉纳（Hanna）等，2010］。此类儿童参与度的增加，说明对于普遍存在的有发育障碍的儿童所遭遇的虐待事件，人们的意识不断提高，更多地维护这些儿童的权益［柯林斯、哈克和安多诺珀萝丝（Collins，Harker，& Antonopolous），2016；赫普纳、伍德沃德和斯图尔特（Hepner，Woodward，& Stewart），2016；普洛尼科夫和沃尔夫森（Plotnikoff & Woolfson），2016］，而在此背景下指导专业人士与儿童互动的资源开发也得到了提升（例如，http：//www. theadvocatesgateway. org/）。

在接下来的章节中，我们将回顾关于发育或智力障碍儿童（CWID）如何记忆和报告其经历的研究，不同询问策略对他们回忆的影响，以及对这些儿童感知可信度的研究。相对于正常发育儿童而言，针对残疾儿童目击者证 141
词的研究甚少。只有少数研究考查了证词和法律程序的各个方面，而针对具体残疾进行的研究则更少。使这个问题更加复杂的是，患有不同残疾的儿童在认知、行为、社交、情感和适应等功能方面存在很大差异，这意味着很难综合各种研究结果并得出结论。

各大机构已经对智力残疾儿童的能力和缺陷进行了研究，所以我们不仅集中回顾了这方面的工作进展，也对关注患有其他残疾儿童的研究进行了描述［例如，注意力缺陷多动障碍、自闭症谱系障碍（ASD）］。

对发育或智力残疾儿童的研究

对发育或智力残疾儿童的相关研究几乎都是在实验室模拟环境中进行的，各种研究方法的重点各有不同。

样本。许多研究中的儿童都属于相对有限的年龄范围（通常是儿童期的中后期）。在评估发育或智力残疾儿童的相对表现时，研究人员采用了不同的比较组：在一些研究中，研究人员将一组正常儿童与一组相同实足年龄（chronological ages）的发育或智力残疾儿童进行匹配对比（CA 匹配）。在这种情况下，10 岁的发育或智力残疾儿童将与 10 岁的正常儿童进行匹配对比。在其他一些研究中，研究人员对正常儿童的智力功能水平进行了可比性预估，从而进行心理年龄的匹配对比（MA 匹配）。在这种情况下，研究人员将智力相当于 5 岁的 10 岁发育或智力残疾儿童与正常的 5 岁儿童进行匹配对比。也有一些研究人员采用了 CA 和 MA 两种匹配，其中许多研究人员将已知综合征（例如，唐氏综合征、自闭症谱系障碍）引起发育或智力残疾的儿童排除在外，目的是增加发育或智力残疾儿童组群的同质性，同时也降低与其他疾病相关的特定认知或行为性障碍所产生的影响。而一些研究的对象则包括具有不同程度认知和功能障碍（例如，重度或中度）的发育或智力残疾群体。

调查中的事件。研究要求儿童进行回忆的事件包括简短的剪辑视频、目击的互动行为和亲身经历的事件（在实地研究中包括儿童对疑似虐待情况的报告）。事件发生后延迟报告的情况也各不相同，有立即回忆报告的，也有最长可达 6 个月延迟的回忆报告。

142 **测量目击者证词的角度**。一些研究专门关注儿童的暗示感受性——有的在事后整合儿童所提供的错误信息，有的则研究儿童对引导性和误导性问题的反应。另一些研究对发育或智力残疾儿童在中立性或支持性方式的询问中所表现出的能力进行了考察。研究人员关注的是所报告信息的数量、信息的准确性、儿童对目标事件叙述的连贯性。

提问策略。一些研究就发育或智力残疾儿童对暗示性问题和提问策略的反应进行了考察，这些提问策略因问题的开放性和涉及的记忆过程（例如，回忆和再认）的类型不同而不同。有些研究采用了在整个询问过程中逐渐集中的限制性询问方案，而有些研究采用的则是 NICHD 调查询问方案。

◆ 发育或智力残疾儿童回忆事件的能力如何？

人们普遍认为发育或智力残疾儿童作为证人的能力较弱，但在未使用 NICHD 调查询问方案的早期研究中，得到的结果不一致，并且因问题类型以及评估能力的类型（例如，对比回忆量、暗示感受性和准确性）的不同而有变化。例如，使用开放性问题或自由回忆来引出信息时，无论是相同实足年龄组（CA 匹配）[登特（Dent），1986，1992；亨利和古德琼森（Henry & Gudjonsson），1999，2003；阿格纽和鲍威尔（Agnew & Powell），2004] 还是同等心理年龄组（MA 匹配）[阿格纽和鲍威尔（Agnew & Powell），2004；戈登、廷斯、霍林斯和沃森（Gordon，Jens，Hollings，& Watson），1994；亨利和古德琼森（Henry & Gudjonsson），1999；廷斯、戈登和沙道克（Jens，Gordon，& Shaddock），1990；米歇尔、戈登、奥恩斯泰因和辛普森（Michel，Gordon，Ornstein，& Simpson），2000]，发育或智力残疾儿童通常都能提供与正常儿童一样多的信息，但在某些情况下，智力残疾儿童比 CA 匹配对比的儿童提供的信息少 [亨利和古德琼森（Henry & Gudjonsson），2004，2007；米歇尔（Michel）等，2000]，而比 MA 匹配对比的儿童提供的信息多［亨利和古德琼森（Henry & Gudjonsson），2003］。当被问及封闭式或特定的问题时，发育或智力残疾儿童提供的信息与 MA 匹配对比组的儿童一样多［亨利和古德琼森（Henry & Gudjonsson），1999；廷斯（Jens）等，1990；参见戈登（Gordon）等，1994］并且比 CA 匹配对比组的儿童提供的信息少［登特（Dent），1986，1992；亨利和古德琼森（Henry & Gudjonsson），2003，2004，2007］。

关于暗示感受性的研究结果也是不一致的。一些研究表明，发育或智力残疾儿童和 CA 或 MA 匹配对比组的儿童之间没有差异［亨利和古德琼森（Henry & Gudjonsson），1999，2004；廷斯（Jens）等，1990；罗宾逊和麦奎尔（Robinson & McGuire），2006］。也有其他研究发现，在相对于 CA 匹配中表现出较高的暗示感受性［亨利和古德琼森（Henry & Gudjonsson），1999，2007；古德琼森和亨利（Gudjonsson & Henry），2003；米歇尔（Michel）等，2000；永、鲍威尔和达钦（Young，Powell，& Dudgeon），2003］。

然而，研究人员发现，在回答开放性问题时，发育或智力残疾儿童和正 143
常儿童总体描述的准确性几乎没有差异［阿格纽和鲍威尔（Agnew & Powell），2004；亨利和古德琼森（Henry & Gudjonsson），2003］。与正常儿童一样，从发育或智力残疾儿童处获得的信息的数量和质量受到询问方式的影响［布朗和兰姆（Brown & Lamb），2015］。

上述研究因儿童智力残疾的严重程度而有所不同。大体上，有轻度认知障碍的儿童往往表现得与那些处于相同发育水平的正常儿童一样［亨利、贝特奈和卡尼（Henry，Bettenay，& Carney），2011］。这与智力残疾发育延迟的观点是一致的［齐格勒（Zigler），1969；齐格勒和巴拉（Zigler & Balla），1982］，这种观点认为发育或智力残疾儿童和正常儿童的发育进程是相似的，尽管速度和终点不同。在某些指标上，发育或智力残疾儿童甚至可能等同于同龄正常儿童，这意味着至少在认知功能的某些方面，发育或智力残疾儿童与正常儿童是没有区别的［布兰克和齐格勒（Burack & Zigler），1990］。

然而，对于认知障碍更严重的儿童来说，情况却不同。与智力残疾差异模型［埃利斯（Ellis），1969；米尔格拉姆（Milgram），1973］相符的是，这些儿童在大多数目击者能力指标上的表现低于那些发育水平相匹配的正常儿童［布朗（Brown）等，2012，2015；亨利和古德琼森（Henry & Gudjonsson），2003］。这种差异模型指出，与正常儿童相比，发育或智力残疾儿童的智力残疾（intellectual disability，ID）特征不仅仅是发育速度和终点的差异，而是有着在认知发育过程中逐渐叠加缺陷的本质不同。

◆ NICHD 调查询问方案与发育或智力残疾儿童

布朗（Brown）及其同事（2012，2015）对发育或智力残疾儿童的询问进行了研究，他们在一起策划事件中，先使用 NICHD 调查询问方案，然后使用一系列的暗示性提问（诱导和误导性提问，这些问题要么是开放性的，要么是封闭式的）。他们将这些儿童分为两组，一组有轻度的认知障碍［M（IQ 估值）67，称为 CWID－轻度］，另一组有中度认知障碍［M（IQ 估值）48，称为 CWID－中度］。他们又找来两组匹配对比的儿童，一组按照实足年龄匹配（CA 匹配），另一组按照心理年龄匹配（MA 匹配）。发育或智力残疾组儿童与 CA 匹配组儿童的年龄为 7～12 岁、平均年龄 9 岁，而在 MA 匹配组中儿童的年龄为 4～9 岁、平均年龄 6 岁。

144 研究共安排了 206 名儿童参加在学校举行的一项 45 分钟策划事件（关于健康和安全的互动课程），并对这些儿童进行了询问。有的儿童被询问了两次（分别是活动后 1 周和 6 个月后），有的只被询问了一次（仅在 6 个月后）。由此研究人员可以对比短期延迟和长期延迟之后的不同记忆［事件 1 周后进行的首次询问与事件 6 个月后的首次询问进行对比，布朗（Brown）等，2012］，也可以研究早期询问对后期回忆的影响［事件 6 个月后进行的首次询问与事件 6 个月后的第二次询问进行对比，布朗（Brown）等，2015］，还可以考察重复询问中所获信息的一致性［针对进行了两次询问的儿童，对比他们在第一次和第二次询问中所提供的信息，布朗（Brown）等，2015］。研究人员在所有分析中对证词的各个方面都进行了考察：儿童报告细节的数量、不同类型提示的有效性、儿童报告的准确性，以及他们对脚本式暗示性问题的回复。

在众多分析中，研究人员发现了一个显著的一致模式：CA 匹配组的儿童比轻度残疾儿童和 MA 匹配组的儿童表现更好（轻度残疾儿童和 MA 匹配组的儿童的表现没有差异)，而后两者又比中度残疾儿童表现更好。在对比儿童在早期和延迟的询问中对暗示性问题的作答中所报告的细节数量和准确性时如此呈现，在对比单独和重复询问的所获时也是如此。在早期和延迟的询问中，儿童的准确性水平也呈现同样模式。若论及所有6个月后进行询问的儿童（无论是6个月后首次询问还是进行第二次重复询问)，情况则略有不同：轻度残疾儿童与CA匹配组儿童的准确率相当；中度残疾儿童与MA匹配组儿童的准确率相当，这两组儿童的准确率均低于CA匹配组儿童。

在早期的询问中，中度残疾儿童在线索性邀请下提供的信息成比例地少于正常儿童。两组智力残疾儿童在回答直接问题和有答案选项的问题时提供的信息成比例地多于正常儿童。在事件发生6个月后对儿童进行询问时，残疾组儿童在回应邀请时做出陈述的比例，与MA匹配组的儿童相当；但这两组儿童的数据都低于CA匹配组的儿童。在线索性邀请下，CA匹配组儿童比轻度残疾组儿童和MA匹配组儿童（后两者之间没有差异）成比例地提供了更多信息，后两者所报告的信息又比中度残疾组的儿童更多。儿童的陈述有多少是在使用直接提示下得出的，在这一问题上没有显示出组别差异。与CA匹配组儿童相比，中度残疾组儿童在回答有选项择的提示时提供了更多信息。

儿童对不同类型提示做出回复的准确性随着问题的特定性和询问人员输 145
入的增加而下降，而不受其智力残疾或年龄的影响。在近6个月后的第二次询问中，轻度残疾组儿童和两个正常组儿童都更有可能提供重复的细节信息而非提供新细节，而中度残疾组儿童所提供的新细节和重复提供的细节在数量上没有差异。对于所有儿童来说，在第二次询问中所重复提供的细节都比第一次询问时的更为准确。

迪翁（Dion）和西尔（Cyr）（2008）还研究了语言表达能力低下儿童（通过在标准化词汇测试中的表现来衡量）对遭受性虐待经历的回忆。34名儿童接受了询问，其中半数儿童接受了NICHD调查询问方案的询问。每个询问组中约有30%的儿童属于较低语言能力者（虽未达到临床医学标准的障碍程度，但其表现低于平均水平)。与其他研究一样，NICHD调查询问方案下的儿童无论其语言表达能力如何，都比对比组儿童提供了更多的信息。语言表达能力低的儿童比平均能力的儿童所报告的信息量少，但有趣的是，使用 NICHD 调查询问方案询问的低语言能力儿童，与未使用 NICHD 调查询问方案询问的平均能力儿童相比，所报告的细节信息数量相等。因此，考虑到发育水平因素的询问方法似乎减轻了低语言能力对儿童报告信息的不利影响。

条理性

大量的关于儿童目击者证词的研究集中于儿童提供的细节信息的数量和准确性上，而很少有研究关注儿童沟通、交流其经历的方式。为使证词在法庭上做出有意义的法证贡献，听者（包括调查人员和陪审团成员）须理解儿童所构建的陈述。儿童证词的条理性会影响其控诉能否被法庭接纳，也会对其证词的可信度产生影响［戴维斯、保矢野、基南、梅特兰和摩根（Davis，Hoyano，Keenan，Maitland，& Morgan），1999；亨利、里德利、佩里和克雷恩（Henry，Ridley，Perry，& Crane），2011；派普、奥巴赫、兰姆、阿尔伯特和斯图尔特（Pipe，Orbach，Lamb，Abbott，& Stewart），2013］。无论出于何种原因，如果陪审员和法官无法理解儿童的陈述（例如，语言模棱两可、缺乏组织或结构、无条理），他们所提供证据的可信度和影响力可能就会降低［戴维斯（Davis）等，1999；威斯特科特和基南（Westcott & Kynan），2004］。

两项关于发育或智力残疾儿童叙事质量的研究表明，残疾儿童的叙事能力低于正常发育儿童。墨菲（Murfett）、鲍威尔（Powell）和斯诺（Snow）（2008）的研究发现，在开放式提示下对所目击的互动进行描述时，发育或智力残疾儿童（9～12 岁）比正常发育儿童（心理年龄和实足年龄匹配）
146 省略了更多的叙述组成部分。因此降低了他们陈词的清晰度和可理解性。同样地，金特尔（Gentle）、米尔恩（Milne）、鲍威尔（Powell）和沙曼（Sharman）（2013）研究发现，发育或智力残疾儿童（7～10 岁）对于一天之前观看的简短视频剪辑所提供的叙述中，其语法细节、上下文细节、时间标记和离散情节的逻辑排序都少于实足年龄相匹配的正常儿童。而当进行认知询问（CI）时，所有儿童都报告了更多的上下文细节、陈述的逻辑顺序和时间标记［尽管对包含叙事语法元素（story grammar elements）没有影响］，这表明一个支持性的询问过程可能会减轻儿童在构建叙述时所遇到的困难。

布朗（Brown）、路易斯（Lewis）和兰姆（Lamb）（2017）研究了发育或智力残疾儿童和正常儿童在使用NICHD调查询问方案时就其个人经历事件叙述的质量。基本上，在不考虑组员类别的情况下，叙述连贯性的标记经常包括在儿童的报告中。中度残疾组儿童比轻度残疾组、CA匹配组和MA匹配组的儿童所生成的叙事语法元素少，他们叙述所含的时间顺序、内容和上下文的标注明显更少。相比之下，轻度残疾组儿童所有的叙述质量指标都与正常组儿童相同。

也许是反映了各个研究之间的方法论差异，这些发现与金特尔（Gentle）等（2013）和墨菲（Murfett）等（2008）的报告相比，展现了一幅更加积极的画面。相比于墨菲（Murfett）等对提示儿童的程度予以限制，布朗（Brown）等（2017）使用的NICHD调查询问方案没有施加这样的限制，允许儿童持续对这些提示做出回复，直到其回忆穷尽。金特尔（Gentle）等（2013）的研究表明，所有接受认知询问（CI）的儿童都比那些接受更受限的结构化询问的儿童纳入了更多的叙事语法元素，从而进一步增加了这一论点的重要性。

提问策略

仅有很少的研究关注了对发育或智力残疾儿童的司法询问是如何进行的。阿格纽（Agnew）、鲍威尔（Powell）和斯诺（Snow）（2006）就一系列在学校发生的策划事件，将警官和看护人员对发育或智力残疾儿童的询问进行了比较。尽管警官比看护人员使用更多的开放性问题（例如，“把关于那件事的一切都告诉我”），但两组人员的询问都使用了许多指示性问题（例如，“wh-”问题）以及聚焦性的再认问题。有些警官倾向于打断儿童的叙述，进而提出具体问题来澄清儿童回复的内容，这些警官缺乏对方法是否运用适当 147
的洞察，也无法再次回归到开放性提问上。

塞德伯格（Cederborg）及其同事［塞德伯格和兰姆（Cederborg & Lamb），2008；塞德伯格、拉·鲁伊和兰姆（Cederborg，La Rooy，& Lamb），2008；塞德伯格、丹尼尔松、拉·鲁伊和兰姆（Cederborg，Danielsson，La Rooy，& Lamb），2009；塞德伯格、胡尔特曼和拉·鲁伊（Cederborg，Hultman，& La Rooy），2012］研究了在瑞典对报称受到虐待的

发育性残疾受害者进行的司法询问记录，发现：警察很少使用自由回忆性提示，询问主要由指示性提问和提供答案选项的问题组成。尽管通过非常宽泛的开放性提示可以引出有意义的信息，但询问人员仍然经常通过更具聚焦性的问题（例如，“wh-”问题，是/非问或者提供选项问）要求儿童进行详细阐述，这往往导致儿童提供不一致或矛盾的信息。然而，当给予智力残疾儿童第二次机会提供他们受虐情况的信息时，他们会进一步阐述已经报告的信息，有时也会提供他们经历事件的全新信息［塞德伯格（Cederborg）等，2008］。

布朗（Brown）、路易斯（Lewis）和兰姆（Lamb）（2017）针对遵循NICHD调查询问方案的询问人员在一起策划事件中对发育或智力残疾儿童和正常儿童的提问是否不同，进行了研究。他们对来自上述研究的文本记录进行考察，重点关注的是事件发生一周后进行的询问，对询问中使用的不同提示类型进行了比较。即便该研究中儿童提供的信息量是有所限定的，但也发现残疾组和正常组儿童被提问的方式存在不同。相比实足年龄匹配组儿童，对年幼的正常的（心理年龄匹配组）和残疾的两组儿童，询问人员的提问多是总体性的，更具指示性，而少有线索性邀请。相比实足年龄匹配组儿童，对残疾的两组儿童，询问人员更多地使用提供选项问题。少量的暗示性提问主要针对的是中度残疾组儿童，这组儿童整体上被问及的问题也比其他组儿童少。

相比于儿童的残疾程度或儿童个人对询问的贡献，儿童的发育水平对询问策略的影响更大。因此，在评估如何进行询问时，需要充分考量儿童和询问人员之间交流互动的性质。

在询问发育或智力残疾儿童（至少列入轻度残疾范围的儿童）时，询问人员不大可能会像询问正常儿童时那样，去创造最佳的回忆环境。对残疾状况的了解不足可能导致询问人员采用一些不可取的询问策略（例如，聚焦性
148 和封闭式问题），这可能是因为询问人员认为询问发育或智力残疾儿童需要更多的周密安排［阿伦斯和鲍威尔（Aarons & Powell），2002；阿伦斯（Aarons）等，2004；埃里克松（Ericson）等，1994；米尔恩（Milne），1999；纳坦松和普莱特（Nathanson & Platt），2005；菲利普斯、奥克斯伯格和麦克里博斯特（Phillips，Oxburgh，& Myklebust），2012；夏普（Sharp），2001］。又或者，不同的提问可能反映出发育或智力残疾儿童回答的质量不

同：这些儿童可能只提供了贫乏的回复，这表明询问人员应给予他们更多的指导和帮助，而相比之下，智力水平更高的正常儿童可能会提供更丰富的初始陈述，由其提供的回忆线索得以使用的机会更多。然而，轻度残疾组儿童和 MA 匹配组儿童在许多维度上的相似表现，表明儿童回复的差异并不完全是询问人员采用不同提问策略的原因所在，也许相反。正如阿格纽（Agnew）等（2006）的研究发现，在发育或智力残疾儿童和心理年龄匹配组儿童的询问中，询问人员对于使用开放性提问成功获取信息没有进行有效监测，结果转为更具聚焦性的询问。至于询问人员在询问逐渐明朗过程中所采用的各种策略，是否能体现儿童对之前提示的回复，还需要更多研究来检验［沃夫曼、布朗和约瑟（Wolfman，Brown，& Jose），2016b］。到目前为止的研究表明，发育或智力残疾儿童面对的不利因素，除了他们在交流和认知上的局限，询问方法也会影响他们叙述的条理性。

对残疾青少年和残疾成人使用 NICHD 调查询问方案的调查

最近在以色列进行的一项研究，针对轻度和中度智力残疾个体的调查询问，对提示类型和回复性质进行了审查［赫什科维茨（Hershkowitz），2018］。研究样本是 200 名疑似性虐待和身体虐待的受害者，分成 4 组，每组人数相等且相互匹配：轻度智力残疾者以及与其心理年龄匹配（MA）者，中度智力残疾者以及与其心理年龄匹配（MA）者。对所有这些疑似受害者的询问，都由受过训练的调查人员按照 NICHD 调查询问方案进行。

智力残疾者被问及了大量的问题（平均约 150 个），其中以回忆提示性问题（开放式及指示性）为主。他们对几乎所有的提示都做出了回复，对超过三分之二的提示做出了实质性回复，对三分之一的提示提供了新的细节，这意味着他们的回复水平通常低于正常人。他们的表现因残疾严重程度而异，轻度残疾组的表现在各维度上总体优于中度残疾组。智力残疾的目击证人通 149
常提供的细节信息较少，除中度智力残疾组之外，所有人在回忆提示下生成的信息都多于再认提示下生成的信息，原因是这些残疾人在认知结构和注意力方面的欠缺，抑或是因其认知功能在本质上的不同。

与之前所描述的其他研究一样，赫什科维茨（Hershkowitz）的研究发现智力残疾者无法提供有效司法信息或充当证人这一结果。数据表明，智力残疾的青少年和成人拥有基本的沟通和记忆能力，足以为其经历提供证词。对其弱点和优势的了解，有助于展开更有根据和有效的询问，从而获得有价值的司法证据。

◆ 唐氏综合征

关于唐氏综合征（Down Syndrome）患者的目击者证词研究仅有一项［柯林斯和亨利（Collins & Henry），2016］。唐氏综合征是一种常见的遗传疾病，其核心特征之一就是智力残疾。唐氏综合征患者经常表现出挑衅性行为，语言和社交能力不仅异常且有限，所有这些都可能导致他们更容易受到虐待侵害，同时也对他们讲述自身经历的能力造成影响。

柯林斯（Collins）和亨利（Henry）对比了唐氏综合征青年（平均年龄为 19 岁）和相同心理年龄正常发育儿童（平均年龄为 6 岁）在观看一段有关轻微犯罪的剪辑短视频后的即时记忆。针对这段视频，先是向这些参与者提出开放性自由回忆提示和线索性回忆提示，然后再提出一系列诱导和误导问题，包括附加疑问句，例如，“汽车没有抛锚，是吗?”（诱导）；“车里没有狗，对吧?”（当时确有一只狗，误导）。

患有唐氏综合征的青年和 MA 匹配组的正常发育儿童相比，在各方面的回忆能力表现相同，他们回复的数量和准确性没有差异，在回答诱导性和误导性提示时暗示感受性的水平也没有差异。

◆ 自闭症谱系障碍

自闭症谱系障碍（Autism Spectrum Disorder，ASD）是一种发育性障碍，包括社交、语言和行为方面的困难。并发障碍，特别是智力残疾，十分常见。
150 许多自闭症患者因其某些记忆力方面的特征而使他们作为目击证人的能力受到影响，这包括过度泛化的记忆，也包括在面部识别、记忆信息组织、源监控、对事件的情绪及社会性特征的记忆能力上存在的缺陷［参见马拉什和鲍勒（Maras & Bowler），2014，研究综述］。

对自闭症患者的自传式记忆和目击者证词的研究相对较少，而且主要关注的是成年人。这些研究表明，成年自闭症患者的自传式记忆贫乏，相比于对照组的正常成年人，他们较少回忆生活事件且所提供的细节信息也稀少［查普特（Chaput）等，2013；坦维尔（Tanweer）等，2010］。他们的陈述往往缺乏个人参与的迹象以及与他人相关的信息（例如，姓名、外貌、反应）。马拉什（Maras）和鲍勒（Bowler）（2010，2012）的研究表明，成年自闭症患者更有可能提供不准确的信息，尤其是在描述个人和行为相关的细节时，但他们所提供的细节信息量与正常成年人一样多。

麦克罗里（McCrory）、亨利（Henry）和哈佩（Happé）（2007）研究发现，自闭症患者中的年长儿童和青少年对于策划事件的陈述准确性和暗示感受性水平与同龄正常人没有差异，但所提供的自由回忆细节较少，尤其是在社交特征方面。布鲁克（Bruck）等的（2007）研究表明，5 ~ 10 岁的自闭症儿童在回忆过往的个人事件时，报告的细节更少，（相对于父母的描述）也较不准确。他们报告的正确细节更少，在回忆策划事件时也更容易受到暗示的影响。尽管自闭症儿童提供的信息较少，但在自由回忆时他们与正常儿童一样准确，只是当面对更为具体的问题时，他们回复的准确性下降了。

马蒂森（Mattison）、丹多（Dando）和奥默罗德（Ormerod）（2015）在两项研究中，比较了自闭症青少年和与之心理年龄匹配的正常青少年对一段短视频的回忆能力。这些年轻人在观看视频一小时后接受了口头询问，询问中使用了心理环境重建的指令，或者是草图重现环境的方法（参与者被要求用绘画的方式来尽可能地回忆视频，并且一边画一边谈）。结果表明，正常儿童比自闭症儿童回忆了更多正确的细节，且更为准确，但所报告的不准确信息两组之间在数量上没有差异。当对自闭症青少年使用草图重现环境的方法进行询问时，他们与使用同样方法接受询问的正常儿童一样准确。在患有自闭症的成年人身上使用草图重现环境方法进行询问，也显示出类似效果［马拉什、马尔卡希、梅蒙、皮卡里耶路和鲍勒（Maras，Mulcahy，Memon，Picariello，& Bowler），2014］。

显然，尽管患有自闭症的儿童和青少年在回忆和描述其经历时要面对很
多困难，但他们仍能提供有意义和可靠的信息。他们可能会忽略重要的背景 151

和社交性细节，这可能就意味着询问人员需要对他们进行提示。因此，NICHD 调查询问方案在自闭症儿童（或许还包括成人）的询问中可能会起到非常大的作用。

在最近的一项研究中，阿尔梅达（Almeida）、兰姆（Lamb）和威斯布拉特（Weissblat）（正在审稿中）就一项扩展心理评估（ADOS-2）对 27 名 6 ~ 15 岁的高功能自闭症患者进行了询问，并将他们的表现与 32 名同龄的正常儿童进行了比较。两组儿童分别在事件发生后 2 周和 2 个月接受了 40 ~ 60 分钟的评估询问，询问中采用了 NICHD 修订版询问方案。

阿尔梅达（Almeida）和她的同事们发现，总体而言，自闭症儿童从其经历事件的回忆中提取的正确细节信息与正常儿童水平相当，他们并不会更容易犯错或者进行虚构。正如预期的那样，自闭症儿童对其经历的事件在回复邀请性提示时比正常儿童所回忆的细节少。但与预期相反的是，对于自闭症儿童而言，每个邀请性提示和指示性提示所能引出的细节数量是相等的。类似地，自闭症儿童在回应开放性邀请时所回忆的信息与他们在回答更具体的（指示性）问题时所回忆的信息一样，同样准确。无论是回复指示性问题还是回复开放性邀请，自闭症儿童回忆的准确性都无异于正常儿童。组别之间不存在差异，可能意味着对高功能自闭症儿童不一定需要使用比正常儿童更为具体的提示才能获得他们对其经历事件提供有意义且可靠的陈述。

线索性邀请是 NICHD 调查询问方案的一个显著特点，在向高功能自闭症儿童询问其经历时特别有效。尽管自闭症儿童在线索性邀请下比正常儿童所回忆的细节少，但使用此类提示所引出的却是他们所经历事件的核心内容和高度准确的细节信息，即使询问是在事件发生后相当长一段时间再进行的（在 2 周后的询问中准确率为 91%，在 2 个月后的询问中准确率为 87%）。此外，与其他类型的提示相比，在线索性邀请下，自闭症儿童所回忆的信息更多（也更准确）。有观点认为，更具支持性的提取技术可以帮助自闭症目击者回忆更多信息，因为他们的回忆障碍更多是与提取有关，而不是编码机制的问题［马拉什和鲍勒（Maras & Bowler），2012］。阿尔梅达（Almeida）等的研究表明，线索性邀请通过构建对其所经历事件的回忆，将其拆分成更小单元，并与先前披露的行动结合，从而有效地触发信息回忆，提高了自闭症儿童进行详细阐述的能力。

没有证据表明自闭症儿童比正常儿童更易于虚构细节。然而，尽管儿童报告的虚构细节总体上很少，但这些虚构细节更多地出现在儿童在基于回忆的提示下（邀请、线索性邀请和指示性提示）做出的回复中。因此，所有参与刑事司法体系的人员都应认识到，使用此类提示可能获取关于某一事件极有价值的信息，但也可能导致儿童的详细回答包含少量的错误信息。

对儿童使用的所有类型提示都能引出与司法相关且准确的信息，即使询问人员使用了与出错率相关性较高的提示，例如，提供选项的提示，也仍然可以保持总体较高的准确性。正如所预测的那样，当询问人员使用触及再认记忆的提示问题时，自闭症儿童比非自闭症的同龄人所提供的错误信息少，尽管当询问人员使用封闭式（提供选项）提示时，两组儿童提供的错误信息更多，这些是最低效的提示。当询问人员采用暗示性问题时，总体准确性仍然很高，与自闭症儿童相比，正常儿童更有可能对暗示输入的信息表示默许。自闭症儿童2个月后在暗示性提示下所提供的陈述准确性低于2周后的水平，但准确程度并不低于正常儿童。然而，阿尔梅达（Almeida）等使用的暗示性问题并不包括高度有害的问题，诸如质问性问题（“你在撒谎，是吗”），或附加疑问句（“她让你去拼字谜，是吗”），如果使用了这些问题，则可能对准确性更具破坏性影响。

阿尔梅达（Almeida）等的研究首次探讨了自闭症儿童在一段较长时间之后对其个人经历的回忆能力。研究发现，无论是否患有自闭症，儿童所受到时间间隔的影响都是相似的。正如预测的那样，当从事件到询问之间间隔时间较短时，回忆水平总体更为完整准确，较少出现错误和虚构信息。在较长时间间隔后没有发现群体之间差异的情况表明，与正常儿童一样，最准确的核心信息更有可能在事件发生后不久获得，因此，尽快对儿童包括自闭症儿童进行询问，至关重要。

在间隔2个月后，自闭症儿童对事件所回忆的信息与同龄的正常儿童水 153
平相当，并且同样倾向于回复询问人员的提示。此外，与正常儿童一样，他们对其经历事件所回忆的信息的准确性并未随时间推移而明显下降：自闭症儿童2周后提供的信息准确率为87%，2个月后的准确率为85%。自闭症儿童和正常儿童在 2 个月后所报告的重复信息和新信息数量相近，且两组儿童所提供的重复信息都比初始报告时更为准确。这些重要的研究结果表明，即使在事发后相当长一段时间再进行询问，自闭症儿童仍可以成为有价值的可靠证人，其证词令人信服，值得调查人员和法庭认真对待。

当然，之前的支持性询问可能也起到了重要作用。正如前面提到的，布朗（Brown）等（2015）发现，与事发 6 个月后首次进行询问的表现相比，儿童在早先接受过 NICHD 调查询问方案询问，并在事发后 6 个月再进行第二次询问时，他们的信息量更大、更准确，受暗示的影响更小。因此，该研究中早期询问以及间隔时间不长的再次询问可能有助于儿童巩固和保存他们的记忆。此外，自闭症儿童先前对询问环境的体验可能有助于其对询问人员建立信任，从而使他们减轻焦虑、更为舒适，而这反过来又有利于促进相关信息的进一步披露，正如正常儿童一样［卡恩斯、尼尔森－加德尔、威尔逊和奥尔加萨（Carnes，Nelson-Gardell，Wilson，& Orgassa），2001；卡恩斯、威尔逊和尼尔森－加德尔（Carnes，Wilson，& Nelson-Gardell），1999；拉·鲁伊、卡茨、马洛伊和兰姆（La Rooy，Katz，Malloy，& Lamb），2010］。对于所有儿童而言，有时间间隔的询问生成了大量（占总数 39%）关于经历事件的新的且准确的信息。

在实质性阶段之前的叙述练习以及引用儿童自己的陈述来提示进一步的回忆，有可能帮助患有这种疾病的儿童克服所经历的一些元语言和记忆提取上的困难，就像通过草图重现环境的方法一样［马蒂森（Mattison）等，2015］。我们需要更多的关于自闭症儿童的研究，以补充询问患有自闭症成人所需的更大的证据基础。调查人员需要以强有力的证据为基础来描述自闭症儿童的能力和弱点，重要的是，如何在询问中提供有效的支持。不过
154 目前可获得的数据显示，NICHD 调查询问方案非常适合对自闭症个体进行询问。

注意力缺陷多动障碍

患有注意力缺陷多动障碍（Attention Deficit / Hyperactivity Disorder，ADHD）的儿童自陈报告在童年遭受性虐待和忽视的可能性高于正常儿童

[欧阳（Ouyang）等，2008]，报告遭受身体虐待的可能性高7倍［富勒－汤姆森（Fuller-Thomson）等，2014］。与ADHD相关的过度活跃、冲动和注意力不集中都可能会引发高度的家庭压力和冲突，尤其是当父母也有类似症状时，家长更加难以恰当地管控儿童行为［巴克利（Barkley），2006；约翰斯顿和马什（Johnston & Mash），2001］。考虑到虐待情况与多动症的关联，以及这种疾病的相对高发率［占美国人口5%～7%，波兰奇克、维尔卡特、萨隆、基林和罗德（Polanczyk，Willcutt，Salum，Kieling，& Rhode），2014］，当这些儿童讲述其经历时，了解他们能力和弱点是十分重要的。

与ADHD相关的认知和行为特征可能导致儿童编码和随后叙述的差异［弗洛里（Flory）等，2006］。例如，注意力不集中和冲动可能会影响儿童在经历事件中所关注之处，影响他们之后所能报告的信息数量和类型。组织规划能力弱，工作记忆能力有限，则可能意味着儿童无法对其叙述进行规划，对他们在询问中已经报告的内容和尚未披露的内容难以跟进追踪［弗里尔、海登、洛奇和米利希（Freer，Hayden，Lorch，& Milich），2011；尼格（Nigg），2006］。再加上这些儿童说话过多［格林（Green）等，2014］，还可能使其叙事杂乱而不完整。

至今尚无对患有ADHD的儿童的目击者证词能力的研究发表。对其他相关能力的研究则表明，在回忆和描述自身经历时，这些儿童可能会遇到各种各样的困难。例如，患有ADHD的儿童（4～9岁）与正常发育同龄人一样，能够理解故事并回忆起主题，但通常报告的细节较少，而且很难对事件进行排序，难以构建具有逻辑联系的连贯故事［洛奇（Lorch）等，2010；坦诺克、普尔维斯和沙查儿（Tannock，Purvis，& Schachar），1993］。然而，当要求儿童回忆亲身经历事件时，出现了不同情况——患有ADHD的儿童实际上可能展现出更强的回忆能力。在父母的评价中，患有ADHD的子女对过去经历的回忆优于其他家庭成员［斯科夫罗内克、莱彻曼和皮勒摩（Skowronek，Leichtman，& Pillemer），2008］，当对儿童回忆进行准实验检查时，患有ADHD的儿童（9～14岁）对特殊事件的叙述明显更长、更详 155
细［斯科夫罗内克（Skowronek）等，2008］。因此，证据表明患有ADHD

的儿童不善于在线监测和组织回忆，但却同样有能力辨认主要主题和重要事件。

很少有研究关注患有 ADHD 的个体的暗示感受性。那些专注于成年人的研究发现，ADHD 患者通常与正常成年人没有区别，但明显更多地使用“我不知道”一类答语［古德琼森、西居尔松、布拉加松、牛顿和埃纳尔松（Gudjonsson，Sigurdsson，Bragason，Newton，& Einarsson），2008；古德琼森、永和布拉汗姆（Gudjonsson，Young，& Bramham），2007］。然而，研究人员对执行功能（患有 ADHD 的儿童，其执行功能多受损）和暗示感受性之间的各种关联进行了考察。例如，3～7 岁儿童暗示感受性较低就与认知控制相关［亚历山大（Alexander）等，2002；罗伯茨和鲍威尔（Roberts & Powell），2005］。

关于询问患有 ADHD 的儿童时使用 NICHD 调查询问方案对儿童回忆的影响，麦克莱（McLay）、布朗（Brown）、帕尔默（Palmer）和博蒙特（Beaumont）（2016）进行了两项研究。他们研究了 7～11 岁儿童目击者证词的各个方面，这些儿童或具有临床显著的 ADHD 症状（经家长和老师评估），或症状程度一般（或更低）。这些儿童在学校参加了一项健康安全活动，在 11～18 天后接受了使用 NICHD 调查询问方案的询问。研究者根据所获细节的数量和准确性，叙述的条理性，以及儿童对一系列诱导性和误导性暗示问题的回复，对儿童的叙述进行编码。

在儿童报告的信息总量上没有明显的组间差异，而且在儿童报告的准确性、条理性或暗示感受性上也没有差异。然而，研究发现了一些微妙的差异，例如，患有 ADHD 的儿童更有可能在叙述中包含模棱两可的内容，为此在法庭上可能需要更多提问来进行澄清；他们也更有可能对问题做出不相干的回答。这些儿童同样也不太可能提供关于社会背景的信息（在自由回忆中也较少谈及关于结果或后果的信息）。

马洛伊（Malloy）、穆尼奥（Mugno）、佩勒姆（Pelham）、奥克（Hawk）和兰姆（Lamb）（2016）还证明了正确询问能使患有 ADHD 的儿童在询问中表现更好。针对策划事件中一名实验人员的不当行为，研究发现在使用 NICHD 调查询问方案的询问中，临床诊断 ADHD 的儿童表现无异于正常儿童。虽然更多的研究还有待开展，但不断出现的证据显示，在询问中考虑到发育性因素，并由儿童主导交谈，能使患有 ADHD 的儿童充分参与询问过 156 程，并能像他们同龄的正常儿童一样讲述其经历。

◆ 对询问的建议

当然，不同类型的残疾可能会以各种不同的形式影响儿童描述其经历的能力，而身患同类残疾的疑似受害者各自所能提供的信息量也可能存在很大差异。因此，对每个儿童的独特特征、能力和局限性的识别就尤为重要。即使是记忆能力差，同时应对不确定性问题或理解询问目的能力有限的儿童，也能够回答开放性问题，并给出有关他们经历的新信息，这些儿童在被问及指示性问题时的表现尤为如此［布朗（Brown）等，2012，2015；塞德伯格和兰姆（Cederborg & Lamb），2008b］。另外，询问人员也需要认识到发育或智力残疾儿童确有某些特定的局限。例如，患有自闭症的儿童可能难以理解询问人员的观点，也可能不明白为什么会被问及某些问题，这些儿童对冗长复杂问题的关注和理解能力同样可能是有限的。尽早对发育迟缓证人的能力、潜能和行为进行识别，将有助于询问人员适当地调整自身行为［戈登（Gordon）等，1995；琼斯（Jones），2003；米尔恩（Milne），1999；普尔和兰姆（Poole & Lamb），1998；威斯特科特（Westcott），1993］，或者在询问过程中与中间人（intermediary）合作［普洛尼科夫和沃尔夫森（Plotnikoff & Woolfson），2015］。www. theadvocatesgateway. org 网站上公布了一套有用的循证资料和指南，供在法律环境中从事残疾成人和儿童工作的专业人员使用，此外，亨利（Henry）等（2011）还概述了进一步的建议。

在询问正常儿童和发育或智力残疾儿童时，询问人员均应以开放性问题开始，因为即使涉及智力残疾的证人，这类问题也能最大限度地提高回忆的准确率［布朗（Brown）等，2012，2015；笠利和鲍明格（Kasari & Bauminger），1998］。当被问及具体、封闭式问题时，智力残疾人士的回答可能较为不准确［布朗（Brown）等，2012，2015；亨利和古德琼森（Henry & Gudjonsson），2003；凯贝尔（Kebbell）等，2004］。而且应该完全避免暗示性问题，因为此类问题得到的是提问者暗示的答案。需要注意的是，对于提供选项的问题，应减少其使用频率，且问题的构成应当是中立且非强制性的［布朗（Brown）等，2012，2015；凯贝尔（Kebbell）等，2004；米歇尔（Michel）等，2000］，并在可能的情况下在这些提问之后再使用开放性问题来获得进一步的阐述。除了应当更多地使用开放性问题，询问人员还应力求
157 使用简单的语言以及更短的语句，在每个提示中只关注一个观点或概念。此外，在提问后长时间的停顿也可以让处理信息较慢的儿童有更长时间来理解问题和做出回复。

有时，再次询问儿童可能有助于他们对已经提供的信息进行阐明，从而披露事关主题而尚未被讨论的细节。先前一项类似研究表明，在重复询问中，轻度和中度智力残疾的儿童比同龄儿童更多地改变了他们的作答［亨利和古德琼森（Henry & Gudjonsson），2003］。有趣的是，在塞德伯格（Cederborg）等（2007）的研究中，儿童提供的新信息和详尽信息并未与他们之前的陈述互相矛盾。事实上，多次询问之间的矛盾总量出奇地少。然而，由于不当的询问方法占主导地位，并且对参与者的潜能知之甚少，我们无法确定重复询问所获的信息是否比第一次询问得到的信息更为准确。在布朗（Brown）等（2015）的研究中，轻度残疾儿童在6个月后的询问中提供的重复性信息多于新信息，但重复的信息比首次询问所提供的信息更为准确。患有更严重残疾的儿童同样有可能提供重复性信息和新的信息，但他们在重复询问中的描述准确性较低。

显然，帮助发育或智力残疾儿童对其经历进行有条理、详细和准确的叙述是可能的，但询问人员需要了解和掌握儿童的能力水平。迄今为止的证据表明，对于智力残疾属于轻度范围的儿童，适用与发育水平相近的正常儿童的指导准则应当是有用的。当儿童的残疾程度更为严重时，对他们的期望则应低于同等发育程度的儿童。尽管如此，无论残疾程度如何，一旦被给予机会，所有发育或智力残疾儿童都能对提高准确性的询问方法做出明确的信息回复。克服司法系统中对这些儿童的歧视和偏见是促进公平和正义的必要条件［塞德伯格和冈珀特（Cederborg & Gumpert），2010］。

对可信度的看法

关于陪审团是如何看待各种残疾儿童的，我们知之甚少。如上所述，这些儿童在回答开放性问题时的表现无异于正常儿童，甚至更好。只要在使用沟通方法时充分考虑发育水平因素，我们没有理由将这些儿童排除在司法和法律程序之外。 158

然而，参与法律制度不仅仅是能力的体现。在调查过程的每个阶段都有正式和非正式的决定产生，这些决定对那些依赖智力残疾儿童证人证词的案件是否能继续进行可能会产生影响。例如，即使案件从未进入法庭，父母、社会工作者、警察、调查询问人员、律师和法官都会对儿童证人的能力及其促成案件结果的作用进行判断。

普遍对智力残疾证人的可靠性和暗示感受性持有负面看法的人，有警务人员［阿伦斯和鲍威尔（Aarons & Powell），2002］，也有法律专业人员［纳坦松和普莱特（Nathanson & Platt），2005］，这意味着案件得到彻底调查的可能性较低，因为获得成功结果（有罪判决）被认为是不大可能的［阿伦斯、鲍威尔和布朗恩（Aarons，Powell，& Browne），2004］。几项研究结果也表明，对于患有智力残疾的成年人和儿童，陪审员都存在负面偏见。斯托布斯（Stobbs）和凯贝尔（Kebbell）（2003）向模拟陪审员提交了一份书面笔录，该笔录是基于询问三个不同成年人所做的记录：①一名普通的成年人；②一名有轻微智力残疾的成年人；③一名患有轻微智力残疾疾病的成年人，同时还附有关于其能力的相关专家证据。陪审员对智力残疾证人的可信度、能力、准确性以及是否是“称职证人”的评分较低。此外，当目击者为智力残疾人士时，陪审员对犯罪嫌疑人做出“有罪”的判定较少。

随后佩莱德（Peled）、亚罗奇（Iarocci）和康纳利（Connolly）（2004）对智力残疾儿童证人的认知能力的看法进行了研究。模拟陪审员被问及以下问题：①儿童和成人的一般可信度和目击证人的能力；②某一特定证人的可信度（向陪审员出示一份书面笔录）。目击者被描述为：①15 岁儿童，有轻度智力残疾（心理年龄为 10 岁）；②10 岁的正常儿童。在回答有关目击证人能力的一般性问题时，陪审员认为 15 岁有轻度智力残疾的证人不如 15 岁的正常儿童证人和 10 岁的正常儿童证人可信。然而，当评估书面笔录时，对发育或智力残疾儿童和正常发育儿童的证词评定却没有差异。佩莱德（Peled）等的结论是，让陪审员看到实际的证词，可能会改善对智力残疾证人能力的普遍（负面）偏见。

纳坦松（Nathanson）和普莱特（Platt）（2005）研究了律师对发育或智力残疾儿童的看法。在律师们看来，发育或智力残疾儿童不够诚挚、不够准确或者不能做出准确面部识别，而且比正常儿童更容易受到暗示的影响，前后不一。最后，亨利（Henry）、里德利（Ridley）、佩里（Perry）和克雷恩
159 （Crane）（2011）的研究是让发育或智力残疾儿童和正常儿童回忆一段描述轻微犯罪的简短的视频剪辑片断，并对他们的可信度进行评分。模拟陪审员在评估儿童笔录前并没有被告知这些儿童的认知能力，然而在诸多维度上，发育或智力残疾儿童笔录所得到的可信度评分都低于正常儿童。

最近，布朗（Brown）和路易斯（Lewis）（2013）的研究中，向模拟陪审员展示了某个儿童描述发生在学校事件的视频片段。参与者被告知，视频中儿童是 5 岁的正常儿童，或 7 岁的正常儿童，或 7 岁的智力残疾儿童（其能力水平相当于 5 岁儿童）。参与者认为，与同龄正常儿童相比，智力残疾儿童的描述较为不准确，不能回忆自己的经历；与更年幼的正常儿童相比，智力残疾儿童就其自身经历的沟通交流能力较弱。尽管在可信度这一维度上没有出现差异，但参与者称，相比于对智力残疾儿童评分，他们对年长的正常儿童评分更有把握。参与者也观看了儿童对一系列暗示性问题的作答，当告知参与者此儿童患有智力残疾时，可信度的评分低于告知参与者此儿童为正常儿童时的评分。

总之，证据表明，我们需要通过额外的措施来帮助陪审团和法官克服对发育或智力残疾儿童作证能力的负面成见，强调这些儿童通常与发育水平相似的正常儿童具有相同的能力。我们需要进一步的研究来探究对陪审团的指示是否能使那些削弱发育或智力残疾儿童证词作用的偏见得以改观。在司法

过程的不同阶段使用中间人，有望促进弱势证人与调查人员、律师和法官之间的适当沟通［普洛尼科夫和沃尔夫森（Plotnikoff & Woolfson），2015］。在柯林斯（Collins）等（2016）的研究中，参与者观看了儿童（4岁或13岁）在观看卡通片后接受的模拟交叉询问，在有中间人协调的询问中，参与者在诸多维度上对儿童的评价更为积极。参与者认为，当有中间人参与时，交叉询问更多地以儿童为中心，更为恰当，儿童与律师之间互动的质量也更高。因此，有一些证据表明，在审判的交叉询问阶段使用中间人，不会对陪审员对儿童的看法产生不利影响。

结　论

不幸的是，我们有充分的理由相信，患有一系列发育残疾的儿童可能不成比例地成为受害者，也可能不成比例地未能就其控诉和指控像正常发育儿童一样受到重视。这些情况凸显了对发育残疾儿童能力和局限进行细致 160
系统研究，以及寻找从这些儿童处获取与其经历相关信息最佳方法的必要性。

本章所回顾的研究表明，轻度智力残疾儿童能像相同心理年龄的正常儿童一样描述他们的经历；与心理年龄匹配的儿童相比，残疾程度较重的儿童表现较差，因此需要进一步的研究来确定改进后的提问策略是否有助益。对唐氏综合征儿童的研究表明，这些儿童的发育虽然普遍迟缓，但其机能与心理同龄的儿童一样。

对于患有高功能自闭症和多动症的儿童，这些病症比唐氏综合征更为常见，他们似乎完全能够描述其经历，他们和智力发育迟缓的儿童一样，在询问中受益于NICHD调查询问方案所强调的支持性技巧和策略。

第9章

161 # 修订版NICHD调查询问方案：有效支持不情愿的证人

最初版本的询问方案主要针对的是在询问过程中提升儿童的认知进程（cognitive processes），方法是增加向儿童提出有助于引导儿童利用回忆（recall）而非再认记忆（recognition memory）的提取提示（retrieval prompts）的数量，以及使用儿童先前已有的回忆形成更多的提取线索（retrieval cues）来鼓励儿童做出详尽的记忆搜索（memory search）。此外，此方案也解释了使用此询问方案的询问人员应当如何向儿童解释特殊的“基本规则”以便使其能够理解司法询问的需求和预期是如何不同于在其他那些受控场景下他们可能受到的成年人的问询（例如，在教室里）。为了克服儿童在面对不熟悉的成年人谈话时沉默寡言，此询问方案强调了与儿童建立融洽关系的重要性，同时建议采用让儿童练习讲述一个他之前经历过的中性事件的故事的方式来实现这一目的，因为讲述练习能够提升儿童的叙事能力。

然而，除此之外，在询问过程中对儿童行为具有影响的情绪和动机因素（motivational factors）几乎没有得到关注。一旦有事实表明，使用此询问方
162 案确实允许询问人员实施具有更多的信息性且无污染的调查询问，研究人员就开始考虑处理可能导致儿童不愿意披露虐待行为的动机因素［派普、兰姆、奥巴赫和塞德伯格（Pipe，Lamb，Orbach，& Cederborg），2007］。这是一个重要的问题，因为，正如在下文中更为详尽的探讨，许多疑似被害者在司法环境中接受正式的询问时并没有报告相关的虐待行为，即使有明显的证据表明确实存在虐待事实。此外，询问人员的行为而非提问技巧的确会影响儿童在询问中的参与度。因此在本章中，我们将讨论我们持续努力开

发和评估此询问方案的变体，用以解决对这种不情愿的证人进行询问的特殊情况。

披露过程

许多疑似被害者在接受正式的询问时没有报告相关的虐待行为，估算数各不相同，取决于实施询问的语境［伦敦、布鲁克、塞西和舒曼（London, Bruck, Ceci & Shuman），2005，2007］。当然，儿童没有披露疑似虐待行为的原因可能是虐待行为根本就没有发生，但是儿童没有披露的虐待行为也可能确实发生了。在司法询问或评估性询问语境中，指控率的变动范围广泛，如果存在佐证证据或者在调查之前儿童已经报告了虐待行为，就会有更高的指控率。指控率的变动范围，没有得到证实的案件是 47% ~62%，得到证实的案件是 76% ~96%［德沃和法勒（de Voe & Faller），1999；迪皮特洛（DiPietro）等，1997；杜波威茨、布莱克和哈林顿（Dubowitz, Black, & Harrington），1992；艾略特和布里埃（Elliott & Briere），1994；基尔里和菲茨帕特里克（Keary & Fitzpatrick），1994；利奇、鲍威尔、沙曼和安格利姆（Leach, Powell, Sharman, & Anglim），2017］。

因发育阶段不同而导致指控率不同亦得到证实，与年龄较大的儿童相比，在接受询问时学龄前儿童可能会更少地报告疑似虐待事件［迪彼得罗（DiPietro）等，1997；格里斯（Gries）等，1996；赫什科维茨、霍罗威茨和兰姆（Hershkowitz, Horowitz & Lamb），2005，2007；基尔里和菲茨帕特里克（Keary & Fitzpatrick），1994；利奇（Leach）等，2017；派普（Pipe）等，2007；史密斯（Smith）等，2000；伍德（Wood）等，1996］。这一趋势可能归因于多种因素，包括在涉及年幼儿童时，成人的无端怀疑程度升高，以及年幼儿童对于理解询问人员以及易于理解地描述其遭受的虐待经历的能力，在认知、交流和情绪上存在不足。一些研究人员的研究也表明，在披露比率方面，从童年中期到青春期呈现出减少的趋势［利奇（Leach），2016］，而且从性别差异来看揭发率，男孩比女孩更加不愿意报告虐待事件［盖蒂和古德曼（Ghetti & Goodman），2001；格里斯（Gries）等，1996；

赫什科维茨（Hershkowitz）等，2005，2007；莱韦斯克（Levesque），1994］。

犯罪嫌疑人和儿童之间的关系似乎也很重要［赫什科维茨（Hershkowitz）等，2005；伦敦（London）等，2005，2007；伦敦、布鲁克、赖特和塞西
163 （London，Bruck，Wright，& Ceci），2008］。儿童特别不愿意报告父母或者监护人的虐待行为［迪彼得罗（DiPietro）等，1997；古德曼和布朗（Goodman & Brown）等，2003；赫什科维茨（Hershkowitz）等，2005，2007；派普（Pipe）等，2007；萨斯（Sas）等，1993；斯约堡和林德布拉德（Sjöberg & Lindblad），2002；乌舍尔和德夫贝里（Ussher & Dewberry），1995；怀亚特和纽科姆（Wyatt & Newcomb），1990］。儿童对于披露后可能出现的后果的预期也会有影响，当儿童提出虐待指控时，他们会担心自己或其他家庭成员因披露而遭受的后果［赫什科维茨、雷恩丝和兰姆（Hershkowitz，Lanes，& Lamb），2007；马洛伊、布鲁巴奇和兰姆（Malloy，Brubacher，& Lamb），2011］，以及担心其他人（例如，父母）对于这种披露的反应［赫什科维茨（Hershkowitz）等，2007］。疑似虐待的类型似乎也与不愿意报告具有相关性：一些研究人员的研究表明，身体受到伤害虐待的儿童比受到性虐待的儿童更加不愿意披露，这或许是由于调查的启动更可能是这些因素的结果（例如，损伤检查）而不是儿童的披露。因此，在这类案件中，询问可能是儿童有机会谈论虐待事件的第一次机会［拉什（Rush）等，2014］，实际上，拉什（Rush）等的研究表明，在证实了的身体伤害虐待和性虐待样本案例中，受到身体伤害虐待的儿童在受到询问前披露虐待事件的可能性更低，并且在儿童没有做出披露的情况下，调查人员拥有更多类型的证据（除儿童的披露外）可利用。大多数儿童在正式询问过程中做出了披露，但是在第一次调查询问中，经历了身体伤害虐待的儿童比受到性虐待的儿童更多地做出了披露。

儿童在接受询问之前谈论虐待事件预示了其在正式的询问过程中做出披露的可能性，有证明文件的记录表明，在受到询问之前已经谈论过正受到虐待的儿童（74%～93%）比那些未讨论过的儿童［25%～65%：德沃和法勒（de Voe & Faller），1999；迪彼得罗（DiPietro）等，1997；格里斯、高和卡

瓦诺（Gries，Goh，& Cavanaugh），1996；基尔里和菲茨帕特里克（Keary & Fitzpatrick），1994；利奇（Leach）等，2016］的披露率更高，这说明，早期对疑似虐待行为的谈论是儿童愿意做出正式指控的强有力预示。显然，在规划询问和预估儿童是否愿意谈论虐待事件的时候，考虑儿童之前的披露情况、虐待行为类型以及儿童的性格是很重要的。

儿童会向谁披露？

由于先前的披露增加了儿童会在调查询问中重述其披露的可能性，马洛伊（Malloy）、布鲁巴奇（Brubacher）和兰姆（Lamb）（2013）探索了推动儿童非正式披露的原因以及他们会向谁披露。本询问方案包含了一个鼓励儿童讨论披露过程的部分，因此，研究人员能够审查儿童在 204 份司法询问笔录中记载的回复，这些儿童年龄为 5～13 岁，是疑似性虐待受害者。他们的分析表明，有关虐待的情况，儿童通常会告知不只一个人（49.5% 的儿童向一人以上作了披露）。但是，与其他研究一样，许多儿童（20%）在正式的询问中才首次描述了虐待事件。与其他研究一样，母亲和同伴是最为常见的披露接收者，尽管偏好会根据儿童的年龄不同而发生变化［赫什科维茨（Hershkowitz）等，2007］。越是年幼的儿童越有可能告诉其母亲，其次是父亲，然后是其他家庭成员。相比之下，年龄更大的儿童更可能告诉同伴，其次是母亲、老师或者其他家庭成员。 164

许多儿童不只告诉了一个人这一事实表明，至少一些儿童的早期披露是无效的（dead-end）披露（并未导致成立官方报告的披露）。向同伴披露尤其不可能导致干预，或许是由于同伴不理解如何进行干预或者是由于年幼的被害者要求对其被虐待的事情保密。随着年龄的增长，儿童会越来越看重将保密作为其与同伴之间友谊的组成部分［罗滕伯格（Rotenberg），1991］。儿童描述了自己做出披露的各种原因，最为常见的是外部因素触发（例如，观看有关儿童性虐待主题的电视节目，54%），或者独属于披露接收者的某个事情（24%）。儿童报告的原因还包括情绪情感驱使（9%）或保护某个其他人（9%），然而，旨在终止虐待行为披露极少被确认为触发因素（4%）。儿童认可的做出披露的原因范围有助于我们了解，在接受正式询问时仍然有一部分儿童不愿意讨论他们所经历的事情。

融洽关系和情感支持

许多研究人员强调了融洽关系和情感支持环境能够如何有利于促进儿童有效参与询问［埃亨（Ahern）等，2017；柯林斯（Collins）等，2014；赫什科维茨（Hershkowitz），2009；塞维茨、拉森、霍布斯和威尔斯（Saywitz，Larson，Hobbs，& Wells），2015］。然而，也有学者对支持的程度表示担忧，过多的支持有可能表现为或者成为暗示，例如，采用共情式的临床询问风格（empathic clinical interviewing styles）可能是有问题的，因为这种支持容易被视为是暗示性的，从而削弱了所获证词的可信度和价值［塞维茨（Saywitz）等，2015］。类似地，里昂（Lyon）和他的同事［里昂和多拉多（Lyon & Dorado），2008；里昂、马洛伊、夸斯和塔瓦尔（Lyon，Malloy，Quas，&
165 Talwar），2008］也发现，在对受虐待儿童的研究中，儿童被要求隐瞒被禁止的游戏后，支持性言辞会增加儿童虚假报告的可能性。尽管特定的安慰（例如，“如果你玩了玩具屋也没关系”）与更少的虚假否认相关，但是也导致一些没有玩禁止性玩具的儿童做出了虚假承认。相比之下，虽然一般性的安慰不会增加虚假报告的可能性，但它对准确性的积极影响相对有限，至少在儿童受到强化指导的情况下是这样［里昂（Lyon）等，2008］。如此一来，尽管研究人员推荐儿童应当得到关于披露结果的安慰［布西和格里姆贝克（Bussey & Grimbeek），1995；瓦格兰德和布西（Wagland & Bussey），2005］，但是，似乎安慰只有通过使用不提及任何特定被调查的事件或行为的一般术语表达时才能安全地提供。因此，司法询问中面临的挑战是，在不提及任何与指控相关的细节的情况下提供更多的询问人员支持。

多项研究表明，在询问过程中，询问人员在询问情愿和不情愿的儿童时的行为不同［赫什科维茨、奥巴赫、兰姆、斯滕伯格和霍洛维茨（Hershkowitz，Orbach，Lamb，Sternberg，& Horowitz），2006；奥巴赫、希洛阿赫和兰姆（Orbach，Shiloach，& Lamb），2007］。在这些研究中，询问不情愿的儿童或者未能披露虐待信息的儿童时，询问人员的询问动态（dynamics）不同于询问那些从询问一开始就配合的儿童。总体而言，询问人员提出的问题较少，但在与披露者建立融洽关系的过程中，自由回忆提示的比例高于不披露者［赫什科维茨（Hershkowitz）等，2006］，以及向自愿披露者使用更多的自由回忆提示和更少的再认提示，尤其是更少的暗示性提示［奥巴赫（Orbach）等，2007］。

在赫什科维茨（Hershkowitz）等的研究（2006）中，最终未能披露虐待行为的儿童似乎在询问的早期逃避与询问人员建立起融洽关系；与他们向同伴披露信息相比，他们更少地对询问人员的提问做出回复，并且在邀请他们就中性的事件经历进行描述时，他们提供的个性化的具有价值的细节较少。奥巴赫（Orbach）等的研究（2007）报告了情愿的披露者与不情愿的批露者之间类似的不同，情愿的披露者对开放性邀请（open-ended invitations）做出了披露虐待行为的回复，而不情愿的披露者未能对开放性提示做出回复但对聚焦性再认提示（focused recognition prompts）做出了披露。未披露者有些不合作，提供较少的信息，并且做出了更多的不提供有意义信息的回复，即使是在实质性阶段之前的建立融洽关系阶段，也就是询问人员聚焦于实质性问题之前。尽管不情愿的披露者在实质性阶段之前针对每一项提示提供的细节的平均数量与情愿的披露者相同，但前者在实质性阶段针对每一项邀请性提示、指示性提 166
示和提供选项提示提供的有价值的细节更少［奥巴赫（Orbach）等，2007］。

赫什科维茨（Hershkowitz）及其同事（2006）的研究表明，询问后来做出披露的儿童在融洽关系的建立过程中包括了更多的询问人员的支持性言辞。赫什科维茨（Hershkowitz）等（2006）确定了分别代表儿童和询问人员的不合作与强制升级的模式，而这只会强化儿童的不情愿［参见卡茨、赫什科维茨（Katz，Hershkowitz）等，2012］。在实质性阶段之前的融洽关系建立阶段，不披露儿童的最初不合作对询问人员而言是明显的挑战，询问人员通过侵犯性的提问、非支持性，以及过早地提及敏感话题来回应儿童，而这种方式似乎使儿童更加不愿意合作。赫什科维茨（Hershkowitz）等得出结论认为，询问人员的这种询问策略不利于产生积极效果，因为他们没有处理儿童的情感需求；他们推荐，在这种情况下，询问人员应当做出更多的努力去建立有意义的融洽关系，并且在儿童表现出舒适和合作之前应当避免将关注的焦点转移到实质性问题上。简言之，询问人员应当更多而不是更少地支持抵触的儿童。此外，由于不披露的儿童已经在建立融洽关系的早期阶段开始表现出他们的不情愿，赫什科维茨（Hershkowitz）等强调在询问的最初即在负面、消极状态出现之前，识别和处理儿童不情愿的重要性。

赫什科维茨（Hershkowitz）（2009）探讨了实质性阶段儿童提供的司法信息的数量是否与实质性阶段之前询问人员建立的融洽关系和支持有关联，以及这些关联是否依据儿童的不同年龄和健谈（talkativeness）程度的不同而有所不同。她对 71 名儿童（4～6 岁和 7～9 岁）的司法询问情况进行了心理语言学分析，这些儿童是疑似性虐待案件中的受害者，她比较了在实质性询问阶段之前这一期间，询问人员与健谈的和不健谈的儿童建立融洽关系以及对他们提供支持的程度。

询问人员花了更长的时间来与不健谈的儿童建立融洽关系，并向他们提出了较少的邀请性提示，邀请性提示的占比和建立融洽关系的时间长度预示了在实质性询问阶段儿童对邀请性提示的响应度，尤其是对于那些不健谈和年龄偏大的儿童。在实质性阶段支持性评论的数量没有随着儿童的年龄或者唠叨程度而变化，但它与儿童对邀请性提示的反应程度有一定的关联。如果单独考虑健谈的情况，支持性评论的数量预示了不太健谈的儿童与年龄偏
167 大的儿童的响应率，但不能预测健谈的或者年龄更小的儿童做出回复的可能性。因此赫什科维茨（Hershkowitz）建议，如果询问人员在司法询问一开始就采用支持性的方式，他们就能提高儿童披露虐待行为的意愿以及儿童所提供信息内容的丰富性。这对于不太健谈的儿童和年龄偏大的儿童尤为重要。

在询问的实质性阶段，在讨论与虐待相关的问题时，儿童的不情愿和询问人员的行为也会影响儿童提供信息的成效或者提供有价值信息的信息量。莱维（Lewy）、西尔（Cyr）和迪翁（Dion）（2015）比较了运用标准的 NICHD 调查询问方案和非标准的 NICHD 调查询问方案对 4～13 岁儿童的询问，并审查了在实质性阶段儿童不情愿和询问人员支持的实例。他们发现，儿童做出的响应行为和无响应行为的数量与询问人员支持性和非支持性行为的程度并没有随着询问方法的不同而变化，但是，依据年龄和询问类型进行控制

后，更多的儿童不情愿和非支持性的询问人员行为预测了儿童会报告更少的细节。

其他的研究也表明，对于没有做出披露的儿童的询问，在儿童以及询问人员的行为这两方面都是不同的，这种不同不仅是在实质性阶段，而且从询问一开始就不同（如前所述）。例如，卡茨（Katz）、赫什科维茨（Hershkowitz）等（2012）研究了在接受询问时披露或者没有披露虐待事件信息的儿童的非言语行为，发现压力和身体疏离（physical disengagement）的迹象随着询问进程而增加，而积极的情绪迹象减少了。与在导入阶段（开始建立融洽关系之前）和实质性阶段做出披露的儿童相比，没有做出披露的儿童证实有更高的显示身体疏离行为的比例。结合赫什科维茨（Hershkowitz）等（2006）的研究，这些结果表明儿童不情愿的言语或非言语迹象能够预测披露的可能性，以及这种迹象在询问最初可能就是显而易见的。因此，对于询问人员而言，识别出那些表明需要进一步培养融洽关系的迹象以克服儿童的不情愿并提高儿童对询问的参与度是至关重要的。

修订版 NICHD 调查询问方案的开发和评估

由于许多儿童很少甚至没有做出关于虐待事件的信息披露［伦敦（London）等，2007；奥巴赫（Orbach）等，2007］，令人信服的证据表明，即使在强有力的证据表明虐待行为已经发生的情况下［塞德伯格、兰姆和劳雷尔（Cederborg，Lamb，& Laurell），2007；劳森和查芬（Lawson & Chaffin），1992］，询问人员的支持和儿童的不情愿都在发生作用。本部分 168
我们重点关注修订 NICHD 调查询问方案以更有效地解决询问的社交情感语境（socio-emotional context）。实地研究表明，建立融洽关系的最佳时机为：①在询问的早期，邀请儿童详细分享其有意义的信息以及使用开放性问题提示儿童对其做出详细说明［布朗（Brown）等，2013；赫什科维茨（Hershkowitz），2009；罗伯茨、兰姆和斯滕伯格（Roberts，Lamb，& Sternberg），2004；斯滕伯格（Sternberg）等，1997］；②询问人员少说并且鼓励儿童多说［特奥和兰姆（Teoh & Lamb），2010］；③建立融洽关系既不能太冗长也不能对儿童有过多的认知负担［戴维斯、威斯特科特和霍兰（Davies，Westcott，& Horan），2000；赫什科维茨（Hershkowitz），2009］。基于这些研究结果，结合突出强调最大限度地降低儿童不情愿策略的研究，我们修改了 NICHD 调查询问方案以便向询问人员提供以下方面的更多指导：①如何做出支持但同时不具有暗示性的行为；②如何与询问对象更加有效地建立起融洽关系。NICHD 调查询问方案的最新版本全文复制在本书中（参见附录），表 9.1 描述了询问人员在司法询问过程中可以向疑似被害者提出的非暗示性支持的方式。

169 **表 9.1　非暗示性的支持技巧和话语**

A.	**用个性化的方式给儿童讲话**
	使用一种个性化的方式对儿童讲话，使用他的私名，但避免使用昵称或爱称。（例如，“亲爱的”。）
B.	**建立融洽关系**
	● 对儿童表示欢迎 “我很高兴今天见到你/认识你/和你交谈。”“很高兴见到你，我的名字是＿＿＿＿。”
	● 对儿童表达个人兴趣 “我真的很想了解你/想知道发生在你身上的事情。”“今天是我们初次见面，更多地了解你对我来说很重要。”
	● 做出一些善意的小举动 “你够暖和吗？”“让我告诉你卫生间在什么地方。”“这杯水是给你的。”“你想看一下摄像机吗？”“你需要休息一小会儿吗？”
C.	**巩固、强化融洽关系**
	● 在询问过程中巩固 “你现在给我讲得很清楚/很详细，这很重要。”“你确实是在帮助我理解和了解你。”“你纠正了我，这很重要。”“我理解了你所说的。”应注意避免“评分”（“你解释得很好”）或者联系具体内容的强化。（“你告诉我你逃跑了，这很好。”）

续表

	● 表达感谢和欣赏 “我要感谢你的帮助。”“我真的很感激你和我谈话。”“我很感激你努力回忆并告诉我。”“谢谢你和我分享。”
	● 强调儿童可以自主决定 “是否和我说话由你自己来决定，我会尊重你的选择。”
D.	**运用融洽关系**
	● 提及、肯定已完成的事项并建立信任 “你已经告诉我了很多关于你自己的事情，我感觉更多地了解你了。”“现在，我们更加了解对方，你可以和我分享发生的事情了。”
	● 表示关心或担心 “我专门为你来到这里。”“我担心你。”“你对我很重要。”“人们/我担心可能发生在你身上的事情。”询问人员可以详细说明担心的原因。（例如，“老师说你早上在哭泣。”）
	● 将询问人员描述为儿童愿意向其披露信息的某个人 “如果发生了某些事，我会在这里听你讲。”“你可以相信我，如果发生了什么事就告诉我。”“与我分享秘密和问题是可以的。”“我和许多儿童交谈，他们告诉我发生在他们身上的事情。”“我的工作就是倾听有问题的孩子讲他们的事情。”
E.	**情绪情感支持**
	● 对儿童感知到的困难做出普遍化的评论 “许多孩子一开始觉得很难开口说话/感到羞愧，但后来发现这很容易。”“很多孩子都有秘密。”
	● 共情 “我理解你很难告诉我。”“我知道这是一个长时间的谈话。” 170
	● 核实儿童的感受 “到目前为止/现在我们结束了，你还好吧？”“在我们开始谈话之前/过程中你觉得怎么样？”
	● 探查儿童的情绪 “告诉我更多关于你的恐惧。”“告诉我你害怕什么。”“告诉我你哭泣的原因。”“告诉我你为什么不愿意告诉我。”“你刚才说你不能告诉我，告诉我更多的关于那方面的情况。”

续表

	● 用开放性问题询问儿童所表达的情绪或想法 “你说你感到难过/厌恶/想逃走，更多地告诉我那方面情况。”
	● 呼应儿童的情绪 “你说你很伤心/你哭了。”
	● 承认/赞同/认可儿童的情绪 “你说那很痛苦。我能理解/我明白你所说的。”
	● 安慰 “别担心，我不会告诉其他小朋友。”“你不会赶不上公交车。”“不会有人逮捕你。”“有时候，帮助那些受到伤害的家庭/人是可能的。”“有时候，当孩子们告诉别人而不再保守秘密时，对他们是有帮助的。”
	● 免除儿童的责任 “如果在你身上发生了某些事或者有人伤害了你，那不是你的错。”“那些事你没有责任。”（或者用一般性的概括方式表达：“发生在孩子身上的那些事，不是孩子的错。”“如果孩子受到伤害，孩子没有责任。”）
	● 探索没有表达出来的情绪和冲突 “如果你什么担心的事情，请告诉我。”
F.	**鼓励**
	● 强调儿童是信息来源 “我问你这些问题是由于我当时不在那儿。”
	● 儿童的表达是合理合法的 “好的事情和坏的事情你都可以说出来。”“在这个办公室，你可以告诉我所有的事情。”“告诉我这些类型的事情是可以的/说这些不好的话是可以的。”“许多孩子告诉我发生在他们身上的事情。”
	● 表示信任和乐观 “我认为你可以解释得很好。”
	● 提供帮助 “我想让你轻松一些。有什么能帮助你讲话吗？”“如果你把它写下来能让你舒服一些吗？”“你可以开始说了，我会通过提问来帮助你。”“我来这儿就是提供帮助。”

续表

	● <u>鼓励性的非言语交流</u> “你能转向我吗？”“过来，看着我，我想看到你的眼睛！”
	● <u>鼓励披露</u> “如果有某种事情发生在你身上，你要告诉我，这非常重要。”

在一项关于“修订版 NICHD 调查询问方案”（Revised NICHD Protocal，RP）的实证测试中，赫什科维茨（Hershkowitz）、兰姆（Lamb）、卡茨（Katz）和马洛伊（Malloy）（2015）研究了在调查询问的最初阶段是否有更多的合作动力能够被建立起来，研究的方式为，训练询问人员集中额外的注意力到他们自己的支持性行为上，然后比较分别使用标准版的询问方案（SP）和修订版的询问方案（RP）的情形下，询问人员和儿童在建立融洽关系方面互动的动力。所有的儿童都疑似受到家庭成员的虐待，并据此推测存在一定程度的不合作。

基于这次研究的目的，对 NICHD 调查询问方案进行了多处修改和补充。为了提升儿童的信任和合作，将建立融洽关系前置（不是紧随）到解释基本规则和期望之前，并向询问人员提供了额外的关于建立和维持融洽关系的指导。在融洽关系建立阶段，邀请儿童就其最近的经历进行叙述以及使用自由回忆邀请要求儿童提供有关其个人的有意义话题的更多信息的基础上，鼓励询问人员说出儿童的名字、欢迎他们［“今天见到你，我很高兴。”（儿童的名字）］，对儿童表示关心（“你还好吗？”），对儿童的经历表示出兴趣（“我很想知道有关发生在你身上的事情”），以及对儿童的情绪做出回应［“你说你（感到难过/很生气/前面提到过的情绪）”］，承认这些情绪（“我能明白/理解你所说的”）或者探索这些情绪［“更多地告诉我关于（情绪）的情况”］，并使用自由回忆邀请要求儿童提供有关其个人的有意义话题的更多信息。修订后的指导用语建议询问人员在询问的实质性阶段之前和实质性阶段 171
中，以言语和非言语方式（向儿童倾斜、微笑和建立眼神交流）鼓励儿童描述其所经历的事件。并且建议对儿童的努力表示感谢、赞赏和积极强化（“谢谢你与我分享那些”或“你真的帮助我了解了”），但不包括他们的具体内容。类似地，鼓励对儿童表达的情绪情感或关于询问经历的困难表示共情［“我知道（这是一个很长时间的询问/有很多困难/儿童表达的其他困难）”或“我能看出你很累/我理解你很难告诉我”］，但不包括对其过去的经历表示共情。推荐询问人员进行支持性干预，例如，使表达合法化（“在这里你可以谈论发生在你身上的一切”或者“在这里说脏话是可以的”）；普遍化儿童在询问中遇到的困难（“很多孩子都有不愿说出的秘密，如果你有秘密，我是你可以信任和分享的人”），提供帮助［“（孩子的名字），如果你很难谈论它，我怎样才能让你更容易？”或者“如果很难谈论它，也许你可以写下来”］；以及在可能的情况下安慰儿童（“别担心，我不会告诉其他孩子的”）或者对儿童可以克服困难表达乐观［“（孩子的名字），请试着解释一下，我认为你可以做到”］。当儿童报告受到虐待，但表示不愿意讨论时，建议采取包容（“你可以相信我，告诉我发生在你身上的事情”）或鼓励（“你告诉我真的很重要”）的做法，以及免除儿童的责任（“当有人伤害孩子时，这不是孩子的错”）。

这次研究针对 4 ~ 13 岁儿童进行的 199 次涉及疑似家庭内虐待的询问，审查了询问人员的支持程度和儿童的不情愿程度。其中 100 次询问使用的是标准版 NICHD 调查询问方案（SP），99 次询问使用的是修订版 NICHD 调查询问方案（RP），分别与案件特征相匹配。这些虐待指控都被询问人员认为是高度可信的，有 66% 的案件除了儿童的指控外还有证据证实。SP 询问是在询问人员接受 RP 询问培训之前进行的，目的是避免对这两组样本之间的询问行为产生干扰。已经接受过使用 SP 培训的经验丰富的询问人员参加了为期两天的会议，在会上对 RP 中的修订之处进行了描述和练习。询问人员每月还接受小组和个人的监督，了解他们在询问中所使用的融洽关系和情绪情感支持技巧。

在 SP 或 RP 询问中，询问人员使用的提示总数在任何询问阶段都没有差
172 异。在实质性阶段之前和实质性阶段使用的提示的相对比例也没有差异，但在过渡阶段，访问人员使用了更多的回忆和非实质性提示，以及在使用 RP 时更少地使用了再认提示。在实质性阶段之前，当询问人员使用 RP 时，他们对积极行为的评论也较多，而对负面或不支持的评论较少。

使用 RP 接受询问的儿童在实质性阶段之前的不情愿程度较低，特别是在回复时的遗漏较少（“不知道”“不确定”“仅此而已”“不清楚”或没有

回复）。在使用这两种方案进行询问时，儿童报告的细节总数没有差异，但是，报告的细节数量可由儿童的不情愿程度（较低的不情愿与更多的细节相关）、年龄和提示类型来解释，无论使用哪种询问方案。

尽管使用 RP 的询问人员在实质性阶段之前和过渡阶段明显比使用 SP 的询问人员表现出更多的支持，但在讨论指控时，这种询问行为模式未能延续到实质性阶段。使用 RP 的询问人员显然试图激励儿童揭露虐待，但在儿童开始披露、讨论指控时，未能继续提供更高程度的支持。有趣的是，在 RP 条件下的儿童在实质性阶段也表现出更低的不情愿，尽管在这个阶段，询问人员并没有做出更多的支持。因此，儿童在实质性阶段不情愿程度的降低可归因于在 RP 条件下的询问早期建立了更好的融洽关系，进一步强调了在调查询问中建立融洽关系的重要性。研究结果强调了探索如何在整个询问过程中增加询问人员的支持性，以及在融洽关系和参与关系恶化时识别并修复它们的重要性［塞维茨（Saywitz）等，2015］。

赫什科维茨（Hershkowitz）等（2015）的研究表明，在询问的实质性阶段之前，询问人员支持的增加与不情愿程度的降低有关。为了更深入地了解儿童的不情愿、询问人员对不情愿的反应以及对儿童随后行为的任何影响之间的具体相互作用，埃亨（Ahern）、赫什科维茨（Hershkowitz）、兰姆（Lamb）、布拉斯巴尔格（Blasbalg）和温斯坦利（Winstanley）（2014）研究了相同的样本，以突出在实质性阶段之前在每一个会话轮次水平上的具体动态的展开。研究实质性阶段之前行为的原因是，在实质性阶段询问人员的支持行为没有差异，并且询问的早期阶段是建立融洽关系和解决不情愿问题的关键时期。埃亨（Ahern）等（2014）确定了表现出不情愿的会话轮次，以研究以下几方面：①他们随后得到询问人员立即支持的可能性；②这种支持是否会影响儿童在下一个会话轮次中的行为。

使用 RP 进行的询问比使用 SP 进行的询问包含了更多的支持性行为实 173
例。然而，这种影响并不是专门针对儿童行为做出的反应：儿童不情愿的话语没有得到询问人员紧跟其后的支持，这一点在 RP 询问中比 SP 询问中更常见。儿童表示不情愿之后得到支持比没有得到支持的情况更有可能促使改善不情愿行为，尽管这只适用于使用 RP 进行询问的儿童。因此，在 RP 询问中提供支持似乎促进了合作，但在 RP 询问中不提供支持似乎降低了儿童随后的合作，这表明可能存在负面影响。

如前所述，莱维（Lewy）等（2015）的研究也报告了不提供支持的负面影响。询问人员对于儿童的不情愿未能立即给予支持，这可能会妨碍他们促进儿童的合作。或许询问人员没有足够的机会练习对儿童的不情愿做出反应，因为不情愿的话语在这些询问的实质性阶段之前的话语总数中所占比例相对较小（23%）。此外，询问人员可能没有将儿童的省略（例如，“我不知道”）视为不情愿的指标，而是将其视为不需要支持性回应的事实陈述。在 RP 询问中没有得到支持（不是得到支持）而继续不情愿的儿童，也可能会期待得到支持，因此如果没有向他们提供支持，他们的回复就会较少。这些孩子中的一些也可能特别不情愿，因为他们所做的披露是在对 RP 询问中提供的支持做出回应，而不是因为他们是作为自愿的知情人来接受询问的［赫什科维茨、兰姆和卡茨（Hershkowitz，Lamb，& Katz），2014］。

赫什科维茨（Hershkowitz）等（2014）研究了使用 RP 的询问是否与疑似家庭内虐待受害者的指控率增加有关，因为如上所述，他们在接受正式询问时不太可能提出指控。询问人员分别使用 SP 或 RP 对 426 名 4～13 岁的儿童进行了询问。当儿童报告任何一种虐待性的身体伤害（殴打、使用物体、伤害）或性行为（在衣服上或衣服下触摸；阴道、肛门或口腔插入）时，指控就被编码。所有疑似的虐待行为都得到了独立证据的证实。

样本中超过一半的儿童做出了指控，询问人员使用 RP 询问（60%）相对于 SP 询问（50%）时，更多的儿童提出了指控。效果因询问人员而异，在参与研究的 7 位不同询问人员中，披露率为 43%～70% 不等。与之前关于儿童信息披露的研究一样，儿童是否提出指控与他们的年龄、性别、他们以
174 前是否做出过报告，以及，重要的是，所使用的询问方案版本有关。当询问人员、儿童的年龄、性别和以前的报告的影响得到控制时，本询问方案对儿童做出指控率的积极影响仍然存在。因此，这项研究表明，询问人员的行为与儿童提出有效指控的可能性有意义地联系在一起。

重要的是，在询问不同的儿童分组时，尤其是那些在接受询问时通常最不可能提出指控的儿童［盖蒂和古德曼（Ghetti & Goodman），2001；格里斯（Gries）等，1996；赫什科维茨（Hershkowitz）等，2009；莱韦斯克

（Levesque），1994］，以及可能更易受到来自他们所依赖的家庭成员的压力的影响的儿童［马洛伊（Malloy）等，2007］，RP 同样有效。因此，使用 RP 询问似乎成功地激发了已知特别不愿意透露其受害情况的儿童的积极性。

在使用 RP 询问后，指控率的增加不可避免地引起了对这些指控的真实性和有效性的关注。许多研究都集中在儿童可能做出虚假指控的风险上，特别是当他们得到潜在的暗示性支持时［塞西和布鲁克（Ceci & Bruck），1995；里昂（Lyon）等，2008］。但是，赫什科维茨（2014）等实施的是一项实地研究，样本足够大，可以将分析限定在有明确的独立证据证明儿童确实如他们所指控的那样受到虐待的案件。因此，该研究表明，RP 中包含的支持但非暗示性的做法如何帮助受虐待儿童提出有效的虐待指控。暗示性污染的风险也得到了控制，因为 RP（与 SP 一样）包含了精心设计的旨在唤起自由回忆的提示（关于询问方案的最新修订版本，请参见附录；关于适当的非暗示性的支持的说明，请参见表 9.1）。

通过与儿童建立更有意义的融洽关系，并在整个询问过程中为他们提供情绪情感支持，使用 RP 的司法询问人员可以更好地帮助儿童克服他们不愿交流的心理。因此，在调查可能发生的虐待行为时，有关询问最佳做法的建议显然需要强调支持但非暗示性做法的重要性，以及使用结构化的询问方案有效塑造与儿童的关系的重要性［朗格尔、麦克劳德和微兹（Langer，McLeod，& Weisz），2011］。

关于修订版 NICHD 调查询问方案的进一步修改

由于 RP 对询问人员和儿童在司法询问中的表现所产生的积极影响已经在几项研究中被记录下来，赫什科维茨（Hershkowitz）等（2017）研究了扩展培训方案对询问人员在使用最新版本的 RP 时对不合作的回应的影响。 175
除了鼓励询问人员提供支持外，培训纲要还注重如何避免错过展示支持的机会，特别是在询问的实质性阶段［埃亨（Ahern）等，2014；赫什科维茨（Hershkowitzet）等，2006］。赫什科维茨（Hershkowitz）等（2017）以此种方式实施并评估了一项培训方案，该方案解决了以色列使用 RP 的儿童调查员所遇到的记录在案的需求和困难。新的培训方案描述了更广泛的支持性技巧，供询问人员借鉴，其中包含更详细的指导，说明如何在询问的每个阶段提供支持。培训形式采用了训练教练员的方法，由经过培训的询问人员对自己的询问进行评估。这种自我审查包括确定提供支持的实例、错过的提供支持的机会，以及不当（或不支持）的询问人员行为的实例。

教练员接受了为期 5 天的培训；培训课程包括指导他们在自己以前的询问中识别各种类型的支持和不支持行为，以及关于如何向他们的团队提供为期 1 天培训的研讨会。然后，教练员在 8 个为期 1 天的研讨会中对他们通常指导的询问人员进行培训。研讨会的内容包括对理论和研究的回顾、各种支持性干预措施的实际操作、学习如何编码、审查最近的询问以及在整个培训期间使用的练习。每次研讨会结束后，询问人员还与其教练员进行了 2 小时的单独会谈。

赫什科维茨（Hershkowitz）等的分析研究了在每次询问中支持的有无以及询问人员回应的不充分之处，还有在本应给予支持回应时询问人员却未作出回应的情况。总共审查了 321 次对 3 ~ 14 岁疑似受害者的询问；这些询问在培训方案的不同阶段进行，并分布在近一年的时间内（8 次培训研讨会）。结果显示，在第 2 次和第 3 次培训后，不敏感性（在需要时未能提供支持）相对于基准有所下降，而在第 2 次和第 3 次培训之间，相对于基准，每个时间点的支持都有所增加。在随后的每一次培训后，不充分的支持相对于基准有所下降（见图 9.1、图 9.2 和图 9.3）①。

176

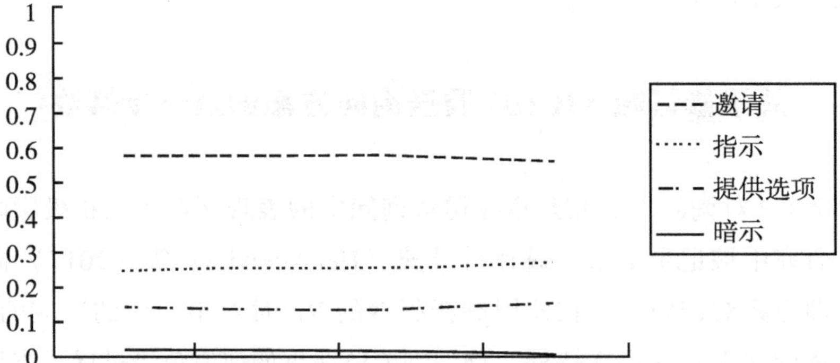

图 9.1　询问人员在整个培训过程中使用的各类话语占比

① 在图9.1、9.2和9.3中，横轴表示培训之前（基准）和三次培训之后，询问人员和询问对象相关数据的对照变化趋势，纵轴表示相关数据的比例。——译者注

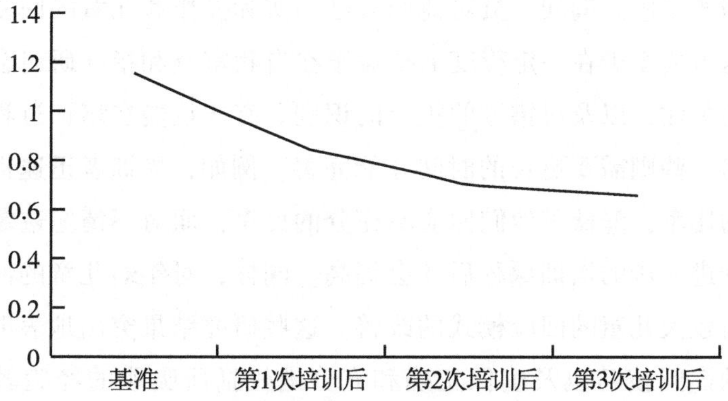

图 9.2　错过的支持机会与不情愿话语的比例

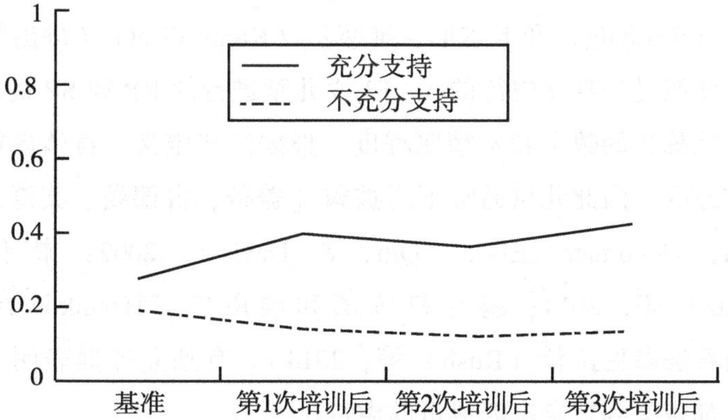

图 9.3　在培训过程中充分和不充分支持水平的变化

年龄较小的儿童也得到了更多的支持，而年龄较大的儿童（9 岁或以上） 177
的不敏感性（在需要时未能提供支持）更高。在第 1 次培训后，对年龄较小的儿童做出了更多的不充分回应，但此后年龄差异不再明显。研究人员推测，询问人员对不情愿迹象的不同敏感性可能反映了年龄较小和较大的儿童用言语表达不情愿的方式的差异。这意味着年龄较大的儿童表现出的消极抗拒（停顿，“我不知道”）可能比更小的儿童的积极抗拒（“我想回家”）更难被询问人员发现并给予支持。还有一种可能是，询问人员更同情年幼的孩子，因为他们看起来更不成熟、更脆弱。

显然，在培训过程中，询问人员变得能够更好地认识到支持的必要性，并做出适当的反应。询问人员对他们自己的实际操作和儿童的回复有了更多的了解，这可能至少在一定程度上得益于在自我审查和指导研讨会中对期望行为使用的关注，以及对错过的机会的识别。有些技能在培训过程中更容易获得，而另一些则需要更长的时间才能完善。例如，受训者迅速提高了他们提供支持的比率，降低了他们回应不充分的比率，而对不情愿迹象的敏感度只有在接受进一步的培训课程后才会提高。同样，对年幼儿童的回应模式的改善晚于对较大儿童的回应模式的改善。这些研究结果突出地表明，开发和提高敏感的询问技巧以及确保正确和充分地概括所吸取的经验教训是多么困难。

后来，埃亨（Ahern）、赫什科维茨（Hershkowitz）、兰姆（Lamb）、布拉斯巴尔格（Blasbalg）和卡尔尼－维塞尔（Karni-Visel）（待出版）比较了在对 230 名疑似受到身体虐待的 3～13 岁儿童进行的 RP 和 SP 询问的每个阶段中，支持性陈述的数量和不情愿程度。根据法律定义，身体虐待是由父母或监护人实施的，因此儿童通常不愿披露［盖蒂、古德曼、艾森、秦和戴维斯（Ghetti，Goodman，Eisen，Qin，& Davis），2002；赫什科维茨（Hershkowitz）等，2014；赫什科维茨和埃卢尔（Hershkowitz & Elul），
178 1999；不同看法参见拉什（Rush）等，2014］。有独立证据表明，所有接受询问的儿童都曾受到特定家庭成员的虐待。

埃亨（Ahern）和她的同事表明，使用 RP 进行询问的特点是有更多的情绪情感支持话语贯穿始终。当儿童在 RP 询问中披露身体虐待时，与在 SP 询问中相比，他们对较少的提示做出了更多的回复。这一发现意义重大，特别是因为在过渡阶段（在此期间，询问人员从建立融洽关系过渡到探索虐待的可能性）的话轮次数与表达的增加的直接性和更具体的话语类型有关。

此外，与其他研究［赫什科维茨、霍罗威茨和兰姆（Hershkowitz，Horowitz，& Lamb），2005；派普（Pipe）等，2007］结果一致，年龄较小的儿童比年龄较大的儿童表现出了更多的不情愿。大一点的儿童比最小的儿童在更早、更少、更开放的过渡提示下披露了虐待行为。这些研究结果突出地表明，在与最年幼的儿童交谈时，询问人员在努力避免使用提供选项提示时经常会遇到的特殊挑战，而且这一点尤为重要，因为他们对更聚焦的提示的

回复更有可能是不可靠的［施林普顿、奥兹和海耶斯（Shrimpton，Oates，& Hayes），1998］。

布拉斯巴尔格（Blasbalg）、赫什科维茨（Hershkowitz）、兰姆（Lamb）和卡尔尼－维塞尔（Karni-Visel）（2018a，2018b）选取的是对 200 名 6 ~ 13 岁的疑似遭受家庭成员身体虐待的受害者进行的司法询问，这些询问是在对询问人员接受了在整个司法询问过程中提供非暗示性支持的培训后进行的。

这些案件得到了有独立来源证据的验证，包括目击者证词、医疗检查证据和犯罪嫌疑人的承认，或者儿童早期向教师或护士等专业人士的披露。

布拉斯巴尔格（Blasbalg）等（2018a）假设，在实质性阶段的支持性话语将与随后儿童不情愿的减少和信息的相应增加相关，支持和信息增加之间的联系是由儿童不情愿的减少来调节的。正如预测的那样，无论询问人员是否要求提供信息，支持能够预测不情愿的下降［布拉斯巴尔格（Blasbalg）等，2018a］。提问减弱了这种影响，虐待的严重程度也是如此。尽管信息请求比支持更具影响力，但支持也会增加信息量。总体而言，当儿童的不情愿程度较低时，信息量要大得多。

这些研究表明，在询问的实质性阶段，支持会产生有益的影响，在此阶段，不情愿会削弱证词本身的价值，而以前的研究只表明，在询问的实质性阶段之前和过渡阶段，支持会产生有益的影响［赫什科维茨、埃亨、兰姆、布拉斯巴尔格和卡尔尼－维塞尔（Hershkowitz，Ahern，Lamb，Blasbalg，& Karni-Visel），待出版；赫什科维茨、兰姆和卡茨（Hershkowitz，Lamb，& 179
Katz），2014；赫什科维茨、兰姆、卡茨和马洛伊（Hershkowitz，Lamb，Katz，& Malloy），2013］。此外，大多数先前的研究都关注了支持对整个询问的影响，而布拉斯巴尔格（Blasbalg）等（2018a）的研究侧重于特定的话语水平序列（utterance-level sequences）。因此，该研究强调了在询问的实质性阶段支持的重要性，在此阶段，不情愿可能会减少实际证词的质量。

后来的一项研究使用了相同的样本，研究了支持对儿童叙述条理性（coherence）的影响——叙述对听众有意义的程度［布拉斯巴尔格（Blasbalg）等，2018b］。在里斯（Reese）及其同事（2011）先前研究的基础上，强调了条理性的三个维度：①语境，包括关于空间和时间位置的信息；②时间顺序，指事件的时间组织；③主题，反映主题的统一性、详细和评价性信息、叙事结构和清晰度（resolution）。正如预测的那样，布拉斯巴尔格（Blasbalg）和他的同事发现了不情愿和条理性之间的负相关。支持对条理性产生了积极影响，这在一定程度上是通过减少不情愿来实现的。中介模型显示，支持和不情愿如何直接影响认知能力，以及可能（如下所解释的）通过增强情绪调节的方式来影响认知能力，从而释放认知资源以参与记忆提取［塞维茨、威尔斯、拉森和霍布斯（Saywitz，Wells，Larson，& Hobbs），2016］。

布拉斯巴尔格（Blasbalg）、赫什科维茨（Hershkowitz）、兰姆（Lamb）和卡尔尼–维塞尔（Karni-Visel）（2018c）接下来比较了 88 次使用 SP 和 166 次使用 RP 对儿童的询问，这些疑似虐待儿童案件均得到独立证据的证实。研究表明，在整个询问过程中，RP 与询问人员更好的支持和提问，以及降低不情愿和增加儿童回复的信息量有关。因此，RP 的主要目标，即让询问人员掌握技能以降低儿童的不情愿并获得更全面的描述，似乎已经实现。

RP 旨在强调支持性询问，以促进询问人员和询问对象之间信任的发展，并帮助询问人员有效地处理和管理儿童的情绪表达。在一项研究中，卡尔尼–维塞尔（Karni-Visel）、赫什科维茨（Hershkowitz）、兰姆（Lamb）和布拉斯巴尔格（Blasbalg）（2018c）比较了使用 RP 和 SP 对疑似被害人实施的询问，结果显示，疑似受害者在接受 RP 的询问时，确实表现出越来越多的与虐待相关的情绪，尤其是在儿童年龄较小的时候。

卡尔尼·维塞尔（Karni-Visel）、赫什科维茨（Hershkowitz）、布拉斯巴尔格（Blasbalg）和兰姆（Lamb）（2018a，2018b）重点研究了儿童在接受 RP 询问时，询问人员的支持、儿童在谈论虐待时的情绪表达与儿童提供的信息量之间的关系。认知和神经生理学研究表明，情绪事件的记忆优于非情绪
180 事件的记忆［勒杜（Ledoux），1992］。在事件中体验到的负性情绪似乎将注意力集中在核心细节上，并因此导致“隧道记忆”（tunnel memory），以牺牲

外围细节为代价增强中心细节的表达［布莱斯（Bless），2001；布莱斯和费德勒（Bless & Fiedler），2006；费德勒（Fiedler），2001；弗雷德里克松（Fredrickson），2001；索尔贝克和克罗尔（Sorbeck & Clore），2005］。此外，即使事件重复发生，负性情绪似乎也会促进威胁因素的特定编码，并在长时间延迟后促进提取［巴瑞克、帕克、菲伍什和莱维特（Bahrick，Parker，Fivush，& Levitt），1998；布雷纳德和雷纳（Brainerd & Reyna），1996，2002；欣茨曼（Hintzman），1984；古德曼、赫希曼、海普斯和鲁迪（Goodman，Hirschman，Hepps，& Rudy，1991；奥恩斯泰因、戈登和拉鲁斯（Ornstein，Gordon，& Larus），1992；彼得森（Peterson），1999］。然而，儿童在披露虐待时很少表达情绪［卡茨、赫什科维茨、马洛伊、兰姆、阿塔巴基和斯宾德勒（Katz，Hershkowitz，Malloy，Lamb，Atabaki，& Spindler），2012；卡斯泰利和古德曼（Castelli & Goodman），2014；萨依凡、米切尔、古德曼、艾森和秦（Sayfan，Mitchell，Goodman，Eisen，& Qin），2008］。尽管已有一些研究表明，询问人员的支持可以帮助孩子表达他们的情绪［埃亨和里昂（Ahern & Lyon），2013；克勒姆弗斯、米洛耶维奇、伊姆、拉什和夸斯（Klemfuss，Milojevich，Yim，Rush，& Quas），2013；里昂、斯库里奇、崔、汉德马克尔和布兰克（Lyon，Scurich，Choi，Handmaker，& Blank），2012］。因此，可以假定，负性情绪的报告将与报告的核心而非外围细节的数量正相关，以及当虐待重复时，与具体而非一般信息的数量正相关。

卡尔尼 – 维塞尔（Karni-Visel）等（2018a）发现，随着询问的进行，儿童情绪的表达有所下降。情绪的表达与信息量的增加有关，尤其是负性情绪的表达。尽管儿童很少表达情绪，但通过他们的表情可以预测他们报告的细节的不同类型。负性情绪与事件的中心和外围细节的提供均有关，与负性情绪导致隧道记忆并因此限制外围信息编码的主张［布莱斯（Bless），2001；布莱斯和菲德勒（Bless & Fiedler），2006；菲德勒（Fiedler），2001；弗雷德里克松（Fredrickson），2001；索尔贝克和克罗尔（Sorbeck & Clore），2005］相反。当遭受虐待的年龄较大的儿童反复表达负性情绪时，他们提供了更多的具体细节和更少的一般细节，这表明负性情绪触发了记忆机制，使自上而下的扫描过程成为可能，并帮助儿童完成提取每个事件的具体情节的挑战性任务［希契科克、尼克松和韦伯（Hitchcock，Nixon，& Weber），2014；摩尔和佐尔纳（Moore & Zoellner），2007］。

儿童遭受虐待的严重程度与提供的信息量呈正相关，这可能表明在事件中经历的较高水平的压力导致记忆增强［伯恩施泰因、利埃贝尔和斯卡伯里（Bornstein，Liebel，& Scarberry），1998；德拉克尚和艾森克（Derakshan & Eysenck），2009；古德曼、博顿斯、施瓦茨－肯尼和鲁迪（Goodman，Bottoms，Schwartz-Kenney，& Rudy），1991；夸斯、拉什、严和苏马罗卡（Quas，Rush，Yim，& Sumaroka），2012］。有趣的是，女孩和年龄较大的儿童，通常会披露更多的信息，也表现出更多的情绪，这可能解释了他们在情绪记忆线索上的优势。

181 卡尔尼－维塞尔（Karni-Visel）、赫什科维茨（Hershkowitz）、布拉斯巴尔格（Blasbalg）和兰姆（Lamb）（2018b）探讨了在使用修订版询问方案进行询问的实质阶段，询问人员的支持对情绪表达的影响。正如预期的那样，询问人员对情绪表达的支持导致了进一步的情绪表达，这反过来又导致了信息量的增加。重要的是，询问人员的支持和儿童提供的信息量之间的关系完全受到情绪表达的调节。这些数据表明，询问人员可以通过对情绪表达做出适当的回应来提升儿童回复的信息量，从而促进儿童对充满情绪的记忆（emotion-laden memories）的获取［综述参见塞维茨、威尔斯和霍布斯（Saywitz，Wells，Larson，& Hobbs），2016］。询问人员的支持和儿童提供的信息量之间的这种间接途径以前没有研究记录。

所有这些有关询问人员—儿童动态的效果显然影响了疑似受害者在接受询问时提出指控的意愿。赫什科维茨（Hershkowitz）和兰姆（Lamb）（审稿中）最近的研究表明，以色列在全国范围内执行修订版询问方案极大地影响了疑似受害者提出指控的可能性，以及这些指控被视为可信的可能性。他们的分析侧重于 2013 年至 2016 年在以色列实施的对 19738 名 4 ~ 13 岁的儿童实施的询问，这些询问遍及以色列全境，由接受过培训的 63 名询问人员实施。据报告，这些儿童疑似受到了身体虐待（$n = 14913$）或性虐待（$n = 4828$）。结果表明，无论是使用标准的询问方案还是修订版询问方案，接受询问的儿童有近 70%（69.2%）提出了指控。在早期的类似数据分析中［赫什科维茨（Hershkowitz）等，2005］，年龄较大的儿童比年龄较小的儿童更可能提出指控。在涉嫌性虐待而不是身体虐待的情况下，指控更常见，在犯罪嫌疑人是非家庭成员的情况下，指控更常见。一些询问人员也比其他人更可能引出指控。然而，一旦在统计上考虑这些因素，多层次分析显示，使用修订版询问方案比使用标准版询问方案进行询问，儿童提出指控的可能性增加了 13.3%。此外，尽管询问的多样性使调查人员不确定儿童是否确实受到虐待，但在使用修订版询问方案进行询问时，他们认为指控可信的可能性增加了 9%。

询问嫌疑人而不是受害者

就像受害者由于过于害怕或尴尬而不愿披露虐待行为一样，年轻的犯罪嫌疑人（被指控的施暴者）也不愿讨论他们的行为。一项早期研究使用了我们在与年轻受害者和证人的工作中学习到的一些原则，并将其应用于对年轻 182
的犯罪嫌疑人进行的询问中，询问他们有关被指控的罪行。

被怀疑虐待他人的儿童可能会拒绝提供信息，不管是因为害怕可能的制裁还是因为羞愧。在面对这种阻力或明显的欺骗时，询问人员可能会觉得有必要使用更具针对性甚至是强制性的策略，以从年轻的被指控的犯罪者那里获得信息。可以假定，当法律要求询问人员警告犯罪嫌疑人，他们的陈述可能会在刑事或民事诉讼中用作不利于他们的证据时，犯罪嫌疑人提供信息的渴望会进一步减弱。

赫什科维茨（Hershkowitz）等（2004）研究了 13 名以色列青年调查人员对 9～14 岁被控儿童性虐待实施者实施的 72 次司法询问。年龄在 9～12.5 岁的年轻嫌疑人有 37 名，12.6～14 岁的年龄较大的嫌疑人有 35 名。21 名嫌疑人完全否认相关指控，23 名嫌疑人承认犯下了受害者指控的所有罪行（完全承认），28 名嫌疑人承认犯下了部分但不是全部指控的罪行（部分承认）。所有询问均采用经过专门设计的调查询问方案，由已经接受过有关使用标准的 NICHD 调查询问方案询问疑似被害人的培训的询问人员实施。该样本在以色列青年调查人员询问的青少年嫌疑人口中具有较强的代表性。调查人员认为，疑似受害者所描述的和嫌疑人所描述（或否认）的所有事件都可能发生过，但我们不知道所描述的事件中实际发生了什么，也不知道嫌疑人（或受害人）提供的信息有多少是准确的。尽管大多数受害者的陈述至少在一般意义上得到了证人或其他嫌疑人的证实。

询问人员首先解释询问的目的，并按照以色列法律的要求警告嫌疑人，他们的陈述可能会在法律程序中用作不利于他们的证据。然后，在调查人员将重点转移到实质性话题——指控的虐待之前，尝试与嫌疑人建立起融洽关系。尽管在使用 NICHD 调查询问方案对受害者进行询问时包括在实质性阶段之前的询问中引入叙述性回应风格，以及使用非暗示性的方式将焦点转移到实质性问题上，但在对嫌疑人的询问中没有采用这两种策略。开放性提示受到鼓励，但试验研究证实了这种预测：大多数嫌疑人在第一次使用此类提示进行询问时会否认事件或不会提供有用的信息。因此，开发了更具指示性
183 甚至暗示性的提示（以疑似受害者对事件的报告或警方调查工作的结果为引导）。但是，只要有可能，询问人员就会被要求针对那些聚焦性提示作出的回复，进一步提出开放性问题，以获取更详尽的信息说明。

令人惊讶的是，嫌疑人的年龄并没有影响询问人员的动态，但这种动态受到嫌疑人是否承认参与了所调查事件的深刻影响。与完全或部分承认指控的嫌疑人相比，询问人员向否认指控的嫌疑人发出的邀请性、指示性和提供选项的问题较少，尽管针对完全和部分承认指控的人的方法从未有显著差异。在使用暗示性提示方面，各组之间没有差异。

对每种类型的话语所占比例的比较分析显示了类似的模式：与那些部分或完全承认自己在调查事件中所扮演的角色的人相比，询问人员对否认者的指示性和暗示性提示的比例更低；同样，否认者与其他组的嫌疑人不同。

对嫌疑人回复的研究聚焦于 51 名完全或部分承认指控的儿童（25 名年龄较小，26 名年龄较大），因为根据定义，完全否认的嫌疑人没有提供关于其参与被指控事件的相关司法细节。有些令人惊讶的是，无论是年龄还是承认状况，都没有显著影响嫌疑人的回复。同样，所提供的细节总数也没有因询问对象的年龄和承认状况而异。

与自由回忆邀请相比，询问人员向完全和部分承认的嫌疑人提供的暗示性提示明显更多。然而，与预期相反的是，通过邀请而不是提出选项和暗示性提示，从部分和完全承认的嫌疑人那里引出了明显更多的细节。同样地，部分和完全承认的嫌疑人明显提供了更多的细节，每一次邀请所提供的细节要比每一次提供选项或暗示性提示所提供的细节多得多。这些发现表明，调查人员可能错误地判断了暗示性和强制性提示的必要性，因为这些嫌疑人对自由回忆提示的回复比预期的要多得多。

即使是年龄较小的嫌疑人（9 ~ 12 岁）（与 4 ~ 8 岁的儿童受害者不同），其年龄在儿童中也较大，这可能解释了他们报告的自由回忆信息量大于预期的原因，以及年龄较大和年龄较小的嫌疑人在报告的自由回忆信息量方面的相似性。

正如预期的那样，询问人员在处理疑似的嫌疑人和受害者时表现不同。在使用 NICHD 调查询问方案对受害者进行的询问中，自由回忆和暗示性提示分别占询问人员话语平均总数的 30% 和 7%，在未使用 NICHD 调查询问方案对受害者进行的询问中，自由回忆和暗示性提示分别占询问人员话语总数 184
的 6% 和 10%（见第 6 章），但是，在询问人员向嫌疑人提出的话语中邀请和暗示性提示分别为 19% 和 24%。尽管嫌疑人对自由回忆和指示性提示的回复使得对提供选项和暗示性提示的预期依赖变得没有必要，但仍有超过 43% 的询问人员对年轻嫌疑人的话语是提供选项和暗示性的。因此，正如预测的那样，询问人员似乎对嫌疑人的回复持怀疑态度，并据此对他们施加了更大的压力，使用了可能会污染信息提取过程的更具风险的提示（例如，暗示性提示），与此同时却没有向这些嫌疑人提供充分的机会来自由回忆他们的经历。对暗示性和强制性提示的广泛依赖增加了询问人员可能引出不准确信息的风险。

赫什科维茨（Hershkowitz）等（2004）的研究也发现，与完全或部分承认参与被指控的虐待行为的嫌疑人相比，询问人员对否认参与被指控事件的嫌疑人提出的问题较少。他们原来预测询问人员会使用更少的邀请和更多的暗示性话语来回应否认者，认为他们比那些承认自己参与的嫌疑人更不配合，但研究结果只是部分证实了这些预测。询问人员确实向否认指控的年轻人发出了较少的邀请，但不同承认状态组的嫌疑人在暗示性提示的数量上没有显著差异，这可能是因为询问人员对于所有嫌疑人都持怀疑态度，无论承认状态的情况如何。此外，对每种类型提示的相对数量而不是绝对数量的研究表明，正如预测的那样，询问人员对否认者的暗示比对完全或部分承认者的暗示更多，这大概是因为询问人员对询问对象的否认持怀疑态度。除了怀疑或不相信之外，在询问否认者时不成比例地使用暗示性提示可能反映出询问对象提供的关于被指控事件的信息数量有限。在不同程度上，所有类型的非暗示性提示都建立在所提供的信息的基础上，因此，信息的缺失迫使询问人员引入询问对象没有陈述的话题或细节。根据定义，后面这类提示，就更可能是暗示性或强制性的。由此，完全承认被指控事件的嫌疑人更多地阐述了他们已经披露的细节，在回复“指示性”提示时提供了比部分承认的嫌疑人多得多的信息。

由于询问人员对否认的嫌疑人和年龄较小的部分承认的嫌疑人进行了类似的处理，赫什科维茨（Hershkowitz）等预计，与完全承认组的儿童相比，
185 这两个组提供的与指控有关的信息较少。然而，事实上，询问人员对年龄较小的部分承认的嫌疑人的处理更像是对否认者而不是年龄较大的部分承认的嫌疑人，但部分和完全承认的嫌疑人针对邀请所提供的细节数量并无不同。这可能是由于部分承认的儿童通常会否认他们在事件中的角色，同时提供一些关于他们看到其他参与者做了什么以及地点、时间、动作和参与者的详细信息。

总体而言，研究结果证实，对于开放性提示的回复，与疑似的受害者一样，年轻的嫌疑人可以提供大量与司法证据相关的信息，即使他们会尽量减少自己的参与和罪责。这些信息可以与其他证人和疑似受害人提供的陈述进行比较，也可以产生执法部门用以追查的调查线索。运用开放性提问方式也能够增加识别年轻的嫌疑人实施欺骗行为的机会。识别谎言的认知负荷方法表明，当嫌疑人维持谎言所需的精力增加时，他们更有可能“出错”（slip）[瓦里吉和格兰海格（Vrij & Granhag），2012]，因为说出和维持谎言比说出真相在认知上更加困难。认知负荷技术包括要求嫌疑人详细说明他们的陈述，询问意料之外的问题，以及要求用意想不到的方式（例如，倒转顺序）回忆。这些技巧中的许多已经开始积累支持其功效的经验证据［瓦

里吉和费希尔（Vrij & Fisher），2016；瓦里吉、费希尔和布兰克（Vrij, Fisher, & Blank），2015］。然而，认知负荷技术在多大程度上增强了对儿童虚假报告的识别尚不清楚［萨伊卡伊、克罗斯曼、莫里斯和塔瓦尔（Saykaly, Crossman, Morris, & Talwar），2016］。由于在某种程度上，针对开放性提示所提供的信息更有可能是准确的，显然，询问人员可能会暂停他们的怀疑态度，尽可能以非强迫性的方式获取信息，即使后来——也许在随后的询问中——有必要采取更具暗示性和强迫性的策略。当然，强制性询问的风险已经在主流和专业文献中得到了很好的记录［塞西和布鲁克（Ceci & Bruck），1993，1995；德怀尔（Dwyer），2002；德怀尔和索尔尼（Dwyer & Saulny），2002；兰姆和福希耶（Lamb & Fauchier），2001；麦克法登和索尔尼（McFadden & Saulny），2002；马洛伊、舒尔曼和科夫曼（Malloy, Shulman, & Cauffmann），2014；奥巴赫和兰姆（Orbach & Lamb），2001；奥巴赫（Orbach）等，2016；索尔尼（Saulny），2002；威尔戈伦（Wilgoren），2003］，相关文献明确指出，在询问嫌疑人和疑似受害人时，必须小心谨慎。

尽管与受害者相比，我们对嫌疑人的询问动态知之甚少，但赫什科维茨
（Hershkowitz）等的研究（2004）得出了一些令人鼓舞的结果，研究表明，186
年轻的嫌疑人可能比预期的更愿意在回复开放性提示时披露信息。因此，有必要进行进一步的研究，为年轻的嫌疑人提供更多机会来对开放性提示做出回复，描述他们的经历，同时利用他们提供的信息作为语境线索加强进一步的自由回忆详述。

最近开发制订的修订版询问嫌疑人方案［赫什科维茨、兰姆和布雷特曼（Hershkowitz, Lamb, & Breitman），审稿中］，以赫什科维茨（Hershkowitz）等对年轻嫌疑人的研究（2004）以及赫什科维茨（Hershkowitz）对不情愿的证人的研究（2006）为基础。修订版询问嫌疑人方案旨在通过在整个询问过程中为年轻的嫌疑人提供更多支持，从而使他们更加配合，进而帮助获取更多、更准确的司法相关信息。

由于12岁以上的儿童在以色列被认为应当承担刑事责任，修订版询问嫌疑人方案（Rewsed Suspect Protocol，RSP）必须符合法律的规定和限制。因此，除高级警察和青年缓刑官，法律专业人员，包括检察官、法官、辩护律

师和立法者也广泛讨论了新的修订版询问嫌疑人方案。与此同时，一个多专业委员会更新了以色列版“米兰达警告”（Miranda warning）的精确措辞，以使儿童更容易理解。

先前接受过使用修订版 NICHD 调查询问方案培训的儿童调查员随后参加了侧重四种做法的额外培训：①以适合儿童发育的方式传达米兰达权利，同时监测儿童的理解能力；②与年轻的嫌疑人建立有意义的融洽关系；③为表现出焦虑、不情愿或消极情绪的儿童提供支持；④非暗示性的提问策略。

10 名询问人员及其教练员（4 人）接受了 2 次每次为期 7 天的培训，2 次培训之间间隔 1～2 个月。课程内容包括练习使用这些具体做法的机会，以及有关理论和研究的讨论、编码程序、最近的询问和培训课程之外的练习。询问人员还有 2 次每次长达 2 小时的与其教练员的单独会谈，目的是评估他们最近实施的询问。在各个培训课程之前，询问人员、教练员和研究助理对询问进行编码，以帮助询问人员发展他们识别不同询问策略和儿童反应的技能。

初步分析表明，在使用修订版询问嫌疑人方案的询问中，米兰达权利以
187 更适合儿童发育的方式传达，同时询问人员会做出额外的努力去监测儿童的理解，并且在理解失败时适当调整他们的解释。此外，询问人员使用了更多的提示，尤其是支持性提示，以便与儿童建立融洽关系。在整个询问过程中，支持性的提示更加频繁，而不支持或威胁性的言辞较少。此外，暗示性问题也较少被提出。

结　论

许多儿童虐待案件受害者在接受询问时不会披露受到虐待的事实，但是，通过提供社会支持（social support）巧妙地控制他们的不情愿有助于减少这些障碍似乎是很可能的［赫什科维茨、兰姆、卡茨和马洛伊（Hershkowitz，Lamb，Katz，& Malloy），2015；塞维茨（Saywitz）等，2015］。如今有实质性证据表明，不情愿的儿童会在询问的一开始就通过一系列的言语和非言语行为释放出他们不愿意参与询问的信号。因此，对于询问人员而言，察觉这

类信号并准备好予以敏锐且恰当的控制、处理是至关重要的。实验室研究和实地场景下的研究均表明，询问人员的非暗示性支持能够帮助不情愿的证人更加全面地描述他们所经历的事情。相反，未接受过此种支持培训的询问人员提供的支持少，并且对儿童不情愿的回应更具强制性，而这反过来又强化了儿童的不合作，并造成儿童提供的信息量最小化。在司法询问过程中，向儿童提供非暗示性的社会支持不仅能够提升儿童在询问期间的舒适感以及改善他们体验，而且能够提升他们所提供的证词的丰富性和准确性。重要的是，非暗示性的支持同样有助于询问年轻的证人和犯罪嫌疑人。

第10章

189 使用工具和道具来补充 NICHD 调查询问方案

正如前几章所述，我们鼓励 NICHD 调查询问方案的使用者在整个询问过程中优先使用邀请和线索性邀请，必要时可以通过更具聚焦性的问题和跟进的配对邀请进行补充。然而，有些儿童可能对邀请完全没有回复［科尔克曼、桑蒂拉和桑纳巴（Korkman，Santtila，& Sandnabba），2006；科尔克曼、桑蒂拉、韦斯特克和桑纳巴（Korkman，Santtila，Westeråker，& Sandnabba），2008；梅林德和吉尔斯特拉普（Melinder & Gilstrap），2009；沃夫曼（Wolfman）等，2016］，或者提供不出适用于法庭的重要信息。在这种情况下，一些询问人员会使用工具，如身体图示或玩偶，或者要求儿童画出或在脑海中重现事件的背景，以此促进回忆和报告［希尔和布朗（Hill & Brown），2017；普尔、布鲁克和派普（Poole，Bruck，& Pipe），2011；里瓦德和施赖伯 - 康波（Rivard & Schreiber-Compo），2017；沃夫曼、布朗和约瑟（Wolfman，Brown，& Jose，2017］。一些从业者认为，这些工具和技术允许儿童以非言语方式进行沟通（例如，通过指向、展示或绘画）或者使用外部资源来促进对信息的提取（例如，鼓励儿童专注于事件的特定方面，如空间布局或感官体验），能够帮助儿童克服语言、动机、提取方面的困难。其他一些专家则表示，这些工具和道具可能具有暗示性［塞西和布鲁克（Ceci & Bruck），1995；普尔和布鲁克（Poole & Bruck），2012］。这些争议引发了针
190 对各种视觉辅助方法效果的研究［布朗（Brown），2011；派普和萨尔曼（Pipe & Salmon），2009；普尔、布鲁克和派普（Poole，Bruck，& Pipe），2011；扎亚克和布朗（Zajac & Brown），2017，综述部分］。大多数研究都集

中在当视觉辅助工具被用来引出关于儿童经历的信息时，他们报告的信息数量和准确性上。针对因其他因素（例如，增进融洽关系或参与度，或减少情绪上困扰）而使用辅助器具的有效性的研究则相对较少。在这一章中，我们总结了一些研究，这些研究考察了在询问疑似受害者和证人时，使用各种辅助手段来补充本询问方案策略的情况。

玩　偶

针对将玩偶作为视觉辅助工具所进行的研究是最多的，主要是由于研究人员和法院担心它们是否具有内在暗示性，或者对幼儿的认知和社交能力提出了太多的要求。并且，大多数研究都集中在幼儿的使用上［扎亚克和布朗（Zajac & Brown），待出版］。总的来说，以实验室为基础的研究表明，在询问中使用玩偶，相比于不使用玩偶，儿童可能会报告或重现更多关于其经历的细节，但报告的错误细节数量也会增加，因此导致总体准确性较低［布鲁克、塞西、弗朗库埃和雷尼克（Bruck，Ceci，Francouer，& Renick），1995；古德曼（Goodman）等，1997；塞维茨（Saywitz）等，1991］。萨尔曼（Salmon）、派普（Pipe）、马洛伊（Malloy）和麦基（Mackay）（2012）在一起策划事件中对 5～7 岁的儿童运用 NICHD 调查询问方案进行了询问，其中使用了玩偶来说明儿童所经历的被触摸的位置，结果发现，使用玩偶对于儿童提供准确细节的数量、对触摸的描述没有显著影响，或是错误的；但询问人员提出指示性问题的比例增加了（与此同时，提出邀请的比例相应地降低了）。

关于在询问儿童时使用玩偶的实地研究，其准确性无法评估，这些研究没有显示儿童提供司法相关信息的数量增加［兰姆、赫什科维茨、斯滕伯格、布特和埃弗森（Lamb，Hershkowitz，Sternberg，Boat，& Everson），1996；桑蒂拉、科尔克曼和桑德纳巴（Santtila，Korkman，& Sandnabba），2004］。此外，蒂埃里（Thierry）、兰姆（Lamb）、奥巴赫（Orbach）和派普（Pipe）（2005）发现，与使用玩偶相关的更多是玩耍、模棱两可的展现或矛盾，而不是年轻的疑似受害者提供信息数量的增加或质量的提升。

对年幼儿童符号表征技能的研究也表明，玩偶可能尤其不适合幼儿。幼
191 儿很难同时记住玩偶代表的两种身份［即玩偶作为玩具的通常身份，以及玩偶作为某个儿童或其他人的代表的预期身份；狄洛奇（DeLoache），2000，2004；狄洛奇和马尔佐夫（DeLoache & Marzolf），1995］。由此，研究人员提出警示，非常年幼的儿童可能会以一种嬉戏方式与玩偶互动，而这样的互动被错误地解读为代表了儿童的经历［迪金森（Dickinson）等，2005；蒂埃里、兰姆、奥巴赫和派普（Thierry，Lamb，Orbach，& Pipe），2005］。

尽管这项研究强调了问题所在，但许多专业指导文件仍然推荐或赞同性地描述了在司法环境下使用玩偶［例如，角屋司法询问方案（The Cornerhouse Forensic Interview Protocol）：RATAC®①，RATAC®，安德森（Anderson），2010；在刑事诉讼中获取最佳证据，英国司法部（Achieving Best Evidence in Criminal Proceedings，in the UK，Ministry of Justice），2011；美国虐待儿童问题专业协会（APSAC），2012；新西兰专业性儿童证人询问模式，新西兰警察和弱势儿童奥兰加·塔马拉基部（New Zealand Specialist Child Witness Interviewing Model，New Zealand Police and Ministry for Vulnerable Children Oranga Tamaraki②），2017］。基于对这些询问方法的简要总结发现，NICHD调查询问方案不建议在询问中对任何年龄的儿童使用玩偶。

绘　画

很多询问人员会在询问中邀请儿童绘画［希尔和布朗（Hill & Brown），2017；沃夫曼（Wolfman）等，2017］，以促进融洽关系和参与度［卡茨、巴内茨和赫什科维茨（Katz，Barnetz，& Hershkowitz），2014；普尔和迪金森（Poole & Dickinson），2014］，或者用来帮助儿童回忆和报告更多的信息［麦克劳德、格罗斯和海恩（Macleod，Gross，& Hayne），2016］。之所以能实现这些目的，是因为通过绘画提供了一个焦点而非询问人员的诸多问题，这可

① “RATAC”意指融洽关系（rapport）、人体构造识别（anatomy identification）、触碰询问（touch inquiry）、虐待情景（abuse scenario）和结束（closure）。——译者注

② 该部门是新西兰专门负责儿童福祉的一个政府部门。——译者注

以帮助儿童生成自己的提取线索，或者延长询问过程，使儿童有更多时间来回忆和报告他们知道的东西。

最常被研究的绘画形式是“绘画和谈论”（draw-and-talk）程序：询问人员请儿童一边谈论他们的经历，一边画出关于所发生事情的图片，但对绘画内容不提具体要求。许多以实验室为基础的研究表明，对各种事件一边谈论一边绘画的儿童（3～12 岁）与不绘画的儿童相比，能够提供更多关于这些事件的信息，并且没有降低信息的准确性［巴特勒、格罗斯和海恩（Butler，Gross，& Hayne），1995；格罗斯和海恩（Gross & Hayne），1998；帕特森和海恩（Patterson & Hayne），2011；萨尔曼（Salmon）等，2003；韦森和萨尔曼（Wesson & Salmon），2001］。

然而，对于儿童回忆更多关于他们经历的信息，绘画并不总是有助益的［金特尔、鲍威尔和沙曼（Gentle，Powell，& Sharman），2014；麦克劳德（MacLeod）等，2016；奥特加尔、范 · 安森、波夫和霍塞伦贝格（Otgaar，van Ansem，Pauw，& Horselenberg），2016］，绘画也可能导致所报告的错误细节数量增加［麦克劳德（MacLeod）等，2016；奥特加尔（Otgaar）等，2016］，以及对完全虚假事件的描述［布鲁克、米尔尼克和塞西（Bruck，Melnyk，& Ceci），2000］。伴随着对绘画过程的指令、与之相随的提问类型、儿童正在叙述的事件类型以及事件发生后与接受询问之间的延迟，所有这些 192
似乎都对绘画的有效作用有影响。

一项实地研究和两项基于实验室的研究对在使用 NICHD 调查询问方案的询问中要求儿童绘画而产生的影响进行了检验。在对遭受疑似性虐待儿童进行询问的实地研究中（$n = 125$，4～12 岁），卡茨（Katz）和赫什科维茨（Hershkowitz）（2010）发现，相对于在第二次回忆前有短暂玩耍或中途休息的儿童，在初步口头询问之后给他们绘画的机会，增加了他们在被要求再次描述自身经历时所报告的细节数量。绘画的积极影响与儿童年龄或性别无关，也与虐待类型或事发时间间隔长短无关。绘画的儿童报告了明显更多的与调查相关的新细节，包括关于人、行为和疑似事件地点的细节。

萨尔曼（Salmon）等（2012）通过一起策划的上演事件研究了在使用 NICHD 调查询问方案进行初步询问后给儿童增加绘画机会而产生的影响。在事件发生 7～10 天后这些儿童（5～7 岁）接受了询问，在再次询问前，他们被要求根据事件绘画或者拼图。在第二次询问中，两组儿童都报告了新的信息，但准确性较低，绘画对于儿童报告信息的数量或准确性没有显著影响。

关于绘画作为对 11 岁和 12 岁儿童使用 NICHD 调查询问方案进行询问的补充，奥康纳（O'Connor）、布朗（Brown）和沃夫曼（Wolfman）就两种不同类型的绘画指令进行了研究（审稿中），一是对事件进行绘画，二是对事件布局画草图。尽管画草图的儿童报告了更多关于事件空间方面的信息，但两种类型的绘画都没有带来报告的细节总量增加。两种类型的绘画指令均未影响儿童报告信息的准确性。布朗（Brown）、麦肯尼（McKennie）和巴顿（Barton）进行了类似的研究（审稿中），探讨在使用 NICHD 调查询问方案询问 5～6 岁儿童时，在询问开始之前，或是伴随询问展开时，或是在初步回忆穷尽时，让儿童对策划事件进行绘画和谈论，是否有助于儿童提供更多的细节。结果是，儿童陈述的信息数量和准确性并未因绘画时间的不同而有差异。此外，与简朴的言语询问相比，任何形式的绘画都未能让儿童报告更多的信息。

综上所述，证据表明，当给予儿童最低限度的口头提示时，绘画可能有助于儿童更多地讲述他们的经历，但如果使用更详细的言语询问方法（例如，NICHD 调查询问方案），绘画的积极作用就不那么明显了。绘画的有效
193 性也可能取决于回忆事件的类型，有些类型的事件可能比较容易画出来，而痛苦的事件则可能在儿童保持外部关注（例如，绘画）时更容易以叙述的方式表达。为了更清楚地识别何时绘画可能最为有效（及最为低效），研究人员需要根据不同的事件和功能（例如，绘画是为了建立融洽关系而不是为回忆提供支持），将绘画与仅有言语询问以及不同类型的询问方案进行比较。

身体图示

身体图示被用于促进交流非常具体的信息。询问人员可以用身体图示在询问开始时了解儿童用来形容不同身体部位的词语［安德森（Anderson），2010；派普和萨尔曼（Pipe & Salmon），2009；特奥（Teoh）等，2010］。此

举对于儿童在随后的询问中关于其身体接触情况的报告有何影响，还有待研究［尽管普尔（Poole）和迪金森（Dickinson）（2011）的研究发现，有初步证据表明，使用身体图示和标签来引导能够促使儿童在随后的询问中提供更多关于身体接触，包括未经历的身体接触的报告］。在询问过程中也可使用身体图示来引出关于已报告的身体接触情况的进一步细节，或探求新信息（例如，有关可疑的身体接触）。一些司法询问方法［例如，新西兰，对处于危险中的儿童和青少年进行视频记录司法询问的指南，儿童青少年及家庭/新西兰警方，2007（the Guidelines for Video Recorded Forensic Interviews with At－Risk Children and Young People，Child Youth & Family/New Zealand Police，2007）；英国，在刑事诉讼中获取最佳证据，英国司法部，2011（Achieving Best Evidence in Criminal Proceedings，in the UK，Ministry of Justice，2011）］建议在询问结束时引入身体图示从而获取更多的关于已经报告的身体接触情况的信息（本质是再次尝试回忆提取）。

尚不清楚儿童在多大程度上能将这些图示作为自己身体的“地图”来准确地描述其经历。大多数研究都集中在 9 岁以下的儿童身上，所以身体图示是否对年龄较大的儿童有效，我们知之甚少［扎亚克和布朗（Zajac & Brown），待出版］。大多数研究指出，随着使用身体图示，儿童报告的细节数量增加，但同时也出现了更多的错误，包括对与司法相关的身体接触的虚假报告［布鲁克（Bruck），2009；布鲁克、凯利和普尔（Bruck，Kelley，& Poole），2016；迪金森和普尔（Dickinson & Poole），2017；奥特加尔、霍塞伦贝格、范·坎彭和拉勒曼（Otgaar，Horselenberg，van Kampen，& Lalleman），2012；普尔和迪金森（Poole & Dickinson），2011；斯图尔德（Steward）等，1996；威尔科克、摩根和海恩（Willcock，Morgan，& Hayne），2006］。虽然我们尚不知道哪些儿童最有可能受益于身体图示的使用，但似乎对幼儿（5 岁以下）［莱特尔、伦敦和布鲁克（Lytle，London，& Bruck），2015］以及执行功能方面的技能发育不佳的儿童，使用身体图示具有相当风险，这类儿 194
童在面对身体图示时极可能错误报告多次，这可能是由于轻率或冲动地做出了回复［普尔、迪金森、布鲁巴奇、利伯蒂和卡凯（Poole，Dickinson，Brubacher，Liberty，& Kaake），2014］。

人体图示和 NICHD 调查询问方案

奥尔德里奇（Aldridge）等（2004）运用 NICHD 调查询问方案对 4～13 岁疑似被虐待儿童进行详尽的言语询问之后，使用了一幅人体素描绘画（a human figure drawing）。儿童被要求在该图示上指出他们先前所报告的触摸发生的位置（一个“指示性”问题），并提供关于这些触摸的进一步信息。然后，儿童被问及一系列关于可能触碰到的其他身体部位的“是/否”（再认性）问题，并在做出肯定回答后被提示（使用邀请）进行详细说明。即使是在详尽的言语询问之后，这一阶段的询问也引出了大量的新信息（平均 86 个新的与司法相关的细节）。此外，这些图示似乎对年幼的儿童（4～7 岁）特别有帮助，他们对图示做出回复所报告的信息占总量的 27%。然而，由于特定问题占主导地位，奥尔德里奇（Aldridge）等提出警告，由于这些问题通常与较低的准确性相关，因此得出信息可能是不可靠的（见本书第 3 章）。

特奥（Teoh）等（2010）对奥尔德里奇（Aldridge）等研究的文字记录进行了深入分析，对于在引入人体图示后获得的额外信息是否专门针对身体接触，这些身体接触是否先前被提及，身体图示是否有助于提升儿童陈述的清晰度，都进行了研究。使用身体图示时，儿童确实提供了关于身体接触的新细节，尤其是关于身体部位的。年轻的和年长的儿童在使用身体图示后所提供的关于身体接触的信息数量是相似的，但信息的清晰程度却因年龄不同而有差异：在使用身体图示的情况下，相比于年长儿童（11～13 岁），年幼儿童（4～7 岁）所提供的信息较为不清晰，而且所有儿童针对回忆提示做出的回复比针对再认提示做出的回复更为清晰。

一些基于实验室的研究通过在询问中使用 NICHD 调查询问方案和身体图示来考察儿童对策划事件中身体接触经历的回忆程度。布朗（Brown）、派普（Pipe）、路易斯（Lewis）、兰姆（Lamb）和奥巴赫（Orbach）（2007）考察了 5～7 岁儿童在延迟 4～6 周后的回忆。对一些遵循指令并练习了使用身体
195 图示的儿童，在进行完整的言语询问后使用了图示；另一些则在不使用身体图示的情况下向儿童就身体接触经历进行提问。在初始回忆询问中，即使是

面对非常具体的再认性问题（例如，“摄影师有没有挠你的脚？”），许多儿童都没能对已经发生的身体接触做出报告。在进一步使用身体图示或提出关于身体接触的问题后，大多数儿童（61%）提供了与事件相关的新信息和表面上貌似可信的信息，但信息准确性很低。值得关注的是，在使用身体图示情况下，儿童报告错误信息的数量增加了。此外，在使用身体图示的询问中，与曾有过练习的儿童相比，没有事先练习的儿童在回答再认性问题时的准确性较低。

在一项后续研究中，布朗（Brown）、派普（Pipe）、路易斯（Lewis）、兰姆（Lamb）和奥巴赫（Orbach）（2012）对已经被询问过的儿童在 7 个月之后再次以相同方式进行询问（言语问题，使用图示及指令，或单纯使用图示）。和之前的询问一样，关于身体接触经历的自发性报告是很少的。当再次被问及关于身体接触的问题时，大多数儿童报告了新的信息：相较于之前的询问，在此次询问中使用图示但没有给予指令，儿童报告了更多的信息；而在询问中不使用图示，儿童报告的信息量减少。当被问及关于身体接触的开放性问题时，使用身体图示和指令的询问的儿童比没有使用身体图示和指令的儿童提供信息的准确性低（在使用身体图示但没有提供指令的询问中儿童的表现与其他两组儿童没有区别）。同样，在面对再认性问题时，在不使用图示的询问中，儿童所报告信息的准确性最高；但对这些问题，在使用图示但不提供指令的询问中，儿童报告的准确性较低（在使用图示并提供指令询问中，儿童的表现与其他两种方式组中的儿童表现没有差别）。

对于身体图示是否有助于年幼儿童（5 ~ 7 岁）澄清之前在使用 NICHD 调查询问方案的询问中已报告的身体接触，萨尔曼（Salmon）和他的同事［萨尔曼、派普、马洛伊和麦凯（Salmon，Pipe，Malloy，& Mackay），2012］进行了研究。结果显示，就儿童回复信息的数量和准确性而言，不存在差异；但在使用图示时，询问人员提出了更多的指示性问题和更少的邀请。

布朗（Brown）、希格斯（Higgs）、巴顿（Barton）、兰姆（Lamb）和派普（Pipe）（2017）研究了在使用 NICHD 调查询问方案的条件下，使用身体图示是否比使用儿童照片或单纯言语问题更有助于年长一些的儿童对身体接触的回忆。在一起策划事件发生后的 2 周，儿童（5 ~ 6 岁和 9 ~ 12 岁）接受了询问。结果显示，询问辅助工具对不同年龄组儿童的作用效果有所不同：在询问中使用身体图示或照片时，所有儿童所报告的身体接触次数是相同的，
196 但年龄稍大的儿童提供了更多细节，同时，信息的准确性并未受到影响。在询问中使用照片（但不使用身体图示），年龄较小的儿童列举了更多身体接触的实例，但在所提供信息的细节程度和信息准确性方面，不存在年龄差异。

总之，实地研究和实验室研究的结果都表明，使用身体图示有时能提高儿童报告的细节数量，但至少对儿童（7 岁及以下）来说，他们所报告信息的清晰度和准确性可能会因此受到影响。当对他们进行再认性提问而非回忆性提问时，尤其可能出现这样的问题。

情境线索

根据记忆和信息处理理论，研究人员考察了再现事件情境对儿童报告所发生事件的能力有何影响。情境再现可能是将儿童带回事发地［物理情境再现（physical context reinstatement，PCR）］，或者是请儿童在脑海中重建情境［心理情境再现（mental context reinstatement，MCR）］。情境再现增进了事发时环境与回忆中情境的相似性，这应该有助于更好地获取信息［塔尔文和汤姆森（Tulving & Thomson），1973］。因此，情境线索应当增强记忆提取的完整性和准确性，因为在提取时可获得的记忆痕迹的特征可能会使人意识到在其他情况下无法获得的待记忆事件的其他特征［塔尔文（Tulving），1983；塔尔文和汤姆森（Tulving & Thomson），1973］。提取线索和编码特征之间的重叠越多，线索就越有效，且有助于从记忆中提取更多的细节。正如史密斯（Smith）（1988）的“掩蔽假说”（outshining hypothesis）所指出的，当缺乏其他提取线索时，情境线索应当是更为有效的，因此，相比于再认任务条件（询问人员提供目标信息），自由回忆条件下（询问人员不提供任何信息）应能确保更大和更准确的记忆提取。然而，情境线索的有效性仅限于情境与事件唯一相关时［奈恩（Nairne），2002］——在虐待事件中，儿童对所处的环境非常熟悉，环境也与其他事件相关，因此情境线索的作用不大。

关于儿童经历事件的物理情境再现，对其效用进行的研究数量有限，而

且研究结果也是矛盾的。一项研究表明，单纯的情境再现相对于言语询问而言没有作用［派普和威尔逊（Pipe & Wilson），1994］（尽管在呈现来自事件 197
中的实物的配合下，情境再现与增进回忆有关）；然而另一项研究又发现，回到事件现场的儿童能报告更多信息［威尔金森（Wilkinson），1988］。

有两项研究说明了在使用 NICHD 调查询问方案时物理情境再现的作用。赫什科维茨（Hershkowitz）等（1998）先是在调查员办公室对疑似虐待案件中 4 ~ 13 岁儿童进行了初步询问，之后又到案发现场对儿童实施询问。儿童在案件现场报告了大量的新信息（占所报告的信息总量的 23%），其中大多数信息（86%）与新问题有关，其余信息则是先前提及内容的情境转化。然而，由于现场询问是第二次提取尝试，研究人员不能将额外获得的信息提取仅仅归因于情境线索，因为这也可能是再次询问的结果。因此，奥巴赫（Orbach）、赫什科维茨（Hershkowitz）、兰姆（Lamb）、斯滕伯格（Sternberg）和霍罗威茨（Horowitz）（2000）将在调查员办公室接受首次询问的儿童和那些在初次披露后被带到疑似案发现场继续接受询问的儿童进行了比较（由此去除了重复询问这一混淆因素）。而两组儿童报告的信息数量没有差异。研究人员推测，情境再现无效的原因有三：①暂停询问而前往现场导致回忆提取过程被打断；②现场发生了改变（例如，购物中心的布局变化或活动变化）；③环境与被调查事件并非唯一相关（例如，该儿童在与虐待事件无关的情形下也去过购物中心）。

心理情境再现通常被视为比物理情境再现更实用、更安全且由儿童主导的替代方案。心理情境再现的优点之一是询问人员无须对调查事件有任何了解，生成提取线索的是儿童而非询问人员。心理情境再现的指令通常是让儿童去思考事件的不同感官特性（例如，他们能听见、看见、闻到什么）和事件的不同方面（例如，那个地方看起来是怎样的），以此来重建场景，然后再用语言来叙述他们所记得的内容。

心理情境再现是认知询问技术［Cognitive Interview，CI；费希尔和盖泽尔曼（Fisher & Geiselman），1992；盖泽尔曼（Geiselman），1988］的一部分，它可以增进成年目击证人的回忆［参见梅蒙（Memon）、梅斯纳（Meissner）和弗雷泽（Fraser）2010 年的一项元分析］。认知询问技术对儿童目击证人而言，并不像对成年目击证人的帮助那样始终如一地有效，但实验室的研究也表明其有助于增进儿童的回忆，这些儿童的年龄从 4 岁［霍利迪和阿尔本（Holliday & Albon），2004］到童年中期［阿克赫斯特、米尔恩和科恩肯（Akehurst，Milne，& Köhnken），2003；盖泽尔曼和帕迪利亚
198 （Geiselman & Padilla），1988；霍利迪（Holliday），2003；拉尔松、格兰海格和斯普尤特（Larsson，Granhag，& Spjut），2003；米尔恩和布尔（Milne & Bull），2003；塞维茨、盖泽尔曼和伯恩施泰因（Saywitz，Geiselman，& Bornstein），1992］。一些研究人员发现，认知询问对成年人而言，所报告的错误信息数量有所增加［梅蒙、沃克、布尔和科恩肯（Memon，Wark，Bull，& Köhnken），1997］，但错误信息与正确信息的比例保持稳定［麦考利和费希尔（McCauley & Fisher），1995］。其他一些研究人员则发现认知询问技术对儿童没有增进回忆的作用［梅蒙、克罗宁、伊夫斯和布尔（Memon，Cronin，Eaves，& Bull），1993］。

关于独立于认知询问的心理情境再现指令对儿童记忆的影响，以实验室为基础的研究结果既有正向相关的显示［鲍温和豪伊（Bowen & Howie），2002；迪泽、鲍威尔和汤姆森（Dietze，Powell，& Thomson），2010，2012］，也有不存在作用的显示［迪泽、沙曼、鲍威尔和汤姆森（Dietze，Sharman，Powell，& Thomson），2013；金特尔、鲍威尔和沙曼（Gentle，Powell，& Sharman），2014］。同样，心理情境再现对儿童暗示感受性的影响也呈现出多样化的特征。一些研究表明，使用认知询问技术有助于儿童在询问结束阶段抵御暗示性提问［德罗汉－詹宁斯、罗伯茨和鲍威尔（Drohan-Jennings，Roberts，& Powell），2010；金特尔（Gentle）等，2014；梅蒙、霍利、沃克、布尔和科恩肯（Memon，Holley，Wark，Bull，& Köhnken），1996；米尔恩和布尔（Milne & Bull），2003］以及询问前提供的错误信息［霍利迪（Holliday），2003，试验 2；霍利迪和阿尔本（Holliday & Albon），2004］，然而其他研究也表明，即使使用认知询问技术，儿童仍然容易受到事件后错误信息的影响［霍利迪（Holliday），2003，试验 1；米尔恩、布尔、科恩肯和梅蒙（Milne，Bull，Köhnken，& Memon），1995；海耶斯和德拉莫（Hayes & Delamothe），1997］。

两项实地研究和一项实验室研究对于将心理情境再现指令加入 NICHD 调查询问方案中的影响进行了考察。赫什科维茨（Hershkowitz）、奥巴赫（Orbach）、兰姆（Lamb）、斯滕伯格（Sternberg）和霍罗威茨（Horowitz）（2001）对于使用标准的 NICHD 调查询问方案询问的儿童与使用该询问方案询问并给予心理情境再现提示的儿童进行了比较。增加心理情境再现指令后，4～13 岁儿童没有提供更多的有关疑似事件的信息，其第一次叙述性回复也并未因此而更加丰富。然而，在心理情境再现条件下儿童在回应邀请性提示时提供了更多的与疑似事件相关的信息（55%），高于使用标准的 NICHD 调查询问方案询问的儿童（46%），而在使用更具聚焦性的提示（指示或提供选项）时，儿童提供的信息较少。

赫什科维茨（Hershkowitz）、奥巴赫（Orbach）、兰姆（Lamb）、斯滕伯格（Sternberg）和霍罗威茨（Horowitz）（2002）直接比较了增加物理情境再现指令、增加心理情境再现指令和仅使用标准的 NICHD 调查询问方案的询问。即疑似事件地点一经揭示，儿童（4～13 岁）就被带到该地点（研究中仅采用了家庭以外的疑似虐待案件，因此家庭以外的地点被包含其中）进行询问；或者在实质性陈述开始之前的练习阶段，以及儿童一旦对为何他们会出现在疑似事件地点的初始提问做出披露回应时，在办公室环境下进行附加心理情境再现提示的询问；或者是进行标准的 NICHD 调查询问方案询问。 199
就报告的细节信息的数量而言，各组儿童的表现没有差异。在进行第一次叙述性描述时，以及在对主要邀请（请告诉我从头到尾发生的一切）回复时，被给予心理情境再现指令的儿童比在疑似事件现场接受询问的儿童报告了更多信息。与其他两组儿童相比，心理情境再现条件下接受询问的儿童在回复邀请时做出了较多陈述，而在回复指示性提示时所做的陈述较少。

布朗（Brown）等（2017）在一项实验室研究中，对 5～6 岁的儿童就 1～2 周前发生的一起策划事件进行了询问，目的是对 NICHD 调查询问方案中增加心理情境再现指令所产生的影响进行检测。与实地研究一样，布朗（Brown）等发现儿童报告的信息总量没有差异，但形成对比的是，使用邀请引出的信息比例没有差异。在这两种条件下，儿童叙述的准确性也不存在差异。

总之，关于物理情境再现效用的证据是模糊的。虐待事件经常发生在受害者熟悉的情境或环境中，这些情境或环境通常与其他事件或经历相关联。因此，在物理情境之外，可能很难建立起相关的心理情境，这降低了地点、场所作为提取线索的有效性。有一些证据表明心理情境再现可以帮助儿童，尤其是那些谈及疑似虐待的儿童，使他们对那些有可能引出准确信息的提示做出更详细的回答。心理情境再现的优势是由儿童主导，不要求询问人员提供任何信息，从而避免了对儿童陈述可能产生的不良影响。然而，由于实地研究和实验室研究产生了不同结果，还有待进一步研究来确定心理情境再现能在何时以及以何种方式对儿童的回忆提供最大的帮助。

结　论

总而言之，本章所回顾的各项研究由于研究地点不同（实地或实验室）而得出了不同的结果。许多实地研究表明，使用辅助方法（例如，玩偶、物理环境再现）与 NICHD 调查询问方案相结合时，没有改善询问效果；而实验室模拟研究往往发现，采用这些辅助方法会增加风险（例如，错误增加、有风险的提问或者准确性降低）。一些实地研究表明，使用视觉辅助或辅助
200 技术（例如，绘画、身体图示）可以增加儿童报告细节信息的数量，或者促使儿童对可能引出准确信息的各种提示做出回复（例如，心理环境再现）。相反，对这些方法的实验室评估得出了不同的结论，即不产生影响（例如，绘画、心理环境再现）；或者会对描述准确性产生不良影响（例如，身体图示）。

从这些对比和矛盾的研究结果中可以看出，被调查事件的类型与询问环境的其他因素（例如，延迟、犯罪者身份等）之间存在相互作用。总之，经验证据表明，目前还没有强有力的工具可以替代良好的口头询问，然而进一步的研究仍有很大空间，探究如何、何时正确地使用我们所讨论的这些辅助工具，从而在不影响儿童陈词可靠性的同时，实现其更大价值。

第11章

培训并保持良好的询问技能 201

询问儿童是一项具有挑战性的任务，要求从业者对证人的发育能力和脆弱性保持敏感，知晓如何促使儿童有效地从记忆中提取和报告信息，并且要抛弃成年人和儿童沟通时的惯常动态和期望值［兰姆和布朗（Lamb & Brown），2006］。正如我们在第4章中所讨论的，世界各地的询问评估都表明，尽管对询问的最佳做法越来越了解和认同，但询问人员通常未能坚持遵守循证建议［塞德伯格（Cederborg）等，2000；克雷格（Craig）等，1999；约翰逊（Johnson）等，2015；科尔克曼（Korkman）等，2008；兰姆、赫什科维茨、斯滕伯格、艾斯普林（Lamb，Hershkowitz，Sternberg，Esplin）等，1996；卢瑟（Luther）等，2015；鲍威尔和休斯－斯科尔斯（Powell & Hughes-Scholes），2009；斯滕伯格、兰姆、赫什科维茨、艾斯普林（Sternberg，Lamb，Hershkowitz，Esplin）等，1996；斯滕伯格（Sternberg）等，2001；沃夫曼（Wolfman）等，2016a；李（Yi）等，2015］。早期关于培训影响的研究表明，询问人员对他们应该做什么的了解有所增加，但在随后询问儿童时，他们实际的行为却没有改善［奥尔德里奇和卡梅隆（Aldridge & Cameron），1999；沃伦（Warren）等，1999］。即使为询问人员增加了资源，包括改进培训和设置专门的儿童司法询问部门，偏离推荐做法的情况也可能持续存在［约翰逊、马格努森、托雷森、隆努姆、伯勒尔和梅林德（Johnson，Magnussen，Thoresen，Lonnum，Burrell，& Melinder），2015］。
基于知识传播模式的培训项目（主要是关于儿童发育、记忆和询问的理论和 202
研究的课堂式演示）不太可能有效，除非辅之以广泛的实践机会和定期反馈［兰姆（Lamb），2016］。

NICHD 调查询问方案旨在帮助从业者应用从过去三十年的研究中得出的循证建议。如前所述，相关评估研究已证明，如果询问人员遵循 NICHD 调查询问方案进行询问，司法询问的质量确实得到了提高［贝尼亚（Benia）等，2015；西尔和兰姆（Cyr & Lamb），2009；西尔（Cyr）等，2012；兰姆（Lamb）等，2009；娜卡（Naka），2011；奥巴赫（Orbach）等，2000；斯滕伯格（Sternberg）等，2001；李（Yi）等，2016］。

在培训过程中，口头和书面反馈的增量价值已在个人［亚当斯、菲尔茨和韦尔哈夫（Adams，Fields，& Verhave），1999；克拉克（Clark），1971；弗赖尔和克劳斯迈尔（Frayer & Klausmeier），1971；斯威特（Sweet），1966］和小组［格利（Gully），1998］情境中得到实验证明。然而，在已发布的询问模式中，只有 NICHD 训练模型强调了在培训期之后（在培训后进行的调查询问）提供反馈的重要性。由于他们努力的成功与那些努力但仅限于密集且时间有限的培训研讨会的人的失败形成了对比，奥巴赫（Orbach）等（2000）和斯滕伯格（Sternberg）、兰姆（Lamb）、奥巴赫（Orbach）等（2001）认为，NICHD 调查询问方案内容详尽与持续的监督和反馈绝对都是至关重要的。其他研究人员也赞同这一假设，并证明了在许多国家和许多询问模式中在培训期之后继续对询问实践提供反馈的重要性［班森和鲍威尔（Benson & Powell），2015；克劳斯、蓬佩达、安特福尔克、扎帕拉和桑蒂拉（Krause，Pompeda，Antfolk，Zappala，& Santtila），2017；兰姆（Lamb），2016；蓬佩达、扎帕拉和桑蒂拉（Pompeda，Zappala，& Santilla），2015；鲍威尔、瓜达尼奥和班森（Powell，Guadagno，& Benson），2016；沃夫曼（Wolfman）等，2016］。

对可能预测询问质量的因素进行的研究并没有在询问人员或工作场所的特征与遵守推荐的提问策略之间建立任何强有力的联系。即使在培训之后，询问实践中的变异也是很常见的［拉方丹和西尔（Lafontaine & Cyr），2016］。重要的是，询问经验的多少通常并不能预测询问的质量。除了有一项研究发现具有多年询问经验与遵守 NICHD 调查询问方案之间存在负相关之外［拉方丹和西尔（Lafontaine & Cyr），2017］，在实地研究中，询问经验与表现之间没有明显的关联［拉方丹和西尔（Lafontaine & Cyr，2016；

拉·鲁伊（La Rooy）等，2011；鲍威尔和休斯－斯科尔斯（Powell & Hughes-Scholes），2009；沃夫曼（Wolfman）等，2016]。

实验室模拟研究表明，具有更多儿童询问经验的询问人员在模拟询问中 203
不太可能提出开放性提示［鲍威尔、休斯－斯科尔斯、史密斯和沙曼（Powell，Hughes-Scholes，Smith，& Sharman），2014；史密斯、鲍威尔和卢姆（Smith，Powell，& Lum），2009］。体系性问题，例如，所提供的培训质量、结构化询问模式的有效性，以及提供持续性的专业发展、注重对实践的监督、定期提供有关询问客观情况的反馈机会，似乎比增加询问人员工作时长更能促进良好的询问实践。

有两项研究探讨了询问人员在接受 NICHD 调查询问方案培训后，通过其个性特征是否能预测其询问表现。拉方丹（Lafontaine）和西尔（Cyr）（2016）研究了批判性思维与解决问题的能力、情商和个性之间的关联，以及 24 名询问人员在接受为期 1 周使用 NICHD 调查询问方案的培训课程结束后进行模拟询问时的表现。询问人员的性别、批判性思维与解决问题的能力以及情商的一个方面（压力管理）预测了询问表现——有意思的是，拥有低（而非高）压力管理能力的询问人员被预测出更好的询问表现！通过人格的三个方面（开放型、内向型和神经质型）也可以预测表现。尽管询问经验与表现呈负相关，但在回归分析中无法预测表现。第二项规模小得多的研究（$n=13$ 名询问人员，114 次询问）考察了相同特质与询问疑似性虐待儿童（3～17 岁）的警官特征之间的关联［拉方丹和西尔（Lafontaine & Cyr），2017］。在这项研究中，通过情商高低明确地预测出对 NICHD 调查询问方案的遵守，通过责任心大小明确地预测了开放性问题的相对重要性，通过批判性思维与问题解决能力大小明确地预测了儿童回复内容的丰富性（每个回复包含的细节数量）。即使考虑到儿童的年龄、询问人员完成培训后的时间，以及培训后收到的反馈的数量，这些变量也会产生显著的差异。

上述研究虽然提供了一些关于询问人员特质的有趣数据，这些数据可能有助于更好的询问和对培训的响应，但这两项研究都涉及小样本，因此在复制研究结果之前，必须谨慎地看待。尽管如此，研究结果表明，在如何确保最有效地对儿童进行司法询问方面，我们仍有很多东西需要学习。

关于使用 NICHD 调查询问方案培训的一个关键组成部分是强调对询问

表现的持续监督和反馈［兰姆（Lamb），2016；拉·鲁伊（La Rooy）等，2015］。一项早期研究通过比较四种不同培训模式的有效性说明了进行持续
204 的质量控制和反馈的重要性，设计这些培训模式旨在帮助询问人员实施所建议的询问技巧［兰姆、斯滕伯格、奥巴赫、赫什科维茨（Lamb，Sternberg，Orbach，Hershkowitz）等，2002］。在所有的培训条件中，询问人员首先得到一个理论框架，帮助他们理解所推荐的做法如何与儿童记忆、语言、沟通和交际发展的基础研究相一致。第一种培训模式中只涉及这种概念性培训。在第二种培训模式中，询问人员不仅被介绍科学原理，还被要求在调查询问的实质性阶段之前的融洽关系建立阶段使用结构化模块，并且练习使用这些模块。在第三种和第四种培训模式中，会向询问人员介绍科学原理，但也会向他们提供完整结构的 NICHD 调查询问方案副本，并在严格监督下练习使用。

第三种和第四种培训在提供监督的数量和类型方面有所不同。第三种培训模式中，询问人员参加强化培训课程，随后每月举行为期 1 天的小组会议，分析他们的实际现场询问（利用他们最近询问的录像和文字记录），讨论其中可取和不可取的做法。此外，第三种培训模式中的询问人员在随后的每次实地询问中都会收到详细的书面和口头反馈。第四种培训模式下的询问人员与第三种培训模式下的询问人员一起参加月度会议，但不会收到有关他们询问的任何个人监督和反馈。

这些培训形式的效果通过审查询问人员在现实的调查询问过程中使用开放性而非聚焦性问题的程度、使用开放性而非聚焦性提示或问题获得的信息量，以及询问人员延迟使用再认提示来介绍实质性信息的程度来进行评估。在所有情况下，接受过四种模式之一培训的询问人员的表现将会与其在培训前 6 个月内对年龄和环境类似的儿童进行询问时的表现相比较。

正如预期的那样，我们发现，只有当既定的原则以明确和具体的方式付诸实施，并且培训是分散、渐进，而不是以一次单独的初始会议的形式（无论多么强化）提供时，从年幼的疑似性虐待受害者那里获得的信息质量才能长期得到有意义的改善。我们研究的基线和培训条件之间的显著差异只有在
205 询问人员接受结构化的 NICHD 调查询问方案指导并继续参加定期强化培训

研讨会时才会清晰地显现。

最明显的改善效果是，询问人员尝试使用开放性提示获取信息的程度有所提高，实际从儿童的自由回忆中获取的信息量也有所增加，以及询问人员能够延迟他们首次提出再认问题（提供选项或暗示性问题）的自控能力也有所提高，根据定义，该类问题中包含了询问人员介绍而非儿童说出的与指控相关的信息。相比之下，接受短期强化培训但未接受持续培训的询问人员的通常表现只是略好于培训前。但是，第三种和第四种培训模式下的询问没有差异。

此外，在一项相关研究中，兰姆（Lamb）、斯滕伯格（Sternberg）、奥巴赫（Orbach）、艾斯普林（Esplin）和米切尔（Mitchell）（2002）揭示了终止对询问人员表现的监督和反馈的负面影响。由受过培训的调查询问人员在接受密切和持续的监督以及密集的个人反馈后实施的司法询问，与同一批询问人员在完成训练并且监督和反馈终止后的 6 个月内实施的询问进行了比较。正如预测的那样，后者实施的询问质量不如前者：询问人员对开放性提示的使用呈下降趋势，对聚焦性提示的依赖相应地呈现出增长趋势，并且在询问中更早地引入了再认提示。询问人员提问方式的预期变化伴随着使用自由回忆提示获得的信息量的减少。

其他研究人员也证明了反馈和监督对于保持高质量询问实践操作的重要性。塞德伯格（Cederborg）及其同事［塞德伯格、阿尔姆、达 · 席尔瓦、尼塞斯和兰姆（Cederborg，Alm，Da Silva，Nises，& Lamb），2013；林霍尔姆、赛德伯格和维纳达尔（Lindholm，Cederborg，& Winerdal），2016］在瑞典警察学院为调查侵害儿童犯罪的警官开发了培训课程。该课程强调了核心概念：基本规则的解释，建立融洽关系，引出对经历事件的开放性叙述以及开放性提示的广泛使用。与这里讨论的许多其他培训项目一样，这些课程包括系统和广泛地对实践进行监控的反馈，以及对实际的司法询问进行为期至少 5 个月的评估。学员们在通过课程前必须证明他们的询问符合可接受的标准。

在他们的第一项研究中，赛德伯格（Cederborg）等（2013）比较了学员 206
在培训课程开始前和培训课程结束后进行的询问。在培训后的询问中，警官们提出的开放性问题是培训开始时的 3 倍，使用的再认问题也比开始时少了

2/3，这表明课程是有效的。当然，问题的重点是这些改善在课程结束后能否得到保持。因此，在随后的一项研究中，林霍尔姆（Lindholm）、塞得伯格（Cederborg）和维纳达尔（Winerdal）（2016）对课程结束后立即实施的询问以及至少 2 个月以后进行的询问进行了比较。与之前的研究一样，开放性问题的使用增加，而再认问题的使用减少。重要的是，这些差异在课程结束至少 2 个月后进行的询问中仍然很明显，这表明一些技能得到保持。这些瑞典研究人员目前正在进行以长期跟踪询问为重点的研究。

普赖斯（Price）和罗伯茨（Roberts）（2011）展示了一个为期 8 个月、基于 NICHD 调查询问方案的培训项目，内容包括为期 2 天的以课堂为基础的研讨会、每周评估和对询问人员的反馈，以及在初始课堂培训研讨会 2 个月之后进行的巩固培训（refresher training）课程，该项目的实施提高了关于各种儿童虐待指控的询问质量。里施克（Rischke）、罗伯茨（Roberts）和普赖斯（Price）（2011）研究了相同的数据，以确定询问实践如何随着时间的推移而改变，以及询问人员何时开始展示遵守推荐做法的改进。研究表明，与培训前基准询问相关的实践改进只会在巩固培训后过几个月（而不是培训后立刻）才会明显，这表明询问人员可能需要一段时间来整合培训中提供的新信息和新技能，然后持续地将这些信息和技能融入他们的实践中。里施克（Rischke）等（2011）还强调了间隔学习和巩固培训对于支持巩固和整合所学的重要性。沃夫曼（Wolfman）等（2016）的研究同样表明，更频繁地参与以实践为中心的监督活动的询问人员在询问儿童有关性虐待的问题时相应地使用了更多的开放性提问。

总的来说，到目前为止的研究强调了为询问人员的询问工作表现提供评估和反馈机会是至关重要的。如果没有此类反馈，询问人员即使在遵循 NICHD 调查询问方案等以证据为基础的指导时，也难以坚持最佳做法。

最近的研究表明，培训不需要以课堂形式进行，可以使用计算机辅助技术在更长的时间范围内进行，因为计算机辅助技术具有多种优势，在许多经
207 济部门（教育、医疗、制造等）中变得越来越重要。在第一项研究中，鲍威尔（Powell）、瓜达尼奥（Guadagno）和班森（Benson）（2016）在几个月的时间里，为接受培训的询问人员提供了远程访问计算机辅助培训活动机会，

避免了询问人员（尤其是那些在大而偏远的地方工作的人）亲自与培训师见面的需要。需要学习的资料分为 12 个模块，每个模块大约需要 3 小时能掌握，定期测验和练习有助于习得和熟练掌握培训内容。这些培训模块审查并提供了相关的示例，即与“最佳做法”指南的性质、问题类型、记忆和语言发展、开放性问题的优先顺序、在询问中使用恰当的问题、非暗示性地将重点转移到关注的主题、具体的询问方案、自我评估工具、对重复事件的探究、证据要求、叙述性描述的价值、跨文化问题，以及询问沟通有困难的儿童的特殊情况等相关。对模拟受害者进行询问的评估表明，培训后询问的质量有了显著提高，并且在 6 个月的时间内保持了这种提高。

在第二项研究中，班森（Benson）和鲍威尔（Powell）（2015）记录了使用计算机辅助技术进行远程培训的价值。共有 15 个涵盖上述主题的实质性模块，并建议培训对象每周最多完成一个模块。由此，远程递送模式允许班森和鲍威尔提供更详细的概念性培训，并调整自己的节奏以确保信息以可管理的单元提供。中间测试确保受训人员在进入更高级的模块之前获得并能实施基本的询问技能。所有受训人员都参加了多次模拟询问，通过电话或网络电话询问那些受过训练的扮演受虐待儿童角色的演员。在每一次询问实训之后，都会立即提供详细、个性化的专家反馈。显然，这一组织良好、精心实施的培训项目促进了技能的掌握，同时也提供了相当多的证据表明，当获取知识、实践技能和巩固学习的机会分布在不同的时间时，培训学习的效果才会更好［索恩和西蒙（Son & Simon），2012］。

在两项研究的第一项研究中，班森（Benson）和鲍威尔（Powell）（2015）表明，学习 15 个模块化培训课程的受训人员在完成培训课程后，能够更好地询问扮演儿童的演员。在接受培训后的模拟询问中，提出的问题更开放且更简短，产生了更多具有证据价值的重要信息，并且更加符合模块中 208
所传达的询问指导准则。虽然是在培训结束后不久就进行了评估，但是至少在某些方面，在培训结束后的 12 个月内，仍有明显的持续改进，尽管这只是在模拟询问中，而不是在与疑似虐待受害者的司法询问中。

在第二项研究中，班森（Benson）和鲍威尔（Powell）（2015）评估了受训人员在完成上述计算机辅助培训课程前后进行的司法询问的质量。与第一项研究一样，询问质量有了明显的改进，并且有证据表明，培训结束后这些改进也得到了保持，而且询问人员开始定期进行作为其专业工作一部分的询问。在另外两项研究中，一组研究人员研究了计算机生成的虚拟形象作为询问训练的一部分的效用。虚拟形象对询问人员问题的回答是通过研究儿童对不同类型的询问人员提示的反应模式而开发的算法来确定的。这些虚拟形象拥有预先定义的“记忆”，这些记忆包括或不包括性虐待。因此，使用虚拟形象可以让询问人员练习他们的技能，并获得关于他们询问的提问风格及所得结果的反馈。蓬佩达（Pompedda）、扎帕拉（Zappala）和桑蒂拉（Santtila）（2015）的研究和克劳斯（Krause）、蓬佩达（Pompedda）、安特福尔克（Antfolk）、扎帕拉（Zappala）和桑蒂拉（Santtila）（2017）的研究表明，未经培训的询问人员询问虚拟形象并收到关于他们表现的反馈，与他们未获得此类反馈相比，其之后使用了更多的推荐提问和更少的不受欢迎的问题，同时获得了更多的相关细节和更少的不准确细节。仅仅是虚拟对象的回应模式（也就是询问人员没有收到反馈时）不足以强化所推荐的提问做法。因此，研究表明，技术可以对培训作出有益的贡献，并为询问人员提供有益的实践机会，只要它伴随着对培训期间表现的系统反馈。

尽管有明确的证据表明维持高质量的询问技能需要持续监督、注重实践的反馈和巩固培训，但从业者通常出于财务或地理原因［沃夫曼（Wolfman）等，2016c］，往往难以找到接受过适当培训和经验丰富的督导人员［拉·鲁伊、兰姆和梅蒙（La Rooy，Lamb，& Memon），2011；鲍威尔和巴奈特（Powell & Barnett），2015；沃夫曼（Wolfman）等，2016］。此外，询问人员经常报告说，他们职业发展和得到督导活动的机会和时间有限［班森和鲍威尔（Benson & Powell），2015］。补充传统面对面督导的替代方法可以
209 解决这些问题［克劳斯（Krause）等，2017；兰姆（Lamb）等，2002；蓬佩达（Pompedda）等，2015；鲍威尔、赖特和克拉克（Powell，Wright，& Clark），2010］。

询问人员对所推荐的提问策略的遵从性较差，也可能受到他们似乎难以准确监控自己实际做法的影响［阿格纽、鲍威尔和斯诺（Agnew，Powell，& Snow），2006；赖特和鲍威尔（Wright & Powell），2006］。研究表明，询问

人员通常很难识别他们使用了适当还是不适当的询问策略，主观认知和客观评价之间也往往存在差异［阿格纽（Agnew）等，2006；赖特、鲍威尔和里奇（Wright，Powell，& Ridge），2007；李、兰姆和乔（Yi，Lamb，& Jo），2015］。例如，阿格纽（Agnew）等（2006）要求警官对他们在询问智障儿童时对自己所提问题的恰当性进行评分。他们的评分范围为从“尚可”到“良好”。然而，他们的自我评价并不能可靠地区分最好和最差的询问人员对开放性提示的使用情况。事实上，有一位询问人员问了一些最封闭的问题，但他对自己表现的评价也为“良好”。

学会有效地评估自己的询问实践（以及通过推广，能够在同行评估中为他人提供指导），可以通过高质量的岗位培训（post-training）来实现。伊（Yii）、鲍威尔（Powell）和瓜达尼奥（Guadagno）（2014）发现，询问人员准确识别不同类型问题的能力与模拟询问中开放性问题的使用增加有关。因此，培养准确识别不同类型问题的技能和专业知识可能会影响这些问题在询问中的使用。在旨在提高开放性提问遵从性的培训中，接受培训的询问人员也高度重视自己的询问记录和编码过程［鲍威尔和赖特（Powell & Wright），2008］。

然而，为了使引导式自我审查评估有效，需要结构化［赖特、瓜达尼奥和鲍威尔（Wright，Guadagno，& Powell），2009］以及基于对询问实践的客观评估，而不是整体性和主观判断［例如，“良好”的询问实践；阿格纽、鲍威尔和斯诺（Agnew，Powell，& Snow），2006］。例如，赖特（Wright）等（2009）要求司法询问人员在没有关于计划、结构或时间安排的指示的情况下进行自发实践。询问人员未能始终如一地坚持这项任务，其询问表现也没有得到明显改进。相比之下，沃夫曼（Wolfman）（2016）培训了一小组询问人员，让他们在询问中使用引导式自我审查评估工具（对他们提出的问题进行编码，跟踪按次序排列的提示份额，并注意列入当地询问方案所推荐的内容）。将自我评估期间的询问与询问人员学会如何使用自我评估工具之前进行的询问进行比较。

尽管在基线期间，询问人员对其询问质量的主观评价与推荐做法的客观 210
衡量标准无关，但是在自我审查评估期间，询问人员的主观评价预测了他们对开放性问题的使用。在自我审查评估期间，询问人员成比例地使用了更多的邀请和更少的指示性提示，并且与基线期间相比，更有可能使用邀请来跟进提供选项提示。

同样的原理在赫什科维茨（Hershkowitz）、埃亨（Ahern）等（2017）制订的高度结构化的培训计划中也很明显，我们在第 9 章中描述了这一点。在为期几个月的培训计划中，每一次培训课程都聚焦于如何实施修订版 NICHD 调查询问方案中所强调的每一项支持性干预措施。因此，第 1 次培训课程讨论了为什么推荐的支持性干预措施是适当的，模式化了支持性陈述，以及教授培训学员如何对其询问进行编码；第 2 次培训课程侧重于在实质性阶段之前建立、加强和维持融洽关系；第 3 次培训课程是关于在过渡阶段提供支持的原理和技巧；第 4 次是关于在调查询问的实质性阶段提供支持；第 5 次和第 6 次培训课程专门讨论当有强烈怀疑发生了虐待行为但儿童不愿披露可能的虐待行为时（第 5 次课程），或者是当儿童需要再次询问以获取关于其疑似受害情况的进一步细节时（第 6 次课程），规划和进行重复询问的原理和方法；第 7 次培训课程侧重于识别和分析儿童不情愿披露的非言语指标；第 8 次课程结束主要培训内容，就如何对已完成的调查进行综合分析提供指导。第 9 章中所展示的数据清楚地说明了几个月以来的缓慢变化过程，在此期间，经验丰富的询问人员被教授如何识别儿童不情愿的迹象，并以适当敏感但不具有暗示性的方式做出回应。

斯托尔岑博格（Stolzenberg）和里昂（Lyon）（2015）的研究还表明，在司法询问课程中，自我审查评估对学生的询问有积极影响。因此，自我审查评估可能是对独立的监督和反馈的一种有希望的补充，其既容易获得，又具有成本效益，但这些研究需要重复进行。询问人员报告说，培训和专业发展活动往往过于耗时，管理者可能没有提供足够的时间让询问人员完成这些活动［班森和鲍威尔（Benson & Powell），2015；沃夫曼（Wolfman）等，2016］。因此，确定询问人员参与各种培训任务的次数和频率对于未来的研究非常重要。

结论 211

本章回顾的研究表明，询问质量是可以提高的，但只有在培训走出课堂、间隔一段时间进行巩固培训，以及在确保及时反馈和指导的环境中提供广泛的机会来巩固学习和实践技能时，询问质量才能得到提高。此外，询问实践中的变化只有在结构良好和培训时间较长的情况下才最有可能实现。

因此，这项研究尽管令人警醒，但是对那些试图将基础研究成果转化为现实世界实践的人来说具有重要意义。显然，利用我们积累的关于记忆和沟通发展的知识来提高从疑似的虐待儿童受害者那里获得的信息的质量是可能的，但是，只有付出大量努力，培训询问人员采用推荐的做法，而且确保维持学到的这些做法，才能获得这种收益。

第12章

213 使用 NICHD 调查询问方案的相关案件结果

在前面几章中，我们讨论了 NICHD 调查询问方案是如何改善实践中的询问并提高儿童陈述的信息量的。本章所关注的是，在更为广泛的条件下使用 NICHD 调查询问方案对相关案件结果所产生的影响。尤其是，我们将着重讨论有关对使用 NICHD 调查询问方案询问儿童所获得的信息是否更加普遍地提高了儿童陈述的可信度及其证据价值的评估，以及本书中 NICHD 调查询问方案对调查线索可得性的影响，对提出指控和做出披露比率的影响，以及对刑事司法系统内案件结果的影响。

可信度评估

儿童证词被他人接受的程度如何，尤其是听众（例如，陪审团）是否认为儿童的陈述是可信和准确的，至关重要。然而，我们对影响儿童证词真实性评估的因素知之甚少，尽管这些因素，例如，儿童年龄、家庭结构和被指
214 控虐待行为的特征（例如，犯罪者采取强迫或诱骗手段）都会影响评估人员对儿童证词可信度做出的判断［梅尔克曼、赫什科维茨和祖儿（Melkman, Hershkowitz, & Zur），2017；罗伯茨和兰姆（Roberts & Lamb），2010］。然而，当儿童对性虐待事件做出披露时，相当大比例的案件可能会因被视为可信度不足而未予以追究［例如，梅尔克曼（Melkman）等 2017 年研究中的占比为 42%］。遗憾的是，这样的判断本身可能就是不准确的。对成年人是否能准确辨别儿童陈述真实性的研究表明，总体上成年人对此的辨别能力仅

仅略高于随机水平［54%；贡戈拉、斯克里奇和夸斯（Gongola，Scurich，& Quas），2017］。成年人辨别真实陈述的准确率（64%）比辨别不实陈述的准确率（48%）要好一些，但即便如此，也有许多陈述被错误地进行了归类［贡戈拉（Gongola）等，2017；赫什科维茨、费希尔、兰姆和霍罗威茨（Hershkowitz，Fisher，Lamb，& Horowitz），2007］。

为了提高可信度评估的准确性和一致性，研究人员开发了一些工具，例如，陈述有效性分析（Statement Validity Analysis，SVA）技术以及该技术中的基于标准的内容分析（Criterion Based Content Analysis，CBCA）［阿克赫斯特、科恩肯和霍弗（Akehurst，Koehnken，& Hoefer），2001；斯特勒、韦勒豪斯和沃尔夫（Steller，Wellerhaus，& Wolf），1988；尤里（Yuille），1988］，来衡量陈述或证词的真实性。CBCA起源于：观察结果发现，对真实发生事件的描述在内容和质量上均不同于对未实际经历事件的描述［昂德奇（Undeutsch），1982，1989］。昂德奇假设，与虚构或想象的事件相比，对经历事件的描述更为详细、丰富，与现实世界其他事件的联系也更为清晰。昂德奇尤为关注叙述性陈述的质量特征，在他看来，这种可信度反映在以下这类因素中：对目标事件的描述在多大程度上置于时间和空间背景中，尽管带有离题的特点但逻辑上连贯，同时还包含那些可能对具体事件进行定义的独特细节，而不仅是对一般情况的通用描述。昂德奇并没有断言可信的陈述一定比不可信的陈述包含更多的细节信息，他甚至认为信心不足（而不是没有）是评估可信度的指标之一。

斯特勒（Steller）和科恩肯（Koehnken）（1989）以及拉斯金（Raskin）和艾斯普林（Esplin）（1991a）随后制定出19条标准，用于量化儿童陈述或描述的特征，进而系统地评估儿童陈述的可信度。他们建议，训练有素的评估者应当逐字审查儿童陈述或描述的文字记录，判断每条标准或特征是否存在，然后给出一个评分来表明符合多少条标准。

根据CBCA最初标准的详细说明，许多研究审查了CBCA在多大程度上有以下作用：①可靠使用（受过良好训练的评价者是否认同评价对象达到某一标准）；②准确区分叙述的真假。最近的一项元分析提供的证据表明，在 215
确定大多数标准是否适用时，评价者之间具有良好的趋同性（某些在性质上较为主观的标准，其可靠性得分较低）［豪赫、斯波雷尔、马西普和布兰登 – 吉特林（Hauch，Sporer，Masip，& Blandon – Gitlin），2017］，这与赫什科维茨（Horowitz）等 1997 年就虐待儿童事件进行实地研究的结果一致。豪赫（Hauch）等还发现，实地研究中的可靠性通常高于实验室研究。重要的是，他们警告不要使用总结性分数，因为其中包括的内容可能是不可靠的。在考虑这些警告的前提下，CBCA 系统可能为儿童证词可信度的定量评估提供了一种可靠的手段。

然而，要确定 CBCA 是否能够有效地识别真假叙述，就不可避免地面临一个重大的难题：研究人员如何才能确定指控事件是否真实发生过？由于司法处置本身受到儿童证词的影响，因此它并不构成对儿童指控的独立验证。由此，出于研究目的，有必要只考虑独立的验证信息［威尔斯和洛夫特斯（Wells & Loftus），1991］。一些研究人员建议，在不同程度的确定性下对指控事件发生的可能性进行判定时，应采用多层面的程序来对医学检查、嫌疑人陈述、测谎、证人证词和其他情况或实物证据的各种结果进行综合［霍罗威茨、兰姆、艾斯普林、博伊丘克、赖特尔 – 拉弗里和克里斯平（Horowitz，Lamb，Esplin，Boychuk，Reiter-Lavery，& Krispin），1995］。拉斯金（Raskin）和艾斯普林（Esplin）（1991c）研究的是“已确认”案件，依据是测谎仪和医疗检查的结果、嫌疑人的供述和目击者的证词；但是，要在不确定的案件中获取独立证据则困难得多。缺乏辅助性或补强证据的情况与存在矛盾性证据的情况不能混为一谈，然而，缺乏补强证据正是大多情况下对可信度进行实地研究难以实施的原因之一，而且，这些补强证据对于那些希望案件得以起诉的人而言，也是十分重要的因素。

兰姆（Lamb）、斯滕伯格（Sternberg）、艾斯普林（Esplin）、赫什科维茨（Hershkowitz）、奥巴赫（Orbach）和霍瓦夫（Hovav）（1997）在以色列进行的一项研究中采用了一种多层面的方法来评估虐待事件发生的可能性。在以色列现有的体系中，获得具有代表性的案例样本较为容易。由于选取的询问样本仅基于外部特征，而不是对询问本身的审查，因此选取的询问样本在质量和时间长短上有很大差异，这些询问也没有采用标准化的询问程序。
216 兰姆（Lamb）等从 1187 个案件的询问中选择了 98 个样本，这些样本都有独立的验证信息，疑似受害者年龄为 4～13 岁。由至少两名母语为希伯来语的人对这些样本进行评分，这些评估者接受过使用修订版 CBCA 代码的良好培训，并且完全不熟悉独立的验证材料。与此同时，其他研究人员利用所有除儿童陈述之外的其他调查信息，以 6 分量表来评估儿童所描述事件确实发生的可能性，分别为：很可能、相当可能、可疑、相当不可能、极不可能、无法判断。

仅有少数样本（13 个）被评为"相当不可能"或"极不可能"，但指控的可信度与 CBCA 总分之间存在显著关联，在独立的案件事实基础上被认为"很可能"或"相当可能"发生的事件的陈述得分最高。相比于对那些难以令人信服陈述的评估，在对似乎可信陈述的评估中，5 条评估标准明显出现更多。

尽管在这项研究中，可信度较高的叙述与可信度较低的叙述在 CBCA 得分上存在显著差异，但这些差异远远不如博伊丘克（Boychuk）（1991）以及拉斯金（Raskin）和艾斯普林（Esplin）（1991b，1991c）研究中报告的差异明显，并且错误的判断过于频繁，以至于不能恰当地应用于法庭。另一项在美国进行的有效性研究，采用与兰姆（Lamb）等类似的 CBCA 评估方法，得出了惊人的相似结果［克雷格（Craig）等，1999］。因此，虽然 CBCA 评估方法能够可靠地辨别证词的"真实"和"虚假"，但其精准度还不足以令其应用于司法体系之中。

鉴于拉斯金（Raskin）和艾斯普林（Esplin）（1991a）在对可信度做出可靠评估前要进行高质量询问的坚决主张，赫什科维茨（Hershkowitz）、兰姆（Lamb）、斯滕伯格（Sternberg）和艾斯普林（Esplin）（1997）则尝试验证，在经验上与引出更多信息相关的询问特征，与表面上表明可信度的 CBCA 标准的存在之间是否存在关联。正如前面提到的，开放性邀请比聚焦性话语更能引出较长（包含更多词语）和较丰富（包含更多细节信息）的回复。如果能够证明邀请性提示更有可能引出符合 CBCA 标准的回复，那么这种提示的优点和重要性就能得到进一步体现。因此，赫什科维茨（Hershkowitz）等不仅研究了这些标准是否更有可能出现在真实的叙述中，同时还研究了出现这些标准与询问过程特征之间的联系，特别是能够从儿童处引出更多信息

217 的询问人员话语类型。正如预期的那样，邀请性提示引出的回复中包含的细节信息、CBCA 标准出现的情况，明显多于包括辅助方法在内其他所有类型的话语，同时，CBCA 标准出现的数量也与儿童所说话语中包含的词语数量和提供的细节信息的数量显著相关。

在随后的一项研究中，赫什科维茨（Hershkowitz）（1999）将同样的 CBCA 方法应用于被认为（基于独立信息）构成高度可信或难以置信的性虐待描述的多个询问组。在这项研究中，她特别关注的是对那些似乎有可能编造陈词的儿童的询问动态。因为这样的叙述可能并不是从指控事件的记忆中得出的，因此如何确定各种调查话语包括暗示性提示，是否在质量和数量上导致儿童不同的回复，尤为引人关注。这项研究探讨的是对 24 名年龄为 4 ~ 13 岁（平均年龄刚满 8 岁）儿童所进行的询问。

这 24 个询问是从兰姆（Lamb）等（1997）所进行的 CBCA 研究中的 98 个询问中挑选出来的。出于这项新研究的目的，研究人员根据儿童年龄将 12 份描述不太可能发生事件的询问记录与另外 12 份描述可能发生事件的询问记录进行配对。在每种情况下，指控的可信或不可信性都是依据兰姆（Lamb）等（1997）对各种类型独立证据（医疗检查、证人和嫌疑人陈述及物证）做出的评估，并通过独立案件事实量表（Independent Case Fact Scales）来进行评级和整合。

产生可信和不可信陈述的询问有几个重要区别。尤其是，如果事件可能真实发生过，那么儿童对开放性提示做出的回复比对聚焦性提示做出的回复其描述更长、内容更丰富，正如之前的研究所呈现的情形一样［赫什科维茨（Hershkowitz）等，1997；兰姆（Lamb）等，1997a，1997b；斯滕伯格（Sternberg）等，1996a］。当询问对象分别从回忆和再认记忆中提取经历事件的细节信息时，这种回复模式是可以被预测的。然而，如果事件可能并未真实发生，那这种模式在询问中就并不明显。

研究发现了一种有趣但不显著的趋势，那就是暗示性提示会使儿童提供更为丰富但不可信的陈述。这可能反映了儿童在没有记忆可以解码的情况下，会倾向于对询问人员的暗示做出详细阐述，这也与实验室模拟研究中，当儿童记忆较弱时更易受暗示性提示影响的研究结果是一致的［塞西和布鲁克（Ceci & Bruck），1997］。

这些研究结果揭示了暗示性调查提示所固有的潜在危险，也指出了以开放性提示和自由回忆叙述来区分可信和不可信指控的潜在优势。如果缺少这种叙述，则难以评估儿童陈述的可信度。因此，如果可信度是通过有效性来评估的，那么通过触发回忆来获取证词的高质量询问则是必不可少的［拉斯金和艾斯普林（Raskin & Esplin），1991b；拉斯金和尤里（Raskin & Yuille），1989］。赫什科维茨（Hershkowitz）、费希尔（Fisher）、兰姆（Lamb）和霍罗威茨（Horowitz）（2007）在以色列进行的此项研究结果正是对这一结论的强调。 218

NICHD 调查询问方案对可信度评估的影响

为了更直接地评估询问质量对儿童陈述有效性和可靠性的影响，赫什科维茨（Hershkowitz）等（2007）以儿童提出性虐待指控的询问为研究对象，考察了使用 NICHD 调查询问方案和未使用 NICHD 调查询问方案的询问，对这些询问中儿童提供的可信指控和不可信指控都进行了研究。由此，这项研究率先以系统化方式考察 NICHD 调查询问方案的应用是否对青年调查人员判断儿童可信度的能力产生影响，这也是以色列法律对其所规定的责任之一。

在赫什科维茨（Hershkowitz）等所研究的询问中，有一半的指控在明确、独立的证据支持下被认为是可信的，其余的则被认为是不可信的。三位独立评估人员通过“实际情况”（ground truth）信息，例如，嫌疑人供述、证人证词、物证信息（例如，照片）和医疗检查结果［赫什科维茨、兰姆、艾斯普林、博伊丘克、克里斯平和赖特尔 - 拉弗里（Horowitz，Lamb，Esplin，Boychuk，Krispin，& Reiter-Lavery），1997；兰姆（Lamb）等，1997］来做出可信性评估。

24 个询问样本被挑选出来用于分析研究，然后由 42 位经验丰富的以色列青年调查人员来进行评估。有一半的可信指控（可信陈述）和一半的不可信指控（不可信陈述）是在使用 NICHD 调查询问方案所进行的询问中获得的。研究人员将这些案件分别与那些在法定要求上尚未规定必须使用 NICHD

调查询问方案前由相同询问人员所调查的案件进行了匹配。[①] 在查找询问笔录之前，研究人员根据儿童年龄、指控类型和确凿证据力度对这些案件进行了匹配。

研究要求每个参与的青年调查人员都对四份陈述记录进行评级，每一份陈述记录都是从每种类型的样本中选取的。所以，每一份询问记录的可信度都由 7 名儿童调查员对其进行独立评估。参与者并不掌握用于评估“实际情况”的验证信息，因此只能基于询问来评估陈述的可信度。参与者判断指控
219 事件实际发生可能性的衡量标准，是四个级别：很可能、相当可能、相当不可能或极不可能、无法判断（no judgement possibile，NJP）。参与者同时还以 5 分量表（从“非常不自信”到“非常自信”）来显示他们对自己做出判断的自信程度。

无论是看似可信还是看似不可信的案件，所有的评估者都没有选择“极不可能”这一选项。无论指控是否可信，评估者对使用 NICHD 调查询问方案进行的询问的可信度评分均高于未使用 NICHD 调查询问方案所进行的询问。而在评估未使用 NICHD 调查询问方案所进行的询问时，评估者却做出更多的“无法判断”决定（52%∶17%）。

对于使用 NICHD 调查询问方案进行的询问，所做出的评估中近 60% 是准确的（对指控做出可信或不可信的判断都是正确的），这不仅包括几乎所有对可信陈述的判断，还包括四分之一对不可信陈述的判断。相比之下，对于没有使用 NICHD 调查询问方案进行的询问的评估，只有不到三分之一的判断是准确的，其中有近 40% 对可信指控的判断和 12% 对不可信指控的判断是准确的。评估者在对使用 NICHD 调查询问方案进行的询问进行评估时，比不使用 NICHD 调查询问方案进行的询问更容易对可信或不可信指控做出准确的判断。

在评估使用 NICHD 调查询问方案进行的询问时，评估者表现出更多自信。在评估使用 NICHD 调查询问方案实施的询问和未使用 NICHD 调查询问

---

① 自 1988 年开始，以色列要求对儿童和有特殊需要的人进行询问都应依据 NICHD 调查询问方案进行。——译者注

方案实施的询问中，评估者的自信程度及其判断的准确性之间没有显现出任何关联。但是，在评估使用 NICHD 调查询问方案实施的询问中的可信陈述时，自信的评估者往往做出更准确的判断。

使用 NICHD 调查询问方案显然似乎有助于对儿童陈述的可信度做出判断。这些经验丰富的调查人员在对使用 NICHD 调查询问方案实施询问而获得的陈述进行判断时，对案件中儿童陈述可信度判断的准确性是对未使用类似结构化询问方案进行询问中儿童陈述可信度判断准确性的两倍。NICHD 调查询问方案的显著效果令人印象深刻，因为没有其他工具被证明能够提高可信度评估，而专业人员常常无法对儿童是否实际经历了该事件做出判断［塞西（Ceci）等，1994；霍纳（Horner）等，1993a，1993b；莱彻曼和塞西（Leichtman & Ceci），1995］。

当询问人员遵循“最佳做法”专业建议时，儿童陈述的质量更高，而且询问中也出现了更多可以推定可信度的指标，由此看来，本书这一 NICHD 调查询问方案有助于提高可信度评估的准确性。正如之前所示，当询问人员使用开放性提问策略从疑似受害者那里引出叙事回复时，询问人员从儿童陈述中识别 CBCA 标准的能力会增强［赫什科维茨（Hershkowitz）等，1997］。此外，与聚焦性提问相比，开放性提问策略能引导儿童做出更丰富的可信描 220
述，而非不可信的指控［赫什科维茨（Hershkowitz），1999］。

因此，使用 NICHD 调查询问方案不仅提高了询问和所获得信息的质量，而且也促进了对儿童可信度评估的准确性。虽然 NICHD 调查询问方案旨在推进所建议的方法在实践中的遵循落实，从而促进儿童提供高质量的证词，但更广泛的目标是帮助司法专业人员评估儿童证词，进一步为受虐儿童伸张正义提供保障。本章列举的所有研究结果均表明，NICHD 调查询问方案在这一层面上可谓是极有价值的取证工具。

与未使用 NICHD 调查询问方案的询问相比，使用 NICHD 调查询问方案引导下的询问中产生的可信和不可信指控，在评估中都被认定是更为准确的。就可信指控而言，使用 NICHD 调查询问方案几乎完全消除了不准确的判断，而对不可信陈述的不准确判断却仍然以惊人的频率出现。接受使用 NICHD 调查询问方案询问的受虐儿童从未被误认为做出了不可信的指控，而令人不安的是，那些没有受到虐待的儿童所编造的指控，却往往被这些有经验的专业人士视为真正的受害者。

在对使用 NICHD 调查询问方案实施的询问进行评估时所达到的高评分者间信度反映了其高准确性，这一点，也值得特别提及。对于使用 NICHD 调查询问方案的询问，评分符合程度显著高于未使用 NICHD 调查询问方案的询问以及之前各种研究中的同类评分［芬利森和库赫尔（Finlayson & Koocher），1991；霍纳（Horner）等，1993a，1993b；杰克逊和纳托尔（Jackson & Nuttal），1993；普尔和琳赛（Poole & Lindsay），1997］。评分符合程度高本身并不一定说明判断就是有效的，因为评估者也可以认同不正确的判断（正如在未使用 NICHD 调查询问方案的询问中常常发生的情况），但是在使用 NICHD 调查询问方案的询问中对所提出的指控做出正确判断，这时所表现出高度的评分符合程度，正体现了 NICHD 调查询问方案的另一个优点。

显然，使用 NICHD 调查询问方案不仅提高了调查询问的质量，而且还减少了在询问中和在可信度评估方面的个体差异，因此，无论进行调查或评估的人是谁，都能更好地使正义得到伸张。

使用修订版或标准版 NICHD 调查询问方案实施询问案件的指控率

如第 9 章所讨论的，相当大比例的疑似受害者在正式询问中并未对受虐情况做出披露，估计数字因进行询问的环境不同而有所差异［伦敦、布鲁
221 克、塞西和舒曼（London，Bruck，Ceci，& Shuman），2005，2007］。儿童在询问中做出指控概率的高低，与是否存在补强证据以及之前是否做出过案情披露相关。儿童提出指控的倾向也受到儿童与犯罪嫌疑人的关系、年龄、性别以及被怀疑的虐待类型等因素的影响［迪皮特罗（DiPietro）等，1997；盖蒂和古德曼（Ghetti & Goodman），2001；格里斯（Gries）等，1996；赫什科维茨（Hershkowitz）等，2005；赫什科维茨、莱恩斯和兰姆（Hershkowitz，Lanes，& Lamb），2007；基尔里和菲茨帕特里克（Keary & Fitzpatrick），1994；莱韦斯克（Levesque），1994；派普（Pipe）等，2007；史

密斯（Smith）等，2000；伍德、奥尔沙克、墨菲和克罗斯（Wood，Orsak，Murphy，& Cross），1996］。

正如我们先前所述，如果询问得当，许多儿童是愿意对虐待情况做出披露的，但如果某些儿童不愿意做出披露，这样的信号在询问早期（准备阶段）就会频繁表露出来［赫什科维茨、霍罗威茨和兰姆（Hershkowitz，Horowitz，& Lamb），2007；赫什科维茨（Hershkowitz）等，2006；卡茨（Katz）等，2012；奥巴赫（Orbach）等，2007］。面对不愿做披露的儿童，询问人员通常不会做出支持性回应，而且他们试图从儿童处引出信息的举措可能只会导致这些儿童做出简短的陈述［奥巴赫（Orbach）等，2007］。正如第 9 章所讨论的，与遵循标准版 NICHD 调查询问方案相比，使用整合了情绪支持技巧的修订版 NICHD 调查询问方案的询问人员，从儿童处获得得到证实的指控的比率更高。

迄今为止，我们已经展现了使用 NICHD 调查询问方案是如何帮助受虐儿童在司法询问中对虐待情况做出披露的，也说明了 NICHD 调查询问方案如何有助于评估人员对儿童就相关虐待事件做出陈述进行可信度评估的准确性和可靠性。许多虐待儿童的指控因为没有足够的信息来判断其法律有效性，因而被视为是不可信的，或者缺少充分依据来进行干预，所以我们接下来要讨论的研究，是考察使用 NICHD 调查询问方案是否导致提出指控后的最终判决有所差异，以期改进询问实践，提高儿童证词信息量。

案件结果

派普（Pipe）、奥巴赫（Orbach）、兰姆（Lamb）、阿尔伯特（Abbott）和斯图尔特（Stewart）（2013）研究了 NICHD 调查询问方案的运用是否在有关案件通过刑事司法系统进展的“下游效应”、案件裁决和案件结果中有所体现。该研究特别关注的是从调查询问的质量上能否预测提起刑事指控、进行起诉、认罪答辩或判决定罪的结果。

派普（Pipe）等的研究对比了犹他州盐湖城 6 年间儿童遭受性虐待案件的调查结果（儿童年龄为 3 ~ 14 岁），这 6 年中有 3 年是启用 NICHD 调查询

问方案之前（350 例案件）的，另外 3 年是启用 NICHD 调查询问方案之后
222 （410 例案件）的。研究发现，启用 NICHD 调查询问方案之前和之后的案件处理情况在两个关键性决策点存在重大差别：一是检察官提出指控，二是通过认罪协商或审判做出的最终司法处置。48% 的案件结果是提出了指控。引入 NICHD 调查询问方案实施询问之后提出指控的案件，比在引入 NICHD 调查询问方案实施询问之前更多（意味着这些案件在初期被警方或检察官筛选排除在指控之外的可能性降低）。具体来说，在使用 NICHD 调查询问方案实施询问的案件中有 53% 提起指控，而在未使用 NICHD 调查询问方案实施询问的案件中只有 42% 提起指控。正如先前的研究所述［克罗斯（Cross）等，1995，2003；麦克默里（MacMurray），1989］，初步筛选似乎是至关重要的。许多未被起诉的案件在筛选过程中被“拒绝”，使用 NICHD 调查询问方案后被拒绝的案件比例（17.6%）成比例地低于使用 NICHD 调查询问方案之前（28%）。因此，与使用 NICHD 调查询问方案前相比，使用 NICHD 调查询问方案后得以起诉的案件数量成比例地增多。

询问环境（使用 NICHD 调查询问方案前后对比）是案件能否得到起诉的一个重要预测因素——当案件其他方面因素受控时，使用 NICHD 调查询问方案询问的案件得以起诉的可能性是未使用 NICHD 调查询问方案询问案件的 1.46 倍。大多数起诉的案件（97%）得到了处理，且大多数被指控的人认罪。但询问环境与许多案件结果是无关的（例如，指控被驳回、指控罪名被降低）。正如早期对儿童性虐待案件结果的研究发现［参见克罗斯（Cross）等，2003，综述部分］，尽管少数案件得以审判（$n = 23$），但使用 NICHD 调查询问方案的案件比未使用 NICHD 调查询问方案的案件更有可能得到有罪判决（10/11∶6/12）。

受害者证词质量的提高，有可能是得到起诉的案件的比例增加的原因，其他因素当然也很重要。如达必修（Darvish）、赫什科维茨（Hershkowitz）、兰姆（Lamb）和奥巴赫（Orbach）（2005）的研究发现，与未使用 NICHD 调查询问方案询问相比，在使用 NICHD 调查询问方案进行的司法询问中，获得了更多的调查线索（例如，为调查提供各种新途径的信息）和更为核心、有力，且可验证的线索，而这些线索可能有助于对疑似罪行进行更为彻底、有

效的调查。

虽然进入审判阶段的案件很少，但使用 NICHD 调查询问方案后案件在审判中被告人定罪的比率却相当高。以往的研究报告审判定罪率为 50% ~ 75% ［参见克罗斯（Cross）等，1995］，而使用 NICHD 调查询问方案的案件在审判中的定罪率高达 91%。在使用 NICHD 调查询问方案的 11 个案件中只有一个案件（9%）被判无罪，而在未使用 NICHD 调查询问方案的 12 个案件中有 6 个案件（50%）被判无罪。克罗斯（Cross）等（2003）指出，尽管只有少数案件进入审判，但他们却具有重要的潜在影响力，不仅对必须 223
作证的儿童［古德曼、巴特曼 – 方斯和肯尼（Goodman，Batterman-Faunce，& Kenney），1992］以及检察官和被告人（及被告人的律师）未来所做的决定产生影响，还有可能对更大范畴内的认罪协商发挥作用。

提出控告的案件更可能得到起诉，犯罪嫌疑人在审判中更可能被定罪，这些证据确实有力地支持了询问方法的最佳做法，这样的方法对儿童受害案件的相关政策制定和实践操作都具有潜在的重要意义。显然，提高调查询问的质量，对于确保儿童在询问中就其经历提供详细、准确的陈述，以及推动经证实的性虐待指控在刑事司法系统中得到妥善受理，都是至关重要的［克罗斯和赫什科维茨（Cross & Hershkowitz），2017］。

结 论

本章所述的研究已证明使用 NICHD 调查询问方案有助于案件评估、进展和处理。虽然在对儿童指控进行评估时，在区分可信与不可信指控时出现的错误仍然高得令人无法接受，但在使用 NICHD 调查询问方案询问儿童时，会做出更为可靠和更加准确的判断。NICHD 调查询问方案的使用是否同样增进陪审员对儿童可信度的认可尚有待检验，但其他研究已经发现，询问质量可以显著影响陪审员对儿童可信度的看法［卡斯泰利、古德曼和盖蒂（Castelli，Goodman，& Ghetti），2005；约翰逊和谢莉（Johnson & Shelley），2014］，因此，陪审员会更为积极地看待使用 NICHD 调查询问方案所引出的证词。使用 NICHD 调查询问方案询问儿童时，在不夸大所引出虚假指控数目的情况下，可以获得较高的（可信指控）指控率。如果使用 NICHD 调查询问方案，案件更有可能在刑事司法体系内取得进展，更有可能实现犯罪嫌疑人认罪或被定罪。

在诸多方面，NICHD 调查询问方案对调查儿童受虐案件和采取适当干预措施产生了积极的影响。提高司法询问的质量，不仅有助于儿童提供受虐情况的证词，而且也令儿童权益在司法途径下得到更好的保护。

第13章

当前进展与未来挑战 225

在本书中，我们总结了一个非常成功的研究项目，该项目的核心内容是，我们根据几十年来发展心理学家、临床医生和从业人员的学识而研发关于从疑似的儿童虐待受害者处获取准确、详细信息的最有效方法。在本书的第一版中，我们的目标是确定儿童和询问人员在司法询问过程中互动时所面临的挑战，并描述了 NICHD 调查询问方案的开发过程和评估，NICHD 调查询问方案的设计旨在促进以证据为基础，顾及儿童发育敏感性，且在司法语境中进行的询问。在第二版中，我们增加了关于儿童发育、询问策略的后续研究讨论，重要的是，我们引入了修订版 NICHD 调查询问方案，修订版 NICHD 调查询问方案解决了儿童在描述其所经历的虐待事件时的社交情绪、情感需求。

在第 2 章中，我们概述了儿童的一些特征，这些特征共同影响着他们有条理、信息丰富地谈论自己所经历事件的能力。我们讨论了在影响回忆和报告事件的一系列领域中，年龄可以作为儿童在询问中表现的代理指标。迄今为止的研究表明，随着年龄的增长，儿童会报告更多的关于他们经历的细节信息，但年龄对于儿童叙述准确性的影响却取决于用来引出信息的问题类型。 226
语言、认知能力、知识和信息处理的各个方面（例如，心智理论、来源监控、记忆、注意力、策略使用等）都有可能影响儿童的证词，而且有证据显示，其他个体差异（例如，幻想、依恋和气质）也可能影响儿童对其经历的描述。

我们也回顾了有关被回忆事件特征的证据，这些特征可能会影响儿童对这些事件的证词或叙述。随着事件发生和询问间隔时间的增长，对事件的回忆就会减少。事件中实例的次数也会影响回忆，特别是通过典型出现或贯穿一致的表征形成，这可能使得描述任何特定的实例变得具有挑战性，特别是对年幼的儿童而言。儿童提供证词的能力也可能受到他们参与相关事件程度的影响，亲历事件通常比目击事件更容易回忆。

无论是事发当时所经受的压力（编码）还是在提取该事件时感受到的压力，它们对回忆所产生的影响都还有待进一步了解。很明显的是，对高度情绪化和突出事件的记忆，和对其他经历的记忆一样，仍然受制于同样的记忆过程。与更中性或更积极的经历一样，可能被遗忘也可能被不完全、错误地回忆。

在第 3 章中，我们考察了询问环境及其对儿童证词的影响。研究显示，在考虑正式询问需求、设计询问以及评估儿童证词之前，如何帮助儿童为询问做准备、如何对其经历进行提问，这些方面都对儿童陈述的内容、是否或何时做出披露，以及披露所引发的任何性质的讨论产生影响。儿童接受询问的次数也是如此（重要的是实施询问的方式）。我们讨论了建立和维持融洽关系如何促进准确回忆并缓冲可能存在的潜在暗示的负面影响。我们考察了对于在询问开始建立基本规则的功效的研究，得出的结论是，尽管有证据表明了部分规则的价值，但还需要更多研究来确定最为有效和适合儿童发育敏感性的方式来呈现和强化这些规则，以增加儿童遵循这些规则的可能性，进
227 而向询问人员提供更详细、更准确的陈述。

我们还强调，让儿童练习讲述最近发生的事件，练习对询问人员关于疑似虐待事件可能的提问进行回复，这种做法的好处是，提高儿童在之后司法询问中的实质性阶段的反应能力。这些准备工作有助于克服与更典型的成人－儿童对话互动相比，司法询问的预期和动态差异所带来的挑战。最重要的是，我们回顾了检测不同类型问题对其引出回复内容的丰富性和准确性影响的研究，研究中有大量证据表明，广泛的开放性提问提高了获得信息的数量和质量。

在第 4 章中，我们揭示了世界各地的典型询问实践对这些循证建议做法的偏离。对一些国家司法询问的评估一致表明，询问人员普遍省略了有助于儿童证人的各种策略（例如，提出一系列基本规则，进行叙述练习）。特别值得注意的是，推荐的提问方式（例如，广泛的开放性邀请），相对于那些

已知对儿童回复可靠性有负面影响的提问（例如，封闭或暗示性提问），其比例之低是令人失望的。推荐的提问方法即使被使用，往往也只是在询问的早期阶段。在许多国家，询问人员在遵循推荐做法方面遇到的困难十分明显，这些困难与司法管辖权、询问模式和文化无关。

我们在第 5 章描述了 NICHD 调查询问方案的结构和内容，在第 6 章展示了来自一系列实地和实验室研究的证据，表明使用该方案对于询问人员如何向儿童提问以及儿童回复所提供的信息都有积极影响。一项元分析表明，使用该方案对询问者提问和儿童回复具有中度到较大的影响。

第 7 章对年幼受害者受虐经历进行必要的询问时，就这些儿童的需求进行了讨论。对询问这些儿童的研究证明，在邀请提示下他们能够回复一些有用的信息，但是对 3 ~4 岁的儿童而言，指示性提示最为有效。线索性邀请，使用先前提到的细节作为进一步阐述的提示，对幼儿似乎也特别有效，尤其是当他们专注于与行动相关的信息时。贝尼亚（Benia）等（2015）在他们的元分析中发现，对学龄前儿童的研究结果存在较大差异，他们强调需要对 228
这一群体进行更多的研究，因为该群体一直是大量推测的焦点，然而对其研究却是有限的。

第 8 章讨论了有关有发育障碍儿童的作证能力的研究，这些儿童很有可能受到虐待，但可能却被剥夺了正常发育儿童所享有的同等机会（例如，提供证词）。实验室研究和实地研究都积累了记录智力残疾儿童具有一定能力的新兴证据。这些发现质疑律师、陪审团成员和调查人员对智障儿童的负面看法，表明同样的询问方法不仅适用于正常发育的儿童，也适用于智障儿童，尽管对有更为严重认知障碍的儿童（非常年幼的正常发育儿童也一样）可能需要更加结构化的询问来确保他们提供足够详细的信息。

轻度智力残疾的儿童在许多作证能力领域的表现，和那些心理年龄（发育水平）匹配的正常儿童相似。询问人员如能在询问前获得有关儿童机能水平的清晰信息，将受益于此，因为这可以让询问人员在询问中确定如何更好地帮助有智力障碍的儿童。

第 9 章描述了修订版 NICHD 调查询问方案，重点讨论了可能影响儿童对被虐待事件做出披露的意愿，以及将提供多少有关其经历信息的动机因素。虽然在使用 NICHD 调查询问方案实施的询问中披露的比率非常高，但仍有许多受害者不愿披露或讨论他们所受到的虐待。这些儿童通常在司法询问的早期阶段就表现出这种不情愿，而询问人员通常不会通过增进儿童合作的回应方式来改变互动的动态。修订版 NICHD 调查询问方案包含了一系列非暗示性的策略，询问人员可以采用这些策略，为不愿做出披露的儿童提供社交和情绪、情感上的支持。修订版 NICHD 调查询问方案中所包含的策略还未接受过单独测试，建议询问人员根据个案中的具体情况灵活使用这些策略，因此我们尚不了解各种技巧的重要性及其有效程度。

对使用修订版 NICHD 调查询问方案实施的询问进行的评估显示，该方案有助于那些最可能沉默寡言的儿童（例如，家庭内部虐待的受害者）详细
229 地披露信息，并且不会增加虚假报告的数量。修订版 NICHD 调查询问方案的使用在询问过程中可以保护儿童的良好感受，改善他们在询问过程中的体验，同时又不降低所披露信息的可靠性。

第 10 章考察了关于使用视觉辅助工具（玩偶、绘画、图示）对儿童证词影响的研究。关于不同类型辅助工具的价值和风险，存在各种证据。我们尚不清楚辅助工具对儿童的报告何时可能起到帮助或妨碍的作用，或者不会造成任何影响，但与辅助工具一起使用的问题类型、儿童被要求回忆的事件类别，以及该事件的其他方面（延迟、犯罪者等），都是考量的重点。因为没有令人信服的证据表明使用玩偶有益于询问，而且能证明其他辅助工具有效性的证据也很薄弱，NICHD 调查询问方案没有推荐使用玩偶。在使用 NICHD 调查询问方案的询问中，当自由绘画与有效的言语提示结合在一起使用时，自由绘画的效果往往并不明显；身体图示的使用则可能会影响儿童回复的准确性和清晰度；物理情境再现也并不是特别有效。综上所述，在使用 NICHD 调查询问方案的询问中，辅助工具对提高儿童证词质量的帮助，并没有具备说服力的证据，对最有可能被提供辅助工具的年幼儿童而言，情况更是如此。

在第 11 章中，我们讨论了我们所了解到的旨在提高儿童司法询问质量的培训计划。虽然我们已经掌握了很多关于最佳询问做法技巧的知识，但广泛

的培训对于提高实践中询问的实际质量，影响力还是有限的。近期的研究使用了面对面交流和计算机辅助的传送机制来提供信息，并且以模块化的方式在较长的时间内提供信息。这些研究显示，培训可以增进复杂询问技巧的学习，使询问人员创造条件来激励和引导受害者对其经历的事件进行内容翔实、细节丰富的陈述。

重要的是，有效的培训必须超越课堂的界限，提供间隔学习的机会，并在情境中不断巩固所学知识和技能。令人信服的证据表明，及时反馈对询问人员至关重要，这对管理人员和机构提出了挑战：为了确保能够维持高质量的询问，必须调整询问人员的工作负担，以确保其持续的职业发展和评估。

第 12 章讨论了询问质量对案件评估、诉讼进展和结果的影响。我们看到，除了增进询问质量和询问结果的质量，NICHD 调查询问方案的使用对处 230
理和解决受虐儿童提出的指控，产生了更广泛的影响。当使用该方案对儿童进行询问时，正式的可信度评估更加可靠和准确（尽管仍然不够精确，不足以用作诊断工具）。使用该方案可以使被指控的犯罪嫌疑人更有可能被起诉，被告人更有可能认罪或在审判中被定罪。提高对儿童进行司法询问的质量，不仅有助于儿童提供有关他们所受虐待的证词，而且他们的健康和安全也会因为获得司法的公正保护而得到进一步提升。

询问只是案件调查过程的一部分

在考虑将来从研究人员的关注中受益的问题之前，需要重点强调的是，司法询问只应被视为案件调查过程的一部分。正如拉斯金（Raski）和艾斯普林（Esplin）（1991c）在大约 30 年前所指出的，对于通过询问疑似受害者获得的任何信息，都需要在更全面的调查背景中进行审查，在这些调查中纳入其他信息，能够使儿童的陈述得到更全面的评估；这些信息能够引导询问人员，转而又得到年轻的询问对象所提供信息的补充和引导。一个不言而喻的事实是，证人或信息提供者，无论其年龄几何，并不总是能提供准确或可信的信息，因此，优秀的调查人员必须始终关注那些可能会影响证人陈述准确性因素的存在或缺失。

正如我们所反复强调的，例如，延迟通常会降低信息提供者陈词的质量和丰富程度，因此调查人员在评估任何询问中所获得的信息时都需要考虑这一因素。由于延迟引起的记忆质量下降也让信息提供者的记忆更容易受到污染，所以警惕的调查人员不仅需要考虑潜在的污染，还需要考虑存在的环境情况，这些情况可能会增加其他人想要污染孩子的记忆或者无意中这样做的可能性。例如，存在监护权纠纷时，应提醒调查人员在评估儿童陈述时考虑到证词是否有受到有意或无意污染的可能性。

同样，调查人员需要考虑疑似受害者是否有可能是为了得到继发性获益而编造指控。例如，在对虚假指控的研究中［兰姆（Lamb）等，1997a，
231 1997b］，我们遇到了几个案例，儿童为了避免因晚于父母允许的时间回家被责罚，声称自己受到了伤害。当然，诸如此类的因素（潜在的污染、欺骗动机）本身并不表示这些指控应被驳回；例如，在父母分居的情况下，或者儿童有充分理由担心因自己违反宵禁（再次）而被父母责罚时，会出现许多可信的指控。尽管如此，优秀的调查人员还是会识别这种情况，并努力寻求有助于澄清事实真相的信息。

到证人接受正式询问时，他们已不止一次地对其经历进行过回忆和描述，相关的家人或朋友也是如此［塞西、库尔科夫西、斯维尼、克勒姆弗斯和布鲁克（Ceci，Kulkofsy，Sweeney，Klemfuss，& Bruck），2007］。我们不知道儿童对那些披露谈话的内容和结构能有多完善的记忆和描述。谈话的记忆通常效果不佳，因为尽管人们常常记得一般的谈话要点，但并不擅长准确记得谁在谈话中说过什么，谈话信息是自发提供的还是针对提问做出的回复，以及谈话中使用过什么样的问题来获取信息［布鲁克、塞西和弗朗克尔（Bruck，Ceci，& Francoeur），1999］。

当案件被提起公诉时，儿童与他人的信息披露对话可能会被视为潜在的污染源，因此在调查过程的早期询问儿童关于其信息披露的过程，是尤为重要的。NICHD 调查询问方案中有一部分是关于儿童对信息披露过程的回忆。埃亨（Ahern）和兰姆（Lamb）（2017）的研究表明，在英国，相较于依据《良好做法备忘录》（Memorandum of Good Practice）实施的询问，在使用 NICHD 调查询问方案进行的询问中，儿童提供了更多的关于披露情况的信

息，而且也是在更为开放的提示下做出回复。当然，确定这些回忆的准确程度是很重要的，尤其是近期的一些研究表明，儿童对于与陌生成年人谈话的内容和结构的回忆能力欠缺［劳森和伦敦（Lawson & London），2015，2017］，因此我们希望今后的研究能够对 NICHD 调查询问方案对于促进儿童回忆这类内容的效果做出检验。

更为广泛的司法调查的特征和组成部分在本书中没有探讨，但仍值得深入研究。对疑似受害者进行的司法询问，属于更广泛调查的一部分，因此，它们通常应该在初步调查提供了一些关于可能发生的情况的假设之后进行。询问的关键目标之一是获得能够对这些假设进行评估，或是提供其他线索的信息。当然，在询问之后，调查往往会继续推进，这在一定程度上得益于通过对疑似受害者的询问而获得的有关案情的更多信息。询问通常是调查 232
线索的来源，可以引导调查人员去寻找独立的确证信息，从而进一步澄清儿童的指控和疑似虐待事件。在许多情况下，进一步的调查将揭示在最初的询问中没有涉及的细节或问题，并可能需要重复询问，尽管比最初询问的关注点更为集中，为减少询问次数而制定的方针不应妨碍必要的二次询问。同样，询问人员也应当预料到，之后的询问会引出新的信息。这种情况完全可以预见，是因为第二次和第一次询问往往有不同的重点，而且信息的提取也几乎无法做到一次询问就详尽无遗。尽管我们需要对第二次（或之后的）询问进行深入的研究来明确重复询问的益处和风险，但我们已知能确信的是，通用的“只询问一次”规则既不能最大限度地维护儿童受害者的合法权益，也不符合司法正义的要求［拉·鲁伊、卡茨、马洛伊和兰姆（La Rooy，Katz，Malloy，& Lamb），2010；拉·鲁伊、兰姆和派普（La Rooy，Lamb，& Pipe），2009］。

未来的发展方向

正如我们在本书中所描述的，在过去的 20 年里，许多研究都使用了本书中的 NICHD 调查询问方案，但仍有一些问题相对而言还未被深入探讨。

◆ 关于基本规则

在过去50年里，发展心理学家已经表明，儿童可能会以意想不到的方式解释和回应成年人的提问［布鲁巴奇、普尔和迪金森（Brubacher，Poole，& Dickinson），2015；唐纳森（Donaldson），1978；休斯和格里夫（Hughes & Grieve），1980；罗斯和布朗克（Rose & Blank），1974；沃特曼、布雷兹和斯盆塞（Waterman，Blades，& Spencer），2000］。儿童在接受关于过去事件的询问时，他们很少会承认对问题的不理解，反而会通过回答来表示顺从［沃特曼、布雷兹和斯盆塞（Waterman，Blades，& Spencer），2004］。儿童经常对他们无法回答的问题做出回复［沃特曼（Waterman）等，2004；丹比、布鲁巴奇、沙曼和鲍威尔（Danby，Brubacher，Sharman，& Powell），2015；迪金森、布鲁巴奇和普尔（Dickinson，Brubacher，& Poole），2015］，默认某种暗示了特定回复的提问［塞维茨、里昂和古德曼（Saywitz，Lyon，& Goodman），2017］，以及不纠正谈话伙伴做出的不准确陈述［罗伯茨和兰姆（Roberts & Lamb），1999］。当出现知识不平衡［例如，当儿童必须扮演一个不熟悉的专业人员角色时，兰姆和布朗（Lamb & Brown），2006］和权力不平衡［例如，当儿童遵从比他们更高地位的成年人时，兰姆和布朗（Lamb &
233 Brown），2006］，或者成年人主导谈话时［普林西比、迪普波、甘默尔（Principe，DiPuppo，Gammel），2013；凯利和贝莉（Kelly & Bailey），2013；菲伍什、海登和里斯（Fivush，Haden，& Reese），1996］，儿童尤其会这样做。

正如我们在本书前面所讨论的，鼓励司法询问人员在询问开始的时候建立基本规则，例如，鼓励儿童说“我不知道”［埃尔哈特、拉·鲁伊、布鲁巴奇和兰姆（Earhart，La Rooy，Brubacher，& Lamb），2014；吉、格雷戈里和派普（Gee，Gregory，& Pipe），1999；米尔德和瓦里吉（Mulder & Vrij），1996）］和“我不明白”［里昂（Lyon），2010；塞维茨和坎帕罗（Saywitz & Camparo），2013］，也鼓励儿童纠正询问人员的错误［埃利斯、鲍威尔、汤姆森和琼斯（Ellis，Powell，Thomson，& Jones），2003；格迪、比尔、巴托斯克和温施（Geddie，Beer，Bartosik，& Wuensch），2001；克拉茨科和林恩

（Krackow & Lynn），2010；塞维茨和莫安－哈迪（Saywitz & Moan-Hardie），1994］。然而，对于不同年龄的儿童如何学习领悟这些规则、如何更好地训练他们有效地遵守这些规则，我们却知之甚少。目前，询问人员可能会用一种标准方式介绍基本规则，而不考虑儿童的发育水平和一些具有潜在重要性的先决技能［布鲁巴奇（Brubacher）等，2015］。例如，为了能有效地遵照指令说“我不知道”，儿童必须能够监控自己的知识。要纠正询问人员的误解，儿童必须能认识到其他人也可能持有错误的信念。在询问中学习并记住一条规则意味着工作记忆。因此，关于不同发育水平儿童对各项基本规则理解的研究，以及对潜在的先决技能在儿童理解中的作用及其运用的研究，对于考量询问中儿童发育因素的司法询问人员而言，具有重大价值。

尽管 NICHD 调查询问方案概述了一些例子来检验儿童对已经引入的基本规则的理解，但这些“测试性”问题与儿童在实际询问中可能遇到的问题和内容几乎没有相似之处［布鲁巴奇（Brubacher）等，2015；埃尔哈特（Earhart）等，2014］。例如，在测试“纠正询问人员”规则时，询问人员可能对一个女孩说：“如果我说你是一个叫亨利（Henry）的男孩，你会对我说什么？”这样的做法不太可能涉及儿童就其个人经历而需要对询问人员进行纠正的问题范畴［布朗和兰姆（Brown & Lamb），2017］。对儿童在解决问题、语言、分类和计算能力等领域的学习情况进行的研究表明，练习范例和测试问题之间的相似程度会影响儿童将学习到的东西迁移到新问题上的效果［戴和戈德斯通（Day & Goldstone），2012］。在给予儿童初始指导之后提供多种、多样化的练习范例，同样也可以增进儿童的学习效果，正如使用视觉线索来辅助指令一样［布雷斯韦特和戈德斯通（Braithwaite & Goldstone），2015；根特纳、勒文施泰因和亨（Gentner，Loewenstein，& Hung），2007；莫雷诺和迈尔（Moreno & Mayer），1999；斯韦勒、范·梅里恩博尔和帕斯（Sweller，Van Merrienboer，& Paas），1998；汤普森和奥普弗（Thompson & Opfer），2010］。很明显，关于训练不同年龄的儿童在叙述其经历时如何遵守 234
基本规则，我们还有很多东西需要了解，也仍然需要确定这些基本规则的呈现到底有何种程度的有效性。

◆ 关于融洽关系

修订版 NICHD 调查询问方案进一步强调了司法询问人员在解决与不情愿或苦恼的儿童建立和保持融洽关系时面临的一些挑战。迄今为止的研究表明，使用修订版 NICHD 调查询问方案可以缓和一些儿童的不情愿，促进儿童对询问人员更具敏感性的提问做出回复。研究人员还没有调查儿童对于询问过程以及他们所感受到的融洽关系建立程度的看法。我们也还不知道那些将在法庭上评估证词可靠性的人士会如何看待这些变化的动态。过往人们对儿童易受成年人影响的程度相当关注，因此陪审员、律师和法官可能（错误地）将询问人员遵循修订版询问方案所采用的策略视为暗示性行为。或者，这种具有认知和情绪情感支持性的询问方法的使用，也可能会增强陪审员对儿童可信度的看法［卡斯泰利（Castelli）等，2005；约翰逊和谢莉（Johnson & Shelley），2014］。

◆ 关于条理性

当儿童就虐待情况作证时，他们的有效沟通程度将会影响其指控是否可信以及是否值得采取进一步行动［戴维斯、保矢野、基南、梅特兰和摩根（Davis，Hoyano，Keenan，Maitland，& Morgan），1999；亨利、里德利、佩里和克雷恩（Henry，Ridley，Perry，& Crane），2011；派普、奥巴赫、兰姆、阿尔伯特和斯图尔特（Pipe，Orbach，Lamb，Abbott，& Stewart），2013］。听众（包括调查人员和陪审团成员）须能够理解儿童对问题的回复，特别是在法庭上播放录像时。如果他们出于任何一种原因无法理解儿童的陈述（例如，含糊不清、缺乏组织或结构、前后不一），儿童证词的可信度和影响力都可能会降低［戴维斯（Davis）等，1999；维斯特科和屈南（Westcott & Kynan），2004］。儿童的条理性也在他们对于事件的记忆方面发挥着作用。儿童陈述的叙述质量与报告数量、准确性和保留度的增加有关［蔡、库尔科夫斯基、德巴兰、王和哈特（Chae，Kulkofsky，Debaran，Wang，& Hart），2016；克莱因克内希特和贝克（Kleinknecht & Beike），2004；库尔科夫斯基、王和塞西（Kulkofsky，Wang，& Ceci），2008；莫里斯、贝克－沃德和鲍尔

（Morris，Baker-Ward，& Bauer），2010；彼得森、莫里斯、贝克 – 沃德和弗林（Peterson，Morris，Baker-Ward，& Flynn），2014；王、布伊和宋（Wang，Bui，& Song），2015］。迄今为止，对 NICHD 调查询问方案的研究主要集中 235
在儿童所提供细节信息的数量上，而不是他们的陈述是如何构建的。因此，研究 NICHD 调查询问方案的使用是否有助于从儿童处获得更具条理性和更有组织性的陈述，是非常重要的。

◆ 关于保持良好做法

我们在整本书中都强调了对循证最佳做法指南的利用并不充分。因此，重要的是，要理解为什么如此多的机构和从业人员无法将其实践做法与最佳做法指南保持一致。在培训和质量保障方面无法实现充分和恰当的投入是很重要的一个原因，这也反映出研究人员和政策制定者在将系统的研究结果转化为该领域政策和实践时所面临的困难。之前我们讨论过不同形式的复习巩固（个性化、基于群组、自我指导）对询问人员提问策略的积极影响［兰姆、斯滕伯格、奥巴赫、赫什科维茨（Lamb，Sternberg，Orbach，Hershkowitz）等，2002；依伊（Yii）等，2014；沃夫曼（Wolfman），2016］。研究人员应设法识别必要和充分的复习巩固“剂量”（dose），以确保复习巩固的可持续性和有效性。例如，确定询问人员参加复习巩固活动的频率，从而维持并超过培训后的询问水平，以及确定对于完整的询问是否必须进行评估，或者是否可以通过评估随机（较短）的部分询问片段获得类似的收益，这都是非常重要的。

◆ 其他群体及在其他环境中使用 NICHD 调查询问方案

儿童的体验在许多环境中都是相关的，NICHD 调查询问方案中所体现的方法有可能在其他环境中也是有效的。例如，临床医生和其他从业者在评估儿童健康状况时，该方案中的一些要素（例如，建立基本规则，在儿童主导的详细对话中进行简短的练习，使用邀请）是有用的。与聚焦于信息收集的司法询问相比，精神状态检查和临床评估具有相当不同的目的和结果。我们认为，在需要获取儿童有关其经历事件的详细信息时，NICHD 调查询问方案是有帮助作用的。但是，没有证据显示该方案可以或应该被用于评估心理状态或情绪状态。NICHD 调查询问方案是否可以应用于其他司法环境，如家事法庭，也尚属未知。

236 我们还需要进行进一步工作，以确定 NICHD 调查询问方案用于年轻的犯罪嫌疑人时，是否与用于年轻受害者和证人所测试的版本一样有效。一些令人鼓舞的证据表明，NICHD 调查询问方案可以适用于询问有智力障碍以及其他发育障碍（例如，注意力缺陷障碍、自闭症谱系障碍）的儿童，但对于这类儿童以及那些受到虐待后可能出现各种情况的儿童（例如，创伤性脑损伤、创伤后应激障碍）的适用，都亟待进一步深入研究。

由于一般的记忆机制是整个生命周期记忆的基础，所以 NICHD 调查询问方案也可能很好地适用于成年证人。采用一种适用于各种年龄受害者和证人的通用方法进行询问，其优势是可以在各机构内建立标准化的培训和监督制度，这将有利于提高所有调查人员的询问质量。然而，当前工作中从业人员的流动性不仅使个人发展和磨练专业技能变得困难，还使得仅仅接受一般性培训（通常是无效的）的人数大为增加，并增加了在询问儿童时使用不适合儿童发育情况的技术的风险。

NICHD 调查询问方案的有效性在若干国家得到了检验。然而，文化对儿童在证词和司法询问中应回复的影响却很少受到关注。文化的重要性以及个人如何在文化中互动逐渐得到更多的认可［阿列亚和王（Alea & Wang），2015；王（Wang），2016］，但这种层面的分析尚未应用于对儿童的司法询问中。与此相关的是，在满足儿童交流需要时，中间人员和口译人员能够在多大程度上向儿童解读 NICHD 调查询问方案中的各项原则，尚不确定。

◆ NICHD 调查询问方案是更广泛程序中的一部分

正如我们之前所讨论的，司法询问只是对儿童虐待指控进行调查和回应的广泛程序中的一部分［克罗斯和赫什科维茨（Cross & Hershkowitz），2017］。然而，大多数关于儿童证词的研究都将焦点放在孤立的调查询问上。重要的是，受虐儿童在更广泛的系统中置身何处，我们还需要了解更多：父母和其他成年人在多大程度上能够识别可能的虐待迹象？他们如何提出最初的关于儿童的担忧？他们如何回应信息的披露？调查人员如何理解和阐明可能的询问前的经历［例如，缺乏家庭支持或披露对象（儿童）受到指使或恐 237
吓］？在司法询问和审判之间经常出现相当长的时间间隔，儿童在法庭上被问及的问题，通常也不是那些能够促进详细和准确回答的问题类型［安德鲁斯和兰姆（Andrews & Lamb），2014，2016，2017a，2017b；安德鲁斯、兰姆和里昂（Andrews，Lamb，& Lyon），2015；福利亚蒂和伯西（Fogliati & Bussey），2014；扎亚克、奥尼尔和海恩（Zajac，O'Neill，& Hayne），2012；扎亚克、韦斯特拉和卡拉德尔福斯（Zajac，Westera，& Kaladelfos），2017］。初期的关注儿童证人认知和情绪情感需求的发育敏感询问（developmentally sensitive interview），是否能够保护儿童免受长期调查过程的一些负面影响是存有疑问的；在法庭上占主导地位的提问方式也值得进一步研究。

◆ 独立评估

大多数关于 NICHD 调查询问方案的研究至少都会有一位原始开发者参与。该询问方案可通过网站免费获取（http：//nichdprotocol. com/），网站也提供了许多促进培训以及相关研究的资料。贝尼亚（Benia）等（2015）呼吁在一系列国家开展更多的独立研究，我们同样响应这一号召。

结　论

本书回顾的研究表明我们对儿童沟通和记忆提取能力的了解程度，以及调查人员如何利用这些信息来将其与疑似虐待受害者的询问价值最大化。本书中描述的 NICHD 调查询问方案是把那些已得到专家明确认可的专业性共识原理转为实践。NICHD 调查询问方案的使用极大地提高了调查询问人员的表现，该方案帮助询问人员引出了更为准确的信息，因为这些信息源自儿童的自由回忆，而不是对询问人员提供的信息和探究问题做出的回复。此外，用 NICHD 调查询问方案进行询问时，询问人员能够更好地判断受害者是否说真话，案件更有可能进入法庭及定罪。修订版 NICHD 调查询问方案就如何与疑似受害者建立融洽关系、克服其对披露虐待行为的不情愿提供了指导。

NICHD 调查询问方案可以有效地用于非常年幼的儿童和智力残疾儿童，尽管这些询问中的动态可能不同于那些较为年长和正常发育的儿童。

238 我们已说明互动和间隔的学习培训机会对于掌握询问技巧的重要性，而持续注重实践导向的反馈对于保持高质量的询问也是至关重要的。确保聘用询问人员的机构实施这些做法，则是今后的一项重要挑战。

总之，虽然我们认为 NICHD 调查询问方案的开发在相当大的程度上推动了儿童司法询问的进步，但我们也在本章中指明，为帮助弱势的儿童群体免于受到更多的虐待，帮助无辜的成年人不因糟糕的调查询问而遭受指控，还需要开展更多的工作。显然，NICHD 调查询问方案仍属于“进行中的工作”，其将在不断吸纳新研究成果的过程中持续发展。

附录：

修订版 NICHD 调查询问方案（2018 年版）* 239

◆ 目　录

---

* 本版为兰姆（E. Lamb）教授等开发的《NICHD 调查询问方案》2018 年修订版，可称为第四版。据译者在网上查找，兰姆教授等开发的《NICHD 调查询问方案》共有 2011 年、2014 年、2017 年和 2018 年四个版本。可在其网站上找到前三个版本，网址为：http：//nichdprotocol. com/。

最早的 2011 年版以附录形式载于迈克尔·E. 兰姆、戴维·J. 拉·鲁伊、琳赛·C. 马洛伊、卡米特·卡茨编：《儿童证言：心理学研究和司法实践手册》（第二版），约翰·威利国际出版公司 2011 年出版。（*Children's Testimony*：*A Handbook of Psychological Research and Forensic Practice*，Second Edition. Edited by Michael E. Lamb，David J. La Rooy，Lindsay C. Malloy，and Carmit Katz. © 2011 John Wiley & Sons，Ltd. Published 2011 by John Wiley & Sons，Ltd. ISBN：978 –0 –470 –68677 –5.）

2014 年版在其网站主页可下载（http：//nichdprotocol. com/），2014 年版的修订较大。

2017 年版主要以 2011 年版的内容为主，修改的内容主要是让使用形式更为方便。这一版也被称为"互动式 NICHD 调查询问方案"（Interactive NICHD Protocol）。

2018 年版修改的重点是通过非暗示性的言行更加有效地支持不情愿的儿童证人（转变不愿提供证言的态度）。

本译文参考了其网站所载的繁体文本（2011 年版），可下载，网址为：http：//nichdprotocol. com/。——译者注

239

A. 开场/导入

我的名字是（询问人员的名字）。今天是（×年×月×日），现在是（×点×分），我正在（地点）询问（儿童名字）。

核实录音录像正在工作。

嗨，(儿童名字)，见到你很高兴，你好！

我的名字是________，我的工作就是跟小朋友聊天，聊那些发生在他们身上的事情，正如你所看到的，我们这里有录像机，它会记录我们的对话，这样我就能记住你告诉我的全部事情。

在导入阶段，善意的姿态是适当的。

你舒服吗？

我能做些什么让你更舒服一些？

B. 建立融洽关系和叙述训练

B. 1. 现在，(儿童名字)，我想要更多地了解你一些，告诉我你喜欢做的事情。

等待儿童回答。

240 **如果儿童回复，表示感谢和强化。**

谢谢和我分享这些，这有助于我了解你。

我很高兴，我现在开始更多地了解你了。

如果询问人员认为该儿童应当自此直接进入叙述训练，那么跳至 B. 3。

如果儿童不回答，或者回答得很简短，或者卡住了，询问人员可以说：

我知道这是我们初次见面，我真的想要多了解你一些。

我很高兴今天能和你谈话，(儿童名字)。

如果询问人员认为有必要更多地建立融洽关系，那么跳至 B. 2。

如果儿童显示出了逃避或者抗拒性的非言语线索（例如，反感的眼神），应当直接说：

(儿童名字)，让我看着你的眼睛。

(儿童名字)，往前一点，更靠近我坐。

(儿童名字)，我看到你在（哭泣、沉默），告诉我发生了什么，这样我就能帮你。

(儿童名字)，谢谢你今天愿意让我听你说话，请告诉我你正在经历什么。

B. 2. 我确实想更多地了解你，(儿童名字) 我想让你告诉我你（在学校/在休息时/放学后）喜欢做的事情。

等待儿童回答。

如果儿童继续表现出逃避或者抗拒：

邀请他/她谈论在询问开始前就选定的某个中性话题（例如，儿童的看护人已经根据要求报告的儿童喜欢的活动）。

我听说你喜欢（活动/爱好），告诉我关于（活动/爱好）的事。

询问有特色的话题（例如，关于衣服）。

我看你穿着一件（独特的衣服，例如，棒球队的 T 恤衫），告诉我这个（独特项目/物品）的情况。

向儿童提供绘画的机会。①

(儿童名字)，你愿意画一些东西吗？（儿童喜欢的东西，曾经发现的有趣的东西），给你一些蜡笔和纸。

B. 3. 现在，(儿童名字)，请再多告诉我一些有关（儿童刚才提到的活 241
动）的情况。

应注意避免电视节目、视频或者幻想的事情。

等待儿童回答。

B. 4. 现在，(儿童名字)，请告诉我，(儿童在学校或者幼儿园时）发生在你身上的有趣的事情。

B. 5. 请告诉我有关（儿童已经提到过的事情）的情况。(使用各种不同

---

① 请注意：设计这一活动的目的是让孩子感到舒服一些，并不是去获取有关虐待的信息。不能将儿童所画内容解释为与引起调查询问相关的涉嫌犯罪事实，也不能要求儿童去画与引起调查询问相关的任何涉嫌犯罪事项。

的邀请性问题询问不同的主题，其中一个邀请性问题应当聚焦于内心的内容：想法、情绪、感觉或情感。）

B. 6. 你刚才告诉我了发生在你身上的一些（令人高兴、愉快或者有趣的）事情，现在请告诉我一些（在学校、幼儿园里）发生在你身上的让你不愉快的事情。

谨记：不要提及报称的虐待行为可能发生的地点！

B. 7. 请告诉我有关（儿童已经提到过的事情）的情况。（使用各种不同的邀请性问题获得有关不同主题的丰富信息，其中一个邀请性问题应当聚焦于内心的内容：想法、情绪、感觉或情感。）

如果儿童透露了悲伤的信息，询问人员应通过表达支持的陈述简要地探究这一信息，询问人员可能需要审查之前儿童是否报告过这一信息。

你告诉我的这一（令人不快的事情），你是否曾经告诉过某个成年人？

如果儿童说没有，询问人员可以说：

你愿意让我来帮助你告诉某个人吗？

B. 8.（儿童名字），你告诉我了（已经描述过的令人愉快事情），也告诉我了（已经描述过的令人不愉快的事情），和我分享了你的（情感、想法）（如果儿童做了的话）。谢谢你让我知道这些！重要的是你要知道，你可以和我谈论任何事情，既包括好的事情也包括坏的事情。

C. 解释和训练基本规则

应根据儿童的发育水平来调整询问提问。

C. 1.（儿童名字），我对你很感兴趣，今天我会问你各种各样的问题。

242 如果我问你的某个问题你不能理解，你就说，（询问人员名字），我不懂你说的。好不好？（儿童名字）

停顿。

如果我问你一个问题，而你不知道答案，告诉我即可，说“我不知道”。

因此，（儿童名字），如果我问你一个问题，（例如，“我今天早餐吃了什么？”），你怎么回答呢？

等待儿童回答。

如果儿童回答“我不知道”，询问人员就说：

正确，你不知道，（儿童名字），是吗？

如果孩子做出了猜测，询问人员就说：

不对。（儿童名字），你不知道我早餐吃了啥，（例如，我早上吃早餐的时候你没有和我在一起）。因此，你不会知道，在我问你问题的时候，如果你不知道，不要猜测，直接告诉我你不知道就可以了。

停顿。

但是，如果你确实知道或者确实记得，请如实告诉我，这很重要！好吗？（儿童名字）

C. 2. 如果我说错了，你要直接告诉我，好吗？（儿童名字）

等待儿童回答。

那么，如果我说你是一个 2 岁的女孩（此时询问对象是一名 5 岁的男孩，等），你应该怎么说呢？

如果儿童只是做出否定但并没有纠正询问人员，询问人员应说：

你说得很对，你不是一个两岁的女孩。那怎么说才是正确的呢？

等待儿童回答。

如果他/她做出了正确的回答，询问人员应强化其做法。

你说得对，（儿童名字），现在你明白了如果我做错了或者说了不正确的事情，你应当告诉我。

停顿。

如果儿童做出了错误的回答，纠正其错误。

不对，（儿童名字）你不是（错误的年龄），你是（真实的年龄）。

那么，如果我说你是站着的，你应该怎么说呢？

等待儿童回答。

好了！

（儿童名字），现在你明白了，如果我说错了什么事情，你需要纠正我并且告诉我什么是正确的。

C. 3. 我的部分工作就是跟（儿童/青少年）聊天，聊那些发生在他们身上的事情，我已经见过很多（儿童/青少年），他们都告诉我了发生在他们身上的真实事情。（儿童名字），因此，今天很重要的事情就是你要如实地告诉我那些发生在你身上的事情。

243 D. 进一步建立融洽关系和情景记忆训练

在询问之前，请确定一起儿童积极参与了的近期、简短、正面、有意义的事件，如果可能，所选取事件的发生时间应与指控或者涉嫌的虐待行为发生的时间大致相同，如果指控的虐待行为发生在某一特定的日期或事件之中，则应询问不同的事件。

我很高兴今天和你见面，（儿童名字），我想更多地了解你。

D. 1. 主邀请（Main invitation）

（几天/几个礼拜）之前，就是那个（节日/生日派对/其他事件），请详细地告诉我（那个事件期间）在你身上所发生的事情。从头至尾，尽可能地详细。

如果未能确定之前的某个事件，询问人员可以这样问：

最近你有做什么特别的事情吗？比如你去了某个地方或者参加了某个生日派对。

如果儿童未能确定某件适当的事件，询问人员可以这样说：

好了，我需要你告诉我（今天/昨天）发生的所有事情，从你早上起床开始。

D. 2. 跟进邀请（Follow - up invitations）

询问人员应先重述一下这个事件中的第一个活动，然后开始问：

接下来发生了什么事情？（儿童名字）

在整个这一部分，可以根据需要随时使用这个问句，直到询问人员获得了儿童关于这个事件的完整陈述。

谢谢！（儿童名字）你已经告诉我了很多事情（如果他/她做了），我需要问你一些有关你刚才所告诉我的更多的问题。

D. 3. 时间分段邀请（Time segmentation invitations）

尝试使用三个时间分段邀请来提问，尽管询问人员可以根据儿童的能力和反应来调整邀请问题的数量和问题类型。

（儿童名字），我希望你告诉我关于（这个事件）的全部情况。

请告诉我从这个时间点（儿童之前提到的活动）到一个后续时间点（某个后面提到的活动）所发生的事情的全部情况。

如果儿童难以理解描述的分段，询问人员可以说：

请告诉我从这个时间点（儿童之前提到的活动）开始，所发生的事情的全部情况。

谢谢你告诉我这些！（儿童名字），你对你自己的事情说得非常清楚，有 244
助于我了解你所说的。

D. 4. 线索性邀请（Cued invitations）

尝试使用三个线索性邀请来提问，但询问人员可以根据儿童的能力和反应来调整线索性邀请问题的数量，同时也应注意儿童的想法和情感。

线索性邀请可以使用下列两种形式之一：

请更多地告诉我有关（活动、对象、想法和情感）方面的事情。

之前你告诉我了有关（活动、对象、想法和情感）方面的事情，请告诉我更多的情况。

D. 5. （儿童名字），谢谢你告诉我有关（事件的标题）的情况。在我们今天的谈话中，把发生在你身上的真实事情的全部情况都告诉我，是非常重要的！

D. 6. （儿童名字），到目前的情况为止，我们的谈话，你感觉怎么样？

> 在实质性询问之前这一阶段，如果儿童不配合或者仍然抗拒，应终止询问。跳到 G 部分终止询问，并规划额外的询问以继续建立融洽关系。

E. 实质性阶段

E.1. 过渡到实质性问题

此处重要！在任何时候，如果儿童用清楚的言语行为表明抗拒但没有否认虐待行为，跳到 E.1.a 部分，"辅助处理明显拒绝"，处理抗拒并且不使用额外的过渡性提示。

我对你已经了解一些了，现在我想和你谈一谈为什么（你/我）今天会在这里。

在任何阶段，如果儿童开始做出指控，直接跳到 E.2 阶段。

如果儿童报告的是一起不相关的事件，询问人员可以说：

我听到了你给我讲的，(儿童名字)，如果你愿意，我们可以在以后讨论这件事情，现在，我想知道一些其他的可能发生在你身上的事情。

245 1. 我知道发生了一些事情，请把发生在你身上的所有事情，从头到尾跟我说一下。

2. 正如我刚才说的，我的工作就是和小朋友聊天，聊那些发生在他们身上的事情，由你来告诉我你觉得（你妈妈/你爸爸/你祖母）今天带你来这里或者我今天会来这里和你聊天的原因，这是很重要的。

3. 如果儿童没有开始指控性陈述或者看起来想逃避或者抵触，询问人员可以用通用的鼓励性话语鼓励儿童说话，但是切忌用专门针对该儿童的话语，也不能提到虐待行为。

a. (儿童名字)，我的工作就是倾听儿童讲述那些发生在他们身上的事情。

b. (儿童名字)，我确实想知道发生在儿童身上的事情，这就是我在这里的原因。

c. (儿童名字)，在这里，儿童可以讲述发生在他们身上的好事情，也可以讲述发生在他们身上的坏事情。

4. 我有听到你在（某个时间/地点）跟（一个医生/老师/社工/其他专业

人士）讲过话，请告诉我你和他讲了什么？

5. （我看到/我听说）你的（身体部位）有（记录在案的伤口/瘀伤），请告诉我是如何造成的？

6. （儿童名字），在（指控的事实发生的时间/地点），在你身上发生了什么事吗？

如果儿童没有开始指控性陈述或者看起来想逃避或者抵触，询问人员可以使用上述 a～c 鼓励性话语鼓励儿童说话，或者使用下列话语之一予以鼓励，但是切忌用专门针对该儿童的话语，也不能提到虐待行为。

d. 你已告诉我了不少有关你的情况，我觉得我更多地了解你了，我想你能告诉我更多的发生在你身上的事情（包括好的事情，也包括坏的事情）。

e. 今天你和我谈话的时候，你已告诉我了不少有关你的情况，谢谢你让我知道这些，请继续告诉我一些其他的发生在你身上的事情。

f. （儿童名字），如果你有任何事情想告诉我，我都想知道，我都愿意听，对我而言，听你讲或者了解这些事情是很重要的。

246

如果儿童没有做出指控性陈述或者拒绝，询问人员应当评估并规划后续步骤：

询问人员可以通过儿童的言语和非言语行为所表现出的不情愿来评估并决定是否继续推进询问。如果询问人员确信儿童抗拒或者不情愿合作，就应当终止询问（跳到 E. 1. b）并规划额外的询问，额外进行一场建立融洽关系的会话是有益的。

询问人员可通过过渡性提示逐步推进，如果询问人员怀疑：

—虐待行为或许没有发生。

—儿童没有认识到询问的目的。

—儿童抗拒你的努力以及不情愿合作，但鉴于对其福利或调查存在严重担忧，拖延可能会使儿童处于危险之中。

7. （儿童名字），曾有什么人烦扰你吗？

8. （儿童名字），有没有人对你做了任何你觉得是不对的事情？

9. （儿童名字），有没有哪个人对你（简要概述指控或者怀疑的犯罪事实但是不可以讲到犯罪嫌疑人的名字，也不能提供过多的细节）？

如果儿童没有开始指控性陈述或者看起来想逃避或者抗拒，但是案件有独立的证据指向涉嫌的事实，询问人员可以使用上述支持、鼓励性语言（a～f）鼓励孩子说话，或者使用下列话语之一：

g. （儿童名字），（我/人们）很担心你，我想知道是否有什么事情发生在你身上。

h. （儿童名字），如果有什么事情发生在你身上，而你想要这种事情停止下来，你可以告诉我。

i－1. （儿童名字），如果对你而言告诉我很困难，那告诉我是什么让你感到困难。

i－2. （儿童名字），你有什么担忧的事情吗？

i－3. （儿童名字），如果你告诉了我，将会发生什么？

i－4. （儿童名字），是不是有某个人告诉你不要讲？

j. 有时候儿童会认为发生在他们身上的事情，是他们自己的错误，但是儿童是不需要为发生在他们身上的事情负责任的。

k. 如果你告诉我，是你自己做出的选择，让你做出选择是我的工作。

247 10. （儿童名字），我了解（你/某个人）（报告/看到）了（简要概述指控的犯罪事实或者怀疑的事情但不要专门指出涉嫌实施犯罪行为人的名字，也不能提供过多的细节），我想查明是否有什么事情可能发生在你身上。

E. 1. a. 有助于处理明显抗拒的鼓励性话语

如果儿童明确地表示出有困难或者不愿意披露事件，但又没有否认虐待事实的存在，询问人员可以使用上述 a～k 的鼓励性话语以及下列语句来处理儿童明显的拒绝。

l. （儿童名字），我理解你有（儿童之前提到的困难，例如尴尬），让我们谈谈，我会尽力帮助你。

m. 许多儿童都有（儿童之前提到的困难），我会尽力帮助他们。

n. 我理解你有（儿童之前提到的困难），请更多地告诉我关于该困难的情况。

o. **如果儿童缺乏信心，询问人员可以说：**

我确信你能够说得很好。

p. **如果儿童说她/他担心某件特定的事情并因此而不愿意，询问人员可以将其话当真，并说：**

不要担心，我（不会把这事告诉其他的孩子，或者确保你不会赶不上校车）。

q. 是否告诉我由你来选择决定，而我会同意你的选择。

E. 1. b. 在儿童未做出指控性陈述的情况下结束询问

在探究是否可能发生了虐待行为的任何时候，如果询问人员觉得儿童抵触或者不愿意合作，额外的谈话将会有助于融洽关系的建立，则应当终止询问并规划额外的谈话。如果询问人员想要终止询问，则跳到 G 部分。

E. 2. 探索事件

在整个实质性阶段，维持和提高与儿童已经建立的融洽关系很重要，继续提供鼓励性话语，并处理儿童表达出来的压抑、悲痛和矛盾之处。

E. 2. a. 自由回忆邀请（Free call invitations）

10. a 让儿童就事件做出第一次叙述的邀请

如果儿童提到了某个特定的事件： 248

（儿童名字），你已经告诉了我（简要概述儿童已经提到的指控事件），请把这件事情的经过从头至尾给我讲讲，尽你所能。

如果儿童提到了一系列事件：

（儿童名字），你已经告诉了我（简要概述儿童已经提到的指控），请把（最后这一次/第一次/时间/地点/特定事件）的经过从头至尾给我讲讲。

如果儿童提供了一类事件的描述，询问人员无法确定事件的数量：

（儿童名字），你已经告诉了我（简要概述儿童已经提到的指控），这种事情发生了一次还是多次？

依据儿童的回答，邀请他/她就事件作出第一次叙述（10. a）。

如果儿童仍然做出了对一类事件的描述，询问人员可以这样说：

（儿童名字），你已经告诉了我（简要概述儿童已经提到的对一类事件的描述），请把这些事情的经过从头至尾给我讲讲。

10. b 跟进邀请（Follow – up invitations）

在开始询问事件之前，请重复儿童所描述的行为/发生的事件，然后问：

接着发生了什么？

询问人员可根据需要随时使用这个问题，直到儿童对指控的事实做出了完整的描述。

10. c 时间分段邀请（Time segmenting invitations）

你已经告诉我了很多事情，这有助于我了解发生了什么。现在，（儿童名字），我需要更多地问你一些有关（事件的名称）的问题。

（儿童名字），请你回想一下那个时间（那一天/那个晚上），然后告诉我从某个时刻（儿童已提到的某个活动）到某个时刻（儿童已提到的某个后续活动）发生的全部事情。

10. d 线索性邀请（Cued invitations）

线索性邀请有两种形式

- **请告诉更多的有关（某个活动/对象/情感/想法）的情况。**
- **（儿童名字），你刚才提到（儿童刚才提到的某个活动/对象/情感/想法），请告诉更多的相关情况。**

249 **在整个这一部分都可根据需要随时使用这个问题。**

重要提示：在开始指示性提问之前，应当尽量使用自由回忆邀请获得信息！

E. 2. b. 指示性问题（Directive questions）①

如果对于报称的案件事实中的一些重要细节，在询问人员用尽了各种开

① 直接问句（direct question），与 directive question 类似，指问题/问句涉及案件事实的主要内容，类似于我国侦查讯问或询问中关于“七何”要素的提问。——译者注

放性问题之后，孩子仍然没告知，或者讲得不够清楚，询问人员可以提出指示性问题。

11.（儿童名字），你刚才（说到/提到）（活动/对象/情感/想法）（如何/何时/在哪里/是什么/哪一个/多少个/你是什么意思）？

很重要的是，请尽可能将开放性的邀请和指示性提问搭配（配对）使用：

告诉我更多的关于那方面的情况。

E. 2. c. 探究多起案件事实

如果在回复问题 11 的过程中，儿童只提到了一起事件：

12.（儿童名字），你刚才告诉我的事情，那种事情只发生了一次还是不止一次？

如果儿童说这种事情不只发生了一次，则应回到问题 10. a，探究额外的案件事实，最好的做法通常是先探究最后一次、第一次，或者儿童记得最清楚的那一次。

E. 2. d. 休息

（儿童名字），现在我想要确定我已经理解了你所告诉我的一切，然后想想看我还有没有其他问题必须问你，我需要花几分钟时间（想一想刚才你告诉我的事情/看一下我的笔记）。

在休息期间，询问人员应当把刚才得到的信息从头梳理一遍，看看有没有漏掉什么信息，并且规划接下来的询问应当如何进行，切记应当用书面形式设计好选择性问题（Option-Posing Questions）并且思考用开放性提示或者指示性提示替代它们。

E. 2. e. 用选择性问题引导儿童讲出之前没有提到的信息

询问人员只有在已经尝试过其他一切方法，仍然觉得还有一些重要的具有司法意义的信息未呈现出来时，才可以问这种聚焦性问题，需要谨记的是，应当尽可能地搭配开放性的邀请问题（“请把一切都告诉我”）。

如果案件涉及多起事实，询问人员应当要求儿童用自己的语言陈述相关案件事实。

13.（儿童名字），在你告诉我有关（嵌入了时间和地点的特定事件）的 250

时候，你提到了（活动/对象/情感/想法），（有/是）（某个让儿童确认或者否定的细节）？（例如，莎拉，刚才你告诉我的，你和路易斯在厨房的时候，是否有其他人和你们在一起？）

无论何时，只要适当，就应接着提出开放性的邀请：

请把有关（活动/对象/情感/想法）的全部情况都告诉我。

询问人员在开始询问下一起案件事实之前，应先确保就这一起案件事实而言，已经取得了所有需要知道的细节。

F. 相关信息的披露

你已经告诉了我你今天来这里和我谈话的原因，你也提供了很多信息，确实帮助我了解了所发生的事情。

如果儿童提到他已经跟某人讲过这些案件事实了，询问人员可以说：

现在我想了解其他人是怎么知道这件事情的（最后一次事件）。

如果儿童没有提到曾经跟其他人讲过，可试探一下他是不是已经说出去了。

有任何其他人知道这件事情吗？

然后，探索儿童披露这一信息的过程，问清披露的时间、披露的情形、披露的对象，关于事件可能进行的讨论，以及儿童和披露对象二者的反应。应尽可能地使用开放性问题。

G. 结束询问

（儿童名字），在我们这边结束之后，你打算做什么呢？

和孩子就某个中性话题聊几分钟。

参考文献 251

1. Aarons, N. M. , Powell, M. B. , & Browne, J. (2004). Police perceptions of interviews involving children with intellectual disabilities: A qualitative inquiry. *Policing and Society*, 14 (3), 269 – 278.

2. Ackerman, B. P. (1981). Encoding specificity in the recall of pictures and words in children and adults. *Journal of Experimental Child Psychology*, 31, 193 – 211.

3. Ackil, J. K. , & Zaragoza, M. S. (1995). Developmental differences in suggestibility and memory for source. *Journal of Experimental Child Psychology*, 60, 57 – 83.

4. Adams, B. J. , Field, L. , & Verhave, T. (1999). Effects of unreinforced conditional selection training, multiple negative comparison training, and feedback on equivalence class formation. *Psychological Record*, 49, 685 – 702.

5. Ageton, S. S. (1983). The dynamics of female delinquency, 1976 – 1980. *Criminology: An Interdisciplinary Journal*, 21, 555 – 584.

6. Agnew, S. E. , & Powell, M. B. (2004). The effect of intellectual disability on children's recall of an event across different question types. *Law and Human Behavior*, 28, 273 – 294.

7. Agnew, S. E. , Powell, M. B. , & Snow, P. C. (2006). An examination of the questioning styles of police officers and caregivers when interviewing children with intellectual disabilities. *Legal and Criminological Psychology*, 11(1), 35 – 53.

8. Ahern, B. , Hershkowitz, I. , Lamb, M. E, Blasbalg, U. , & Karni-Visel, Y. (in press). Examining reluctance and emotional support in forensic interviews with substantiated victims of physical abuse. *Applied Developmental Science*.

9. Ahern, E. C. , Hershkowitz, I. , Lamb, M. E. , Blasbalg, U. , & Winstanley, A. (2014). Support and reluctance in the pre-substantive phase of alleged child abuse victim investigative interviews: Revised versus standard NICHD protocols. *Behavioral Sciences & the Law*, 32(6), 762 – 774.

10. Ahern, E. C. , & Lamb, M. E. (2017). Children's reports of disclosure recipient 252
reactions in forensic interviews: Comparing the NICHD and MoGP Protocols. *Journal of Police and Criminal Psychology*, 32, 85 – 93.

11. Ahern, E. C., & Lyon, T. D. (2013). Facilitating maltreated children's use of emotional language. *Journal of Forensic Social Work*, 3(2), 176–203.

12. Ahern, E. C., Sadler, L. A., Lamb, M. E., & Gariglietti, G. M. (2017). Practitioner perspectives on child sexual exploitation: Rapport building with young people. *Journal of Child Sexual Abuse*, 26, 78–91.

13. Akehurst, L., Koehnken, G., & Hoefer, E. (2001). Content credibility of accounts derived from live and video presentations. *Legal and Criminological Psychology*, 6, 65–83.

14. Akehurst, L., Milne, R., & Koehnken, G. (2003). The effects of children's age and delay on recall in a cognitive or structured interview. *Psychology, Crime & Law*, 9, 97–107.

15. Alaggia, R., & Turton, J. V. (2005). Against the odds: The impact of woman abuse on maternal response to disclosure of child sexual abuse. *Journal of Child Sexual Abuse*, 14, 95–113.

16. Aldridge, J., & Cameron, S. (1999). Interviewing child witnesses: Questioning techniques and the role of training. *Applied Developmental Science*, 3, 136–147.

17. Aldridge, J., Lamb, M. E., Sternberg, K. J., Orbach, Y., Esplin, P. W., & Bowler, L. (2004). Using a human figure drawing to elicit information from alleged victims of child abuse. *Journal of Consulting and Clinical Psychology*, 72, 304–316.

18. Alea, N., & Wang, Q. (2015). Going global: The functions of autobiographical memory in cultural context. *Memory*, 23, 1–10.

19. Alexander, K. W., Goodman, G. S., Schaaf, J. M., Edelstein, R. S., Quas, J. A., & Shaver, P. R. (2002). The role of attachment and cognitive inhibition in children's memory and suggestibility for a stressful event. *Journal of Experimental Child Psychology*, 83, 262–290.

20. Almeida, T. S., Lamb, M. E., & Weissblat, E. (under review). Assessing the effectiveness of the revised NICHD Protocol when interviewing children with Autism Spectrum Disorder about a live personally experienced event.

21. Almerigogna, J., Ost, J., Bull, R., & Akehurst, L. (2007). A state of high anxiety: How non-supportive interviewers can increase the suggestibility of child witnesses. *Applied Cognitive Psychology*, 21, 963–974.

22. Alonzo-Proulx, A., & Cyr, M. (2016). Factors predicting central details in alleged child sexual abuse victims' disclosure. *Journal of Forensic Psychology Practice*, 16, 129–150.

23. American Professional Society on the Abuse of Children (APSAC). (1990/1997). *Guidelines for psychosocial evaluation of suspected sexual abuse in young children.* Chicago, IL: Author.

24. American Professional Society on the Abuse of Children (APSAC). (1995). *Use of*

anatomical dolls in child sexual abuse assessments. Chicago, IL: Author.

25. American Professional Society on the Abuse of Children (APSAC). (2002). *Practice guidelines: Investigative interviewing in cases of alleged child abuse.* Chicago, IL: Author.

26. American Professional Society on the Abuse of Children (APSAC). (2012). *Practice guidelines: Investigative interviewing in cases of alleged child abuse.* Chicago, IL: Author.

27. Anderson, D. E., DePaulo, B. M., Ansfield, M. E., Tickle, J. J., & Green, E. (1999). Beliefs about cues to deception: Mindless stereotypes or untapped wisdom? *Journal of Nonverbal Behavior*, 23, 67 – 89.

28. Anderson, G. D., Anderson, J. N., & Gilgun, J. F. (2014). The influence of narrative 253
practice techniques on child behaviors in forensic interviews. *Journal of Child Sexual Abuse*, 23 (6), 615 – 634.

29. Anderson, J. (2010). Cornerhouse Forensic Interviewing Protocol: RATAC. *Thomas M. Cooley Journal of Practical and Clinical Law*, 12, 193 – 331.

30. Andrews, S. J., & Lamb, M. E. (2014). The effects of age and delay on responses to repeated questions in forensic interviews with children alleging sexual abuse. *Law and Human Behavior*, 38, 171 – 180.

31. Andrews, S. J., & Lamb, M. E. (2016). How do lawyers examine and cross-examine children in Scotland? *Applied Cognitive Psychology*, 30(6), 953 – 971.

32. Andrews, S. J., & Lamb, M. E. (2017). The structural linguistic complexity of lawyers' questions and children's responses in Scottish criminal courts. *Child Abuse & Neglect*, 65, 182 – 193.

33. Andrews, S. J., Lamb, M. E., & Lyon, T. D. (2015a). The effects of question repetition on responses in direct-and cross-examinations of children alleging sexual abuse in court. *Law and Human Behavior*, 39(6), 559 – 570.

34. Andrews, S. J., Lamb, M. E., & Lyon, T. D. (2015b). Question types, responsiveness and self-contradictions when prosecutors and defense attorneys question alleged victims of child sexual abuse. *Applied Cognitive Psychology*, 29(2), 253 – 261.

35. Aslan, A., & Bäuml, K. H. T. (2010). Retrieval-induced forgetting in young children. *Psychonomic Bulletin & Review*, 17(5), 704 – 709.

36. Azad, A., Christianson, S.-A., & Selenius, H. (2014). Children's reporting patterns after witnessing homicidal violence—the effect of repeated experience and repeated interviews. *Psychology, Crime & Law*, 20, 407 – 429.

37. Bahrick, L., Parker, J., Fivush, R., & Levitt, M. (1998). The effects of stress on young children's memory for a natural disaster. *Journal of Experimental Psychology: Applied*, 4,

308 - 331.

38. Baker-Ward, L., Burgwyn, E. O., Ornstein, P. A., & Gordon, B. N. (1995, April). *Children's reports of a minor medical emergency procedure.* Paper presented at the biennial meeting of the Society for Research in Child Development, Indianapolis, IN.

39. Baker-Ward, L., Gordon, B. N., Ornstein, P. A., Larus, D. M., & Clubb, P. A. (1993). Young children's long-term retention of a pediatric examination. *Child Development*, 64, 1519 - 1533.

40. Baker-Ward, L., Hess, T. M., & Flannagan, D. A. (1990). The effects of involvement on children's memory for events. *Cognitive Development*, 5(1), 55 - 69.

41. Baker-Ward, L., Ornstein, P. A., & Principe, G. F. A. (1997). Revealing the representation: Evidence from children's reports of events. In P. W. Van Den Broek, P. J. Bauer, & T. Bourg (Eds.), *Developmental spans in event comprehension and representation: Bridging fictional and actual events* (pp. 79 - 107). Mahwah, NJ: Erlbaum.

42. Barkley, R. A. (2006). *Attention-deficit hyperactivity disorder: A handbook for diagnosis.* New York, NY: Guilford Press.

43. Bauer, P. J. (2015). A complementary processes account of the development of childhood amnesia and a personal past. *Psychological review*, 122(2), 204 - 231.

44. Bauer, P., & Fivush, R. (1992). Constructing event representations: Building on a foundation of variation and enabling relations. *Cognitive Development*, 7, 381 - 401.

45. Bauer, P. J., & Larkina, M. (2014a). The onset of childhood amnesia in childhood: A prospective investigation of the course and determinants of forgetting of early-life events. *Memory*, 22, 907 - 924.

254 46. Bauer, P. J., & Larkina, M. (2014b). Childhood amnesia in the making: Different distributions of autobiographical memories in children and adults. *Journal of Experimental Psychology. General*, 143, 597 - 611.

47. Bauer, P. J., & Larkina, M. (2015). Predicting remembering and forgetting of autobiographical memories in children and adults: A 4-year prospective study. *Memory*, 1 - 24.

48. Bauer, P., Van Abbema, D., Wiebe, S., Cary, M., Phill, C., & Burch, M. (2004). Props, not pictures, are worth a thousand words: Verbal accessibility of early memories under different conditions of contextual support. *Applied Cognitive Psychology*, 18, 373 - 392.

49. Bauer, P. J., & Wewerka, S. S. (1997). Saying is revealing: Verbal expression of event memory in the transition from infancy to early childhood. In P. W. Van Den Broek, P. J. Bauer, & T. Bourg (Eds.), *Developmental spans in event comprehension and representation: Bridging fictional and actual events* (pp. 139 - 168). Mahwah, NJ: Erlbaum.

50. Baugerud, G. A., Magnussen, S., & Melinder, A. (2014). High accuracy but low consistency in children's long-term recall of a real-life stressful event. *Journal of Experimental Child Psychology*, 126, 357 – 368.

51. Baugerud, G. A., & Melinder, A. (2012), Maltreated children's memory of stressful removals from their biological parents. *Applied Cognitive Psychology*, 26, 261 – 270.

52. Bekerian, D. A., & Dennet, J. L. (1993). The cognitive interview technique: Reviving the issue. *Applied Cognitive Psychology*, 7, 275 – 297.

53. Bekerian, D. A., & Dennet, J. L. (1995). Assessing the truth in children's statements. In T. Ney (Ed.), *True and false allegations of child sexual abuse: Assessment and case management*(pp. 163 – 175). Philadelphia, PA: Brunner/Mazel.

54. Bekerian, D. A., Dennet, J. L., Hill, K., & Hitchcock, R. (1990). *Effects of detailed imagery on simulated witness recall.* Paper presented at the Second European Conference on Law and Psychology, Nuremberg, Germany.

55. Bell, G. E. (1984). Developmental differences in preschoolers' comprehension of wh-questions. *Dissertation Abstracts International*, 45(6-A), 1634.

56. Belli, R. F., Lindsay, D. S., Gales, M. S., & McCarthy, T. T. (1994). Memory impairment and source misattribution in post-event misinformation experiments with short retention intervals. *Memory and Cognition*, 21, 40 – 54.

57. Belsky, J., Spritz, B., & Crnic, K. (1996). Infant attachment security and affective-cognitive information processing at age 3. *Psychological Science*, 7, 111 – 114.

58. Benia, L. R., Hauck-Filho, N., Dillenburg, M., & Stein, L. M. (2015). The NICHD Investigative Interview Protocol: A meta-analytic review. *Journal of Child Sexual Abuse*, 24, 259 – 279.

59. Benson, M. S., & Powell, M. B. (2015a). Australian prosecutors' perceptions of the utility of child investigative interview protocols. *International Journal of Police Science & Management*, 17(4), 216 – 229.

60. Benson, M. S., & Powell, M. B. (2015b). Evaluation of a comprehensive interactive training system for investigative interviewers of children. *Psychology, Public Policy, and Law*, 21, 309.

61. Bettenay, C., Ridley, A. M., Henry, L. A., & Crane, L. (2015). Changed responses under cross-examination: The role of anxiety and individual differences in child witnesses. *Applied Cognitive Psychology*, 29, 485 – 491.

62. Bjorklund, D. F. (1987). How age changes in knowledge base contribute to the 255
development of children's memory: An interpretive review. *Developmental Review*, 7, 93 – 130.

63. Bjorklund, D. F., Bjorklund, B., Brown, R., & Cassel, W. (1998). Children's susceptibility to repeated questions: How misinformation changes children's answers and their minds. *Applied Developmental Science*, 2, 99 – 111.

64. Bjorklund, D. F., & Thompson, B. E. (1983). Category typicality effects in children's memory performance: Qualitative and quantitative differences in the processing of category information. *Journal of Experimental Child Psychology*, 35, 329 – 344.

65. Bjorklund, D. F., & Zeman, B. R. (1982). Children's organization and metamemory awareness in their recall of familiar information. *Child Development*, 53, 799 – 810.

66. Billings, F. J., Taylor, T., Burns, J., Corey, D. L., Garven, S., & Wood, J. M. (2007). Can reinforcement induce children to falsely incriminate themselves? *Law and Human Behavior*, 31, 125 – 139.

67. Blahauvietz, S. (2005, January). *Forensic use of anatomical dolls.* Paper presented at the meeting of the American Professional Society on Child Abuse, San Diego, CA.

68. Blasbalg, U., Hershkowitz, I., & Karni-Visel, Y. (2018). *Support, reluctance and production in child abuse investigations.* Manuscript under review.

69. Blasbalg, U., Hershkowitz, I., Karni-Visel, Y. & Lamb, M. E. (2018a, March). *The associations among interviewer support, child reluctance, and informativeness in forensic interviews with alleged victims of intra-familial abuse.* Paper presented at the American Psychology-Law Society Conference, Memphis, TN.

70. Blasbalg, U., Hershkowitz, I., Karni-Visel, Y. & Lamb, M. E(2018b, March). *The associations among socio-emotional factors and the coherence of the statement in forensic interviews with alleged victims of intra-familial abuse.* Paper presented at the American Psychology-Law Society Conference, Memphis, TN.

71. Blasbalg, U., Hershkowitz, I., Lamb, M. E., & Karni-Visel, Y. (2018c, July). *Support, reluctance and informativeness in the substantive phase of investigative interviews with alleged victims of child abuse: Comparing the Revised and Standard NICHD Protocols.* Paper presented at the 11th annual IIIRG conference, Porto, Portugal.

72. Bless, H. (2001). Mood and the use of general knowledge structures. In L. L. Martin & G. L. Clore(Eds.), *Theories of mood and cognition: A user's guide*(pp. 9 – 26). Mahwah, NJ: Erlbaum.

73. Bless, H., Fiedler, K., & Forgas, J. P. (2006). Mood and the regulation of information processing and behavior. *Affect in social thinking and behavior*, 65 – 84.

74. Boat, B. W., & Everson, M. D. (1994). Exploration of anatomical dolls by non-referred preschool-aged children: Comparisons by age, gender, race, and socioeconomic status.

Child Abuse &Neglect, 139 – 153.

75. Boat, B. W., & Everson, M. D. (1996). Concerning practices of interviewers when using anatomical dolls in child protective services investigations. *Child Maltreatment*, 1, 96 – 104.

76. Boggs, S. R., & Eyberg, S. (1990). Interview techniques and establishing rapport. In A. M. La Greca (Ed.), *Through the eyes of the child: Obtaining self-reports from children and adolescents* (pp. 85 – 108). Boston, MA: Allyn & Bacon.

77. Borkowski, J. G., Milstead, M., & Hale, C. (1988). Components of children's 256
metamemory: Implications for strategy generalization. In F. E. Weinert & M. Perlmutter (Eds.), *Memory development: Universal changes and individual differences* (pp. 73 – 100). Hillsdale, NJ: Erlbaum.

78. Bornstein, B. H., Liebel, L. M., & Scarberry, N. C. (1998). Repeated testing in eyewitness memory: A means to improve recall of a negative emotional event. *Faculty Publications, Department of Psychology*, 177.

79. Bourg, W., Broderick, R., Flagor, R., Kelly, D. M., Ervin, D. L., & Butler, J. (1999). *A child interviewer's guidebook.* Thousand Oaks, CA: Sage.

80. Boychuk, T. D. (1991). *Criteria-based content analysis of children's statements about sexual abuse: A field-based validation study.* Unpublished doctoral dissertation. Arizona State University, Tempe, AZ.

81. Bowen, C. J., & Howie, P. M. (2002). Context and cue cards in young children's testimony: A comparison of brief narrative elaboration and context reinstatement. *Journal of Applied Psychology*, 87, 1077 – 1085.

82. Bradley, A. R., & Wood, J. M. (1996). How do children tell? The disclosure process in child sexual abuse. *Child Abuse &Neglect.* 20, 881 – 891.

83. Brady, M., Poole, D. A., Warren, A., & Jones, D. (1999). Young children's responses to yes-or-no questions: Patterns and problems. *Applied Developmental Science*, 3, 47 – 57.

84. Brainerd, C. J., & Ornstein, P. A. (1991). Children's memory for witnessed events: The developmental backdrop. In J. Doris (Ed.), *The suggestibility of children's recollections* (pp. 10 – 20). Washington, DC: American Psychological Association.

85. Brainerd, C. J., & Reyna, V. F. (1990). Gist is the grist: Fuzzy-trace theory and the new intuitionism. *Developmental Review*, 10, 3 – 47.

86. Brainerd, C. J., & Reyna, V. F. (1996). Mere testing creates false memories in children. *Developmental Psychology*, 32, 467 – 476.

87. Brainerd, C. J., & Reyna, V. F. (2002). Recollection rejection: How children edit their

false memories. *Developmental Psychology*, 38, 156 – 172.

88. Brainerd, C. J., & Reyna, V. F. (2005). *The science of false memory.* Oxford, UK: Oxford University Press.

89. Brainerd, C. J., & Reyna, V. F. (2012). Reliability of children's testimony in the era of developmental reversals. *Developmental Review*, 32, 224 – 267.

90. Brainerd, C. J., Reyna, V. F., Howe, M. L., & Kingma, J. (1990). The development of forgetting and reminiscence. *Monographs of the Society for Research in Child Development*, 55(3/4), 94 – 109.

91. Braithwaite, D. W., & Goldstone, R. L. (2015). Effects of variation and prior knowledge on abstract concept learning. *Cognition and Instruction*, 33, 226 – 256.

92. Brennan, M., & Brennan, R. E. (1988). *Strange language: Child victims under cross examination* (3rd ed.). Wagga Wagga, NSW, Australia: Riverina Literacy Centre.

93. Brewer, W. F., & Nakamura, G. V. (1984). The nature and functions of schemas. In R. S. Wyer & T. K. Srull (Eds.), *Handbook of social cognition* (Vol. 1, pp. 119 – 160). Hillsdale, NJ: Erlbaum.

94. Brown, D. A. (2011). The use of supplementary techniques in forensic interviews with children. In M. E. Lamb, D. LaRooy, C. Katz, & L. Malloy (Eds.), *Children's testimony: A handbook of psychological research and forensic practice* (2nd ed., pp. 217 – 249). Chichester, UK: Wiley.

257 95. Brown, D. A., Brown, E.-J., Lewis, C. N., & Lamb, M. E. (in press). Narrative skill and testimonial accuracy in typically developing children and those with intellectual disabilities. *Applied Cognitive Psychology.*

96. Brown, D. A., Higgs, W., Barton, R., Lamb, M. E., & Pipe, M.-E. (2017). *The influence of visual aids on the detail and accuracy of children's reports about touch.* Manuscript under review.

97. Brown, D. A., & Lamb, M. E. (2015). Can children be useful witnesses? It depends how they are questioned. *Child Development Perspectives*, 9, 250 – 255.

98. Brown, D. A., & Lamb, M. E. (2017). A contextually and developmentally sensitive view of children's memory development: Between the laboratory and the field. In A. S. Dick, & U. Müller (Eds). *Advancing developmental science: Philosophy, theory, and method* (pp. 119 – 132). New York, NY: Routledge.

99. Brown, D. A., Lamb, M. E., Lewis, C. N., Pipe, M.-E., Orbach, Y., & Wolfman, M. (2013). Evaluating the NICHD Investigative Interview Protocol: A laboratory study. *Journal of Experimental Psychology: Applied*, 19, 367 – 382.

100. Brown, D. A. , & Lewis, C. N. (2013). Competence is in the eye of the beholder: Perceptions of intellectually disabled child witnesses. *International Journal of Disability, Development and Education*, 60, 3 – 17.

101. Brown, D. A. , Lewis, C. N. , & Lamb, M. E. (2015). Preserving the past: An early interview improves delayed event memory in children with intellectual disabilities. *Child Development*, 86, 1031 – 1047.

102. Brown, D. A. , Lewis, C. N. , Lamb, M. E. , Gwynne, J. , Kitto, O. , & Stairmand, M. (2016). *Developmental differences in children's learning and use of ground rules during an interview about an experienced event.* Manuscript under review.

103. Brown, D. A. , Lewis, C. N. , Lamb, M. E. , & Stephens, E. (2007). Facilitating eyewitness testimony in children with learning disabilities. *Final report to the Economic and Social Research Council(ESRC)*. Swindon, UK: ESRC.

104. Brown, D. A. , Lewis, C. N. , Lamb, M. E. , & Stephens, E. (2012). The influences of delay and severity of intellectual disability on event memory in children. *Journal of Consulting and Clinical Psychology*, 80, 829 – 841.

105. Brown, D. , Lewis, C. , Stephens, E. & Lamb, M. (2017). Interviewers' approaches to questioning vulnerable child witnesses: The influences of developmental level versus intellectual disability status. *Legal and Criminological Psychology*, 22, 332 – 349.

106. Brown, D. A. , McKennie, S. , & Barton, R. (2018). *Supplementary techniques do not enhance children's recall when added to a best-practice interviewing protocol.* Manuscript under preparation.

107. Brown, D. A. , & Pipe, M. -E. (2003a). Individual differences in children's event memory reports and the narrative elaboration technique. *Journal of Applied Psychology*, 88, 195 – 206.

108. Brown, D. A. , & Pipe, M. -E. (2003b). Variations on a technique: Enhancing children's recall using narrative elaboration training. *Applied Cognitive Psychology*, 17, 377 – 399.

109. Brown, D. A. , Pipe, M. -E. , Lewis, C. , Lamb, M. E. , & Orbach, Y. (2007). Supportive or suggestive: Do human figure drawings help 5-to 7-year-old children to report touch? *Journal of Consulting and Clinical Psychology*, 75, 33 – 42.

110. Brown, D. , Pipe, M. -E. , Lewis, C. , Lamb, M. E. , & Orbach, Y. (2012). How do body diagrams affect the accuracy and consistency of children's reports of bodily touch across repeated interviews? *Applied Cognitive Psychology*, 26, 174 – 181.

111. Brown, D. A. , Salmon, K. , Pipe, M. -E. , Rutter, M. , Craw, S. , & Taylor, B. 258
(1999). Children's recall of medical experiences: The impact of stress. *Child Abuse & Neglect*,

23, 209 – 216.

112. Brown, R. (1973). *A first language.* Cambridge, MA: Harvard University Press.

113. Browne, A., & Finkclhor, D. (1986). Impact of child sexual abuse: A review of the research. *Psychological Bulletin*, 99, 66 – 77.

114. Brubacher, S. P., Glisic, U., Roberts, K. P., & Powell, M. (2011). Children's ability to recall unique aspects of one occurrence of a repeated event. *Applied Cognitive Psychology*, 25, 351 – 358.

115. Brubacher, S. P., Malloy, L. C., Lamb, M. E., & Roberts, K. P. (2013). How do interviewers and children discuss individual occurrences of alleged repeated abuse in forensic interviews? *Applied Cognitive Psychology*, 27, 443 – 450.

116. Brubacher, S. P., Poole, D. A., & Dickinson, J. J. (2015). The use of ground rules in investigative interviews with children: A synthesis and call for research. *Developmental Review*, 36, 15 – 33.

117. Brubacher, S. P., Roberts, K. P., & Powell, M. (2011). Effects of practicing episodic versus scripted recall on children's subsequent narratives of a repeated event. *Psychology, Public Policy & Law*, 17, 286 – 314.

118. Brubacher, S. P., Roberts, K. P., & Powell, M. (2012). Retrieval of episodic versus generic information: Does the order of recall affect the amount and accuracy of details reported by children about repeated events? *Developmental Psychology*, 48, 111 – 122.

119. Bruck, M. (1999). A summary of an affidavit prepared for Commonwealth of Massachusetts v. Cheryl Amirault LeFave. *Applied Developmental Science*, 3, 110 – 127.

120. Bruck, M. (2009). Human figure drawings and children's recall of touching. *Journal of Experimental Psychology: Applied*, 15, 361 – 374.

121. Bruck, M., & Ceci, S. J. (1995). Amicus Brief for the case of State of New Jersey v. Michaels presented by Committee of Concerned Social Scientists. *Psychology, Public Policy, and The Law*, 1, 272 – 322.

122. Bruck, M., & Ceci, S. J. (1996). Issues in the scientific validation of interviews with young children. *Monographs of the Society for Research in Child Development*, 61, 204 – 214.

123. Bruck, M., & Ceci, S. (2004). Forensic developmental psychology unveiling four common misconceptions. *Current Directions in Psychological Science*, 13, 229 – 232.

124. Bruck, M., Ceci, S. J., & Francoeur, E. (1999). The accuracy of mothers' memories of conversations with their preschool children. *Journal of Experimental Psychology: Applied*, 5, 89 – 106.

125. Bruck, M., Ceci, S. J., Francoeur, E., & Renick, A. (1995a). Anatomically

detailed dolls do not facilitate preschoolers' reports of a pediatric examination involving genital touching. *Journal of Experimental Psychology*: *Applied*, 1, 95 – 109.

126. Bruck, M., Ceci, S. J., Francouer, E., & Barr, R. (1995b). "I hardly cried when I got my shot!" Influencing children's reports about a visit to their pediatrician. *Child Development*, 66, 193 – 208.

127. Bruck, M., Ceci, S. J., & Hembrooke, H. (1998). Reliability and credibility of young children's reports: From research to policy and practice. *American Psychologist*, 53, 136 – 151.

128. Bruck, M., Hembrooke, H., & Ceci, S. J. (1997). Children's reports of pleasant and unpleasant events. In D. Read & S. Lindsay (Eds.), *Recollections of trauma*: *Scientific research and clinical practice* (pp. 199 – 219). New York, NY: Plenum.

129. Bruck, M., Kelley, K., & Poole, D. A. (2016). Children's reports of body touching 259
in medical examinations: The benefits and risks of using body diagrams. *Psychology*, *Public Policy*, *and Law*, 22, 1 – 11.

130. Bruck, M., London, K., Landa, R., & Goodman, J. (2007). Autobiographical memory and suggestibility in children with autism spectrum disorder. *Development and Psychopathology*, 19, 73 – 95.

131. Bruck, M., Melnyk, L., & Ceci, S. J. (2000). Draw it again Sam: The effect of drawing on children's suggestibility and source monitoring ability. *Journal of Experimental Child Psychology*, 77, 169 – 196.

132. Bugental, D. B., Blue, J., Cortez, V., Fleck, K., & Rodriguez (1992). Influences of witnessed affect on information processing in children. *Child Development*, 63, 774 – 786.

133. Burack, J. A., & Zigler, E. (1990). Intentional and incidental memory in organically mentally retarded, familial retarded, and nonretarded individuals. *American Journal on Mental Retardation*, 94, 532 – 540.

134. Burgess, A. W., & Holmstrom, L. L. (1978). Recovery from rape and prior life stress. *Research in Nursing & Health*, 1, 165 – 174.

135. Burgwyn-Bailes, E., Baker-Ward, L., Gordon, B. N., & Ornstein, P. A. (2001). Children's memory for emergency medical treatment after one year: The impact of individual difference variables on recall and suggestibility. *Applied Cognitive Psychology*, 15, S25 – S48.

136. Bussey, K., & Grimbeek, E. J. (1995). Disclosure processes: Issues for child sexual abuse victims. In K. J. Rotenberg (Ed.), *Disclosure processes in children and adolescents* (pp. 166 – 203). Cambridge UK: Cambridge University Press. https://doi.org/10.1017/CBO9780511527746.009.

137. Butler, S., Gross, J., & Hayne, H. (1995). The effect of drawing on memory

performance in young children. *Developmental Psychology*, 31, 597 – 608.

138. Butterfield, E. C., & Ferretti, R. F. (1987). Toward a theoretical integration of cognitive hypothesis about intellectual differences among children. In J. B. Borkowski & J. D. Day (Eds.), *Cognition in special children: Comparative approaches to retardation, learning disabilities and giftedness*(pp. 195 – 233). Norwood, NJ: Ablex.

139. Bybee, D., & Mowbray, C. T. (1993). An analysis of allegations of sexual abuse in a multi-victim day care center case. *Child Abuse & Neglect*, 17, 767 – 783.

140. Camparo, L. B., Wagner, J. T., & Saywitz, K. J. (2001). Interviewing children about real and fictitious events: Revisiting the narrative elaboration procedure. *Law and Human Behavior*, 25, 63 – 80.

141. Cantlon, J., Payne, G., & Erbaugh, C. (1996). Outcome-based practice: Disclosure rates of child sexual abuse comparing allegation blind and allegation informed structured interviews. *Child Abuse & Neglect*, 20, 1113 – 1120.

142. Carnes, C. N. (2000). *Forensic evaluation of children when sexual abuse is suspected* (2nd ed.). Huntsville, AL: National Children's Advocacy Center.

143. Carnes, C. N., Nelson-Gardell, D., Wilson, C., & Orgassa, U. C. (2001). Extended forensic evaluation when sexual abuse is suspected: A multisite field study. *Child Maltreatment*, 6, 230 – 242.

144. Carnes, C. N., Wilson, C., & Nelson-Gardell, D. (1999). Extended forensic evaluation when sexual abuse is suspected: A model and preliminary data. *Child Maltreatment*, 4, 242 – 254.

145. Carrick, N., & Quas, J. A. (2006). Effects of discrete emotions on young children's ability to discern fantasy and reality. *Developmental Psychology*, 42, 1278 – 1288.

260 146. Carrick, N., Rush, E., & Quas, J. A. (2013). Suggestibility and imagination in early childhood. In M. Taylor (Ed.). *The Oxford handbook of the development of imagination* (pp. 113 – 125). Oxford, UK: Oxford University Press.

147. Carter, C. A., Bottoms, B. L., & Levine, M. (1996). Linguistic and socioemotional influences in the accuracy of children's reports. *Law and Human Behavior*, 20, 335 – 358.

148. Cassel, W. S., & Bjorklund, D. F. (1995). Developmental patterns of eyewitness memory and suggestibility: An ecologically based short-term longitudinal study. *Law and Human Behavior*, 19, 507 – 532.

149. Cassel, W. S., Roebers, C. E. M., & Bjorklund, D. F. (1996). Developmental patterns of eyewitness responses to repeated and increasingly suggestive questions. *Journal of Experimental Child Psychology*, 61, 116 – 133.

150. Castelli, P. , & Goodman, G. S. (2014). Children's perceived emotional behavior at disclosure and prosecutors' evaluations. *Child Abuse and Neglect*, 38, 1521 - 1532.

151. Castelli, P. , Goodman, G. S. , & Ghetti, S. (2005). Effects of interview style and witness age on perceptions of children's credibility in sexual abuse cases. *Journal of Applied Social Psychology*, 35, 297 - 317.

152. Cauchi, R. T. , Powell, M. , & Hughes-Scholes, C. H. (2010). A controlled analysis of professionals' contemporaneous notes of interviews about alleged child abuse. *Child Abuse and Neglect*, 34, 318 - 323.

153. Ceci, S. J. , & Bruck, M. (1993). Suggestibility of the child witness: A historical review and synthesis. *Psychological Bulletin*, 113, 403 - 439.

154. Ceci, S. J. , & Bruck, M. (1995). *Jeopardy in the courtroom: A scientific analysis of children's testimony*. Washington, DC: American Psychological Association.

155. Ceci, S. J. , & Friedman, R. D. (2000). The suggestibility of children: Scientific research and legal implications. *Cornell Law Review*, 86, 34 - 108.

156. Ceci, S. J. , Hritz, A. , & Royer, C. (2015). Understanding suggestibility. In W. T. O'Donohue & M. Fanetti (Eds.), *Forensic interviews regarding sexual abuse: A guide to evidence-based practice*(pp. 141 - 153). New York, NY: Springer International.

157. Ceci, S. J. , & Huffman, M. L. C. (1997). How suggestible are preschool children? Cognitive and social factors. *Journal of the American Academy of Child &Adolescent Psychiatry*, 36, 948 - 958.

158. Ceci, S. J. , Huffman, M. L. C. , Smith, E. , & Loftus, E. F. (1994). Repeatedly thinking about a non-event: Source misattributions among preschoolers. *Consciousness and Cognition*, 3, 388 - 407.

159. Ceci, S. J. , Huffman, M. L. C. , Smith, E. , & Loftus, E. F. (1996). Repeatedly thinking about a non-event: Source misattributions among preschoolers. In W. P. Banks & K. Pezdek (Eds.), *The recovered memory/false memory debate* (pp. 225 - 244). San Diego, CA: Academic Press.

160. Ceci, S. J. , Kulkofsky, S. , Klemfuss, J. Z. , Sweeney, C. D. , & Bruck, M. (2007). Unwarranted assumptions about children's testimonial accuracy. *Annual Review of Clinical Psychology*, 3, 311 - 328.

161. Ceci, S. J. , Leichtman, M. D. , & Bruck, M. (1995). The suggestibility of children's eyewitness reports: Methodological issues. In F. E. Weinert & W. Schneider (Eds.), *Memory performance and competencies: Issues in growth and development*(pp. 323 - 347). Mahwah, NJ: Erlbaum.

162. Ceci, S. J., Loftus, E. F., Leichtman, M. D., & Bruck, M. (1994). The possible role of source misattributions in the creation of false beliefs among preschoolers. *International Journal of Clinical and Experimental Hypnosis*, 42, 304 – 320.

163. Ceci, S. J., Powell, M. B., & Principe, G. F. (2002). The scientific status of
261 children's memory and testimony. In D. L. Faigman, D. H. Kaye, M. J. Saks, & J. Sanders (Eds.), *Modern scientific evidence: The law and science of expert testimony* (Vol. 2, pp. 144 – 205). St Paul, MN: West Publishing Co.

164. Ceci, S. J., Ross, D. F., & Toglia, M. P. (1987a). Suggestibility of children's memory: Psycholegal issues. *Journal of Experimental Psychology: General*, 116, 38 – 49.

165. Ceci, S. J., Ross, D. F., & Toglia, M. P. (1987b). Age differences in suggestibility: Narrowing the uncertainties. In S. J. Ceci, M. P. Toglia, & D. F. Ross (Eds.), *Children's eyewitness memory* (pp. 79 – 91). New York, NY: Springer.

166. Ceci, S., Toglia, M., & Ross, D. (1988). On remembering more or less: A trace strength interpretation of developmental differences in suggestibility. *Journal of Experimental Psychology: General*, 117, 201 – 203.

167. Cederborg, A.-C., Alm, C., Lima da Silva Nises, D., & Lamb, M. E. (2013). Investigative interviewing of alleged child abuse victims: An evaluation of a new training programme for investigative interviewers. *Police Practice and Research*, 14, 242 – 254.

168. Cederborg, A.-C., Danielsson, H., La Rooy, D., & Lamb, M. E. (2009). Repetition of contaminating question types when children and youths with intellectual disabilities are interviewed. *Journal of Intellectual Disability Research*, 53, 440 – 449.

169. Cederborg, A.-C., & Gumpert, C. H. (2010). The challenge of assessing credibility when children with intellectual disabilities are alleged victims of abuse. *Scandinavian Journal of Disability Research*, 12, 125 – 140.

170. Cederborg, A.-C., Hultman, E., & La Rooy, D. (2012). The quality of details when children and youths with intellectual disabilities are interviewed about their abuse experiences. *Scandinavian Journal of Disability Research*, 14, 113 – 125.

171. Cederborg, A.-C., & Lamb, M. E. (2006). How does the legal system respond when disabled children are victimized? *Child Abuse & Neglect*, 30, 537 – 547.

172. Cederborg, A.-C., & Lamb, M. (2008a). Interviewing alleged victims with intellectual disabilities. *Journal of Intellectual Disability Research*, 52, 49 – 58.

173. Cederborg, A.-C., & Lamb. M. E. (2008b). The need for systematic and intensive training of forensic interviewers. In T. I. Richardson and M. V. Williams (Eds.), *Child abuse and its impact* (pp. 1 – 17). New York, NY: Nova Science Publishers.

174. Cederborg, A.-C., Lamb, M. E., & Laurell, O. (2007). Delay of disclosure, minimization, and denial when the evidence is unambiguous: A multi-victim case. In Y. Orbach, A.-C. Cederborg, M.-E. Pipe & M. E. Lamb (Eds.), *Child sexual abuse: Disclosure, delay, and denial* (pp. 159 – 173). Mahwah, NJ: Erlbaum.

175. Cederborg, A.-C., La Rooy, D., & Lamb, M. E. (2008). Repeated interviews with children who have intellectual disabilities. *Journal of Applied Research in Intellectual Disabilities*, 21, 103 – 113.

176. Cederborg, A.-C., Orbach, Y., Sternberg, K. J., & Lamb, M. E. (2000). Investigative interviews of child witnesses in Sweden. *Child Abuse & Neglect*, 24, 1355 – 1361.

177. Chae, Y., Goodman, G. S., & Edelstein, R. S. (2010). Autobiographical memory development from an attachment perspective: The special role of negative events. *Advances in Child Development and Behavior*, 40, 1 – 49.

178. Chae, Y., Kulkofsky, S., Debaran, F., Wang, Q., & Hart, S. L. (2016). Low-SES preschool children's eyewitness memory: The role of narrative skill. *Behavioral Sciences & The Law*, 34, 55 – 73.

179. Chae, Y., Ogle, C. M., & Goodman, G. S. (2009). Remembering traumatic childhood events: An attachment theory perspective. In J. A. Quas & R. Fivush (Eds.), *Emotion and memory development* (pp. 3 – 27). New York, NY: Oxford University Press.

180. Chahal, K., & Cassidy, T. (1995). Deception and its detection in children: A study 262
of adult accuracy. *Psychology, Crime & Law*, 1, 237 – 245.

181. Chaput, V., Amsellem, F., Urdapilleta, I., Chaste, P., Leboyer, M., Delorme, R., & Goussé, V. (2013). Episodic memory and self-awareness in Asperger Syndrome: Analysis of memory narratives. *Research in Autism Spectrum Disorders*, 7, 1062 – 1067.

182. Cheung, K. M. (1997). Developing the interview protocol for video-recorded child sexual abuse investigations: A training experience with police officers, social workers, and clinical psychologists in Hong Kong. *Child Abuse & Neglect*, 21, 273 – 284.

183. Chi, M. T. H. (1978). Knowledge structures and memory development. In R. S. Siegler (Ed.), *Children's thinking: What develops?* (pp. 73 – 96). New York, NY: Wiley.

184. Chi, M. T. H., & Ceci, S. J. (1987). Content knowledge: Its role, representation, and restructuring in memory development. In H. W. Reese (Ed.), *Advances in child development and behavior* (Vol. 20, pp. 91 – 142). New York, NY: Academic Press.

185. Chi, M. T., & Koeske, R. D. (1983). Network representation of a child's dinosaur knowledge. *Developmental Psychology*, 19, 29 – 39.

186. Children's Bureau (2003). 12 *years of reporting child maltreatment* 2001. Washington,

DC: U. S. Department of Health and Human Services, Administration on Children, Youth, and Families.

187. Christianson, S. (1992). Emotional stress and eyewitness memory: A critical review. *Psychological Bulletin*, 112, 284 – 309.

188. Clare, I. (2001). Witnesses with learning disabilities. *British Journal of Learning Disabilities*, 29, 79 – 80.

189. Clark, D. C. (1971). Teaching concepts in the classroom: A set of prescriptions derived from experimental research. *Journal of Educational Psychology Monograph*, 62, 253 – 278.

190. Clerc, J., Miller, P. H., & Cosnefroy, L. (2014). Young children's transfer of strategies: Utilization deficiencies, executive function, and metacognition. *Developmental Review*, 34, 378 – 393.

191. Cleveland, K. C., Quas, J., & Lyon, T. D. (2016). Valence, implicated actor, and children's acquiescence to false suggestions. *Journal of Applied Developmental Psychology*, 43, 1 – 7.

192. Clubb, P. A., Nida, R. E., Merritt, K., & Ornstein, P. A. (1993). Visiting the doctor: Children's knowledge and memory. *Cognitive Development*, 8, 361 – 372.

193. Cole, C. B., & Loftus, E. F. (1987). The memory of children. In S. J. Ceci, M. P. Toglia, & D. F. Ross (Eds.), *Children's eyewitness testimony* (pp. 178 – 208). New York, NY: Springer.

194. Collins, K., Doherty-Sneddon, G., Doherty, G. J. (2014). Practitioner perspectives on rapport building during child investigative interviews. *Psychology, Crime & Law*, 20, 884 – 901.

195. Collins, K., Harker, N., & Antonopoulos, G. A. (2017). The impact of the Registered Intermediary on adults' perceptions of child witnesses: Evidence from a mock cross examination. *European Journal on Criminal Policy and Research*, 23, 211 – 225.

196. Collins, D., & Henry, L. (2016). Eyewitness recall and suggestibility in individuals with Down syndrome. *Journal of Intellectual Disability Research*, 60, 1227 – 1231.

197. Connolly, D. A., & Gordon, H. M. (2014). Can order of general and specific memory prompts help children to recall an instance of a repeated event that was different from the others? *Psychology, Crime & Law*, 20, 852 – 864.

263 198. Connolly, D. A., Gordon, H. M., Woiwod, D. M., & Price, H. L. (2016). What children recall about a repeated event when one instance is different from the others. *Developmental Psychology*, 52, 1038 – 1051.

199. Connolly, D. A., & Lindsay, D. S. (2001). The influence of suggestions on children's reports of a unique experience versus an instance of a repeated experience. *Applied Cognitive*

Psychology, 15, 205 - 223.

200. Conte, J. R., Sorenson, E., Fogarty, L., & Dalla Rosa, D. (1991). Evaluating children's reports of sexual abuse: Results from a survey of professionals. *American Journal of Orthopsychiatry*, 61, 428 - 437.

201. Cordón, I. M., Pipe, M.-E., Sayfan, L., Melinder, A., & Goodman, G. S. (2004). Memory for traumatic experiences in early childhood. *Developmental Review*, 24, 101 - 132.

202. Cowan, N., & Davidson, G. (1984). Salient childhood memories. *Journal of Genetic Psychology*, 145, 101 - 107.

203. Craig, R. A., Scheibe, R., Kircher, J., Raskin, D. C., & Dodd, D. (1999). Interviewer questions and content analysis of children's statements of sexual abuse. *Applied Developmental Science*, 3, 77 - 85.

204. Criminal Justice System. (2007). Sections 2.13, 2.117, 2.188.

205. Cronin, O., Memon, A., Eaves, R., Kupper, B., & Bull, R. (1992). *The cognitive interview with child witnesses: A child centered approach?* Paper presented at NATO Advanced Study Institute: The Child Witness in Context, Marateo, Italy.

206. Cross, T. P., & Hershkowitz, I. (2017). Psychology and child protection: Promoting widespread improvement in practice. *Psychology, Public Policy, and Law*, 23(4), 503.

207. Cross, T. P., Walsh, W. A., Simone, M., & Jones, L. M. (2003). Prosecution of child abuse: A meta-analysis of rates of criminal justice decisions. *Trauma, Violence, & Abuse*, 4, 323 - 340.

208. Cross, T. P., Whitcomb, D., & De Vos, E. (1995). Criminal justice outcomes of prosecution of child sexual abuse: A case flow analysis. *Child Abuse & Neglect*, 19, 1431 - 1442.

209. Crosse, S. B., Kaye, E., & Ratnofsky, A. C. (1993). *A report on the maltreatment of children with disabilities.* Washington, DC: National Center of Child Abuse and Neglect.

210. Cutler, B. L., & Penrod, S. D. (1988). Context reinstatement and eyewitness identification. In G. M. Davies & D. M. Thomas (Eds.), *Memory in context: Context in memory* (pp. 231 - 244). New York, NY: Wiley.

211. Cutler, B. L., Penrod, S. D., & Martens, T. K. (1987). Improving the reliability of eyewitness identification: Putting context into context. *Journal of Applied Psychology*, 72, 629 - 637.

212. Cutler, B. L., Penrod, S. D., O'Rourke, T. E., & Martens, T. K. (1986). Unconfounding the effects of contextual cues on eyewitness identification accuracy. *Social Behaviour*, 1, 113 - 134.

213. Cyr, M., Dion, J., McDuff, P., & Trotier-Sylvain, K. (2012). Transfer of skills in the context of non-suggestive investigative interviews: Impact of structured interview protocol and feedback. *Applied Cognitive Psychology*, 26, 516 – 524.

214. Cyr, M., & Lamb, M. E. (2009). Assessing the effectiveness of the NICHD investigative interview protocol when interviewing French-speaking alleged victims of child sexual abuse in Quebec. *Child Abuse & Neglect*, 33, 257 – 268.

215. Cyr, M., Lamb, M. E., Pelletier, J., Leduc, P., & Perron, A. (2006, July). *Assessing the effectiveness of the NICHD investigative interview protocol in Francophone Quebec*. Paper presented at the Second International Investigative Interviewing Conference, University of Portsmouth, UK.

264 216. Daehler, M. W., & Greco, C. (1985). Memory in very young children. In M. Pressley & C. J. Brainerd (Eds.), *Cognitive learning and memory in children: Progress in cognitive development research*. New York, NY: Springer.

217. Dahl, J. J., Kingo, O. S., & Krøjgaard, P. (2015). The magic shrinking machine revisited: The presence of props at recall facilitates memory in 3-year-olds. *Developmental Psychology*, 51, 1704 – 1716.

218. Danby, M. C., Brubacher, S. P., Sharman, S. J., Powell, M. B., & Roberts, K. P. (2017). Children's reasoning about which episode of a repeated event is best remembered. *Applied Cognitive Psychology*, 31(1), 99 – 108.

219. Dale, P. S. (1976). *Language development: Structure and function*. New York, NY: Holt, Rinehart, & Winston.

220. Dale, P. S., Loftus, E. F., & Rathbun, L. (1978). The influence of the form of the question on the eyewitness testimony of preschool children. *Journal of Psycholinguistic Research*, 7, 269 – 277.

221. Danby, M. C., Brubacher, S. P., Sharman, S. J., & Powell, M. B. (2015). The effects of practice on children's ability to apply ground rules in a narrative interview. *Behavioral Sciences & the Law*, 33, 446 – 458.

222. Darvish, T., Hershkowitz, I., Lamb, M. E., & Orbach, Y. (2005, January). *The effect of the NICHD Interview Protocol on the elicitation of investigative leads in child sexual abuse investigations*. Paper presented to the Society for Applied Research on Memory and Cognition, Victoria, NZ.

223. Davidson, D., & Hoe, S. (1993). Children's recall and recognition memory for typical and atypical actions in script-based stories. *Journal of Experimental Child Psychology*, 55, 104 – 126.

224. Davies, G. M., Westcott, H. L., & Horan, N. (2000). The impact of questioning style on the content of investigative interviews with respected child sexual abuse victims. *Psychology, Crime, and the Law*, 6, 81 – 97.

225. Davies, G. M., Tarrant, A., & Flin, R. (1989). Close encounters of the witness kind: Children's memory for a simulated health inspection. *British Journal of Psychology*, 80, 415 – 429.

226. Davis, G., Hoyano, L., Keenan, C., Maitland, L., & Morgan, R. (1999). *The admissibility and sufficiency of evidence in child abuse prosecutions.* London, UK: Home Office, Research, Development and Statistics Directorate.

227. Davis, S. L., & Bottoms, B. L. (2002a). Effects of social support on children's eyewitness reports: A test of the underlying mechanism. *Law &Human Behavior*, 26, 185 – 215.

228. Davis, S. L., &Bottoms, B. L. (2002b). The effects of social support on the accuracy of children's reports: Implications for the forensic interview. In I. B. Weiner(Ed.), *Personality and clinical psychology series*(pp. 437 – 457). Chichester, UK: Wiley.

229. Day, S. B., &Goldstone, R. L. (2012). The import of knowledge export: Connecting findings and theories of transfer of learning. *Educational Psychologist*, 47, 153 – 176.

230. Deffenbacher, K. A. (1983). The influence of arousal on reliability of testimony. In S. M. A. Lloyd-Bostock & B. R. Clifford (Eds.), *Handbook of Neuropsychology* (Vol. 9). Amsterdam: Elsevier.

231. DeLoache, J. S. (1990). Young children's understanding of scale models. In R. Fivush & J. Hudson(Eds.), *Knowing and remembering in young children*(pp. 94 – 126). New York, NY: Cambridge University Press.

232. DeLoache, J. S. (2000). Dual representation and young children's use of scale models. *Child Development*, 71, 329 – 338.

233. DeLoache, J. S. (2004). Becoming symbol minded. *Trends in Cognitive Sciences*, 8, 265
66 – 70.

234. DeLoache, J. S., & Marzolf, D. P. (1992). When a picture is not worth a thousand words: Young children's understanding of pictures and models. *Cognitive Development*, 7, 317 – 329.

235. DeLoache, J. S., & Marzolf, D. P. (1995). The use of dolls to interview young children: Issues of symbolic representation. *Journal of Experimental Child Psychology*, 60, 155 – 173.

236. DeMarie-Dreblow, D. (1991). Relation between knowledge and memory: A reminder that correlation does not imply causality. *Child Development*, 62, 484 – 498.

237. De Villiers, J., & De Villiers, P. (1999). Language development. In M. H. Bornstein & M. E. Lamb (Eds.), *Developmental psychology: An advanced textbook* (4th ed., pp. 313 – 373). Mahwah, NJ: Erlbaum.

238. Dent, H. R. (1982). The effects of interviewing strategies on the results of interviews with child witnesses. In A. Trankell (Ed.), *Reconstructing the past: The role of psychologists in criminal trials* (pp. 279 – 297). Stockholm, Sweden: Norstedt.

239. Dent, H. R. (1986). An experimental study of the effectiveness of different techniques of questioning mentally-handicapped child witnesses. *British Journal of Clinical Psychology*, 25, 13 – 17.

240. Dent, H. R. (1992). The effects of age and intelligence on eyewitnessing ability. In H. Dent & R. Flin (Eds.), *Children as witnesses* (pp. 1 – 13). Oxford, England: John Wiley & Sons.

241. Dent, H. R., & Stephenson, G. M. (1979). An experimental study of the effectiveness of different techniques of questioning child witnesses. *British Journal of Social and Clinical Psychology*, 18, 41 – 51.

242. DePaulo, B. M., Charlton, K., Cooper. H., Lindsay, J. L., & Muhlenbruck, L. (1997). The accuracy-confidence correlation in the detection of deception. *Personality and Social Psychology Review*, 1, 346 – 357.

243. Derakshan, N., & Eysenck, M. W. (2009). Anxiety, processing efficiency, and cognitive performance: New developments from attentional control theory. *European Psychologist*, 14(2), 168 – 176.

244. DeVoe, E. R., & Faller, K. C. (1999). The characteristics of disclosure among children who may have been sexually abused. *Child Maltreatment*, 4, 217 – 227.

245. Dickinson, J. J., Brubacher, S. P., & Poole, D. A. (2015). Children's performance on ground rules: Implications for forensic interviewing. *Law and Human Behavior*, 39, 87 – 97.

246. Dickinson, J. J., & Poole, D. A. (2017). The influence of disclosure history and body diagrams on children's reports of inappropriate touching: Evidence from a new analog paradigm. *Law and Human Behavior*, 41, 1 – 12.

247. Dickinson, J. J., Poole, D. A., & Bruck, M. (2005). Back to the future: A comment on the use of anatomical dolls in forensic interviews. *Journal of Forensic Psychology Practice*, 5, 63 – 74.

248. Dietze, P. M., Powell, M. B., & Thomson, D. M. (2010). Mental reinstatement of context with child witnesses: Does it matter whether context is reinstated "out loud"? *Psychology, Crime & Law*, 16, 439 – 448.

249. Dietze, P. M., Powell, M. B., & Thomson, D. M. (2012). Examination of the effect of mental reinstatement of context across developmental level, retention interval and type of mnemonic instruction. *Psychiatry, Psychology and Law*, 19, 89 – 103.

250. Dietze, P. M., Sharman, S. J., Powell, M. B., & Thomson, D. M. (2013). Does 266
free recall moderate the effect of mental context reinstatement instructions on children's cued recall? *Psychology, Crime & Law*, 19, 881 – 891.

251. Dietze, P. M., & Thompson, D. M. (1993). Mental reinstatement of context: A technique for interviewing child witnesses. *Applied Cognitive Psychology*, 7, 97 – 108.

252. Dion, J., & Cyr, M. (2008). The use of the NICHD Protocol to enhance the quantity of details obtained from children with low verbal abilities in investigative interviews: A pilot study. *Journal of Child Sexual Abuse*, 17, 144 – 162.

253. DiPetro, E. K., Runyan, D. K., & Fredrickson, D. D. (1997). Predictors of disclosure during medical evaluation for suspected sexual abuse. *Journal of Sexual Abuse*, 6, 133 – 142.

254. Distel, N. E. (1999). Disclosure of childhood sexual abuse: Links to emotion expression and adult attachment. *Dissertation Abstracts: Section B: The Sciences and Engineering*, 60(6-B), 2938.

255. Dodd, D. H., & Bradshaw, J. M. (1980). Leading questions and memory: Pragmatic constraints. *Journal of Verbal Learning and Verbal Behavior*, 19, 695 – 704.

256. Donaldson, M. (1978). *Children's minds.* London: Croom Helm.

257. Dorado, J. S., & Saywitz, K. J. (2001). Interviewing preschoolers from low-and middle-SES communities: A test of the Narrative Elaboration Recall Improvement technique. *Journal of Clinical Child Psychology*, 30, 568 – 580.

258. Doris, J. (Ed.) (1991). *The suggestibility of children's recollections: Implications for eyewitness testimony.* Washington, DC: American Psychological Association.

259. Douglas, R., Park, C., Bjorklund, B., Gache, J., Sanders, L., Nelson, L., Cassel, W., & Bjorklund, D. (1997, April). *Social demand characteristics in children's eyewitness memory and suggestibility: The effects of different interviewers.* Paper presented to the Society for Research in Child Development, Washington, DC.

260. Drohan-Jennings, D. M., Roberts, K. P., & Powell, M. B. (2010). Mental context reinstatement increases resistance to false suggestions after children have experienced a repeated event. *Psychiatry, Psychology and Law*, 17, 594 – 606.

261. Drummey, A. B., & Newcombe, N. S. (1995). Remembering versus knowing the past: Children's explicit and implicit memories for pictures. *Journal of Experimental Child*

Psychology, 59, 549 - 565.

262. Dubowitz, H., Black, M., & Harrington, D. (1992). The diagnosis of child sexual abuse. *American Journal of Diseases of Children*, 146, 668 - 693.

263. Dwyer, J. (2002, December 24). Man cleared in jogger case goes free at the age of 28 [Electronic version]. *The New York Times.*

264. Dwyer, J., & Saulny, S. (2002, December 19). Judge vacates convictions in central park jogger case[Electronic version]. *The New York Times.*

265. Earhart, B., La Rooy, D. J., Brubacher, S. P., & Lamb, M. E. (2014). An examination of "don't know" responses in forensic interviews with children. *Behavioral Sciences & The Law*, 32, 746 - 761.

266. Eigsti, I. M., & Cicchetti, D. (2004). The impact of child maltreatment on expressive syntax at 60 months. *Developmental Science*, 7, 88 - 102.

267. Elischberger, H. B., & Roebers, C. M. (2001). Improving young children's free narratives about an observed event: The effects of nonspecific verbal prompts. *International Journal of Behavioral Development*, 25, 160 - 166.

268. Elliott, D. M., & Briere, J. (1994). Forensic sexual abuse evaluations of older children: Disclosures and symptomatology. *Behavioral Sciences and the Law*, 12, 261 - 277.

269. Ellis, N. R. (1969). A behavioural research strategy in mental retardation: Defence and critique. *American Journal of Mental Deficiency*, 73, 557 - 567.

267 270. Ellis, L. M., Powell, M. B., Thomson, D. M., & Jones, C. (2003). Do simple "ground rules" reduce preschoolers' suggestibility about experienced and non-experienced events? *Psychiatry, Psychology and Law*, 10, 334 - 345.

271. Endres, J., Poggenpohl, C., & Erneb, C. (1999). Repetitions, warnings and video: Cognitive and motivational components in preschool children's suggestibility. *Legal and Criminological Psychology*, 4, 129 - 146.

272. Erdelyi, M. H. (1996). *The recovery of unconscious memories: Hypermnesia and reminiscence.* Chicago, IL: University of Chicago Press.

273. Ericson, K., Perlman, N., & Isaacs, B. (1994). Witness competency, communication issues and people with developmental disabilities. *Developmental Disabilities Bulletin*, 22, 101 - 109.

274. Estes, D., Wellman, H. M., & Woolley, J. D. (1989). Children's understanding of mental phenomena. *Advances in Child Development and Behavior*, 22, 41 - 87.

275. Evans, A. D., & Lee, K. (2010). Promising to tell the truth makes 8-to 16-year olds more honest. *Behavioral Sciences & the Law*, 28, 801 - 811.

276. Evans, A. D., Roberts, K. P., Price, H. L., & Stefek, C. P. (2010). The use of paraphrasing in investigative interviews. *Child Abuse &Neglect*, 34, 585 – 592.

277. Evans, A. D., Stolzenberg, S. N., Lee, K., & Lyon, T. D. (2014). Young children's difficulty with indirect speech acts: Implications for questioning child witnesses. *Behavioral Sciences &The Law*, 32, 775 – 788.

278. Evans, A. D., Stolzenberg, S. N., & Lyon, T. D. (2015). Pragmatic failure and referential ambiguity when attorneys ask child witnesses "do you know/remember" questions. *Psychology, Public Policy, and Law*, 23, 191 – 199.

279. Everson, M. D., & Boat, B. W. (1994). Putting the anatomical doll controversy in perspective: An examination of the major uses and criticisms of the dolls in child sexual abuse evaluations. *Child Abuse &Neglect*, 18, 113 – 129.

280. Everson, M. D., & Boat, B. W. (2002). The utility of anatomical dolls and drawing in child forensic interviews. In M. L. Eisen, J. A. Quas, & G. S. Goodman (Eds.), *Memory and suggestibility in the forensic interview* (pp. 383 – 408). Mahwah, NJ: Erlbaum.

281. Everson, M. D., Hunter, W. M., Runyon, D. K., Edelsohn, G. A., & Coulter, M. L. (1989). Maternal support following disclosure of incest. *American Journal of Orthopsychiatry*, 59, 197 – 207.

282. Excerpts from District Attorney's report on re-examination of jogger case [Electronic version]. (2002, December 6). *The New York Times*.

283. Farrar, M. J., & Goodman, G. S. (1990). Developmental differences in the relation between scripts and episodic memory: Do they exist? In R. Fivush & J. A. Hudson (Eds.), *Knowing and remembering in young children. Emory symposia in cognition* (Vol. 3, pp. 30 – 64). New York, NY: Cambridge University Press.

284. Farrar, M. J., & Goodman, G. S. (1992). Developmental changes in event memory. *Child Development*, 63, 173 – 187.

285. Fasig, L. (1999, April). *The influence of script memory on children's suggestibility.* Paper presented at the biennial meeting of the Society of Research in Child Development, Albuquerque, NM.

286. Feltis, B. B., Powell, M. B., Snow, P. C., & Hughes-Scholes, C. H. (2010). An examination of the association between interviewer question type and story-grammar detail in child witness interviews about abuse. *Child Abuse &Neglect*, 34, 407 – 413.

287. Field, C., Allen, M. L., & Lewis, C. (2016). Attentional learning helps language acquisition take shape for atypically developing children, not just children with autism spectrum disorders. *Journal of Autism and Developmental Disorders*, 46, 3195 – 3206.

268 288. Finkelhor, D. , Hotaling, G. , Lewis, I. A. , & Smith, C. (1990). Sexual abuse in a national survey of adult men and women: Prevalence, characteristics, and risk factors. *Child Abuse &Neglect*, 14, 19 -28.

289. Finlayson, L. M. , & Koocher, G. P. (1991). Professional judgment and child abuse reporting in sexual abuse cases. *Professional Psychology: Research and Practice*, 22, 464 -472.

290. Fisher, R. P. , Brennan, K. H. , & McCauley, M. R. (2002). The cognitive interview method to enhance eyewitness recall. In G. S. Goodman, M. L. Eisen, & J. A. , Quas (Eds.), *Memory and suggestibility in the forensic interview* (pp. 265 -286). Mahwah, NJ: Erlbaum.

291. Fisher, R. P. , & Geiselman, R. E. (1992). *Memory-enhancing techniques for investigative interviewing: The cognitive interview.* Springfield, IL: Charles C. Thomas.

292. Fisher, R. P. , Geiselman, R. E. , Raymond, D. S. , Jurkevich, L. M. , & Warhaftig, M. L. (1987). Enhancing enhanced eyewitness memory: Refining the cognitive interview. *Journal of Police Science and Administration*, 15, 291 -297.

293. Fisher, R. P. , Ross, S. J. , & Cahill, B. S. (2010). Interviewing witnesses and victims. In P. A. Granhag (Ed.), *Forensic psychology in context: Nordic and international approaches* (pp. 56 -74). Cullompton, UK: Willan Publishing.

294. Fivush, R. (1997). Event memory in early childhood. In C. A. Nelson (Ed.), *The development of memory in childhood. Studies in developmental psychology* (pp. 139 - 161). Hove, UK: Psychology Press.

295. Fivush, R. (1998a). Children's recollections of traumatic and non-traumatic events. Trauma, memory, and suggestibility in children. *Development and Psychopathology*, 10, 699 -716.

296. Fivush, R. (1998b). Gendered narratives: Elaboration, structure, and emotion in parent-child reminiscing across the preschool years. In C. P. Thompson, D. J. Herrmann, D. Bruce, J. D. Read, D. G. Payne, & M. P. Toglia (Eds.), *Autobiographical memory: Theoretical and applied perspectives* (pp. 79 -103). Mahwah, NJ: Erlbaum.

297. Fivush, R. (2002). Scripts, schemas, and memory of trauma. In N. L. Stein, P. J. Bauer, & M. Rabinowitch (Eds.), *Representation, memory, and development: Essays in honor of Jean Mandler* (pp. 53 -74). Mahwah, NJ: Erlbaum.

298. Fivush, R. (2004a). The silenced self: Constructing self from memories spoken and unspoken. In D. Beike, J. Lampinen, & D. Behrand (Eds.), *The self and memory* (pp. 75 -94). Hove, UK: Psychology Press.

299. Fivush, R. (2004b). Voice and silence: A feminist model of autobiographical memory. In J. Lucariello, J. , Hudson, A. , Fivush, R. , & Bauer, P. J. (Eds.), *The mediated*

mind: Essays in honor of Katherine Nelson(pp. 79 – 100). Mahwah, NJ: Erlbaum.

300. Fivush, R. (2011). The development of autobiographical memory. *Annual Review of Psychology*, 62, 559 – 582.

301. Fivush, R., Haden, C., & Adam, S. (1995). Structure and coherence of preschoolers' personal narratives over time: Implications for childhood amnesia. *Journal of Experimental Child Psychology*, 60, 32 – 56.

302. Fivush, R., Haden, C., & Reese, E. (1996). Remembering, recounting, and reminiscing: The development of autobiographical memory in social context. In D. C. Rubin (Ed.), *Remembering our past: Studies in autobiographical memory* (pp. 341 – 359). Cambridge, UK: Cambridge University Press.

303. Fivush, R., & Hamond, N. B. (1990). Autobiographical memory across the preschool
years: Toward reconceptualizing childhood amnesia. In R. Fivush & J Hudson(Eds.), *Knowing* 269
and remembering in young children. Emory symposia in cognition(Vol. 3, pp. 223 – 248). New York, NY: Cambridge University Press.

304. Fivush, R., Hazzard, A., Sales, J. M., Sarfati, D., & Brown, T. (2003). Creating coherence out of chaos? Children's narratives of emotionally positive and negative events. *Applied Cognitive Psychology*, 17, 1 – 19.

305. Fivush, R., & Hudson, J. A. (Eds.) (1990). *Knowing and remembering in young children.* New York, NY: Cambridge University Press.

306. Fivush, R., Hudson, J., & Nelson, K. (1984). Children's long-term memory for a novel event: An exploratory study. *Merrill-Palmer Quarterly*, 30, 303 – 316.

307. Fivush, R., Kuebli, J., & Clubb, P. A. (1992). The structure of events and event representations: A developmental analysis. *Child Development*, 63, 188 – 201.

308. Fivush, R., Peterson, C., & Schwarzmueller, A. (2002). Questions and answers: The credibility of child witnesses in the context of specific questioning techniques. In M. L. Eisen, J. A. Quas, & G. S. Goodman(Eds.), *Memory and suggestibility in the forensic interview* (pp. 331 – 354). Mahwah, NJ: Erlbaum.

309. Fivush, R., Pipe, M.-E., Murachver, T., & Reese, E. (1997). Events spoken and unspoken: Implications of language and memory development for the recovered memory debate. In M. A. Conway(Ed.), *Recovered memories and false memories. Debates in psychology*(pp. 34 – 62). Oxford: Oxford University Press.

310. Fivush, R., Sales, J. M., Goldberg, A., Bahrick, L., & Parker, J. (2004). Weathering the storm: Children's long-term recall of Hurricane Andrew. *Memory*, 12, 104 – 118.

311. Fivush, R., & Schwarzmueller, A. (1998). Children remember childhood:

Implications for childhood amnesia. *Applied Cognitive Psychology*, 12, 455 – 473.

312. Fivush, R., & Shukat, J. R. (1995). Content, consistency, and coherence of early autobiographical recall. In M. S. Zaragoza, J. R. Graham, G. C. N. Hall, R. Hirschman, & Y. S. Ben-Porath (Eds.), *Memory and testimony in the child witness* (Vol. 1, pp. 5 – 23). Thousand Oaks, CA: Sage.

313. Flavell, J. (1970). Developmental studies of mediated memory. In H. Reese & L. Lipsitt (Eds.), *Advances in child development and behavior* (pp. 181 – 211). New York, NY: Academic Press.

314. Flavell, J. H., Flavell, E. R., & Green, F. L. (1987). Young children's knowledge about the apparent-real and pretend-real distinctions. *Developmental Psychology*, 23, 816 – 822.

315. Flavell, J. H., Miller, P. H., & Miller, S. A. (1993). *Cognitive development* (3rd ed.). Upper Saddle River, NJ: Prentice-Hall.

316. Flin, R., Boon, J., Knox, A., & Bull, R. (1992). The effect of a five-month delay on children's and adults' eyewitness memory. *British Journal of Psychology*, 83, 323 – 336.

317. Flory, K., Milich, R., Lorch, E. P., Hayden, A. N., Strange, C., & Welsh, R. (2006). Online story comprehension among children with ADHD: Which core deficits are involved? *Journal of Abnormal Child Psychology*, 34, 850 – 862.

318. Fogliati, R., & Bussey, K. (2014). The effects of cross-examination on children's reports of neutral and transgressive events. *Legal and Criminological Psychology*, 19, 296 – 315.

319. Foley, M. A., & Johnson, M. K. (1985). Confusions between memories for performed and imagined actions: A developmental comparison. *Child Development*, 56, 1145 – 1155.

320. Frayer, D. A., & Klausmeier, H. J. (1971). *Variables on concept learning: Task variables* (No. 28). Madison, WI: Wisconsin Research and Development Center for Cognitive Learning, Theoretical paper.

270 321. Fredrickson, B. L. (2001). The role of positive emotions in positive psychology: The broaden-and-build theory of positive emotions. *American Psychologist*, 56(3), 218.

322. Freeman, K. A., & Morris, T. L. (1999). Investigative interviewing with children: Evaluation of the effectiveness of a training program for child protective service workers. *Child Abuse & Neglect*, 23, 701 – 713.

323. Freer, B. D., Hayden, A., Lorch, E. P., & Milich, R. (2011). The stories they tell: Story production difficulties of children with ADHD. *School Psychology Review*, 40, 352 – 366.

324. Friedman, W. J. (1990). Children's representations of the pattern of daily activities. *Child Development*, 61, 1399 – 1412.

325. Friedman, W. J. (1991). The development of children's memory for the time of past

events. Child Development, 62, 139 - 155.

326. Friedman, W. J. (1992). Children's time memory: The development of a differentiated past. *Cognitive Development*, 7, 171 - 187.

327. Friedman, W. J. (1993). Memory for the time of past events. *Psychological Bulletin*, 113, 44 - 66.

328. Friedman, W. J. (2000). The development of children's knowledge of the times of future events. *Child Development*, 71, 913 - 932.

329. Friedman, W. J., & Lyon, T. D. (2005). Development of temporal-reconstructive abilities. *Child Development*, 76, 1202 - 1216.

330. Friedman, W. J., Reese, E., & Dai, X. (2011). Children's memory for the times of events from the past years. *Applied Cognitive Psychology*, 25, 156 - 165.

331. Fuller-Thomson, E., Mehta, R., & Valeo, A. (2014). Establishing a link between attention deficit disorder/attention deficit hyperactivity disorder and childhood physical abuse. *Journal of Aggression, Maltreatment & Trauma*, 23, 188 - 198.

332. Gagnon, K., & Cyr, M. (2017). Sexual abuse and preschoolers: Forensic details in regard of question types. *Child Abuse and Neglect*, 67, 109 - 118.

333. Garry, M., Manning, C. G., Loftus, E. F., & Sherman, S. J. (1996). Imagination inflation: Imagining a childhood event inflates confidence that it occurred. *Psychonomic Bulletin and Review*, 3, 208 - 214.

334. Garven, S., Wood, J. M., & Malpass, R. S. (2000). Allegations of wrongdoing: The effects of reinforcement on children's mundane and fantastic claims. *Journal of Applied Psychology*, 85, 38 - 49.

335. Garven, S., Wood, J. M., Malpass, R. S., & Shaw, J. S. (1998). More than suggestion: The effect of interviewing techniques from the McMartin Preschool case. *Journal of Applied Psychology*, 83, 347 - 359.

336. Geddie, L. F., Beer, J., Bartosik, S., & Wuensch, K. L. (2001). The relationship between interview characteristics and accuracy of recall in young children: Do individual differences matter? *Child Maltreatment*, 6, 59 - 68.

337. Geddie, L., Fradin, S., & Beer, J. (2000). Child characteristics which impact accuracy of recall and suggestibility in preschoolers: Is age the best predictor? *Child Abuse & Neglect*, 24, 223 - 235.

338. Gee, S., Gregory, M., & Pipe, M. -E. (1999). "What colour is your pet dinosaur?" The impact of pre-interview training and question type on children's answers. *Legal and Criminological Psychology*, 4, 111 - 128.

339. Gee, S. & Pipe, M. -E. (1995). Helping children to remember: The influence of object cues on children's accounts of a real event. *Developmental Psychology*, 31, 746 – 758.

271 340. Geiselman, R. E. (1988). Improving eyewitness memory through mental reinstatement of context. In G. M. Davies & D. M. Thomson (Eds.), *Memory in context: Context in memory* (pp. 245 – 266). Chichester, UK: Wiley.

341. Geiselman, R. E., Fisher, R. P., Firstenberg, I., Hutton, L. A., Sullivan, S. J., Avetissian, I. V., & Prosk, A. L. (1984). Enhancement of eyewitness memory: An empirical evaluation of the Cognitive Interview. *Journal of Police Science and Administration*, 12, 74 – 80.

342. Geiselman, R. E., Fisher, R. P., MacKinnon, D. P., & Holland, H. L. (1985). Eyewitness memory enhancement in the police interview: Cognitive retrieval mnemonics versus hypnosis. *Journal of Applied Psychology*, 70, 401 – 412.

343. Geiselman, R. E., Fisher, R. P., MacKinnon, D. P., & Holland, H. L. (1986). Enhancing of eyewitness memory with the cognitive interview. *American Journal of Psychology*, 99, 385 – 401.

344. Geiselman, R. E., & Padilla, J. (1988). Cognitive interviewing with child witnesses. *Journal of Police Science & Administration*, 16, 236 – 242.

345. Geiselman, R. E., Saywitz, K. J., & Bornstein, G. K. (1993). Effects of cognitive questioning techniques on children's recall performance. In G. S. Goodman & B. L. Bottoms (Eds.), *Child victims, child witnesses: Understanding and improving testimony* (pp. 71 – 93). New York, NY: Guilford.

346. Gentle, M., Milne, R., Powell, M. B., & Sharman, S. J. (2013). Does the cognitive interview promote the coherence of narrative accounts in children with and without an intellectual disability? *International Journal of Disability, Development and Education*, 60, 30 – 43.

347. Gentle, M., Powell, M. B., & Sharman, S. J. (2014). Mental context reinstatement or drawing: Which better enhances children's recall of witnessed events and protects against suggestive questions? *Australian Journal of Psychology*, 66, 158 – 167.

348. Gentner, D., Loewenstein, J., & Hung, B. (2007). Comparison facilitates children's learning of names for parts. *Journal of Cognition and Development*, 8, 285 – 307.

349. George, R. C., & Clifford, B. R. (1996). The cognitive interview: Does it work? In G. Davies, S. Lloyd-Bostock, M. McMurran, & C. Wilson (Eds.), *Psychology, law and criminal justice* (pp. 146 – 154). New York, NY: Walter de Gruyter.

350. Ghetti, S., & Goodman, G. S. (2001). Resisting distortion? *Psychologist*, 14, 592 – 595.

351. Ghetti, S. , Goodman, G. S. , Eisen, M. L. , Qin, J. , & Davis, S. L. (2002). Consistency in children's reports of sexual and physical abuse. *Child Abuse and Neglect*, 26, 977 – 995.

352. Gibling, F. , & Davies, G. (1988). Reinstatement of context following exposure to post-event information. *British Journal of Psychology*, 79, 129 – 141.

353. Gibson, E. J. (1991). *An odyssey in learning and perception.* Cambridge, MA: MIT Press.

354. Gilstrap, L. (2004). A missing link in suggestibility research: What is known about the behavior of field interviewers in unstructured interviews with young children? *Journal of Experimental Psychology: Applied*, 10, 13 – 24.

355. Gobbo, C. , Mega, C. , & Pipe, M. -E. (2002). Does the nature of the experience influence children's suggestibility? A study of children's event memory. *Journal of Experimental Child Psychology*, 81, 502 – 530.

356. Gongola, J. , Scurich, N. , & Quas, J. A. (2017). Detecting deception in children: A meta-analysis. *Law and Human Behavior*, 41, 44 – 54.

357. Gonzalez, L. S. , Waterman, J. , Kelly, R. , McCord, J. , & Oliveri, K. (1993). 272
Children's patterns of disclosures and recantations of sexual and ritualistic abuse allegations in psychotherapy. *Child Abuse &Neglect*, 17, 281 – 289.

358. Goodman, G. S. , & Aman, C. (1990). Children's use of anatomically detailed dolls to recount an event. *Child Development*, 61, 1859 – 1871.

359. Goodman, G. S. , Aman, C. , & Hirschman, J. (1987). Child sexual and physical abuse: Children's testimony. In S. J. Ceci, M. P. Toglia, & D. F. Ross (Eds.), *Children's eyewitness memory*(pp. 1 – 23). New York, NY: Springer.

360. Goodman, G. S. , Batterman-Faunce, J. M. , & Kenney, R. (1992). Optimizing children's testimony: Research and social policy issues concerning allegations of child sexual abuse. In D. Cicchetti & S. Toth(Eds.), *Child abuse, child development, and social policy*(pp. 139 – 166). Norwood, NJ: Ablex.

361. Goodman, G. S. , Batterman-Faunce, J. M. , Schaaf, J. M. , & Kenney, R. (2002). Nearly 4 years after an event: Children's eyewitness memory and adults' perceptions of children's accuracy. *Child Abuse &Neglect*, 26, 849 – 884.

362. Goodman, G. S. , Bottoms, B. L. , Schwartz-Kenney, B. M. , & Rudy, L. (1991). Children's testimony about a stressful event: Improving children's reports. *Journal of Narrative and Life History*, 1, 69 – 99.

363. Goodman, G. S. , Hirschman, J. E. , Hepps, D. , & Rudy, L. (1991) Children's

memory for stressful events. *Merill-Palmer Quarterly*, 37, 109 – 157.

364. Goodman, G. S., & Quas, J. A. (2008). Repeated interviews and children's memory: It's more than just how many. *Current Directions in Psychological Science*, 17, 386 – 390.

365. Goodman, G. S., Quas, J. A., Batterman-Faunce, J. M., Riddlesberger, M. M., & Kuhn, J. (1994). Predictors of accurate and inaccurate memories of traumatic events experienced in childhood. *Consciousness and Cognition*, 3, 269 – 294.

366. Goodman, G. S., Quas, J. A., Batterman-Faunce, J. M., Riddlesberger, M. M., & Kuhn, J. (1997). Children's reactions to and memory for a stressful event: Influences of age, anatomical dolls, knowledge, and parental attachment. *Applied Developmental Science*, 1, 54 – 75.

367. Goodman, G. S., & Reed, D. S. (1986). Age differences in eyewitness testimony. *Law and Human Behavior*, 10, 317 – 332.

368. Goodman, G. S., Rudy, L., Bottoms, B. L., & Aman, C. (1990). Children's concerns and memory: Issues of ecological validity on the study of children's eyewitness testimony. In R. Fivush & J. Hudson (Eds.), *Knowing and remembering in young children* (pp. 249 – 284). New York, NY: Cambridge University Press.

369. Goodman, G. S., & Schwartz-Kenney, B. M. (1992). Why knowing a child's age is not enough: Influences of cognitive, social, and emotional factors on children's testimony. In H. Dent & R. Flin. (Eds.), *Children as witnesses* (pp. 15 – 32). Chichester, UK: Wiley.

370. Goodman, G. S., Taub, E. P., Jones, D. P. H., England, P., Port, L. K., Rudy, L., & Prado, L. (1992). Testifying in criminal court. *Monographs of the Society for Research in Child Development*, 57 (5, Serial no. 229), 42 – 163.

371. Goodman, G. S., Wilson, M. E., Hazan, C., & Reed, R. S. (1989, April). *Children's testimony nearly four years after an event.* Paper presented to the Eastern Psychological Association, Boston, MA.

372. Goodman-Brown, T. B., Edelstein, R. S., Goodman, G. S., Jones, D. P. H., & Gordon, D. S. (2003). Why children tell: A model of children's disclosure of sexual abuse. *Child Abuse & Neglect*, 27, 525 – 540.

373. Gordon, B. N., Baker-Ward, L., & Ornstein, P. A. (2001). Children's testimony: A review of research on memory for past experiences. *Clinical Child and Family Psychological Review*, 4, 157 – 181.

273 374. Gordon, B. N., Jens, K. G., Hollings, R., & Watson, T. E. (1994). Remembering activities performed versus those imagined: Implications for testimony of children with mental retardation. *Journal of Clinical Child Psychology*, 23, 239 – 248.

375. Gordon, B. N., Ornstein, P. A., Nida, R. E., Follmer, A., Crenshaw, M. C., &

Albert, G. (1993). Does the use of dolls facilitate children's memory of visits to the doctor? *Applied Cognitive Psychology*, 7, 459–474.

376. Gordon, B. N., Schroeder, C. S., Ornstein, P. A., & Baker-Ward, L. E. (1995). Clinical implications of research on memory development. In T. Ney (Ed.), *True and false allegations of child sexual abuse: Assessment and case management*(pp. 99–124). Philadelphia, PA: Brunner/Mazel.

377. Gordon, S., & Jaudes, P. K. (1996). Sexual abuse evaluation in the emergency department: Is the history reliable? *Child Abuse &Neglect*, 20, 315–322.

378. Green, B. C., Johnson, K. A., & Bretherton, L. (2014). Pragmatic language difficulties in children with hyperactivity and attention problems: An integrated review. *International Journal of Language & Communication Disorders*, 49, 15–29.

379. Green, G. (2001). Vulnerability of witnesses with learning disabilities: Preparing to give evidence against a perpetrator of sexual abuse. *British Journal of Learning Disabilities*, 29, 103–109.

380. Greenhoot, A. F. (2000). Remembering and understanding: The effects of changes in underlying knowledge on children's recollections. *Child Development*, 71, 1309–1328.

381. Greenhoot, A. F., Ornstein, P. A., Gordon, B. N., & Baker-Ward, L. (1999). Acting out the details of a pediatric check-up: The impact of interview condition and behavioral style on children's memory report. *Child Development*, 70, 363–380.

382. Greenstock, J., & Pipe, M.-E. (1996). Interviewing children about past events: The influence of peer support and misleading questions. *Child Abuse &Neglect*, 20, 69–80.

383. Gries, L. T., Goh, D. S., & Cavanaugh, J. (1996). Factors associated with disclosure during child sexual abuse assessment. *Journal of Child Sexual Abuse*, 5, 1–20.

384. Gries, L. T., Goh, D. S., Andrews, M. B., Gilbert, J., Praver, F., & Stelzer, D. N. (2000). Positive reaction to disclosure and recovery from child sexual abuse. *Journal of Child Sexual Abuse*, 9, 29–51.

385. Gross, J., & Hayne, H. (1998). Drawing facilitates children's verbal reports of emotionally laden events. *Journal of Experimental Psychology: Applied*, 4, 163–179.

386. Gross, J., & Hayne, H. (1999a). Young children's recognition and description of their own and others' drawings. *Developmental Science*, 4, 476–489.

387. Gross, J., & Hayne, H. (1999b). Drawing facilitates children's verbal reports after long delays. *Journal of Experimental Psychology: Applied*, 5, 265–283.

388. Gross, J., Hayne, H., & Poole, A. (2008). *The use of drawing in interviews with children: A potential pitfall. In Child Psychology* (pp. 119–144). New York, NY: Nova

Publishers.

389. Gudjonsson, G. H. (2003). Psychology brings justice: The science of forensic psychology. *Criminal Behavior and Mental Health*, 13, 159－167.

390. Gudjonsson, G. H., & Henry, L. (2003). Child and adult witnesses with intellectual disability: The importance of suggestibility. *Legal*, 8, 241－252.

391. Gudjonsson, G. H., Murphy, G. H., & Clare, I. C. H. (2000). Assessing the capacity of people with intellectual disabilities to be witnesses in court. *Psychological Medicine*, 30, 307－314.

274 392. Gudjonsson, G. H., Sigurdsson, J. F., Bragason, O. O., Newton, A. K., & Einarsson, E. (2008). Interrogative suggestibility, compliance and false confessions among prisoners and their relationship with attention deficit hyperactivity disorder (ADHD) symptoms. *Psychological Medicine*, 38, 1037－1044.

393. Gudjonsson, G. H., Young, S., & Bramham, J. (2007). Interrogative suggestibility in adults diagnosed with attention-deficit hyperactivity disorder (ADHD). A potential vulnerability during police questioning. *Personality and Individual Differences*, 43, 737－745.

394. Gully, S. M. (1998). The influences of self-regulation processes on learning and performance in a team training context. *Dissertation Abstracts International: Section B: the Sciences & Engineering*, 58(9-B), 5175.

395. Haden, C. A. (2013). Interactions of knowledge and memory in the development of skilled remembering. In P. J. Bauer and R. Fivush (Eds.), *The Wiley handbook on the development of children's memory*(Vol. I;pp. 807－835). Chichester, UK: Wiley.

396. Haden, C. A., & Fivush, R. (1996). Contextual variation in maternal conversational styles. *Merrill-Palmer Quarterly*, 42, 200－227.

397. Haden, C., Ornstein, P., Eckerman, C., & Didow, S. (2001). Mother-child conversational interactions as events unfold: Linkages to subsequent remembering. *Child Development*, 72, 1016－1031.

398. Hamond, N. R., & Fivush, R. (1991). Memories of Mickey Mouse: Young children recount their trip to Disney World. *Cognitive Development*, 6, 433－448.

399. Hanna, K. M., Davies, E., Henderson, E., Crothers, C., & Rotherham, C. (2010). *Child witnesses in the New Zealand criminal courts: A review of practice and implications for policy.* Wellington, NZ: New Zealand Law Foundation.

400. Hardy, C. L., & Van Leeuwen, S. A. (2004). Interviewing young children: Effects of probe structures and focus of rapport-building talk on the qualities of young children's eyewitness statements. *Canadian Journal of Behavioural Science/Revue Canadienne des Sciences du*

Comportement, 36, 155 – 165.

401. Harner, L. (1975). Yesterday and tomorrow: Development of early understanding of the terms. *Developmental Psychology*, 11, 864 – 865.

402. Hatton, C. (1998). Pragmatic language skills in people with intellectual disabilities: A review. *Journal of Intellectual and Developmental Disability*, 23, 79 – 100.

403. Hauch, V., Sporer, S. L., Masip, J., & Blandón-Gitlin, I. (2017). Can credibility criteria be assessed reliably? A meta-analysis of criteria-based content analysis. *Psychological Assessment*, 29, 819 – 834.

404. Hayes, B. K., & Delamothe, K. (1997). Cognitive interviewing procedures and suggestibility in children's recall. *Journal of Applied Psychology*, 82, 562 – 577.

405. Hayne, H. (2004). Infant memory development: Implications for childhood amnesia. *Developmental Review*, 24, 33 – 73.

406. Hayne, H., & Rovee-Collier, C. (1995). The organization of reactivated memory in infancy. *Child Development*, 66, 893 – 906.

407. Heflin, A. H., Deblinger, E., & Fisher, C. D. (2000). Child sexual abuse. In A. Freeman & F. M. Dattilio (Eds.), *Cognitive behavioral strategies in crisis intervention* (2nd ed., pp. 166 – 195). New York, NY: Guilford Press.

408. Henkel, L. A. (2004). Erroneous memories arising from repeated attempts to remember. *Journal of Memory and Language*, 50, 26 – 46.

409. Henry, L. A. (2001). How does the severity of a learning disability affect working memory performance? *Memory*, 9, 233 – 247.

410. Henry, L. A., Bettaney, C., & Carney, D. (2011). Children with intellectual disabilities and developmental disorders. In M. E. Lamb, D. J. La Rooy, L. C. Malloy, & Katz,
C. (Eds.), *Children's testimony: A handbook of psychological research and forensic practice* 275
(2nd ed., pp. 251 – 283). Chichester, UK: Wiley.

411. Henry, L. A., & Gudjonsson, G. H. (1999). Eyewitness memory and suggestibility in children with mental retardation. *American Journal on Mental Retardation*, 104, 491 – 508.

412. Henry, L. A., & Gudjonsson, G. H. (2003). Eyewitness memory, suggestibility and repeated recall sessions in children with mild and moderate intellectual disabilities. *Law and Human Behavior*, 27, 481 – 505.

413. Henry, L. A., & Gudjonsson, G. H. (2004). The effects of memory trace strength on eyewitness recall in children with and without intellectual disabilities. *Journal of Experimental Child Psychology*, 89, 53 – 71.

414. Henry, L. A., & Gudjonsson, G. H. (2007). Individual and developmental differences

in eyewitness recall and suggestibility in children with intellectual disabilities. *Applied Cognitive Psychology*, 21, 361 –381.

415. Henry, L. A. , Ridley, A. , Perry, J. , & Crane, L. (2011). Perceived credibility and eyewitness testimony of children with intellectual disabilities. *Journal of Intellectual Disability Research*, 55, 385 –391.

416. Hepner, I. , Woodward, M. N. , & Stewart, J. (2015). Giving the vulnerable a voice in the criminal justice system: The use of intermediaries with individuals with intellectual disability. *Psychiatry, Psychology and Law*, 22, 453 –464.

417. Hershkowitz, I. (1999). The dynamics of interviews involving plausible and implausible allegations of sexual abuse. *Applied Developmental Science*, 3, 86 –91.

418. Hershkowitz, I. (2001). Children's responses to open-ended utterances in investigative interviews. *Legal and Criminological Psychology*, 6, 49 –63.

419. Hershkowitz, I. (2009). Socioemotional factors in child sexual abuse investigations. *Child Maltreatment*, 14, 172 –181.

420. Hershkowitz, I. (in press). NICHD-protocol investigations of individuals with intellectual disability: A descriptive analysis. *Psychology, Public Policy, and Law.*

421. Hershkowitz, I. , Ahern, E. C. , Lamb, M. E. Blasbalg, U. , Karniel-Visel, Y. , & Breitman, M. (2017). Changes in interviewers' use of supportive techniques during the Revised Protocol Training. *Applied Cognitive Psychology*, 31, 340 –350.

422. Hershkowitz, I. , & Elul, A. (1999). The effects of investigative utterances on Israeli children's reports of physical abuse. *Applied Developmental Science*, 3, 28 –33.

423. Hershkowitz, I. , Fisher, S. , Lamb, M. E. , & Horowitz, D. (2007). Improving credibility assessment in child sexual abuse allegations: The role of the NICHD investigative interview protocol. *Child Abuse & Neglect*, 31, 99 –110.

424. Hershkowitz, I. , Horowitz, D. , & Lamb, M. E. (2005). Trends in children's disclosure of abuse in Israel: A national study. *Child Abuse & Neglect*, 29, 1203 –1214.

425. Hershkowitz, I. , Horowitz, D. , & Lamb, M. E. (2007). Individual and family variables associated with disclosure and non-disclosure of child abuse in Israel. In M. -E. Pipe, M. E. Lamb, Y. Orbach, & A. -C. Cederborg (Eds.), *Child sexual abuse: Disclosure, delay, and denial* (pp. 63 –76). Mahwah, NJ: Erlbaum.

426. Hershkowitz, I. , Horowitz, D. , Lamb, M. E. , Orbach, Y. , & Sternberg, K. J. (2004). Interviewing youthful suspects in alleged sex crimes: A descriptive analysis. *Child Abuse & Neglect*, 28, 423 –438.

276 427. Hershkowitz, I. , & Lamb, M. E. (2018). *Allegation rates and credibility assessment*

in forensic child abuse investigations: *Comparing the Revised and Standard NICHD Protocols.* Manuscript under review.

428. Hershkowitz, I., Lamb, M. E., & Breitman, M. (2018). *A revision of the NICHD investigative protocol for use with young suspects of sexual abuse.* Manuscript under review.

429. Hershkowitz, I., Lamb, M. E., & Horowitz, D. (2007). Victimization of children with disabilities. *American Journal of Orthopsychiatry*, 77, 629 -635.

430. Hershkowitz, I., Lamb, M. E., & Katz, C. (2014). Allegation rates in forensic child abuse investigations: Comparing the revised and standard NICHD protocols. *Psychology, Public Policy, and Law*, 20, 336.

431. Hershkowitz, I., Lamb, M. E., Katz, C., & Malloy, L. C. (2015). Does enhanced rapport-building alter the dynamics of investigative interviews with suspected victims of intra-familial abuse? *Journal of Police and Criminal Psychology*, 30, 6 -14.

432. Hershkowitz, I., Lamb, M. E., Orbach, Y., Katz, C., & Horowitz, D. (2012). The development of communicative and narrative skills among preschoolers: Lessons from forensic interviews about child abuse. *Child Development*, 83, 611 -622.

433. Hershkowitz, I., Lamb, M. E., Sternberg, K. J., & Esplin, P. W. (1997). The relationships among interviewer utterance type, CBCA scores, and the richness of children's responses. *Legal and Criminological Psychology*, 2, 169 -176.

434. Hershkowitz, I., Lanes, O., & Lamb, M. E. (2007). Exploring the disclosure of child sexual abuse with alleged victims and their parents. *Child Abuse &Neglect*, 31, 111 -123.

435. Hershkowitz, I., Orbach, Y., Lamb, M. E., Pipe, M.-E., Sternberg, K. J., & Horowitz, D. (2006). Dynamics of forensic interviews with suspected abuse victims who do not disclose abuse. *Child Abuse &Neglect*, 30, 753 -769.

436. Hershkowitz, I., Orbach, Y., Lamb, M. E., Sternberg, K. J., & Horowitz, D. (2002). A comparison of mental and physical reinstatement of the context in child sexual abuse investigations. *Applied Cognitive Psychology*, 16, 429 -441.

437. Hershkowitz, I., Orbach, Y., Lamb, M. E., Sternberg, K. J., & Horowitz, D. (2001). The effects of mental context reinstatement on children's accounts of sexual abuse. *Applied Cognitive Psychology*, 15, 235 -248.

438. Hershkowitz, I., Orbach, Y., Lamb, M. E., Sternberg, K. J., & Horowitz, D. (2002). A comparison of mental and physical context reinstatement in forensic interviews with alleged victims of sexual abuse. *Applied Cognitive Psychology*, 16, 429 -441.

439. Hershkowitz, I., Orbach, Y., Lamb, M. E., Sternberg, K. J., Horowitz, D., & Hovav, M. (1998). Visiting the scene of the crime: Effects on children's recall of alleged abuse.

Legal and Criminological Psychology, 3, 195 – 207.

440. Hershkowitz, I., Orbach, Y., Lamb, M. E., Sternberg, K. J., Pipe, M.-E., & Horowitz, D. (2007). Suspected victims of abuse who do not make allegations: An analysis of their interactions with forensic interviewers. In M.-E. Pipe, M. E. Lamb, Y. Orbach, & A. C. Cederborg (Eds.), *Child sexual abuse: Disclosure, delay, and denial* (pp. 77 – 96). Mahwah, NJ: Erlbaum.

441. Hershkowitz, I., Pud, E., & Kaabia, E. (2018). Non-verbal indicators of reluctance in child abuse investigations: The effects of gender and abuse type. Unpublished manuscript.

442. Hewitt, S. D. (1999). *Assessing allegations of sexual abuse in preschool children.* Thousand Oaks, CA: Sage.

443. Hildreth, K., Sweeny, B., & Rovee-Collier, C. (2003). Differential memory-preserving effects of reminders at 6 months. *Journal of Experimental Child Psychology*, 84, 41 – 62.

277 444. Hill, A., & Brown, D. A. (2017). *Dolls, diagrams and drawings: Interviewers' perspectives on visual aids in child witness interviews* (Unpublished master's thesis, Victoria University of Wellington). Retrieved from http://hdl.handle.net/10063/6392.

445. Hintzman, D. L. (1984). MINERVA 2: A simulation model of human memory. *Behavior Research Methods, Instruments, & Computers*, 16(2), 96 – 101.

446. Hitchcock, C., Nixon, R. D., & Weber, N. (2014). A review of overgeneral memory in child psychopathology. *British Journal of Clinical Psychology*, 53(2), 170 – 193.

447. Hlavka, H. R., Olinger, S. D., & Lashley, J. L. (2010). The use of anatomical dolls as a demonstration aid in child sexual abuse interviews: A study of forensic interviewers' perceptions. *Journal of Child Sexual Abuse*, 19, 519 – 553.

448. Holliday, R. E. (2003). Reducing misinformation effects in children with cognitive interviews: Dissociating recollection and familiarity. *Child Development*, 74, 728 – 751.

449. Holliday, R. E., & Albon, A. J. (2004). Minimising misinformation effects in young children with cognitive interview mnemonics. *Applied Cognitive Psychology*, 18, 263 – 281.

450. Home Office (1992). *Memorandum of good practice on video recorded interviews with child witnesses for criminal proceedings.* London: Author, with Department of Health.

451. Home Office (2002). *Achieving best evidence in criminal proceedings: Guidance for vulnerable and intimidated witnesses, including children.* London: Author.

452. Home Office (2007). *Achieving best evidence in criminal proceedings (Revised).* London: Author.

453. Home Office. (2011). *Achieving best evidence in criminal proceedings: Guidance on*

interviewing victims and witnesses, and guidance on using special measures. London: Author.

454. Horner, T. M., Guyer, M. J., & Kalter, N. M. (1993a). Clinical expertise and the assessment of child sexual abuse. *Journal of the American Academy of Child and Adolescent Psychiatry*, 32, 925 - 931.

455. Horner, T. M., Guyer, M. J., & Kalter, N. M. (1993b). The biases of child sexual abuse experts: Believing is seeing. *Bulletin of the American Academy of Psychiatry and the Law*, 21, 281 - 292.

456. Horowitz, S. W., Lamb, M. E., Esplin, P. W., Boychuk, T. D., Krispin, O., & Reiter-Lavery, L. (1997). Reliability of criteria-based content analysis of child witness statements. *Legal and Criminological Psychology*, 2, 11 - 21.

457. Horowitz, S. W., Lamb, M. E., Esplin, P. W., Reiter-Lavery, L., & Krispin, C. (1995). Establishing ground truth in studies of child sexual abuse. *Expert Evidence*, 4, 42 - 51.

458. Howe, M. L. (1997). Children's memory for traumatic experiences. *Learning & Individual Differences*, 9, 153 - 174.

459. Howe, M. L. (2000). *The fate of early memories: Developmental science and the retention of childhood experiences.* Washington, DC: American Psychological Association.

460. Howe, M. L. (2014). The co-emergence of the self and autobiographical memory: An adaptive view of early memory. In P. J. Bauer & R. Fivush (Eds.), *The Wiley handbook on the development of children's memory* (Vols I and II, pp. 545 - 567). Chichester, UK: Wiley.

461. Howe, M. L., & Courage, M. L. (1993). On resolving the enigma of infantile amnesia. *Psychological Bulletin*, 113, 305 - 326.

462. Howe, M. L., & Courage, M. L. (2004). Demystifying the beginnings of memory. 278
Developmental Review, 24, 1 - 5.

463. Howe, M., Courage, M., & Bryant-Brown, L. (1993). Reinstating preschoolers' memories. *Developmental Psychology*, 29, 854 - 869.

464. Howe, M. L., Courage, M. L., & Peterson, C. (1994). How can I remember when "I" wasn't there: Long-term retention of traumatic experiences and emergence of the cognitive self. *Consciousness & Cognition*, 3, 327 - 355.

465. Howe, M. L., Courage, M. L., & Edison, S. C. (2003). When autobiographical memory begins. *Developmental Review*, 23, 471 - 494.

466. Howe, M. L., Courage, M. L., & Peterson, C. (1995). Intrusions in preschoolers' recall of traumatic childhood events. *Psychonomic Bulletin & Review*, 2, 130 - 134.

467. Howie, P., Nash, L., Kurukulasuriya, N., & Bowman, A. (2012). Children's event reports: Factors affecting responses to repeated questions in vignette scenarios and event recall

interviews. Journal of Developmental Psychology, 30, 550 – 568.

468. Hubbard, K., Saykaly, C., Lee, K., Lindsay, R. C. L., Bala, N., & Talwar, V. (2016). Children's recall accuracy for repeated events over multiple interviews: Comparing information types. *Psychology, Psychiatry & Law*, 23, 849 – 862.

469. Hudson, J. A. (1986). Memories are made of this: General event knowledge and the development of autobiographical memory. In K. Nelson (Eds.), *Knowledge structure and function in development* (pp. 97 – 118). Hillsdale, NJ: Erlbaum.

470. Hudson, J. A. (1988). Children's memory for atypical actions in script-based stories: Evidence for a disruption effect. *Journal of Experimental Child Psychology*, 46, 159 – 173.

471. Hudson, J. A. (1990a). Constructive processing in children's event memory. *Developmental Psychology*, 26, 180 – 187.

472. Hudson, J. A. (1990b). The emergence of autobiographical memory in mother-child conversation. In R. Fivush & J. A. Hudson (Eds.), *Knowing and remembering in young children* (pp. 166 – 196). New York, NY: Cambridge University Press.

473. Hudson, J. A., & Fivush, R. (1991). As time goes by: Sixth graders remember a kindergarten experience. *Applied Cognitive Psychology*, 5, 347 – 360.

474. Hudson, J. A., Fivush, R., & Kuebli, J. (1992). Scripts and episodes: The development of event memory [Special issue]. *Applied Cognitive Psychology*, 6, 483 – 505.

475. Hudson, J. A., & Mayhew, E. M. (2009). The development of memory for recurring events. In M. Courage & N. Cowan (Eds.), *The development of memory in infancy and childhood* (2nd ed., pp. 69 – 91). New York, NY: Psychology Press.

476. Hudson, J. A., & Nelson, K. (1986). Repeated encounters of a similar kind: Effects of familiarity on children's autobiographic memory. *Cognitive Development*, 1, 253 – 271.

477. Huffman, M. L. C. (1997). *Can criterion-based context analysis discriminate between accurate and false reports of preschoolers? A validation attempt [Unpublished manuscript]*. Cornell University, Ithaca, NY.

478. Hughes, M., & Grieve, R. (1980). On asking children bizarre questions. *First Language*, 1, 149 – 160.

479. Hunt, J. S., & Borgida, E. (1998, March). *Beyond leading questions: Modifications in eyewitness interviews.* Paper presented at the American Psychology-Law Society, Convention, Redondo Beach, CA.

279 480. Hunt, J. S., & Borgida, E. (2001). Is that what I said? Witnesses' responses to interviewer modifications. *Law and Human Behavior*, 25, 583 – 603.

481. Hutcheson, G. D., Baxter, J. S., Telfer, K., & Warden, D. (1995). Child witness

statement quality: Question type and error of omission. *Law and Human Behavior*, 19, 631 – 648.

482. Hyman, I. A., Husband, T. H., & Billings, J. F. (1995). False memories of childhood experiences. *Applied Cognitive Psychology*, 9, 181 – 197.

483. Iarocci, C., & Burack, J. A. (1998). Understanding the development of attention in persons with mental retardation: Challenging the myths. In E. Zigler, J. A. Burack., & R. M. Hodapp (Eds.), *Handbook of mental retardation and development* (pp. 349 – 381). New York, NY: Cambridge University Press.

484. Imhoff, M. C., & Baker-Ward, L. (1999). Preschoolers' suggestibility: Effects of developmentally appropriate language and interviewer supportiveness. *Journal of Applied Developmental Psychology*, 20, 407 – 429.

485. Jack, F., Friedman, W., Reese, E., & Zajac, R. (2016). Age-related differences in memory for time, temporal reconstruction, and the availability and use of temporal landmarks. *Cognitive Development*, 37, 53 – 66.

486. Jack, F., Leov, J., & Zajac, R. (2014). Age-related differences in the free-recall accounts of child, adolescent, and adult witnesses. *Applied Cognitive Psychology*, 28, 30 – 38.

487. Jack, F., MacDonald, S., Reese, E., & Hayne, H. (2009). Maternal reminiscing style during early childhood predicts the age of adolescents' earliest memories. *Child Development*, 80, 496 – 505.

488. Jack, F., Martyn, E., & Zajac, R. (2015). Getting the picture: Effects of sketch plans and photographs on children's, adolescents' and adults' eyewitness recall. *Applied Cognitive Psychology*, 29, 723 – 734.

489. Jack, F., Simcock, G., & Hayne, H. (2012). Magic memories: Young children's verbal recall after a 6-year delay. *Child Development*, 83, 159 – 172.

490. Jackson, H., & Nuttall, R. (1993). Clinician responses to sexual abuse allegations. *Child Abuse & Neglect*, 17, 127 – 143.

491. Jackson, J. L. (1996). *Truth or fantasy: The ability of barristers and laypersons to detect deception in children's testimony.* Paper presented to the American Psychology-Law Society conference, Hilton Head Island, South Carolina.

492. Jehu, D. (1989). Sexual dysfunctions among women clients who were sexually abused in childhood. *Behavioural Psychotherapy*, 17, 53 – 70.

493. Jens, K. G., Gordon, B. N., & Shaddock, A. J. (1990). Remembering activities performed versus imagined: A comparison of children with mental retardation and children with normal intelligence. *International Journal of Disability, Development, and Education*, 37, 201 – 213.

494. Johnson, J. L., & Shelley, A. E. (2014). Effects of child interview tactics on prospective jurors' decisions. *Behavioral Sciences & The Law*, 32, 846 – 866.

495. Johnson, M. K., & Foley, M. A. (1984). Differentiating fact from fantasy: The reliability of children's memory. *Journal of Social Issues*, 40, 33 – 50.

496. Johnson, M. K., Hashtroudi, S., & Lindsay, D. S. (1993). Source monitoring. *Psychological Bulletin*, 114, 3 – 28.

497. Johnson, M., Magnussen, S., Thoresen, C., Lønnum, K., Burrell, L. V., & Melinder, A. (2015). Best practice recommendations still fail to result in action: A national 10-year follow-up study of investigative interviews in CSA cases. *Applied Cognitive Psychology*, 29, 661 – 668.

498. Johnston, C., & Mash, E. J. (2001). Families of children with attention-deficit/hyperactivity disorder: Review and recommendations for future research. *Clinical Child and Family Psychology Review*, 4, 183 – 207.

280 499. Jones, C. H., & Pipe, M.-E. (2002). How quickly do children forget events? A systematic study of children's event reports as a function of delay. *Applied Cognitive Psychology*, 16, 755 – 768.

500. Jones, D. C., Swift, D. J., & Johnson, M. A. (1988). Nondeliberate memory for a novel event among preschoolers. *Developmental Psychology*, 24, 641 – 645.

501. Jones, D. P. H. (2003). *Communicating with vulnerable children.* London: Gaskell and Royal College of Psychiatrists.

502. Karni-Visel, Y., Hershkowitz, I., Blasbalg, U. & Lamb, M. E. (2018a, March). *Emotional expression and children's reports of intra-familial abuse.* Paper presented at the American Psychology-Law Society conference, Memphis, TN.

503. Karni-Visel, Y., Hershkowitz, I., Blasbalg, U. & Lamb, M. E. (2018b, March). *The association between emotional expression and children's reports of intra-familial abuse: The facilitating role of emotional support.* Paper presented at the American Psychology-Law Society conference, Memphis, TN.

504. Karni-Visel, Y., Hershkowitz, I., Lamb, M. E., & Blasbalg, U. (2018c, July). *Facilitating emotional expressions by alleged victims of child abuse during investigative Interviews using the Revised NICHD Protocol.* Paper presented at the 11th annual IIIRG conference, Porto, Portugal.

505. Katz, C., Barnetz, Z., & Hershkowitz, I. (2014). The effect of drawing on children's experiences of investigations following alleged child abuse. *Child Abuse & Neglect*, 38, 858 – 867.

506. Katz, C., & Hershkowitz, I. (2010). The effects of drawing on children's accounts of sexual abuse. *Child Maltreatment*, 15, 171 - 179.

507. Katz, C., & Hershkowitz, I. (2013). Repeated interviews with children who are the alleged victims of sexual abuse. *Research on Social Work Practice*, 23, 210 - 218.

508. Katz, C., Hershkowitz, I., Malloy, L. C., Lamb, M. E., Atabaki, A., & Spindler, S. (2012). Non-verbal behavior of children who disclose or do not disclose child abuse in investigative interviews. *Child Abuse & Neglect*, 36, 12 - 20.

509. Kasari, C., & Bauminger, N. (1998). Social and emotional development in children with mental retardation. In E. F. Zigler, J. A. Burack., & R. M. Hodapp (Eds.), *Handbook of mental retardation and development* (pp. 411 - 433). New York, NY: Cambridge University Press.

510. Kaufman, J., Jones, B., Stieglitz, E., Vitulano, L., & Mannarino, A. P. (1994). The use of multiple informants to assess children's maltreatment experiences. *Journal of Family Violence*, 9, 227 - 248.

511. Keary, K., & Fitzpatrick, C. (1994). Children's disclosure of sexual abuse during formal investigation. *Child Abuse & Neglect*, 18, 543 - 548.

512. Kebbell, M. R., Hatton, C., & Johnson, S. D. (2004). Witnesses with intellectual disabilities in court: What questions are asked and what influence do they have? *Legal and Criminological Psychology*, 9, 23 - 35.

513. Kebbell, M. R., Hatton, C., Johnson, S. D., & O'Kelly, C. M. E. (2001). People with learning disabilities as witnesses in court: What questions should lawyers ask? *British Journal of Learning Disabilities*, 29, 98 - 102.

514. Kelley, S. J. (1996). Ritualistic abuse of children. In J. Briere, L. Berliner, J. Bulkley, C. Jenny, & T. Reid (Eds.), *The APSAC handbook on child maltreatment* (pp. 90 - 99). Thousand Oaks, CA: Sage.

515. Kelly, K. R., & Bailey, A. L. (2013). Dual development of conversational and narrative discourse: Mother and child interactions during narrative co-construction. *Merrill-Palmer Quarterly*, 59, 426 - 460.

516. Kempe, C. H., Silverman, F. N., Steck, B. R., Droegemuller, W., & Silver, H. R. (1962). The battered child syndrome. *Journal of the American Medical Association*, 181, 17 - 24.

517. King, M. A., & Yuille, J. C. (1987). Suggestibility and the child witness. In S. J. 281
Ceci, D. F. Ross, & M. P. Toglia (Eds.), *Children's eyewitness memory* (pp. 24 - 35). New York, NY: Springer.

518. Kleinknecht, E. (2001). Emerging autobiographies: The role of social-cognition in the development of event memory skills. *Dissertation Abstracts International: Section B: the Sciences & Engineering*, 61, 5019.

519. Kleinknecht, E., & Beike, D. R. (2004). How knowing and doing inform an autobiography: Relations among preschoolers' theory of mind, narrative, and event memory skills. *Applied Cognitive Psychology*, 18, 745 – 764.

520. Klemfuss, J. Z. (2015). Differential contributions of language skills to children's episodic recall. *Journal of Cognition and Development*, 16, 608 – 620.

521. Klemfuss, J. Z., Milojevich, H. M., Yim, I. S., Rush, E. B., & Quas, J. A. (2013). Stress at encoding, context at retrieval, and children's narrative content. *Journal of Experimental Child Psychology*, 116, 693 – 706.

522. Klemfuss, J. Z., Quas, J. A., & Lyon, T. D. (2014). Attorneys' questions and children's productivity in child sexual abuse criminal trials. *Applied Cognitive Psychology*, 28, 780 – 788.

523. Köhnken, G., Finger, M., Nitshe, N., Höfer, E., & Ascherman, E. (1992, March). *Does a cognitive interview interfere with a subsequent statement validity analysis?* Paper presented at the American Psychology and Law Society meeting, San Diego, CA.

524. Köhnken, G., Milne, R., Memon, A., & Bull, R. (1999). The cognitive interview: A meta-analysis. *Psychology, Crime and Law*, 5, 3 – 27.

525. Korkman, J., Juusola, A., & Santtila, P. (2014). Who made the disclosure? Recorded discussions between children and caretakers suspecting child abuse. *Psychology, Crime & Law*, 20, 994 – 1004.

526. Korkman, J., Laajasalo, T., Juusola, A., Uusivuori, L., & Santtila, P. (2015). What did the child tell? The accuracy of parents' reports of a child's statements when suspecting child sexual abuse. *Journal of Forensic Psychology Practice*, 15, 93 – 113.

527. Korkman, J., Santtila, P., & Sandnabba, N. K. (2006). Dynamics of verbal interaction between interviewer and child in interviews with alleged victims of child sexual abuse. *Scandinavian Journal of Psychology*, 47, 109 – 119.

528. Korkman, J., Santtila, P., Westeraker, & Sandnabba, N. K. (2008). Interviewing techniques and follow-up questions in child sexual abuse interviews. *European Journal of Developmental Psychology*, 5, 108 – 128.

529. Krackow, E., & Lynn, S. J. (2003). Is there touch in the game of Twister®? The effects of innocuous touch and suggestive questions on children's eyewitness memory. *Law and Human Behavior*, 27, 589 – 604.

530. Krackow, E., & Lynn, S. J. (2010). Event report training: An examination of the efficacy of a new intervention to improve children's eyewitness reports. *Applied Cognitive Psychology*, 24, 868 – 884.

531. Krafka, C., & Penrod, S. (1985). Reinstatement of context in a field experiment on eyewitness identification. *Journal of Personality and Social Psychology*, 49, 58 – 69.

532. Krause, N., Pompedda, F., Antfolk, J., Zappalá, A., & Santtila, P. (2017). The effects of feedback and reflection on the questioning style of untrained interviewers in simulated child sexual abuse interviews. *Applied Cognitive Psychology*, 31, 187 – 198.

533. Kuehnle, K. (1996). *Assessing allegations of child sexual abuse*. Sarasota, FL: Professional Resource Exchange.

534. Kuehnle, K., & Connell, M. (Eds.) (2008). *The evaluation of child sexual abuse* 282
allegations: A comprehensive guide to assessment and testimony. Hoboken, NJ: Wiley.

535. Kulkofsky, S. (2010). The effects of verbal labels and vocabulary skill on memory and suggestibility. *Journal of Applied Developmental Psychology*, 31, 460 – 466.

536. Kulkofsky, S., Wang, Q., & Ceci, S. J. (2008). Do better stories make better memories? Narrative quality and memory accuracy in preschool children. *Applied Cognitive Psychology*, 22, 21 – 38.

537. Kurtz, B. E., & Borkowski, J. G. (1984). Children's metacognition: Exploring relations among knowledge, process, and motivational variables. *Journal of Experimental Child Psychology*, 37, 335 – 354.

538. Kvam, M. H. (2000). Is sexual abuse of children with disabilities disclosed? A retrospective analysis of child disability and the likelihood of sexual abuse among those attending Norwegian hospitals. *Child Abuse and Neglect*, 24, 1073 – 1084.

539. Lafontaine, J., & Cyr, M. (2016). A study of the relationship between investigators' Personal characteristics and adherence to interview best practices in training. *Psychiatry, Psychology and Law*, 23, 782 – 797.

540. Lafontaine, J., & Cyr, M. (2017). The relation between interviewers' personal characteristics and investigative interview performance in a child sexual abuse context. *Police Practice and Research*, 18, 106 – 118.

541. Lamb, M. E. (1994). The investigation of child sexual abuse: An interdisciplinary consensus statement. *Child Abuse & Neglect*, 18, 1021 – 1028.

542. Lamb, M. E. (2016). Difficulties translating research on forensic interview practices to practitioners: Finding water, leading horses, but can we get them to drink? *American Psychologist*, 71, 710 – 718.

543. Lamb, M. E., & Brown, D. A. (2006). Conversational apprentices: Helping children become competent informants about their own experiences. *British Journal of Developmental Psychology*, 24, 215 – 234.

544. Lamb, M. E., & Brown, D. A. (2017). Children's memory development: From the lab to the field. In A. S. Dick & U. Müller (Eds.), *Advancing developmental science: Philosophy, theory, and method* (pp. 119 – 133). New York, NY: Routledge.

545. Lamb, M. E., & Fauchier, A. (2001). The effects of question type on self-contradiction by children in the course of forensic interviews. *Applied Cognitive Psychology*, 15, 1 – 9.

546. Lamb, M. E., Hershkowitz, I., Orbach, Y., & Esplin, P. W. (2008). *Tell me what happened: Structured investigative interviews of child victims and witnesses.* Hoboken, NJ: Wiley-Blackwell.

547. Lamb, M. E., Hershkowitz, I., Sternberg, K. J., Boat, B., & Everson, M. D. (1996a). Investigative interviews of alleged sexual abuse victims with and without anatomical dolls. *Child Abuse & Neglect*, 20, 1251 – 1259.

548. Lamb, M. E., Hershkowitz, I., Sternberg, K. J., Esplin, P. W., Hovav, M., Manor, T., & Yudilevitch, L. (1996b) Effects of investigative utterance types on Israeli children's responses. *International Journal of Behavioural Development*, 19, 627 – 637.

549. Lamb, M. E., La Rooy, D. J., Malloy, L. C., & Katz, C. (Eds.). (2011). *Children's testimony: A handbook of psychological research and forensic practice* (2nd ed.). Chichester, UK: Wiley.

550. Lamb, M. E., Malloy, L. C., Hershkowitz, I., & La Rooy, D. (2015). Children and the law. In R. M. Lerner & M. E. Lamb (Eds.), *Handbook of child psychology and developmental science* (7th ed.): Vol. 3. *Social, emotional and personality development* (pp. 464 – 512). Hoboken, NJ: Wiley.

283 551. Lamb, M. E., Orbach, Y., Hershkowitz, I., Esplin, P., & Horowitz, D. (2007). Structured forensic interview protocols improve the quality and informativeness of investigative interviews with children. *Child Abuse & Neglect*, 31, 1201 – 1231.

552. Lamb, M. E., Orbach, Y., Hershkowitz, I., Horowitz, D., & Abbott, C. B. (2007). Does the type of prompt affect the accuracy of information provided by alleged victims of abuse in forensic interviews? *Applied Cognitive Psychology*, 21, 1117 – 1130.

553. Lamb, M. E., Orbach, Y., Sternberg, K. J., Aldridge, J., Pearson, S., Stewart, H. L., & Bowler, L. (2009). Use of a structured investigative protocol enhances the quality of investigative interviews with alleged victims of child sexual abuse in Britain. *Applied Cognitive*

Psychology, 23, 449 – 467.

554. Lamb, M. E., Orbach, Y., Sternberg, K. J., Esplin, P. W., & Hershkowitz, I. (2002). The effects of forensic interview practices on the quality of information provided by alleged victims of child abuse. In H. L. Westcott, G. M. Davies, & R. Bull (Eds.), *Children's testimony: A handbook of psychological research and forensic practice* (pp. 131 – 145). Chichester, UK: Wiley.

555. Lamb, M. E., Orbach, Y., Sternberg, K. J., Hershkowitz, I., & Horowitz, D. (2000). Accuracy of investigators' verbatim notes of their forensic interviews with alleged child abuse victims. *Law and Human Behavior*, 24, 699 – 707.

556. Lamb, M. E., Orbach, Y., Warren, A. R., Esplin, P. W., & Hershkowitz, I. (2007). Getting the most out of children: Factors affecting the informativeness of young witnesses. In M. P. Toglia, J. D. Read, D. F. Ross, & R. C. L. Lindsay (Eds.), *Handbook of eyewitness psychology.* Vol. 1: *Memory for events.* Mahwah, NJ: Erlbaum.

557. Lamb, M. E., Sternberg, K. J., & Esplin, P. W. (1995). Making children into competent witnesses: Reactions to the amicus brief In re Michaels. *Psychology, Public Policy, and Law*, 1, 438 – 449.

558. Lamb, M. E., Sternberg, K. J., & Esplin, P. W. (1998). Conducting investigative interviews of alleged sexual abuse victims. *Child Abuse & Neglect*, 22, 813 – 823.

559. Lamb, M. E., Sternberg, K. J., & Esplin, P. W. (2000). Effects of age and delay on the amount of information provided by alleged sex abuse victims in investigative interviews. *Child Development*, 71, 1586 – 1596.

560. Lamb, M. E., Sternberg, K. J., Esplin, P. W., Hershkowitz, I., & Orbach, Y. (1997a). Assessing the credibility of children's allegations of sexual abuse: A survey of recent research. *Learning and Individual Differences*, 9, 175 – 194.

561. Lamb, M. E., Sternberg, K. J., Esplin, P. W., Hershkowitz, I., Orbach, Y., & Hovav, M. (1997b). Criterion-based content analysis: A field validation study. *Child Abuse & Neglect*, 21, 255 – 264.

562. Lamb, M. E., Sternberg, K. J., Orbach, Y., Aldridge, J., Bowler, L., Pearson, S., & Esplin, P. W. (2006, July). *Enhancing the quality of investigative interviews by British police officers.* Paper presented at the Second International Investigative Interviewing Conference, University of Portsmouth, UK.

563. Lamb, M. E., Sternberg, K. J., Orbach, Y., Esplin, P. W., & Mitchell, S. (2002). Is ongoing feedback necessary to maintain the quality of investigative interviews with allegedly abused children? *Applied Developmental Science*, 6, 35 – 41.

564. Lamb, M. E., Sternberg, K. J., Orbach, Y., Esplin, P. W., Stewart, H., &
284 Mitchell, S. (2003). Age differences in young children's responses to open-ended invitations in the course of forensic interviews. *Journal of Consulting and Clinical Psychology*, 71, 926–934.

565. Lamb, M. E., Sternberg, K. J., Orbach, Y., Hershkowitz, I., & Esplin, P. W. (1999). Forensic interviews of children. In A. Memon & R. Bull (Eds.), *Handbook of the psychology of interviewing* (pp. 253–277). New York, NY: Wiley.

566. Lamb, M. E., Sternberg, K. J., Orbach, Y., Hershkowitz, I., & Horowitz, D. (2003). Differences between accounts provided by witnesses and alleged victims of child sexual abuse. *Child Abuse & Neglect*, 27, 1019–1031.

567. Lamb, M. E., Sternberg, K. J., Orbach, Y., Hershkowitz, I., Horowitz, D., & Esplin, P. W. (2002). The effects of intensive training and ongoing supervision on the quality of investigative interviews with alleged sex abuse victims. *Applied Developmental Science*, 6, 114–125.

568. Lamb, M. E., & Thierry, K. L. (2005). Understanding children's testimony regarding their alleged abuse: Contributions of field and laboratory analog research. In D. M. Teti (Ed.), *Handbook of research methods in developmental psychology* (pp. 489–508). Malden, MA: Blackwell.

569. Landis, T. Y. (1982). Interaction between text and prior knowledge in children's memory for prose. *Child Development*, 53, 811–814.

570. Langer, D. A., McLeod, B. D., & Weisz, J. R. (2011). Do treatment manuals undermine youth-therapist alliance in community clinical practice? *Journal of Consulting and Clinical Psychology*, 79, 427–432.

571. La Rooy, D., Brubacher, S. P., Aromäki-Stratos, A., Cyr, M., Hershkowitz, I., Korkman, J., ... & Stewart, H. (2015). The NICHD Protocol: A review of an internationally-used evidence-based tool for training child forensic interviewers. *Journal of Criminological Research, Policy and Practice*, 1, 76–89.

572. La Rooy, D., Katz, C., Malloy, L. C., & Lamb, M. E. (2010). Do we need to rethink guidance on repeated interviews? *Psychology, Public Policy, and Law*, 16, 373–392.

573. La Rooy, D., Lamb, M. E., & Memon, A. (2011). Forensic interviews with children in Scotland: A survey of interview practices among police. *Journal of Police and Criminal Psychology*, 26, 26–34.

574. La Rooy, D. J., Lamb, M. E., & Pipe, M.-E. (2009). Repeated interviewing: A critical evaluation of the risks and potential benefits. In K. Kuehnle & M. Connell (Eds.), *The evaluation of child sexual abuse allegations: A comprehensive guide to assessment and testimony*

(pp. 327 – 361). Hoboken, NJ: Wiley.

575. La Rooy, D., Pipe, M.-E., & Murray, J. E. (2005). Reminiscence and hypermnesia in children's eyewitness memory. *Journal of Experimental Child Psychology*, 90, 235 – 254.

576. Larsson, A. S., Anders Granhag, P., & Spjut, E. (2003). Children's recall and the cognitive interview: Do the positive effects hold over time? *Applied Cognitive Psychology*, 17, 203 – 214.

577. Larsson, A. S., Teoh, Y.-S., Lamb, M. E., Orbach, Y., & Hershkowitz, I. (2007, July). *Effects of physical and mental context reinstatement on children's reports about extra-familial child sexual abuse.* Paper presented to the Second International Investigative Interviewing Conference, University of Portsmouth, UK.

578. Lawson, L., & Chaffin, M. (1992). False negatives in sexual abuse disclosure interviews: Incidence and influences of caretaker's belief in abuse in cases of accidental abuse discovery by diagnosis of STD. *Journal of Interpersonal Violence*, 7, 532 – 542.

579. Lawson, M., & London, K. (2015). Tell me everything you discussed: Children's memory for dyadic conversations after a 1-week or a 3-week delay. *Behavioral Sciences & The Law*, 33, 429 – 445.

580. Lawson, M., & London, K. (2017). Children's memory for conversations after a 1- 285
year delay. *Journal of Applied Research in Memory and Cognition*, 6, 328 – 336.

581. Leach, C., Powell, M. B., Sharman, S. J., & Anglim, J. (2017). The relationship between children's age and disclosures of sexual abuse during forensic interviews. *Child Maltreatment*, 22(1), 79 – 88.

582. LeDoux, J. E. (1992). Brain mechanisms of emotion and emotional learning. *Current Opinion in Neurobiology*, 2(2), 191 – 197.

583. Lee, J. K., Wendelken, C., Bunge, S. A., & Ghetti, S. (2016). A time and place for everything: Developmental differences in the building blocks of episodic memory. *Child Development*, 87, 194 – 210.

584. Leichtman, M. D., & Ceci, S. J. (1995). The effects of stereotypes and suggestion on preschoolers' reports. *Developmental Psychology*, 31, 568 – 578.

585. Leichtman, M. D., Ceci, S. J., & Morse, M. B. (1997). The nature and development of children's event memory. In P. S. Applebaum & L. A. Uyehara (Eds.), *Trauma and memory: Clinical and legal controversies* (pp. 158 – 187). New York, NY: Oxford University Press.

586. Leichtman, M. D., Morse, M. B., Dixon, A., & Spiegel, R. (2000). Source monitoring and suggestibility: An individual differences approach. In K. P. Roberts & M. Blades (Eds.), *Children's source monitoring* (pp. 257 – 288). Mahwah, NJ: Lawrence Erlbaum.

587. Leippe, M. R., Romanczyk, A., & Manion, A. P. (1991). Eyewitness memory for a touching experience: Accuracy differences between child and adult witnesses. *Journal of Applied Psychology*, 76, 367 – 379.

588. Leonard, B. J., Hellerstedt, W. L., & Josten, L. (1997). Association of maternal psychological functioning to pathology in child sexual abuse victims. *Issues in Mental Health Nursing*, 18, 587 – 601.

589. Leventhal, J. M., Hamilton, J., Rededal, S., Tebano-Micci, A., & Eyster, C. (1989). Anatomically correct dolls used in interviews of young children suspected of having been sexually abused. *Pediatrics*, 84, 900 – 906.

590. Levesque, J. R. (1994). Sex differences in the experience of child sexual victimization. *Journal of Family Violence*, 9, 357 – 369.

591. Lewis, M. (1993). The development of deception. In M. Lewis & C. Saarni (Eds.), *Lying and deception in everyday life* (pp. 90 – 105). New York, NY: Guilford Press.

592. Lewis, M., Stanger, C., & Sullivan, M. W. (1989). Deception in 3-year-olds. *Developmental Psychology*, 25, 439 – 443.

593. Lewy, J., Cyr, M., & Dion, J. (2015). Impact of interviewers' supportive comments and children's reluctance to cooperate during sexual abuse disclosure. *Child Abuse & Neglect*, 43, 112 – 122.

594. Ligiezinska, M., Firestone, P., Manion, I. G., McIntyre, J., Ensom, R., & Wells, G. (1996). Children's emotional and behavioral reactions following the disclosure of extra familial sexual abuse: Initial effects. *Child Abuse & Neglect*, 20, 111 – 125.

595. Lindberg, M. A. (1980). Is knowledge base development a necessary and sufficient condition for memory development? *Journal of Experimental Child Psychology*, 30, 401 – 410.

596. Lindberg, M. A., Jones, S., Collard, L., & Thomas, S. W. (2001). Similarities and differences in eyewitness testimonies of children who directly versus vicariously experience stress. *Journal of Genetic Psychology*, 162, 314 – 333.

597. Lindholm, J., Cederborg, A.-C., & Winerdal, U. (2016, March). *An evaluation of the training programme for investigative interviewers in Sweden.* Paper presented to the American Psychology-Law Society Annual Conference, Atlanta, GA.

286 598. Lindsay, D. S. (1990). Misleading suggestions can impair eyewitness's ability to remember event details. *Journal of Experimental Psychology: Learning, Memory, and Cognition*, 16, 1077 – 1083.

599. Lindsay, D. S., & Johnson, M. K. (1987). Reality monitoring and suggestibility. In S. J. Ceci, M. P. Toglia, & D. F. Ross (Eds.), *Children's eyewitness testimony* (pp. 79 – 91).

New York, NY: Springer.

600. Lindsay, D. S., & Johnson, M. K. (1989). The eyewitness suggestibility effect and memory for source. *Memory & Cognition*, 17, 349 – 358.

601. Lindsay, D. S., Johnson, M., & Kwon, P. (1991). Developmental changes in memory source monitoring. *Journal of Experimental Child Psychology*, 52, 297 – 318.

602. Loftus, E. F., & Pickrell, J. E. (1995). The formation of false memories. *Psychiatric Annals*, 25, 720 – 725.

603. London, K., Bruck, M., Ceci, S. J., & Shuman, D. W. (2005). Disclosure of child sexual abuse: What does the research tell us about the ways that children tell? *Psychology, Public Policy, and the Law*, 11, 194 – 226.

604. London, K., Bruck, M., Ceci, S. J., Shuman, D. W. (2007). Disclosure of child sexual abuse: A review of the contemporary empirical literature. In M. -E. Pipe, M. E. Lamb, Y. Orbach, & A. C. Cederborg (Eds.), *Child sexual abuse: Disclosure, delay and denial* (pp. 11 – 40). Mahwah, NJ: Erlbaum.

605. London, K., Bruck, M., Wright, D. B., & Ceci, S. J. (2008). Review of the contemporary literature on how children report sexual abuse to others: Findings, methodological issues, and implications for forensic interviewers. *Memory*, 16, 29 – 47.

606. London, K., Hall, A. K., & Lytle, N. E. (2017). Does it help, hurt, or something else? The effect of a something else response alternative on children's performance on forced-choice questions. *Psychology, Public Policy, and Law*, 23, 281 – 289.

607. Lorch, E. P., Milich, R., Flake, R. A., Ohlendorf, J., & Little, S. (2010). A developmental examination of story recall and coherence among children with ADHD. *Journal of Abnormal Child Psychology*, 38, 291 – 301.

608. Luther, K., Snook, B., Barron, T., & Lamb, M. E. (2015). Child interviewing practices in Canada: A box score from field observations. *Journal of Police and Criminal Psychology*, 30, 204 – 212.

609. Lyon, T. D. (1999). The new wave in children's suggestibility research: A critique. *Cornell Law Review*, 84, 1004 – 1087.

610. Lyon, T. D. (2002a). Expert testimony on the suggestibility of children: Does it fit? In B. L. Bottoms, M. B. Kovera, & B. D. McAuliff (Eds.), *Children and the law: Social science and policy* (pp. 378 – 411). New York, NY: Cambridge University Press.

611. Lyon, T. D. (2002b). Scientific support for expert testimony on child sexual abuse accommodation. In J. R. Conte (Ed.), *Critical issues in child sexual abuse* (pp. 107 – 138). Newbury Park, CA: Sage.

612. Lyon, T. D. (2007). False denials: Overcoming methodological biases in abuse disclosure research. In M. -E. Pipe, M. E. Lamb, Y. Orbach, & A. C. Cederborg (Eds.), *Child sexual abuse: Disclosure, delay, and denial* (pp. 41 – 62). Mahwah, NJ: Erlbaum.

613. Lyon, T. D. (2010). Investigative interviewing of the child. In D. N. Duquette & A. M. Haralambie (Eds.), *Child Welfare Law and Practice* (2nd ed., pp. 87 – 109). Denver, CO: Bradford.

614. Lyon, T. D. (2014). Interviewing children. *Annual Review of Law and Social Science*, 10, 73 – 89.

615. Lyon, T. D., & Dorado, J. S. (2008). Truth induction in young maltreated children: The effects of oath-taking and reassurance on true and false disclosures. *Child Abuse & Neglect*, 32, 738 – 748.

287 616. Lyon, T. D., Malloy, L. C., Quas, J. A., & Talwar, V. A. (2008). Coaching, truth induction, and young maltreated children's false allegations and false denials. *Child Development*, 79, 914 – 929.

617. Lyon, T. D., & Saywitz, K. J. (1999). Maltreated children's competence to take the oath. *Applied Developmental Science*, 3, 16 – 27.

618. Lyon, T. D., Scurich, N., Choi, K., Handmaker, S., & Blank, R. (2012). "How did you feel?": Increasing child sexual abuse witnesses' production of evaluative information. *Law and Human Behavior*, 36(5), 448.

619. Lytle, N., London, K., & Bruck, M. (2015). Young children's ability to use two-dimensional and three-dimensional symbols to show placements of body touches and hidden objects. *Journal of Experimental Child Psychology*, 134, 30 – 42.

620. Macleod, E., Gross, J., & Hayne, H. (2016). Drawing conclusions: The effect of instructions on children's confabulation and fantasy errors. *Memory*, 24, 21 – 31.

621. MacMurray, B. K. (1989). Criminal determination for child sexual abuse: Prosecutor case-screening judgments. *Journal of Interpersonal Violence*, 4, 233 – 244.

622. Madsen, H. B., & Kim, J. H. (2016). Ontogeny of memory: An update on 40 years of work on infantile amnesia. *Behavioural Brain Research*, 298, 4 – 14.

623. Malloy, L. C., Brubacher, S. P., & Lamb, M. E. (2011). Expected consequences of disclosure revealed in investigative interviews with suspected victims of child sexual abuse. *Applied Developmental Science*, 15, 8 – 19.

624. Malloy, L. C., Brubacher, S. P., & Lamb, M. E. (2013). "Because she's one who listens": Children discuss disclosure recipients in forensic interviews. *Child Maltreatment*, 18, 245 – 251.

625. Malloy, L. C., Brubacher, S. P., Lamb, M. E., & Benton, P(2012, March). *How many and how often: Children's use of number words and frequency estimations in forensic interviews.* Paper presented at the American Psychology-Law Society Conference, Puerto Rico.

626. Malloy, L. C., Katz, C., Lamb, M. E., & Mugno, A. P. (2015). Children's requests for clarification in investigative interviews about suspected sexual abuse. *Applied Cognitive Psychology*, 29, 323 - 333.

627. Malloy, L. C., Lyon, T. D., & Quas, J. A. (2007). Filial dependency and recantation of child sexual abuse allegations. *Journal of the American Academy of Child & Adolescent Psychiatry*, 46, 162 - 170.

628. Malloy, L. C., Mugno, A. P., Pelham, W. E., Hawk, L. W., & Lamb, M. E. (2016, June). *Memory and secret-keeping among children with Attention Deficit Hyperactivity Disorder.* Paper presented at the 9th Annual Meeting of the International Investigative Interviewing Research Group, London, UK.

629. Malloy, L. C., & Quas, J. A. (2009). Children's suggestibility: Areas of consensus and controversy. In K. Kuehnle & M. Connell (Eds.), *The evaluation of child sexual abuse allegations: A comprehensive guide to assessment and testimony.* Hoboken, NJ: Wiley.

630. Malloy, L. C., Shulman, E. P., & Cauffman, E. (2014). Interrogations, confessions, and guilty pleas among serious adolescent offenders. *Law and Human Behavior*, 38 (2), 181.

631. Malpass, R. S. (1996). Enhancing eyewitness memory. In S. L. Sporer, R. S. Malpass, & G. Köhnken (Eds.), *Psychological issues in eyewitness identification* (pp. 177 - 204). Mahwah, NJ: Erlbaum.

632. Malpass, R., & Devine, P. (1981). Guided memory in eyewitness identification. *Journal of Applied Psychology*, 66, 343 - 350.

633. Maras, K. L., & Bowler, D. M. (2010). The cognitive interview for eyewitnesses with 288
autism spectrum disorder. *Journal of Autism and Developmental Disorders*, 40, 1350 - 1360.

634. Maras, K. L., & Bowler, D. M. (2012). Context reinstatement effects on eyewitness memory in autism spectrum disorder. *British Journal of Psychology*, 103(3), 330 - 342.

635. Maras, K. L., & Bowler, D. M. (2014). Eyewitness testimony in autism spectrum disorder: A review. *Journal of Autism and Developmental Disorders*, 44, 2682 - 2697.

636. Maras, K. L., Mulcahy, S., Memon, A., Picariello, F., & Bowler, D. M. (2014). Evaluating the effectiveness of the self-administered interview© for witnesses with Autism Spectrum Disorder. *Applied Cognitive Psychology*, 28, 693 - 701.

637. Marin, B. V., Holmes, D. L., Guth, M., & Kovac, P. (1979). The potential of

children as eyewitnesses：A comparison of children and adults on eyewitness tasks. *Law and Human Behavior*, 3, 295 - 306.

638. Martin, C. L., & Halverson, C. F. (1983). The effects of sex-typing schemas on young children's memory. *Child Development*, 54, 563 - 574.

639. Martin, M. (1988). Individual differences in everyday memory. In M. M. Gruneberg, P. E. Morris, & R. N. Sykes (Eds.), *Practical aspects of memory：Current research and issues：* Vol. 1. *Memory in everyday life* (pp. 466 - 471). Oxford, UK：Wiley.

640. Mattison, M. L., Dando, C. J., & Ormerod, T. C. (2015). Sketching to remember：Episodic free recall task support for child witnesses and victims with autism spectrum disorder. *Journal of Autism and Developmental Disorders*, 45, 1751 - 1765.

641. McAuliff, B. D., Kovera, M. B., & Viswesvaran, C. (1998, March). Methodological issues in child suggestibility research：A meta-analysis. Paper presented to the American Psychology-Law Society Convention, Redondo Beach, CA.

642. McCartney, K., & Nelson, K. (1981). Children's use of scripts in story recall. *Discourse Processes*, 4, 59 - 70.

643. McCauley, M. R., & Fisher, R. P. (1995). Facilitating children's eyewitness recall with the revised cognitive interview. *Journal of Applied Psychology*, 80, 510 - 516.

644. McCauley, M. R., & Fisher, R. P. (1996). Enhancing children's eyewitness testimony with the Cognitive Interview. In G. Davies, S. Lloyd-Bostock, M. McMurran, & C. Wilson (Eds.), *Psychology, law, and criminal justice：International developments in research and practice* (pp. 127 - 134). Berlin：Walter de Gruyter.

645. McCrory, E., Henry, L. A., & Happé, F. (2007). Eye-witness memory and suggestibility in children with Asperger syndrome. *Journal of Child Psychology and Psychiatry*, 48, 482 - 489.

646. McFadden, R., & Saulny, S. (2002, September 6). DNA in central park jogger case spurs call for new review [Electronic version]. *The New York Times*.

647. McGee, R. A., Wolfe, D. A., Yuen, S. A., Wilson, S. K., & Carnmochan, J. (1995). The measurement of maltreatment：a comparison of approaches. *Child Abuse & Neglect*, 19, 233 - 249.

648. McGough, L. (1994). *Child witnesses.* New Haven, CT：Yale University Press.

649. McGuigan, F., & Salmon, K. (2004). Time to talk：The influence of the timing of adult-child talk on children's event memory. *Child Development*, 75, 669 - 686.

650. McLay, L., Brown, D. A., Palmer, L., & Beaumont, S. (2016). *Event memory, coherence and suggestibility in children with ADHD symptoms.* Manuscript in preparation.

651. McNally, R. J. (1998). Measures of children's reactions to stressful life events. In T. W. Miller (Ed.), *Children of trauma: Stressful life events and their effects on children and adolescents.* Madison, CT: International Universities Press. 289

652. McNichol, S., Shute, R., & Tucker, A. (1999). Children's eyewitness memory for a repeated event. *Child Abuse & Neglect*, 23, 1127 - 1139.

653. McSpadden, M. D., Schooler, J. W., & Loftus, E. F. (1988). Here today, gone tomorrow: The appearance and disappearance of context effects. In G. M. Davies & D. M. Thomson (Eds.), *Memory in context: Context in memory* (pp. 215 - 229). New York, NY: Wiley.

654. McWilliams, K., Lyon, T. D., & Quas, J. A. (2016, April). Maltreated children's ability to make temporal judgements using a recurring landmark event. *Journal of Interpersonal Violence.*

655. Maras, K. L., & Bowler, D. M. (2012). Context reinstatement effects on eyewitness memory in autism spectrum disorder. *British Journal of Psychology*, 103, 330 - 342.

656. Maras, K. L., & Bowler, D. M. (2014). Eyewitness testimony in Autism Spectrum Disorder: A review. *Journal of Autism and Developmental Disorders*, 44, 2682 - 2697.

657. Maras, K. L., & Bowler, D. M. (2016). The cognitive interview for witnesses with autism spectrum disorder. *Journal of Autism and Developmental Disorders*, 40, 1350 - 1360.

658. Maras K. L., Mulcahy S., Memon A., Picariello F., & Bowler D. M. (2014). Evaluating the effectiveness of the Self-Administered Interview© for witnesses with Autism Spectrum Disorder. *Applied Cognitive Psychology*, 28, 693 - 701.

659. Mattison, M. L., Dando, C. J. & Ormerod, T. C. (2016). Sketching to remember: Episodic free recall task support for child witnesses and victims with Autism Spectrum Disorder. *Journal of Autism and Developmental Disorders*, 45, 1751 - 1765.

660. Melinder, A., Alexander, K., Cho, Y. I., Goodman, G. S., Thoresen, C., Lonnum, K., & Magnussen, S. (2010). Children's eyewitness memory: A comparison of two interviewing strategies as realized by forensic professionals. *Journal of Experimental Child Psychology*, 105, 156 - 177.

661. Melinder, A., & Gilstrap, L. L. (2009). The relationships between child and forensic interviewer behaviours and individual differences in interviews about a medical examination. *European Journal of Developmental Psychology*, 6, 365 - 395.

662. Melkman, E. P., Hershkowitz, I., & Zur, R. (2017). Credibility assessment in child sexual abuse investigations: A descriptive analysis. *Child Abuse & Neglect*, 67, 76 - 85.

663. Memon, A., & Bull, R. (1991). The cognitive interview: Its origins, empirical

support, evaluation and practical implications. *Journal of Community & Applied Social Psychology*, 1, 291 – 307.

664. Memon, A., & Bull, R. (Eds.). (1999). *Handbook of the psychology of interviewing*. New York, NY: Wiley.

665. Memon, A., Cronin, O., Eaves, R., & Bull, R. (1993). The cognitive interview and child witnesses. *Issues in Criminological and Legal Psychology*, 20, 3 – 9.

666. Memon, A., Cronin, O., Eaves, R., & Bull, R. (1996). An empirical test of the mnemonic components of the cognitive interview. In G. Davies, S. Lloyd-Bostock, M. McMurran, & C. Wilson (Eds.), *Psychology, law, and criminal justice: International developments in research and practice*(pp. 135 – 145). Berlin: Walter de Gruyter.

290 667. Memon, A., Holley, A., Milne, R., Köhnken, G., & Bull, R. (1994). Towards understanding the effects of interviewer training in evaluating the cognitive interview. *Applied Cognitive Psychology*, 8, 641 – 659.

668. Memon, A., Holley, A., Wark, L., Bull, R., & Koehnken, G. (1996). Reducing suggestibility in child witness interviews. *Applied Cognitive Psychology*, 10, 503 – 518.

669. Memon, A., Meissner, C. A., & Fraser, J. (2010). The cognitive interview: A meta-analytic review and study space analysis of the past 25 years. *Psychology, Public Policy, and Law*, 16(4), 340.

670. Memon, A., & Vartoukian, R. (1996). The effect of repeated questioning on young children's eyewitness testimony. *British Journal of Psychology*, 87, 403 – 415.

671. Memon, A., Wark, L., Bull, R., & Köhnken, G. (1997a). Isolating the effects of the cognitive interview techniques. *British Journal of Psychology*, 88, 179 – 197.

672. Memon, A., Wark. L., Holley, A., Bull, R., & Köhnken, G. (1996a). Interviewer behavior in investigative interviews. *Psychology, Crime, & Law*, 2, 135 – 155.

673. Memon, A., Wark. L., Holley, A., Bull, R., & Köhnken, G. (1996b). Reducing suggestibility in child witness interviews. *Applied Cognitive Psychology*, 10, 503 – 518.

674. *Memorandum of Good Practice* (1992). London, England: Her Majesty's Stationery Office.

675. Merritt, K. A., Ornstein, P. A., & Spicker, B. (1994). Children's memory for a salient medical procedure: Implications for testimony. *Pediatrics*, 94, 17 – 23.

676. Mian, M., Wehrspann, W., Klajner-Diamond, H., Lebaron, D., & Winder, C. (1986). Review of 125 children 6 years of age and under who were sexually abused. *Child Abuse & Neglect*, 10, 223 – 229.

677. Michaels, S. (1981). "Sharing time": Children's narrative styles and different access

to literacy. *Language in Society*, 10, 423 –442.

678. Michel, M. K. , Gordon, B. N. , Ornstein, P. A. , & Simpson, M. A. (2000). The abilities of children with mental retardation to remember personal experiences: Implications for testimony. *Journal of Clinical Child Psychology*, 29, 453 –463.

679. Milgram, N. A. (1973). Cognition and language in mental retardation: Distinctions and implications. In D. K. Routh (Ed.), *The experimental psychology of mental retardation.* (pp. 186 –212). Oxford, UK: Aldine.

680. Miller, P. H. (1990). The development of strategies of selective attention. In D. F. Bjorklund(Ed.), *Children's strategies: Contemporary views of cognitive development*(pp. 157 –184). Hillsdale, NJ: Erlbaum.

681. Milne, R. (1999). Interviewing children with learning disabilities. In A. Memon & R. Bull(Eds.), *Handbook of the psychology of interviewing* (pp. 165 – 180). Chichester, UK: Wiley.

682. Milne, R. , & Bull, R. (1996). Interviewing children with mild learning disability with the cognitive interview. In N. K. Clark & G. M. Stephenson (Eds.), *Investigative and forensic decision making: Issues in criminological psychology*: No. 26 (pp. 44 – 51). Leicester: British Psychological Society.

683. Milne, B. , & Bull, R. (1999). *Investigative interviewing: Psychology and practice.* Chichester, UK: Wiley.

684. Milne, R. , & Bull, R. (2001). Interviewing witnesses with learning disabilities for legal purposes. *British Journal of Learning Disabilities*, 29, 93 –97.

685. Milne, R. , & Bull, R. (2003). Does the cognitive interview help children to resist the effects of suggestive questioning? *Legal and Criminological Psychology*, 8, 21 –38.

686. Milne, R. , Bull, R. , Köhnken, G. , & Memon, A. (1995). The cognitive interview 291
and suggestibility. In G. M. Stephenson & N. K. Clark(Eds.), *Criminal behavior, perception, attributions, and rationality*(pp. 21 –27). Leicester, UK: British Psychological Society.

687. Ministry of Justice(2011). *Achieving best evidence in criminal proceedings.* London, UK: Ministry of Justice.

688. Mitchell, K. J. , & Zaragoza, M. S. (1996). Repeated exposure to suggestion and false memory: The role of contextual variability. *Journal of Memory and Language*, 35, 246 –260.

689. Moore, S. A. , & Zoellner, L. A. (2007). Overgeneral autobiographical memory and traumatic events: An evaluative review. *Psychological Bulletin*, 133(3), 419.

690. Moreno, R. , & Mayer, R. E. (1999). Cognitive principles of multimedia learning: The role of modality and contiguity. *Journal of Educational Psychology*, 91, 358.

691. Morris, G., Baker-Ward, L., & Bauer, P. J. (2010). What remains of that day: The survival of children's autobiographical memories across time. *Applied Cognitive Psychology*, 24, 527 - 544.

692. Muir-Broaddus, J. E. (1997, April). *The effects of social influence and psychological reactance on children's responses to repeated questions.* Paper presented to Society for Research in Child Development Convention, Washington, DC.

693. Mulder, M. R., & Vrij, A. (1996). Explaining conversation rules to children: An intervention study to facilitate children's accurate responses. *Child Abuse &Neglect*, 20, 623 - 631.

694. Murachver, T., Pipe, M.-E., Gordon, R., Fivush, R., & Owens, J. L. (1996). Do, show, and tell: Children's event memories acquired through direct experience, observation, and stories. *Child Development*, 67, 3029 - 3044.

695. Murayama, K., Miyatsu, T., Buchli, D., & Storm, B. C. (2014). Forgetting as a consequence of retrieval: A meta-analytic review of retrieval-induced forgetting. *Psychological Bulletin*, 140, 1383 - 1409.

696. Murfett, R., Powell, M. B., & Snow, P. C. (2008). The effect of intellectual disability on the adherence of child witnesses to a "story grammar" framework. *Journal of Intellectual and Developmental Disability*, 33, 2 - 11.

697. Murphy, W. J. (2001). The victim advocacy and research group: Serving a growing need to provide rape victims with personal legal representation to protect privacy rights and to fight gender bias in the criminal justice system. *Journal of Social Distress and the Homeless*, 10, 123 - 138.

698. Myers, J., Gramzow, E., Ornstein, P. A., Wagner, L., Gordon, B. N., & Baker-Ward, L. (2003). Children's memory of a physical examination: A comparison of recall and recognition assessment protocols. *International Journal of Behavioral Development*, 27, 66 - 73.

699. Myers, N. A., Perris, E. E., & Speaker, C. J. (1994). Fifty months of memory: A longitudinal study in early childhood. In R. Fivush (Ed.), *Long-term retention of infant memories* (pp. 383 - 415). Hove, UK: Erlbaum.

700. Myles-Worsley, M., Cromer, C., & Dodd, D. (1986). Children's preschool script reconstruction: Reliance on general knowledge as memory fades. *Developmental Psychology*, 22, 2 - 30.

701. Nairne, J. S. (2002). The myth of the encoding-retrieval match. *Memory*, 10, 389 - 395.

702. Naka, M. (2011). The effect of forensic interview training based on the NICHD structured protocol. *Japanese Journal of Child Abuse and Neglect*, 13, 316 - 325.

703. Nathan, D., & Snedeker, M. (1995). *Satan's silence.* New York, NY: Basic Books.

704. Nathanson, R., & Platt, M. D. (2005). Attorneys' perceptions of child witnesses with 292
mental retardation. *The Journal of Psychiatry & Law*, 33(1), 5 – 42.

705. Nathanson, R., & Saywitz, K. J. (2003). The effects of courtroom context on children's memory and anxiety. *Journal of Psychiatry & Law*, 31, 67 – 98.

706. Neisser, U. (2004). Memory development: New questions and old. *Developmental Review*, 24, 154 – 158.

707. Nelson, K. (1986). *Event knowledge: Structure and function in development.* Hillsdale, NJ: Erlbaum.

708. Nelson, K. (1989). Remembering: A functional developmental perspective. In P. R. Solomon, G. R. Goethals, C. M. Kelley, & B. R. Stephens (Eds.), *Memory: Interdisciplinary approaches* (pp. 127 – 150). New York, NY: Springer.

709. Nelson, K. (1993a). Events, narratives, memory: What develops? In C. A. Nelson (Ed.), *Memory and affect in development. The Minnesota Symposia on Child Psychology* (Vol. 26, pp. 1 – 24). Hillsdale, NJ: Erlbaum.

710. Nelson, K. (1993b). The psychological and social origins of autobiographical memory. *Psychological Science*, 4, 85 – 92.

711. Nelson, K. (1996a). *Language in cognitive development: The emergence of the mediated mind.* New York, NY: Cambridge University Press.

712. Nelson, K. (1996b). Memory development from 4 to 7 years. The five to sevenyear shift: The age of reason and responsibility. In A. J. Sameroff & M. M. Haith (Eds.), *The five to seven year shift* (pp. 141 – 160). Chicago, IL: University of Chicago Press.

713. Nelson, K. (2014). Sociocultural theories of memory development. In P. J. Bauer & R. Fivush (Eds.). *The Wiley handbook on the development of children's memory* (Vols. Ⅰ and Ⅱ; pp. 87 – 116). Chichester, UK: Wiley.

714. Nelson, K., & Fivush, R. (2004). The emergence of autobiographical memory: A social cultural developmental model. *Psychological Review*, 111, 486 – 511.

715. Nelson, K., & Gruendel, J. (1981). Generalized event representations: Basic building blocks of cognitive development. In M. E. Lamb & A. L. Brown (Eds.), *Advances in development psychology* (Vol. 1, pp. 131 – 158). Hillsdale, NJ: Erlbaum.

716. Nelson, K., & Gruendel, J. (1986). Children's scripts. In K. Nelson (Ed.), *Event knowledge: Structure and function in development* (pp. 21 – 46). Hillsdale, NJ: Erlbaum.

717. New Zealand Law Commission. (1997). Section 97. Wellington, NZ: Author.

718. New Zealand Police and Ministry for Vulnerable Children Oranga Tamariki. (2017).

New Zealand specialist child witness interviewing model. Wellington, NZ: Author.

719. Nigg, J. T. (2006). *What causes ADHD? Understanding what goes wrong and why.* New York, NY: Guilford Press.

720. Oates, K., & Shrimpton, S. (1991) Children's memories for stressful and non-stressful events. *Medical Science and Law*, 31, 4 – 10.

721. O'Callaghan, G., & D'Arcy, H. (1989). Use of props in questioning preschool witnesses. *Australian Journal of Psychology*, 41, 187 – 195.

722. O'Connor, P., Brown, D. A., & Wolfman, M. *Mapping memories: Sketchplans do not facilitate adolescents' recall of a past event.* Manuscript under review.

723. Odegard, T. N., Cooper, C. M., Lampinen, J. M., Reyna, V. F., & Brainerd, C. J. (2009), Children's eyewitness memory for multiple real-life events. *Child Development*, 80, 1877 – 1890.

724. O'Kelly, C. M., Kebbell, M. R., Hatton, C., & Johnson, S. D. (2003a). Judicial intervention in court cases involving witnesses with and without learning disabilities. *Legal and Criminological Psychology*, 8, 229 – 240.

293 725. O'Kelly, C., Kebbell, M., Hatton, C., & Johnson, S. D. (2003b). When do judges intervene in cases involving people with learning disabilities. *Legal and Criminal Psychology*, 8, 229 – 240.

726. Orbach, Y., Hershkowitz, I., Lamb, M. E., Sternberg, K. J., Esplin, P. W., & Horowitz, D. (2000). Assessing the value of structured protocols for forensic interviews of alleged abuse victims. *Child Abuse & Neglect*, 24, 733 – 752.

727. Orbach, Y., Hershkowitz, I., Lamb, M. E., Sternberg, K. J., & Horowitz, D. (2000). Interviewing at the scene of the crime: Effects on children's recall of alleged abuse. *Legal and Criminological Psychology*, 5, 135 – 147.

728. Orbach, Y., & Lamb, M. E. (2001). The relationship between within-interview contradictions and eliciting interview utterances. *Child Abuse & Neglect*, 25, 323 – 333.

729. Orbach, Y., & Lamb, M. E. (2007). Young children's references to temporal attributes of allegedly experienced events in the course of forensic interviews. *Child Development*, 78, 1100 – 1120.

730. Orbach, Y., Lamb, M. E., Abbott, C., Hershkowitz, I., & Pipe, M.-E. (2016). *Do allegedly abused children's responses to suggestion differ depending on the type of eliciting suggestions?* Unpublished manuscript.

731. Orbach, Y., Lamb, M. E., La Rooy, D., & Pipe, M.-E. (2012). A case study of witness consistency and memory recovery across multiple investigative interviews. *Applied*

Cognitive Psychololgy, 26, 118 – 129.

732. Orbach, Y., Lamb, M. E., Sternberg, K. J., Vickerman, K. A., Pelaez, M. T., Sleeth-Keppler, E., & Norris, J. (2003, April). *Developmental differences in young children's reports of temporal information in the course of forensic interviews.* A poster presented at the Biennial Meeting of the Society for Research in Child Development (SRCD) in Tampa, FL.

733. Orbach, Y., Lamb, M. E., Sternberg, K. J., Williams, J. M. G., & Dawud-Noursi, S. (2001). The effect of being a victim or witness of family violence on the retrieval of autobiographical memories. *Child Abuse & Neglect*, 24, 1427 – 1437.

734. Orbach, Y., Shiloach, H., & Lamb, M. E. (2007). Reluctant disclosers of child sexual abuse. In M.-E. Pipe, M. E. Lamb, Y. Orbach, & A.-C. Cederborg (Eds.), *Child sexual abuse: Disclosure, delay, and denial* (pp. 115 – 134). Mahwah, NJ: Erlbaum.

735. Ornstein, P. A. (1995). Children's long-term retention of salient personal experiences. *Journal of Traumatic Stress*, 8, 581 – 605.

736. Ornstein, P. A., Baker-Ward, L., Gordon, B. N., Merritt, K. A. (1997). Children's memory for medical experiences: Implications for testimony. *Applied Cognitive Psychology*, 11, 87 – 104.

737. Ornstein, P. A., Gordon, B. N., & Larus, D. M. (1992). Children's memory for a personally experienced event: Implications for testimony. *Applied Cognitive Psychology*, 6, 49 – 60.

738. Ornstein, P. A., Haden, C. A., & Hedrick, A. M. (2004). Learning to remember: Social-communicative exchanges and the development of children's memory skills. *Developmental Review*, 24, 374 – 395.

739. Ornstein, P. A., Larus, D. M., & Clubb, P. A. (1992). Understanding children's testimony: Implications of the research on children's memory. In R. Vasta (Ed.), *Annals of child development* (Vol. 8, pp. 147 – 176). London, UK: Jessica Kingsley.

740. Ornstein, P. A., Merritt, K. A., Baker-Ward, L., Furtado, E., Gordon, B. N., & Principe, G. (1998). Children's knowledge, expectation, and long-term retention. *Applied Cognitive Psychology*, 12, 387 – 405.

741. Ornstein, P. A., Principe, G., Hudson, A. E., Gordon, B. N., & Merritt, K. 294
(1997, April). *Procedural information and stress as mediators of children's long-term recall.* Paper presented at the meeting of the Society for Research in Child Development, Albequerque, NM.

742. Ornstein, P. A., Shapiro, L. R., Clubb, P. A., Follmer, A., & Baker-Ward, L. (1997). The influence of prior knowledge on children's memory for salient medical experiences.

In N. Stein, P. A. Ornstein, B. Tversky, & C. J. Brainerd (Eds.), *Memory for everyday and emotional events* (pp. 83 – 112). Hillsdale, NJ: Erlbaum.

743. Otgaar, H., Candel, I., Scoboria, A., & Merckelbach, H. (2010). Script knowledge enhances the development of children's false memories. *Acta Psychologica*, 133, 57 – 63.

744. Otgaar, H., Horselenberg, R., van Kampen, R., & Lalleman, K. (2012). Clothed and unclothed human figure drawings lead to more correct and incorrect reports of touch in children. *Psychology, Crime & Law*, 18, 641 – 653.

745. Otgaar, H., Smeets, T., & Peters, M. (2012). Children's implanted false memories and additional script knowledge. *Applied Cognitive Psychology*, 26, 709 – 715.

746. Otgaar, H., van Ansem, R., Pauw, C., & Horselenberg, R. (2016). Improving children's interviewing methods? The effects of drawing and practice on children's memories for an event. *Journal of Police and Criminal Psychology*, 31, 279 – 287.

747. Ouyang, L., Fang, X., Mercy, J., Perou, R., & Grosse, S. D. (2008). Attention-deficit/hyperactivity disorder symptoms and child maltreatment: A population-based study. *The Journal of Pediatrics*, 153, 851 – 856.

748. Palmer, S. E., Brown, R. A., Rae-Grant, N. I., & Loughlin, M. J. (1999). Responding to children's disclosure of familial abuse: What survivors tell us. *Child Welfare*, 78, 259 – 282.

749. Parker, J. F., Bahrick, L., Lundy, B., Fivush, R., & Levitt, M. (1998). Effects of stress on children's memory for a natural disaster. In C. P. Thompson, D. G. Payne, M. P. Toglia, J. D. Read, & D. Bruce (Eds.), *Eyewitness memory: Theoretical and applied perspectives* (pp. 31 – 54). Mahwah, NJ: Erlbaum.

750. Pathman, T., Doydum, A., & Bauer, P. J. (2013). Bringing order to life events: Memory for the temporal order of autobiographical events over an extended period in school-aged children and adults. *Journal of Experimental Child Psychology*, 115, 309 – 325.

751. Pathman, T., Larkina, M., Burch, M. M., & Bauer, P. J. (2013). Young children's memory for the times of personal past events. *Journal of Cognition and Development*, 14, 120 – 140.

752. Pathman, T., Samson, Z., Dugas, K., Cabeza, R., & Bauer, P. J. (2011). A "snapshot" of declarative memory: Differing developmental trajectories in episodic and autobiographical memory. *Memory*, 19, 825 – 835.

753. Patterson, T., & Hayne, H. (2011). Does drawing facilitate older children's reports of emotionally laden events? *Applied Cognitive Psychology*, 25, 119 – 126.

754. Paz-Alonso, P. M., & Goodman, G. S. (2016). Developmental differences across

middle childhood in memory and suggestibility for negative and positive events. *Behavioral Sciences & The Law*, 34, 30 - 54.

755. Pea, R. D. (1980). The development of negation in early child language. In D. R. Olson (Ed.), *The social foundations of language and thought* (pp. 156 - 186). New York, NY: Norton.

756. Peled, M., Iarocci, G., & Connolly, D. A. (2004). Eyewitness testimony and perceived credibility of youth with mild intellectual disability. *Journal of Intellectual Disability Research*, 48, 699 - 703.

757. Perlman, N. B., Ericson, K. I., Esses, V. M., & Isaacs, B. J. (1994). The 295
developmentally handicapped witness: Competency as a function of question format. *Law and Human Behavior*, 18, 171 - 187.

758. Perner, J. (2000). Memory and theory of mind. In E. Tulving & F. I. M. Craik (Eds.), *The Oxford handbook of memory* (pp. 297 - 312). Oxford, UK: Oxford University Press.

759. Perry, N. W., McAuliff, B. D., Tam, P., Claycomb, L., Dostal, C., & Flanagan, C. (1995). When lawyers question children: Is justice served? *Law and Human Behavior*, 19, 609 - 629.

760. Perry, N. W., & Wrightsman, L. S. (1991). *The child witness: Legal issues and dilemmas.* Newbery Park, CA: Sage.

761. Peters, D. P. (1987). The impact of naturally occurring stress on children's memory. In S. J. Ceci, M. P. Toglia, & D. F. Ross (Eds.), *Children's eyewitness testimony* (pp. 122 - 141). New York, NY: Springer.

762. Peters, D. P. (1991). The influence of stress and arousal on the child witness. In J. L. Doris (Ed.), *The suggestibility of children's recollections* (pp. 60 - 76). Washington, DC: American Psychological Association.

763. Peterson, C. (1999). Children's memory for medical emergencies: 2 years later. *Developmental Psychology*, 35, 1493 - 1506.

764. Peterson, C. (2011). Children's memory reports over time: Getting both better and worse. *Journal of Experimental Child Psychology*, 109, 275 - 293.

765. Peterson, C. (2012). Children's autobiographical memories across the years: Forensic implications of childhood amnesia and eyewitness memory for stressful events. *Developmental Review*, 32, 287 - 306.

766. Peterson, C. (2015). A decade later: Adolescents' memory for medical emergencies. *Applied Cognitive Psychology*, 29, 826 - 834.

767. Peterson, C., & Bell, M. (1996). Children's memory for traumatic injury. *Child*

Development, 67, 3045 – 3070.

768. Peterson, C., & Biggs, M. (1997). Interviewing children about trauma: Problems with "specific" questions. *Journal of Traumatic Stress*, 10, 279 – 290.

769. Peterson, C., Dowden, C., & Tobin, J. (1999). Interviewing preschoolers: Comparisons of Yes/No and Wh-questions. *Law and Human Behavior*, 23, 539 – 555.

770. Peterson, C., Moores, L., & White, G. (2001). Recounting the same events again and again: Children's consistency across multiple interviews. *Applied Cognitive Psychology*, 15, 353 – 371.

771. Peterson, C., Morris, G., Baker-Ward, L., & Flynn, S. (2014). Predicting which childhood memories persist: Contributions of memory characteristics. *Developmental Psychology*, 50, 439 – 448.

772. Peterson, C., & Noel, M. (2012). "I was just screeching!": Comparing child and parent derived measures of distress. *Stress and Health*, 28, 279 – 288.

773. Peterson, C., & Rideout, R. (1998). Memory for medical emergencies experienced by 1-and 2-year-olds. *Developmental Psychology*, 34, 1059 – 1072.

774. Peterson, C., Wang, Q., & Hou, Y. (2009). "When I was little": Childhood recollections in Chinese and European Canadian grade school children. *Child Development*, 80, 506 – 518.

775. Peterson, C., & Warren, K. L. (2009). Injuries, emergency rooms and children's memory: Factors contributing to individual differences. In J. Quas & R. Fivush (Eds.), *Emotion in memory and development: Biological, cognitive, and social considerations* (pp. 60 – 85). Oxford, UK: Oxford University Press.

776. Peterson, C., Warren, K. L., & Short, M. M. (2011). Infantile amnesia across the years: A 2-year follow-up of children's earliest memories. *Child Development*, 82, 1092 – 1105.

296 777. Peterson, C., & Whalen, N. (2001). Five years later: Children's memory for medical emergencies. *Applied Cognitive Psychology*, 15, S7 – S24.

778. Pezdek, K., & Roe, C. (1997). The suggestibility of children's memory for being touched: Planting, erasing, and changing memories. *Law and Human Behavior*, 21, 95 – 106.

779. Phillips, E., Oxburgh, G., & Myklebust, T. (2012). Investigative interviews with victims of child sexual abuse: The relationship between question type and investigation relevant information. *Journal of Police and Criminal Psychology*, 27, 45 – 54.

780. Piaget, J. (1927/1971). *The child's conception of time* (A. J. Pomerans, trans.). New York, NY: Ballantine Books.

781. Piaget, J. (1964). Part I: Cognitive development in children: Piaget, development,

and learning. *Journal of Research in Science Teaching*, 2, 176 – 186.

782. Pillemer, D. B. (1993). Preschool children's memories of personal circumstances: The fire alarm study. In E. Winograd & U. Neisser (Eds.), *Affect and accuracy in recall: Studies of "flashbulb" memories. Emory symposia in cognition* (Vol. 4, pp. 121 – 137). New York, NY: Cambridge University Press.

783. Pillemer, D. B., Picariello, M. L., & Pruett, J. C. (1994). Very long-term memories of a salient preschool event. *Applied Cognitive Psychology*, 8, 95 – 106.

784. Pillemer, D. B., & White, S. H. (1989). Childhood events recalled by children and adults. In H. W. Reese (Ed.), *Advances in child development and behavior* (Vol. 21, pp. 297 – 340). New York, NY: Academic Press.

785. Pinborough-Zimmerman, J., Satterfield, R., Miller, J., Bilder, D., Hossain, S., & McMahon, W. (2007). Communication disorders: Prevalence and comorbid intellectual disability, autism, and emotional/behavioral disorders. *American Journal of Speech-Language Pathology*, 16, 359 – 367.

786. Pipe, M.-E., Gee, S., & Wilson, C. (1993). Cues, props and context: Do they facilitate children's events reports? In G. S. Goodman & B. L. Bottoms (Eds.), *Child victims, child witnesses* (pp. 25 – 45). New York, NY: Guilford.

787. Pipe, M.-E., & Goodman, G. (1991). Elements of secrecy: Implications for children's testimony. *Behavioral Sciences and the Law*, 9, 33 – 41.

788. Pipe, M.-E., Lamb, M. E., Orbach, Y., & Cederborg, A. C. (Eds.) (2007). *Child sexual abuse: Disclosure, delay and denial.* Mahwah, NJ: Erlbaum.

789. Pipe, M.-E., Lamb, M. E., Orbach, Y., & Esplin, P. W. (2004). Recent research on children's testimony about experienced and witnessed events. *Developmental Review*, 24, 440 – 468.

790. Pipe, M.-E., Lamb, M. E., Orbach, O., Stewart, H. L., Sternberg, K. J., & Esplin, P. W. (2007). Factors associated with non-disclosure of suspected abuse during forensic interviews. In M.-E. Pipe, M. E. Lamb, Y. Orbach, & A.-C. Cederborg (Eds.), *Child sexual abuse: Disclosure, delay, and denial* (pp. 77 – 96). Mahwah, NJ: Erlbaum.

791. Pipe, M.-E., Orbach, Y., Lamb, M. E., Abbott, C. B., & Stewart, H. (2013). Do case outcomes change when investigative interviewing practices change? *Psychology, Public Policy, and Law*, 19, 179.

792. Pipe, M.-E., Orbach, Y., Lamb, M. E., & Cederborg, A. C. (2007). Seeking resolution in the disclosure wars: An overview. In Y. Orbach, A.-C. Cederborg, M.-E. Pipe, M. E. Lamb (Eds.), *Child sexual abuse: Disclosure, delay, and denial* (pp. 3 – 10). Mahwah

NJ: Erlbaum.

793. Pipe, M.-E. & Salmon, K. (2002). What children bring to the interview context: Individual differences in children's event reports. In M. L. Eisen, J. A. Quas, & G. S. Goodman (Eds.), *Memory and suggestibility in the forensic interview* (pp. 235 – 261). Mahwah, NJ: Erlbaum.

297 794. Pipe, M.-E., & Salmon, K. (2009). Dolls, drawing, body diagrams, and other props: Role of props in investigative interviews. In K. Kuehnle & M. Connell (Eds.), *The evaluation of child sexual abuse allegations: A comprehensive guide to assessment and testimony* (pp. 365 – 395). Hoboken, NJ: Wiley, 2009.

795. Pipe, M.-E., Stewart, H. L., Sternberg, K. J., Lamb, M. E., & Esplin, P. W. (2003, August). *Non-disclosures and alleged abuse in forensic interviews.* Paper presented at a conference on Non-disclosure and delayed disclosure of child sexual abuse, Satra Bruk, Sweden.

796. Pipe, M.-E., & Wilson, J. C. (1994) Cues and secrets: Influences on children's event reports. *Developmental Psychology*, 30, 515 – 525.

797. Plotnikoff, J., & Woolfson, R. (1998). *Preparing young witnesses for court: A handbook for child witness supporters.* London, UK: National Society for the Prevention of Cruelty to Children.

798. Plotnikoff, J., & Woolfson, R. (2009). *Measuring up? Evaluating implementation of government commitments to young witnesses in criminal proceedings: July 2009: Executive Summary.* London, UK: NSPCC.

799. Plotnikoff, J., & Woolfson, R. (2015). *Intermediaries in the criminal justice system: Improving communication for vulnerable witnesses and defendants.* Bristol, UK: Policy Press.

800. Polanczyk, G. V., Willcutt, E. G., Salum, G. A., Kieling, C., & Rohde, L. A. (2014). ADHD prevalence estimates across three decades: An updated systematic review and meta-regression analysis. *International Journal of Epidemiology*, 43, 434 – 442.

801. Pompedda, F., Zappalà, A., & Santtila, P. (2015). Simulations of child sexual abuse interviews using avatars paired with feedback improves interview quality. *Psychology, Crime & Law*, 21, 28 – 52.

802. Poole, D. A. (2016). *Interviewing children: The science of conversation in forensic contexts.* Washington, DC: American Psychological Association.

803. Poole, D. A., & Bruck, M. (2012). Divining testimony? The impact of interviewing props on children's reports of touching. *Developmental Review*, 32(3), 165 – 180.

804. Poole, D. A., Bruck, M., & Pipe, M. E. (2011). Forensic interviewing aids: Do props help children answer questions about touching? *Current Directions in Psychological*

Science, 20, 11 – 15.

805. Poole, D. A., & Dickinson, J. J. (2011). Evidence supporting restrictions on uses of body diagrams in forensic interviews. *Child Abuse & Neglect*, 35, 659 – 669.

806. Poole, D. A., & Dickinson, J. J. (2014). Comfort drawing during investigative interviews: Evidence of the safety of a popular practice. *Child Abuse & Neglect*, 38, 192 – 201.

807. Poole, D. A., Dickinson, J. J., Brubacher, S. P., Liberty, A. E., & Kaake, A. M. (2014). Deficient cognitive control fuels children's exuberant false allegations. *Journal of Experimental Child Psychology*, 118, 101 – 109.

808. Poole, D. A., & Lamb, M. E. (1998). *Investigative interviews of children: A guide for helping professionals.* Washington, DC: American Psychological Association.

809. Poole, D. A., & Lindsay, D. S. (1995). Interviewing preschoolers: Effects of non-suggestive techniques, parental coaching, and leading questions on reports of non-experienced events. *Journal of Experimental Child Psychology*, 60, 129 – 154.

810. Poole, D. A., & Lindsay, D. S. (1997, April). *Misinformation from parents and children's source monitoring: Implications for testimony.* Paper presented to the Society for Research in Child Development, Washington, DC.

811. Poole, D. A., & Lindsay, D. S. (1998). Assessing the accuracy of young children's 298
reports: Lessons from the investigation of child sexual abuse. *Applied and Preventive Psychology*, 7, 1 – 26.

812. Poole, D. A., & Lindsay, D. S. (2002). Reducing child witnesses' false reports of misinformation from parents. *Journal of Experimental Child Psychology*, 81, 117 – 140.

813. Poole, D. A., & White, L. T. (1991). Effects of question repetition on the eyewitness testimony of children and adults. *Developmental Psychology*, 27, 975 – 986.

814. Poole, D. A., & White, L. T. (1993). Two years later: Effect of question repetition and retention interval on the eyewitness testimony of children and adults. *Developmental Psychology*, 29, 844 – 853.

815. Poole, D. A., & White, L. T. (1995). Tell me again and again: Stability and change in the repeated testimonies of children and adults. In M. S. Zaragoza, J. R. Graham, G. C. N. Hall, R. Hirschman, & Y. S. Ben Porath (Eds.), *Memory and testimony in the child witness* (pp. 24 – 43). Thousand Oaks, CA: Sage Publications.

816. Powell, M. B., & Barnett, M. (2015). Elements underpinning successful implementation of a national best-practice child investigative interviewing frame work. *Psychiatry, Psychology and Law*, 22, 368 – 377.

817. Powell, M. B., Guadagno, B., & Benson, M. (2016). Improving child investigative

interviewer performance through computer-based learning activities. *Policing and Society*, 26, 365 – 374.

818. Powell, M. B., & Hughes-Scholes, C. H. (2009). Evaluation of the questions used to elicit evidence about abuse from child witnesses: An Australian study. *Psychiatry, Psychology and Law*, 16, 369 – 378.

819. Powell, M. B., Hughes-Scholes, C. H., Smith, R., & Sharman, S. J. (2014). The relationship between investigative interviewing experience and open-ended question usage. *Police Practice and Research*, 15(4), 283 – 292.

820. Powell, M. B., Roberts, K. P., Ceci, S. J., & Hembrooke, H. H. (1999). The effects of repeated experience on children's suggestibility. *Developmental Psychology*, 35, 1462 – 1477.

821. Powell, M. B., Roberts, K. P., & Guadagno, B. (2007). Particularisation of child abuse offences: Common problems when questioning child witnesses. *Current Issues in Criminal Justice*, 19, 64 – 74.

822. Powell, M. B., Roberts, K. P., & Thompson, D. M. (2000). The effect of a suggestive interview on children's memory of a repeated event: Does it matter whether suggestions are linked to a particular incident? *Psychiatry, Psychology, & Law*, 7, 182 – 191.

823. Powell, M. B., & Thomson, D. M. (1994). Children's eyewitness-memory research: Implications for practice. *Families in Society*, 75, 204 – 216.

824. Powell, M. B., & Thomson, D. M. (1996). Children's memory of an occurrence of a repeated event: Effects of age, repetition, and retention interval across three question types. *Child Development*, 67, 1988 – 2004.

825. Powell, M. B., & Thomson, D. M. (1997). Contrasting memory for temporal-source and memory for content in children's discrimination of repeated events. *Applied Cognitive Psychology*, 11, 339 – 360.

826. Powell, M. B., & Thomson, D. M. (2003). Improving children's recall of an occurrence of a repeated event: It is a matter of helping them to generate options? *Law & Human Behavior*, 27, 365 – 384.

299 827. Powell, M. B., Thomson, D. M., & Ceci, S. J. (2003). Children's memory of recurring events: is the first event always the best remembered? *Applied Cognitive Psychology*, 17, 127 – 146.

828. Powell, M. B., & Wright, R. (2008). Investigative interviewers' perceptions of the value of different training tasks on their adherence to open-ended questions with children. *Psychiatry, Psychology and Law*, 15, 272 – 283.

829. Powell, M. B. , Wright, R. , & Clark, S. (2010). Improving the competency of police officers in conducting investigative interviews with children. *Police Practice and Research*, 11, 211 – 226.

830. Prebble, S. C. , Addis, D. R. , & Tippett, L. J. (2013). Autobiographical memory and sense of self. *Psychological Bulletin*, 139, 815 – 840.

831. Pressley, M. , Forrest-Pressley, D. , & Elliott-Faust, D. J. (1985). What is strategy instructional enrichment and how to study it: Illustrations from research on children's prose memory and comprehension. In F. E. Weinert & M. Perlmutter (Eds.), *Memory development: Universal changes and individual differences* (pp. 101 – 130). Hillsdale, NJ: Erlbaum.

832. Price, E. A. , Ahern, E. C. , & Lamb, M. E. (2016). Rapport-building in investigative interviews of alleged child sexual abuse victims. *Applied Cognitive Psychology*, 30, 743 – 749.

833. Price, D. W. W. , & Goodman, G. S. (1990). Visiting the wizard: Children's memory of a recurring event. *Child Development*, 61, 664 – 680.

834. Price, H. L. , Connolly, D. A. , & Gordon, H. M. (2016). Children who experienced a repeated event only appear less accurate in a second interview than those who experienced a unique event. *Law and Human Behavior*, 40, 362 – 373.

835. Price, H. L. , & Roberts, K. P. (2011). The effects of an intensive training and feedback program on police and social workers' investigative interviews of children. *Canadian Journal of Behavioural Science/Revue Canadienne des Sciences du Comportement*, 43, 235 – 244.

836. Price, H. L. , Roberts, K. P. , & Collins, A. (2013). The quality of children's allegations of abuse in investigative interviews containing practice narratives. *Journal of Applied Research in Memory and Cognition*, 2, 1 – 6.

837. Principe, G. F. , DiPuppo, J. , & Gammel, J. (2013). Effects of mothers' conversation style and receipt of misinformation on children's event reports. *Cognitive Development*, 28, 260 – 271.

838. Principe, G. F. , & Schindewolf, E. (2012). Natural conversations as a source of false memories in children: Implications for the testimony of young witnesses. *Developmental Review*, 32, 205 – 223.

839. Quas, J. A. (1998). *Children's memory of experienced and non-experienced events across repeated interviews* (Unpublished doctoral dissertation). University of California, Davis.

840. Quas, J. A. , Goodman, G. S. , Bidrose, S. , Pipe, M.-E. , Craw, S. , & Ablin, D. S. (1999). Emotion and memory: Children's long-term remembering, forgetting, and suggestibility. *Journal of Experimental Child Psychology*, 72, 235 – 270.

841. Quas, J. A., Goodman, G. S., Ghetti, S., & Redlich, A. D. (2000). Questioning the child witness: What can we conclude from the research thus far? *Trauma, Violence &Abuse*, 1, 223 - 249.

842. Quas, J. A., & Lench, H. C. (2007). Arousal at encoding, arousal at retrieval, interviewer support, and children's memory for a mild stressor. *Applied Cognitive Psychology*, 21, 289 - 305.

300 843. Quas, J. A., Malloy, L. C., Melinder, A., Goodman, G. S., D'Mello, M., & Schaaf, J. M. (2007). Developmental differences in the effects of repeated interviews and interviewer bias on young children's event memory and false reports. *Developmental Psychology*, 43, 823 - 837.

844. Quas, J. A., Qin, J. J., Schaaf, J. M., Goodman, G. S. (1997). Individual differences in children's and adults' suggestibility and false event memory. *Learning and Individual Differences*, 9, 359 - 390.

845. Quas, J. A., Rush, E. B., Yim, I. S., & Nikolayev, M. (2014). Effects of stress on memory in children and adolescents: Testing causal connections. *Memory*, 22, 616 - 632.

846. Quas, J. A., & Schaaf, J. M. (2002). Children's memories of experienced and non-experienced events following repeated interviews. *Journal of Experimental Child Psychology*, 83, 304 - 338.

847. Quas, J. A., Schaaf, J. M., Alexander, K. W., & Goodman, G. S. (2000). Do you really remember it happening or do you only remember being asked about it happening? Children's source monitoring in forensic contexts. In K. P. Roberts & M. Blades (Eds.), *Children's source monitoring* (pp. 197 - 226). Mahwah, NJ: Erlbaum.

848. Quas, J. A., Yim, I. S., Rush, E., & Sumaroka, M. (2012). Hypothalamic pituitary adrenal axis and sympathetic activation: Joint predictors of memory in children, adolescents, and adults. *Biological Psychology*, 89(2), 335 - 341.

849. Rand Corporation. (1975). *The criminal investigation process* (Vols. 1 - 3). *Rand Corporation Technical Report* (F-1776-DOJ, R-1777-DOJ). Santa Monica, CA: Rand.

850. Raskin, D. C., & Esplin, P. W. (1991a). Assessment of children's statements of sexual abuse. In J. Doris (Ed.), *The suggestibility of children's recollections* (pp. 153 - 164). Washington, DC: American Psychological Association.

851. Raskin, D. C., & Esplin, P. W. (1991b). Commentary: Response to Wells, Loftus, and McGough. In J. Doris (Ed.), *The suggestibility of children's recollections* (pp. 172 - 176). Washington, DC: American Psychological Association.

852. Raskin, D. C., & Esplin, P. W. (1991c). Statement validity assessments: Interview

procedures and content analyses of children's statements of sexual abuse. *Behavioral Assessment*, 13, 265 – 291.

853. Raskin, D. C., & Yuille, J. (1989). Problems of evaluating interviews of children in sexual abuse cases. In S. J. Ceci, M. P. Toglia, & D. F. Ross (Eds.), *Perspectives on children's testimony* (pp. 184 – 207). New York, NY: Springer.

854. Rischke, A. E., Roberts, K. P., & Price, H. L. (2011). Using spaced learning principles to translate knowledge into behavior: Evidence from investigative interviews of alleged child abuse victims. *Journal of Police and Criminal Psychology*, 26, 58 – 67.

855. Ratner, H. H. (1984). Memory demands and the development of young children's memory. *Child Development*, 55, 2173 – 2191.

856. Reese, E. (2002). Social factors in the development of autobiographical memory: The state of the art. *Social Development*, 11, 124 – 142.

857. Reese, E., Haden, C. A., Baker-Ward, L., Bauer, P., Fivush, R., & Ornstein, P. A. (2011). Coherence of personal narratives across the lifespan: A multidimensional model and coding method. *Journal of Cognition and Development*, 12, 424 – 462.

858. Reese, E., Haden, C. A., & Fivush, R. (1993). Mother-child conversations about the past: Relationships of style and memory over time. *Cognitive Development*, 8, 403 – 430.

859. Reich, P. A. (1986). *Language development.* Englewood Cliffs, NJ: Prentice-Hall. 301

860. Reinhold, R. (1990, January 25). How lawyers and media turned the McMartin case into a tragic media circus. *The New York Times*, p. 1D.

861. Reyna, V. F., & Brainerd, C. J. (1997). Fuzzy-trace theory: An interim synthesis. *Learning and Individual Differences*, 7, 1 – 75.

862. Ricci, C. M., & Beal, C. R. (1998). Child witnesses: Effect of event knowledge on memory and suggestibility. *Journal of Applied Developmental Psychology*, 19, 305 – 317.

863. Rivard, J. R., & Schreiber Compo, N. (2017). Self-reported current practices in child forensic interviewing: Training, tools, and pre-interview preparation. *Behavioral Sciences & the Law*, 35, 253 – 268.

864. Roberts, K. P. (2000). An overview of theory and research on children's source monitoring. In K. P. Roberts & M. Blades (Eds.), *Children's source monitoring* (pp. 11 – 57). Mahwah, NJ: Erlbaum.

865. Roberts, K. P. (2002). Children's ability to distinguish between memories from multiple sources: Implications for the quality and accuracy of eyewitness statements. *Developmental Review*, 22, 403 – 435.

866. Roberts, K. P., & Blades, M. (1995). Children's discriminations of memories for

actual and pretend actions in a hiding task. *British Journal of Developmental Psychology*, 13, 321 – 333.

867. Roberts, K. P., & Blades, M. (1999). Children's memory and source monitoring of real-life and televised events. *Journal of Applied Developmental Psychology*, 20, 575 – 596.

868. Roberts, K. P., & Blades, M. (2000a). *Children's source monitoring*. Mahwah, NJ: Erlbaum.

869. Roberts, K. P., & Blades, M. (2000b). Discriminating between memories of television and real-life. In K. P. Roberts & M. Blades (Eds.), *Children's source monitoring* (pp. 147 – 170). Mahwah, NJ: Erlbaum.

870. Roberts, K. P., Brubacher, S., Drohan-Jennings, Glisic, U., Powell, M. B., & Friedman, W. J. (2015). Developmental differences in the ability to provide temporal information about repeated events. *Applied Cognitive Psychology*, 29, 407 – 417.

871. Roberts, K. P., Brubacher, S. P., Powell, M. B., & Price, H. L. (2011). Practice narratives. In M. E. Lamb, D. J. La Rooy, L. C. Malloy, & C. Katz, (Eds.). *Children's testimony: A handbook of psychological research and forensic practice* (pp. 129 – 145). Chichester, UK: Wiley.

872. Roberts, K. P., & Lamb, M. E. (1999). Children's responses when interviewers distort details during investigative interviews. *Legal and Criminological Psychology*, 4, 23 – 31.

873. Roberts, K. P., & Lamb, M. E. (2010). Reality-monitoring characteristics in confirmed and doubtful allegations of child sexual abuse. *Applied Cognitive Psychology*, 24, 1049 – 1079.

874. Roberts, K. P., Lamb, M. E., & Sternberg, K. J. (2004). The effects of rapport-building style on children's reports of a staged event. *Applied Cognitive Psychology*, 18, 189 – 202.

875. Roberts, K. P., & Powell, M. B. (2001). Describing individual incidents of sexual abuse: A review of research on the effects of multiple sources of information on children's reports. *Child Abuse & Neglect*, 25, 1643 – 1659.

876. Roberts, K. P., & Powell, M. B. (2005). The relation between inhibitory control and children's eyewitness memory. *Applied Cognitive Psychology*, 19, 1003 – 1018.

302 877. Roberts, K. P., & Powell, M. B. (2007). The roles of prior experience and the timing of misinformation presentation on young children's event memories. *Child Development*, 78, 1137 – 1152.

878. Robinson, J., & Briggs, P. (1997). Age trends and eye-witness suggestibility and compliance. *Psychology, Crime and Law*, 3, 187 – 202.

879. Robinson, J., & McGuire, J. (2006). Suggestibility and children with mild learning

disabilities: The use of the cognitive interview. *Psychology, Crime & Law*, 12(5), 537 - 556.

880. Rocha, E. M., Marche, T. A., & Briere, J. L. (2013). The effect of forced-choice questions on children's suggestibility: A comparison of multiple-choice and yes/no questions. *Canadian Journal of Behavioural Science*, 45, 1 - 11.

881. Roebers, C. M., & Schneider, W. (2001). Individual differences in children's eyewitness recall: The influence of intelligence and shyness. *Applied Developmental Science*, 5, 9 - 30.

882. Roediger, H. L., McDermott, K. B., Pisoni, D. B., & Gallo, D. A. (2004). Illusory recollection of voices. *Memory*, 12, 586 - 602.

883. Roesler, T. A., & Wind, T. W. (1994). Telling the secret: Adult women describe their disclosures of incest. *Journal of Interpersonal Violence*, 9, 327 - 338.

884. Rose, S. A., & Blank, M. (1974). The potency of context in children's cognition: An illustration through conservation. *Child Development*, 45, 499 - 502.

885. Rotenberg, K. J. (1991). *Children's interpersonal trust: Sensitivity to lying, deception and promise violations.* New York, NY: Springer.

886. Rovee-Collier, C., Greco-Vigorito, C., & Hayne, H. (1993). The time-window hypothesis: Implications for categorization and memory modification. *Infant Behavior and Development*, 16, 149 - 176.

887. Rovee-Collier, C., Hartshorn, K., & DiRubbo, M. (1999). Long-term maintenance of infant memory. *Developmental Psychology*, 35, 91 - 102.

888. Rovee-Collier, C., & Hayne, H. (2000). Memory in infancy and early childhood. In E. Tulving & F. I. M. Craik (Eds.), *The Oxford handbook of memory* (pp. 267 - 282). Oxford, UK: Oxford University Press.

889. Rudy, L., & Goodman, G. S. (1991). Effects of participation on children's reports: Implications for children's testimony. *Developmental Psychology*, 27, 527 - 538.

890. Rush, E. B., Lyon, T. D., Ahern, E. C., & Quas, J. A. (2014). Disclosure suspicion bias and abuse disclosure: Comparisons between sexual and physical abuse. *Child Maltreatment*, 19, 113 - 118.

891. Rush, E. B., Quas, J. A., Yim, I. S., Nikolayev, M., Clark, S. E., & Larson, R. P. (2014). Stress, interviewer support, and children's eyewitness identification accuracy. *Child Development*, 85, 1292 - 1305.

892. Sales, J. M., Goldberg, A., & Parker, J. F. (2001, April). *Children's recall of a stressful event after a six-year-delay.* Poster presented at the biennial meeting of the Society for Research in Child Development, Minneapolis, Minnesota.

893. Salmon, K. (2001). Remembering and reporting by children: The influence of cues and props. *Clinical Psychology Review*, 21, 267 – 300.

894. Salmon, K., Bidrose, S., & Pipe, M.-E. (1995). Providing props to facilitate children's event reports: A comparison of toys and real items. *Journal of Experimental Child Psychology*, 60, 174 – 194.

895. Salmon, K., Champion, F., Pipe, M.-E., Mewton, L., & McDonald, S. (2008). The child in time: The influence of parent-child discussion about a future experience on how it is remembered. *Memory*, 16, 485 – 499.

896. Salmon, K., Mewton, L., Pipe, M.-E., & McDonald, S. (2011). Asking parents to prepare children for an event: Altering parental instructions influences children's recall. *Journal of Cognition and Development*, 12, 80 – 102.

303 897. Salmon, K., & Pipe, M.-E. (1997). Props and children's event reports: The impact of a 1-year delay. *Journal of Experimental Child Psychology*, 65, 261 – 292.

898. Salmon, K., & Pipe, M.-E. (2000). Recalling an event one year later: The impact of props, drawing and a prior interview. *Applied Cognitive Psychology*, 14, 99 – 120.

899. Salmon, K., Pipe, M.-E., Malloy, A., & Mackay, K. (2012). Do non-verbal aids increase the effectiveness of "best practice" verbal interview techniques? An experimental study. *Applied Cognitive Psychology*, 26, 370 – 380.

900. Salmon, K., Price, M., & Pereira, J. K. (2002). Factors associated with young children's long-term recall of an invasive medical procedure: A preliminary investigation. *Journal of Developmental and Behavioral Pediatrics*, 23, 347 – 352.

901. Salmon, K., & Reese, E. (2015). Talking (or not talking) about the past: The influence of parent-child conversation about negative experiences on children's memories. *Applied Cognitive Psychology*, 29, 791 – 801.

902. Salmon, K., & Reese, E. (2016). The benefits of reminiscing with young children. *Current Directions in Psychological Science*, 25, 233 – 238.

903. Salmon, K., Roncolato, W., & Gleitzman, M. (2003). Children's report of emotionally laden events: Adapting the interview to the child. *Applied Cognitive Psychology*, 17, 65 – 80.

904. Santtila, P., Korkman, J., & Sandnabba, K. N. (2004). Effects of interview phase, repeated interviewing, presence of a support person, and anatomically detailed dolls on child sexual abuse interviews. *Psychology, Crime and Law*, 10, 21 – 35.

905. Sas, L., Hurley, P., Hatch, A., Malla, S., & Dick, T. (1993). *Three years after the verdict.* Ontario, Canada: London Family Court Clinic.

906. Sattler, J. (1998). *Clinical and forensic interviewing of children and families: Guidelines for the mental health, education, pediatric, and child maltreatment fields.* San Diego, CA: Author.

907. Saulny, S. (2002, December 8). Why confess to what you didn't do? [Electronic version]. *New York Times.*

908. Sauzier, M. (1989). Disclosure of child sexual abuse: For better or for worse. *Psychiatric Clinics of North America*, 12, 455 – 469.

909. Sayfan, L., Mitchell, E. B., Goodman, G. S., Eisen, M. L., & Qin, J. (2008). Children's expressed emotions when disclosing maltreatment. *Child Abuse &Neglect*, 32, 1026 – 1036.

910. Saykaly, C., Crossman, A., Morris, M., & Talwar, V. (2016). Question type and its effect on children's maintenance and accuracy during courtroom testimony. *Journal of Forensic Practice*, 18, 104 – 117.

911. Saywitz, K. J. (1987). Children's testimony: Age-related patterns of memory errors. In S. J. Ceci, M. P. Toglia, & D. F. Ross (Eds.), *Children's eyewitness testimony* (pp. 36 – 52). New York, NY: Springer.

912. Saywitz, K. J. (1988). The credibility of the child witness. *Family Advocate*, 10, 38.

913. Saywitz, K. J., & Camparo, L. (1998). Interviewing child witnesses: A developmental perspective. *Child Abuse &Neglect*, 22, 825 – 843.

914. Saywitz, K. J., & Camparo, L. B. (2013). *Evidence-based child forensic interviewing: The developmental narrative elaboration interview.* Oxford, UK: Oxford University Press.

915. Saywitz, K. J., & Geiselman, E. (1998). Interviewing the child witness: Maximizing completeness and minimizing error. In K. M. McConkey & S. J. Lynn (Eds.), *Truth in memory* (pp. 190 – 223). New York, NY: Guilford Press.

916. Saywitz, K. J., Geiselman, E., & Bornstein, G. (1992). Effects of cognitive interviewing, and practice on children's recall performance. *Journal of Applied Psychology*, 77, 744 – 756.

917. Saywitz, K. J., & Goodman, G. S. (1996). Interviewing children in and out of court: 304
Current research and practice implications. In J. Briere, L. Berliner, J. A. Bulkley, C. Jenny, & T. Reid (Eds.), *The APSAC handbook on child maltreatment* (pp. 297 – 318). Thousand Oaks, CA: Sage Publications.

918. Saywitz, K. J., Goodman, G. S., Nicholas, E., & Moan, S. F. (1991). Children's memories of a physical examination involving genital touch: Implication for reports of child

sexual abuse. *Journal of Consulting and Clinical Psychology*, 59, 682 – 691.

919. Saywitz, K. J., Larson, R. P., Hobbs, S. D., & Wells, C. R. (2015). Developing rapport with children in forensic interviews: Systematic review of experimental research. *Behavioral Sciences & the Law*, 33, 372 – 389.

920. Saywitz, K. J., & Lyon, T. D. (2002). Coming to grips with children's suggestibility. In M. L. Eisen, J. A. Quas, & G. S. Goodman (Eds.), *Memory and suggestibility in the forensic interview* (pp. 85 – 113). Mahwah, NJ: Erlbaum.

921. Saywitz, K. J., Lyon, T. D., & Goodman, G. S. (2011). Interviewing children. In J. E. Myers (Ed.), *APSAC Handbook on Child Maltreatment* (3rd ed., pp. 337 – 360). Thousand Oaks, CA: Sage.

922. Saywitz, K. J., Lyon, T. D., & Goodman, G. S. (2017). Interviewing children. In J. Conte & B. Klika (Eds.), *APSAC Handbook on Child Maltreatment* (4th ed., pp. 310 – 329). Newbury Park, CA: Sage.

923. Saywitz, K. J., & Moan-Hardie, S. (1994). Reducing the potential for distortion of childhood memories. *Consciousness & Cognition*, 3, 408 – 425.

924. Saywitz, K., & Nathanson, R. (1993). Children's testimony and their perceptions of stress in and out of the courtroom. *Child Abuse & Neglect*, 17, 613 – 622.

925. Saywitz, K. J., Nathanson, R., & Snyder, L. S. (1993). Credibility of child witnesses: The role of communicative competence. *Topics of Language Disorders*, 13, 59 – 78.

926. Saywitz, K., Nathanson, R., Snyder, L., & Lamphear, V. (1993). *Preparing children for the investigative and judicial process: Improving communication, memory and emotional resiliency.* Los Angeles, CA: National Center on Child Abuse and Neglect.

927. Saywitz, K. J., & Snyder, L. (1993). Improving children's testimony with preparation. In G. S. Goodman & B. L. Bottoms (Eds.), *Child victims, child witnesses: Understanding and improving testimony* (pp. 117 – 146). New York, NY: Guilford.

928. Saywitz, K. J., & Snyder, L. (1996). Narrative elaboration: Test of a new procedure for interviewing children. *Journal of Consulting & Clinical Psychology*, 64, 1347 – 1357.

929. Saywitz, K. J., Snyder, L., & Lamphear, V. (1996). Helping children tell what happened: A follow-up study of the narrative elaboration procedure. *Child Maltreatment*, 1, 200 – 212.

930. Saywitz, K. J., & Snyder, L., & Nathanson, R. (1999). Facilitating the communicative competence of child witness. *Applied Developmental Science*, 3, 58 – 68.

931. Saywitz, K. J., Wells, C. R., Larson, R. P., & Hobbs, S. D. (2016). Effects of interviewer support on children's memory and suggestibility: Systematic review and meta-

analyses of experimental research. *Trauma, Violence, & Abuse*, 1 - 18. DOI: 10. 1177/1524838016683457.

932. Schaaf, J. M., Bederian-Gardner, D., & Goodman, G. S. (2015). Gating out misinformation: Can young children follow instructions to ignore false information? *Behavioral Sciences & the Law*, 33, 390 - 406.

933. Schneider, W., & Bjorklund, D. F. (1998). Memory. In W. Damon, D. Kuhn, & R. 305
S. Siegler (Eds.), *Handbook of child psychology: Cognition, perception, and language* (5th ed., Vol. 2, pp. 467 - 521). New York, NY: Wiley.

934. Schneider, W., & Bjorklund, D. F. (2003). Memory and knowledge development. In J. Valsiner & K. Connolly (Eds.), *Handbook of developmental psychology* (pp. 370 - 403). London: Sage.

935. Schneider, W., & Pressley, M. (1997). *Memory development between two and twenty* (2nd ed.). Mahwah, NJ: Erlbaum.

936. Schreiber, N., Wentura, D., & Bilsky, W. (2001). "What else could he have done?" Creating false answers in child witnesses by inviting speculation. *Journal of Applied Psychology*, 86, 525 - 532.

937. Schwenck, C., Bjorklund, D. F., & Schneider, W. (2009). Developmental and individual differences in young children's use and maintenance of a selective memory strategy. *Developmental Psychology*, 45, 1034 - 1050.

938. Scoboria, A., & Fisico, S. (2013). Encouraging and clarifying "don't know" responses enhances interview quality. *Journal of Experimental Psychology. Applied*, 19, 72 - 82.

939. Scottish Executive. (2003). Section 30. Edinburgh, UK: Scottish Government.

940. Scottish Executive. (2007). Sections 7, 155. Edinburgh, UK: Scottish Government.

941. Sharman, S. J., & Powell, M. B. (2012). A comparison of adult witnesses' suggestibility across various types of leading questions. *Applied Cognitive Psychology*, 26, 48 - 53.

942. Sharman, S. J., Powell, M. B., & Roberts, K. P. (2011). Children's ability to estimate the frequency of single and repeated events, *International Journal of Police Science & Management*, 13, 234 - 242.

943. Sharp, H. (2001). Steps towards justice for people with learning disabilities as victims of crime: The important role of the police. *British Journal of Learning Disabilities*, 29, 88 - 92.

944. Shrimpton, S., Oates, K., & Hayes, S. (1998). Children's memory of events: Effects of stress, age, time delay and location of interview. *Applied Cognitive Psychology*, 12 (2), 133 - 143.

945. Sigelman, C. K., Budd, E. C., Spanhel, C. L., & Schoenrock, C. J. (1981). When in doubt, say yes: Acquiescence in interviews with mentally retarded persons. *Mental Retardation*, 19, 53 – 58.

946. Simcock, G., & Hayne, H. (2002). Breaking the barrier? Children fail to translate their preverbal memories into language. *Psychological Science*, 13, 225 – 231.

947. Sinclair, B. B. (1999). Predicting the impact of child sexual abuse: A model of attachment, coping, and disclosure. *Dissertation Abstracts International: Section B: The Sciences and Engineering*, 60(3-B), 1316.

948. Sjöberg, R. L., & Lindblad, F. (2002). Delayed disclosure and disrupted communication during forensic investigation of child sexual abuse: A study of 47 corroborated cases. *Acta Paediatrica*, 91, 1391 – 1396.

949. Skowronek, J. S., Leichtman, M. D., & Pillemer, D. B. (2008). Long-term episodic memory in children with Attention-Deficit/Hyperactivity Disorder. *Learning Disabilities Research & Practice*, 23, 25 – 35.

950. Slackman, E., & Nelson, K. (1984). Acquisition of an unfamiliar script in story form by young children. *Child Development*, 55, 329 – 340.

951. Smith, R. M., Powell, M. B., & Lum, J. (2009). The relationship between job status, interviewing experience, gender, and police officers, adherence to open-ended questions. *Legal and Criminological Psychology*, 14, 51 – 63.

306 952. Smith, B. S., Ratner, H. H., & Hobart, C. J. (1987). The role of cueing and organization in children's memory for events. *Journal of Experimental Child Psychology*, 44, 1 – 24.

953. Smith, D., Letourneau, E. J., Saunders, B. E., Kilpatrick, D. G., Resnick, H. S., & Best, C. L. (2000). Delay in disclosure of childhood rape: Results from a national survey. *Child Abuse & Neglect*, 24, 273 – 287.

954. Smith, S. M. (1988). Environmental context dependent memory. In G. M. Davies, & D. M. Thomson(Eds.), *Memory in context: Context in memory*. Chichester, UK: Wiley.

955. Snyder, L. S., & Lindstedt, D. E. (1995). Children's courtroom narratives: Competence, credibility, and the communicative contract. *Topics in Language Disorders*, 15, 16 – 29.

956. Somer, E., & Szwarcberg, S. (2001). Variables in delayed disclosure of childhood sexual abuse. *American Journal of Orthopsychiatry*, 71, 332 – 341.

957. Son, L. K., & Simon, D. A. (2012). Distributed learning: Data, metacognition, and educational implications. *Educational Psychology Review*, 24, 379 – 399.

958. Sorensen, T., & Snow, B. (1991). How children tell: The process of disclosure of child sexual abuse. *Child Welfare*, 70, 3 - 15.

959. Steller, M., & Koehnken, G. (1989). Criteria-based statement analysis. In D. C. Raskin(Ed.), *Psychological Methods in Criminal Investigation and Evidence*(pp. 217 - 245). New York, NY: Springer.

960. Steller, M., Wellerhaus, P., & Wolf, T. (1988, June). *Empirical validation of criteria-based content analysis.* Paper presented at NATO Advanced Study Institute on Credibility Assessment, Maratea, Italy.

961. Sternberg, K. J., Lamb, M. E., Davies, G. A., & Westcott, H. L. (2001). The memorandum of good practice: Theory versus application. *Child Abuse &Neglect*, 25, 669 - 681.

962. Sternberg, K. J., Lamb, M. E., & Dawud-Noursi, S. (1998). Using multiple informants to understand domestic violence and its effects. In G. W. Holden, R. Geffner, &E. N. Jouriles(Eds.), *Children exposed to marital violence: Theory, research, and applied issues* (pp. 121 - 156). Washington, DC: American Psychological Association.

963. Sternberg, K. J., Lamb, M. E., Esplin, P. W., & Baradaran, L. (1999). Using a scripted protocol to guide investigative interview: A pilot study. *Applied Developmental Science*, 70 - 76.

964. Sternberg, K. J., Lamb, M. E., Esplin, P. W., Orbach, Y., & Hershkowitz, I. (2002). Using a structured protocol to improve the quality of investigative interviews. In M. Eisen, G. S. Goodman, & J. Quas(Eds.), *Memory and suggestibility in the forensic interview* (pp. 409 - 436). Mahwah, NJ: Erlbaum.

965. Sternberg, K. J., Lamb, M. E., Greenbaum, C., Cicchetti, D., Dawud, S., Cortes, R. M., Krispin, O. et al. (1993). Effects of domestic violence on children's behavior problems and depression. *Developmental Psychology*, 29, 44 - 52.

966. Sternberg, K. J., Lamb, M. E., & Hershkowitz, I. (1996). Child sexual abuse investigations in Israel. *Criminal Justice and Behavior*, 23, 322 - 337.

967. Sternberg, K. J., Lamb, M. E., Hershkowitz, I., Esplin, P. W., Redlich, A., & Sunshine, N. (1996). The relation between investigative utterance types and the informativeness of child witnesses. *Journal of Applied Developmental Psychology*, 17, 439 - 451.

968. Sternberg, K. J., Lamb, M. E., Hershkowitz, I., Yudilevitch, L., Orbach, Y., Esplin, P. W., & Hovav, M. (1997). Effects of introductory style on children's abilities to describe experiences of sexual abuse. *Child Abuse &Neglect*, 21, 1133 - 1146. 307

969. Sternberg, K. J., Lamb, M. E., Orbach, Y., Esplin, P. W., & Mitchell, S. (2001). Use of a structured investigative protocol enhances young children's responses to free

recall prompts in the course of forensic interviews. *Journal of Applied Psychology*, 86, 997 – 1005.

970. Stevenson, K. M., Leung, P., & Cheung, K. M. (1992). Competency-based evaluation of interviewing skills in child sexual abuse cases. *Social Work Research and Abstracts*, 28, 11 – 16.

971. Steward, M. S. (1993). Understanding children's memories of medical procedures: "He didn't touch me and it didn't hurt!" In C. A. Nelson (Ed.), *Memory and affect in development* (pp. 171 – 225). Hillsdale, NJ: Erlbaum.

972. Steward, M. S., O'Connor, J., Acredolo, C., & Steward, D. S. (1996). The trauma and memory of cancer treatment in children. In M. H. Bornstein & J. L. Genevro (Eds.), *Child development and behavioral pediatrics*. Crosscurrents in contemporary psychology (pp. 105 – 127). Mahwah, NJ: Erlbaum.

973. Steward, M. S., Steward, D. S., Farquar, L., Myers, J. E. B., Reinhart, M., Welker, J., Joye, N., Driskill, J., & Morgan, J. (1996). Interviewing young children about body touch and handling. *Monographs of the Society for Research in Child Development*, 61 (4 – 5, Serial No. 248).

974. Stobbs, G., & Kebbell, M. R. (2003). Jurors' perception of witnesses with intellectual disabilities and the influence of expert evidence. *Journal of Applied Research in Intellectual Disabilities*, 16, 107 – 114.

975. Stolzenberg, S. N., & Lyon, T. D. (2014). How attorneys question children about the dynamics of sexual abuse and disclosure in criminal trials. *Psychology, Public Policy, and Law*, 20, 19 – 30.

976. Stolzenberg, S. N., & Lyon, T. D. (2015). Repeated self-and peer-review leads to continuous improvement in child interviewing performance. *Journal of Forensic Social Work*, 5, 20 – 28.

977. Stolzenberg, S. N., & Lyon, T. D. (2016). "Where were your clothes?" Eliciting descriptions of clothing placement from children alleging sexual abuse in criminal trials and forensic interviews. *Legal and Criminological Psychology*, 22, 197 – 212.

978. Stolzenberg, S., & Pezdek, K. (2013). Interviewing child witnesses: The effect of forced confabulation on event memory. *Journal of Experimental Child Psychology*, 114, 77 – 88.

979. Storbeck, J., & Clore, G. L. (2005). With sadness comes accuracy; with happiness, false memory: Mood and the false memory effect. *Psychological Science*, 16, 785 – 791.

980. Strange, D., Garry, M., & Sutherland, R. (2003). Drawing out children's false memories. *Applied Cognitive Psychology*, 17, 607 – 619.

981. Strange, D., & Hayne, H. (2013). The devil is in the detail: Children's recollection

of details about their prior experiences. *Memory*, 21, 431 –443.

982. Stroud, D. , Martens, S. L. , & Barker, J. (2000). Criminal investigation of child sexual abuse: A comparison of cases referred to the prosecutor to those not referred. *Child Abuse &Neglect*, 24, 689 –700.

983. Sullivan, P. M. , &Knutson, J. F. (1998). The association between child maltreatment and disabilities in a hospital-based epidemiological study. *Child Abuse and Neglect*, 22, 271 –288.

984. Sullivan, P. M. , & Knutson, J. F. (2000). Maltreatment and disabilities: A 308
population-based epidemiological study. *Child Abuse and Neglect*, 24, 1257 –1273.

985. Summit, R. (1983). The child sexual abuse accommodation syndrome. *Child Abuse & Neglect*, 7, 177 –193.

986. Sutherland, R. , Pipe, M.-E. , Schick, K. , Murray, J. , & Gobbo, C. (2003). Knowing in advance: The impact of prior event information on memory and event knowledge. *Journal of Experimental Child Psychology*, 84, 244 –263.

987. Swanson, H. L. (1990). Executive processing differences between learning-disabled, mildly retarded, and normal achieving children. *Journal of Abnormal Child Psychology*, 18, 549 –563.

988. Swanson, H. L. , & Trahan, M. (1990). Naturalistic memory in learning disabled children. *Learning Disability Quarterly*, 13, 82 –95.

989. Sweet, R. C. (1966). *Educational attainment and attitude toward school as a function of feedback in the form of teachers' written comments* (Tech. Rep. No. 15). Madison, WI: Wisconsin Research and Development Center for Cognitive Learning.

990. Sweller, J. , Van Merrienboer, J. J. , & Paas, F. G. (1998). Cognitive architecture and instructional design. *Educational Psychology Review*, 10, 251 –296.

991. Talwar, V. , Lee, K. , Bala, N. , &Lindsay, R. C. L. (2002). Children's conceptual knowledge of lying and its relation to their actual behaviors: Implications for court competence examinations. *Law and Human Behavior*, 26, 395 –415.

992. Talwar, V. , Lee, K. , Bala, N. , &Lindsay, R. C. L. (2004). Children's lie-telling to conceal a parent's transgression: Legal implications. *Law and Human Behavior*, 28, 411 –435.

993. Tannock, R. , Purvis, K. L. , &Schachar, R. J. (1993). Narrative abilities in children with attention deficit hyperactivity disorder and normal peers. *Journal of Abnormal Child Psychology*, 21, 103 –117.

994. Tanweer, T. , Rathbone, C. J. , & Souchay, C. (2010). Autobiographical memory, autonoetic consciousness, and identity in Asperger syndrome. *Neuropsychologia*, 48, 900 –908.

995. Teoh, Y. S. , &Lamb, M. E. (2010). Preparing children for investigative interviews:

Rapport-building, instruction, and evaluation. *Applied Developmental Science*, 14, 154 – 163.

996. Teoh, Y. S., & Lamb, M. E. (2013). Interviewer demeanor in forensic interviews of children. *Psychology, Crime & Law*, 19, 145 – 159.

997. Teoh, Y. S., Yang, P. J., Lamb, M. E., & Larsson, A. S. (2010). Do human figure diagrams help alleged victims of sexual abuse provide elaborate and clear accounts of physical contact with alleged perpetrators? *Applied Cognitive Psychology*, 24, 287 – 300.

998. Terr, L. C. (1988). What happens to early memories of trauma? A study of twenty children under age five at the time of documented traumatic events. *Journal of the American Academy of Child and Adolescent Psychiatry*, 27, 96 – 104.

999. Tessler, M., & Nelson, K. (1994). Making memories: The influence of joint encoding on later recall by young children. *Consciousness & Cognition*, 3, 307 – 326.

1000. Testa, M., Miller, B. A., Downs, W. R., & Panek, D. (1992). The moderating impact of social support following childhood sexual abuse. *Violence and Victims*, 7, 173 – 186.

1001. *The Swedish Code of Judicial Procedures* (SFS). (1942). The Swedish Code of Statutes (SFS). No. 740.

309 1002. Thierry, K. L., Goh, C. L., Murray, J., & Pipe, M.-E. (2005). Effects of rehearsal and modality of test on children's source-monitoring performance. *Journal of Experimental Psychology: Applied*, 11, 33 – 44.

1003. Thierry, K. L., Lamb, M. E., & Orbach, Y. (2003). Awareness of the origin of knowledge predicts child witnesses' recall of alleged sexual and physical abuse. *Applied Cognitive Psychology*, 17, 953 – 967.

1004. Thierry, K. L., Lamb, M. E., Orbach, Y., & Pipe, M.-E. (2004, March). *The utility of anatomical dolls during interviews with alleged sexual abuse victims.* Poster session presented at the annual meeting of the American Psychology-Law Society, Scottsdale, AZ.

1005. Thierry, K. L., Lamb, M. E., Orbach, Y., & Pipe, M.-E. (2005). Developmental differences in the function and use of anatomical dolls during interviews with alleged sexual abuse victims. *Journal of Consulting and Clinical Psychology*, 73, 1135 – 1134.

1006. Thierry, K. L., & Spence, M. J. (2002). Source-monitoring training facilitates preschoolers' eyewitness memory performance. *Developmental Psychology*, 38, 428 – 437.

1007. Thierry, K. L., Spence, M. J., & Memon, A. (2001). Before misinformation is encountered: Source monitoring decreases child witness suggestibility. *Journal of Cognition and Development*, 2, 1 – 26.

1008. Thompson, C. A., & Opfer, J. E. (2010). How 15 hundred is like 15 cherries: Effect of progressive alignment on representational changes in numerical cognition. *Child Development*,

81, 1768 - 1786.

1009. Thoresen, C., Lonnum, K., Melinder, A., Stridbeck, U., & Magnussen, S. (2006). Theory and practice in interviewing young children: A study of Norwegian police interviews 1985 - 2002. *Psychology, Crime and Law*, 12, 629 - 640.

1010. Titcomb, A. L., & Reyna, V. F. (1995). Memory interference and misinformation effects. In F. Dempster & C. Brainerd (Eds.), *Interference and inhibition in cognition* (pp. 263 - 294). San Diego, CA: Academic Press.

1011. Tobey, A. E., & Goodman, G. S. (1992). Children's eyewitness memory: Effects of participation and forensic context. *Child Abuse & Neglect*, 16, 779 - 796.

1012. Toglia, M. P., Ceci, S. J., & Ross, D. F. (1989, April). *Prestige vs. source monitoring in children's suggestibility.* Paper presented to the Society for Research in Child Development, Kansas City, MO.

1013. Tulving, E. (1972). Episodic and semantic memory. In E. Tulving & W. Donaldson (Eds.), *Organization of memory.* Amsterdam, Netherlands: Elsevier.

1014. Tulving, E. (1983). *Elements of episodic memory.* Oxford: Oxford University Press.

1015. Tulving, E. (2002). Episodic memory: From mind to brain. *Annual Review of Psychology*, 53, 1 - 25.

1016. Tulving, E., & Thomson, D. M. (1973). Encoding specificity and retrieval processes in episodic memory. *Psychological Review*, 80, 359 - 380.

1017. Tustin, K., & Hayne, H. (2010). Defining the boundary: Age-related changes in childhood amnesia. *Developmental Psychology*, 46, 1049.

1018. Tye, M. J. C., Henderson, S. A., & Honts, C. R. (1995, January). *Evaluating children's testimonies: CBCA and lay subjects.* Paper presented at meeting of CRIME CON: International Internet Conference on Crime and Criminal Justice, Little Rock, AR.

1019. Uhl, E. R., Camilletti, C. R., Scullin, M. H. & Wood, J. M. (2016), Under pressure: Individual differences in children's suggestibility in response to intense social influence. *Social Development*, 25, 422 - 434.

1020. Underwood, B. J. (1969). Attributes of memory. *Psychological Review*, 76, 559 - 573. 310

1021. Undeutsch, U. (1982). Statement reality analysis. In A. Trankell (Ed.), *Reconstructing the past: The role of psychologists in criminal trials* (pp. 27 - 56). Stockholm, Sweden: Nordstedt & Sons.

1022. Undeutsch, U. (1989). The development of statement reality analysis. In J. C. Yuille (Ed.), *Credibility assessment* (pp. 101 - 120). Dordrecht, Netherlands: Kluwer.

1023. Ussher, J. M., & Dewberry, C. (1995). The nature and long-term effects of childhood sexual abuse: A survey of adult women survivors in Britain. *British Journal of Clinical Psychology*, 34, 177 - 192.

1024. Vallano, J. P., Evans, V. R., Schreiber-Compo, N., & Kieckhaefer, J. M. (2015). Rapport building during witness and suspect interviews: A survey of law enforcement. *Applied Cognitive Psychology*, 29, 369 - 380.

1025. Vicari, S. (2004). Memory development and intellectual disabilities. *Acta Paediatrica*, 93(s445), 60 - 63.

1026. Vizard, E., & Tranter, M. (1988). Helping young children to describe experiences of child sexual abuse: General issue. In A. Bentovim, A. Elton, J. Hildebrand, M. Tranter, & E. Vizard(Eds.), *Child sexual abuse within the family: Assessment and treatment*(pp. 84 - 104). Bristol: John Wright.

1027. Vrij, A. (2000). *Detecting lies and deceit: The psychology of lying and the implications for professional practice.* Chichester, UK: Wiley.

1028. Vrij, A., & Baxter, M. (2000). Accuracy and confidence in detecting truths and lies in elaborations and denials: Truth bias, lie bias and individual differences. *Expert Evidence*, 7, 25 - 36.

1029. Vrij, A., Edward, K., & Bull, R. (2001). Police officer's ability to detect deceit: The benefit of indirect deception detection measures. *Legal and Criminological Psychology*, 6, 185 - 196.

1030. Vrij, A., & Fisher, R. P. (2016). Which lie detection tools are ready for use in the criminal justice system? *Journal of Applied Research in Memory and Cognition*, 5(3), 302 - 307.

1031. Vrij, A., Fisher, R. P., Blank, H., Leal, S., & Mann, S. (2017). A cognitive approach to elicit verbal and nonverbal cues to deceit. In J.-W. van Prooijen & P. A. M. van Lange(Eds.), *Cheating, corruption, and concealment: The roots of dishonesty* (pp. 284 - 308). Cambridge, UK: Cambridge University Press.

1032. Vrij, A., & Granhag, P. A. (2012). Eliciting cues to deception and truth: What matters are the questions asked. *Journal of Applied Research in Memory and Cognition*, 1, 110 - 117.

1033. Vrij, A., Harden, F., Terry, J., Edward, K., & Bull, R. (2001). The influence of personal characteristics, stakes and lie complexity on the accuracy and confidence to detect deceit. In R. Roesch, R. R. Corrado, & R. J. Dempster (Eds.), *Psychology in the courts: International advances in knowledge.* Amsterdam, Netherlands: Harwood Academic.

1034. Vrij, A., & Van Wijngaarden, J. J. (1994). Will truth come out? Two studies about the detection of false statements expressed by children. *Expert Evidence*, 3, 78 - 84.

1035. Wade, A., & Westcott, H. (1997). *No easy answers: Children's perspectives on investigative interviews. Perspectives on the memorandum. Policy, practice and research in investigative interviewing.* Aldershot, UK: Arena.

1036. Wagland, P., & Bussey, K. (2005). Factors that facilitate and undermine children's beliefs about truth telling. *Law and Human Behavior*, 29, 639 – 655.

1037. Walker, A. G. (1993). Questioning young children in court: A linguistic case study. 311
Law and Human Behavior, 17, 59 – 81.

1038. Walker, A. G. (1994). *Handbook on questioning children: A linguistic perspective.* Washington, DC: American Bar Association.

1039. Walker, A. G., Kenniston, J., & Inada, S. S. (2013). *Handbook on questioning children: A linguistic perspective* (3rd ed.). Washington, DC: American Bar Association.

1040. Walker, A. G., & Warren, A. R. (1995). The language of the child abuse interview: Asking the questions, understanding the answers. In T. Ney (Ed.), *True and false allegations of child sexual abuse: Assessment and case management* (pp. 153 – 162). New York, NY: Brunner/Mazel.

1041. Walker, N. E., & Hunt, J. S. (1998). Interviewing child victim-witnesses: How you ask is what you get. In C. R. Thompson, D. Herrman, J. D. Read, D. Bruce, D. Payne, & M. P. Toglia (Eds.), *Eyewitness memory: Theoretical and applied perspectives* (pp. 55 – 87). Mahwah, NJ: Erlbaum.

1042. Walker, N. E., Lunning, S., & Eilts, J. (1996, June). *Do children respond accurately to forced choice questions? Yes or no.* Paper presented at the meeting of the NATO Advanced Study Institute: Recollections of Trauma: Scientific Research and Clinical Practice, Talmont Saint Hilaire, France.

1043. Wandrey, L., Lyon, T. D., Quas, J. A., & Friedman, W. J. (2012). Maltreated children's ability to estimate temporal location and numerosity of placement changes and court visits. *Psychology, Public Policy, and Law*, 18, 79 – 104.

1044. Wang, Q. (2016). Remembering the self in cultural contexts: A cultural dynamic theory of autobiographical memory. *Memory Studies*, 9, 295 – 304.

1045. Wang, Q., Bui, V. K., & Song, Q. (2015). Narrative organisation at encoding facilitated children's long-term episodic memory. *Memory*, 23, 602 – 611.

1046. Wang, Q., Peterson, C., & Hou, Y. (2010). Children dating childhood memories. *Memory*, 18, 754 – 762.

1047. Warren, A., Hulse-Trotter, K., & Tubbs, E. C. (1991). Inducing resistance to suggestibility in children. *Law and Human Behavior*, 15, 273 – 285.

1048. Warren, A. R., & Lane, P. (1995). Effects of timing and type of questioning on eyewitness accuracy and suggestibility. In M. S. Zaragoza, J. R. Graham, G. C. N. Hall, R. Hirschman, & Y. S. Ben-Porath (Eds.), *Memory and testimony in the child witness: Individual, social, and community issues* (pp. 44 – 60). Thousand Oaks, CA: Sage.

1049. Warren, A. R. & McCloskey, L. A. (1997). Language in social contexts. In S. B. Gleason (Ed.), *The development of language* (4th ed., pp. 210 – 258). New York, NY: Allyn & Bacon.

1050. Warren, A. R., & McGough, L. S. (1996). Research on children's suggestibility: Implications for the investigative interview. *Criminal Justice and Behavior*, 23, 269 – 303.

1051. Warren, A. R., & Swartwood, J. N. (1992). Developmental issues in flashbulb memory research: Children recall the Challenger event. In E. Winograd & U. Neisser (Eds.), *Affect and accuracy in recall: Studies of "flashbulb" memories. Emory symposia in cognition*, 4 (pp. 95 – 120). New York, NY: Cambridge University Press.

1052. Warren, A. R., Woodall, C. E., Hunt, J. S., & Perry, N. W. (1996). "It sounds good in theory, but": Do investigative interviewers follow guidelines based on memory research? *Child Maltreatment*, 1, 231 – 245.

1053. Warren, A. R., Woodall, C. E., Thomas, M., Nunno, M., Keeney, J. M., Larson, S. M., & Stadfeld, J. A. (1999). Assessing the effectiveness of a training program for
312 interviewing child witnesses. *Applied Developmental Science*, 3, 128 – 135.

1054. Waterman, A. H., Blades, M., & Spencer, C. (2000). Do children try to answer nonsensical questions? *British Journal of Developmental Psychology*, 18, 211 – 225.

1055. Waterman, A. H., Blades, M., & Spencer, C. (2001). Interviewing children and adults: The effect of question format on the tendency to speculate. *Applied Cognitive Psychology*, 15, 521 – 531.

1056. Waterman, A. H., Blades, M., & Spencer, C. (2004). Indicating when you do not know the answer: The effect of question format and interviewer knowledge on children's "don't know" responses. *British Journal of Developmental Psychology*, 22, 335 – 348.

1057. Wells, G. L., & Loftus, E. F. (1991). Commentary: Is this child fabricating? Reactions to a new assessment technique. In J. Doris (Ed.), *The suggestibility of children's recollections* (pp. 168 – 171). Washington, DC: American Psychological Association.

1058. Wells, G. L., Turtle, J. W., & Luus, C. A. E. (1989). The perceived credibility of child eyewitnesses: What happens when they use their own words? In S. J. Ceci, D. F. Ross, & M. P. Toglia (Eds.), *Perspectives on children's testimony* (pp. 23 – 46). New York, NY: Springer.

1059. Wesson, M. , & Salmon, K. (2001). Drawing and showing: Helping children to report emotionally laden events. *Applied Cognitive Psychology*, 15, 301 - 320.

1060. Westcott, H. L. (1991). The abuse of disabled children: A review of the literature. *Child Care, Health and Development*, 17, 243 - 258.

1061. Westcott, H. L. (1992). The cognitive interview: A useful tool for social workers? *British Journal of Social Work*, 22, 519 - 533.

1062. Westcott, H. L. (1993). *Abuse of children and adults with disabilities.* London: NSPCC.

1063. Westcott, H. L. , & Davies, G. M. (1993). Children's welfare in the courtroom: Preparation and protection of the child witness. *Children & Society*, 7, 388 - 396.

1064. Westcott, H. L. , Davies, G. M. , & Clifford, B. R. (1991). Adults' perceptions of children's videotaped truthful and deceptive statements. *Children & Society*, 5, 123 - 135.

1065. Westcott, H. L. , & Kynan, S. (2004). The application of a "story-telling" framework to investigative interviews for suspected child sexual abuse. *Legal and Criminological Psychology*, 9, 37 - 56.

1066. Westcott, H. L. , & Jones, D. P. H. (1999). Annotation: The abuse of disabled children. *Journal of Child Psychology and Psychiatry*, 40, 497 - 506.

1067. Wilgoren, J. (2003, January 10). Illinois expected to free four inmates on death row (Electronic version). *The New York Times.*

1068. Wilkinson, J. (1988). Context effects in children's event memory. In M. M. Gruneberg, P. E. Morris, & R. N. Sykes(Eds.), *Practical aspects of memory: Current research issues*(Vol. 1;pp. 107 - 111). New York, NY: Wiley.

1069. Willcock, E. , Morgan, K. , & Hayne, H. (2006). Body maps do not facilitate children's reports of touch. *Applied Cognitive Psychology*, 20, 607 - 615.

1070. Williams, C. (1995). *Invisible victims: Crime and abuse against people with learning difficulties.* London, UK: Jessica Kingsley Publishers.

1071. Williams, J. M. G. (1996). Depression and the specificity of autobiographical memory. In D. C. Rubin (Ed.), *Remembering out past: Studies in autobiographical memory* (pp. 244 - 267). Cambridge, UK: Cambridge University Press.

1072. Williams, J. M. G. , & Dritschel, B. H. (1992). Categoric and extended 313
autobiographical memories. In M. A. Conway, D. C. Rubin, H. Spiner, & W. A. Wagenaar (Eds.), *Theoretical perspectives on autobiographical memory*(pp. 391 - 412). London: Kluwer Academic.

1073. Wilson, J. C. , & Pipe, M. -E. (1989). The effects of cues on young children's recall of real events. *New Zealand Journal of Psychology*, 18, 65 – 70.

1074. Wissink, I. B., Van Vugt, E., Moonen, X., Stams, G. J. J., & Hendriks, J. (2015). Sexual abuse involving children with an intellectual disability (ID): A narrative review. *Research in Developmental Disabilities*, 36, 20 – 35.

1075. Wolfman, M. (2016). *Understanding and addressing challenges faced by forensic interviewers in their work with children* (Doctoral dissertation, Victoria University of Wellington). Retrieved from http://researcharchive.vuw.ac.nz/handle/10063/5144

1076. Wolfman, M., Brown, D., & Jose, P. (2016a). Taking stock: Evaluating the conduct of forensic interviews with children in New Zealand. *Psychology, Crime &Law*, 22, 1 – 18.

1077. Wolfman, M., Brown, D., & Jose, P. (2016b). Talking past each other: Interviewer and child verbal exchanges in forensic interviews. *Law and Human Behavior*, 40, 107 – 117.

1078. Wolfman, M., Brown, D., & Jose, P. (2017a). Examining forensic interviewers' perceptions of practice-focused supervision. *Australian & New Zealand Journal of Criminology*. 50, 566 – 581. First published date: July 5, 2016. DOI: 10.1177/0004865816655588

1079. Wolfman, M., Brown, D., & Jose, P. (2017b). The use of visual aids in forensic interviews with children. Manuscript under review.

1080. Wood, B., Orsak, C., Murphy, M., & Cross, H. J. (1996). Semistructured child sexual abuse interviews: Interview and child characteristics related to credibility of disclosure. *Child Abuse &Neglect*, 20, 81 – 92.

1081. Wood, J. A., Schreiber, N., Martinex, K., McLaurin, K., Stork, R., Velarde, L. D., Garven, S., & Malpass, R. S. (1998, March). *Child interviewing techniques in two "ritual abuse" daycare cases: A quantitative comparison*, Paper presented at the American Psychology and Law Society conference. Redondo Beach, CA.

1082. Wood, J. M., McClure, K. A., & Birch, R. A. (1996). Suggestions for improving interviews in child protection agencies. *Child Maltreatment*, 1, 223 – 230.

1083. Woolley, J. D., & Ghossainy, M. (2013). Revisiting the fantasy-reality distinction: Children as naïve skeptics. *Child Development*, 84, 1496 – 1510.

1084. Woolley, J. D., & Wellman, H. M. (1993). Origin and truth: Young children's understanding of imaginary mental representations. *Child Development*, 64, 1 – 17.

1085. Wright, R., Guadagno, B. L., & Powell, M. B. (2009). An evaluation of a self-initiated practice exercise for investigative interviewers of children. *International Journal of Police Science &Management*, 11, 366 – 376.

1086. Wright, R., & Powell, M. B. (2006). Investigative interviewers' perceptions of their difficulty in adhering to open-ended questions with child witnesses. *International Journal of Police Science & Management*, 8, 316 – 325.

1087. Wright, R., Powell, M. B., & Ridge, D. (2007). What criteria do police officers use to measure the success of an interview with a child? *Psychology, Crime & Law*, 13, 395 – 404.

1088. Wyatt, G. E., & Newcomb, M. D. (1990). Internal and external mediators of women's sexual abuse in childhood. *Journal of Consulting and Clinical Psychology*, 58, 758.

1089. Yi, M., Jo, E., & Lamb, M. E. (2016). Effects of the NICHD protocol training on 314
child investigative interview quality in Korean police officers. *Journal of Police and Criminal Psychology*, 31, 155 – 163.

1090. Yi, M., Lamb, M. E., & Jo, E. (2015). The quality of Korean police officers' investigative interviews with alleged sexual abuse victims as revealed by self-report and observation. *Journal of Police and Criminal Psychology*, 30, 274 – 281.

1091. Yii, S. L. B., Powell, M. B., & Guadagno, B. (2014). The association between investigative interviewers' knowledge of question type and adherence to best-practice interviewing. *Legal and Criminological Psychology*, 19, 270 – 281.

1092. Young, K., Powell, M. B., & Dudgeon, P. (2003). Individual differences in children's suggestibility: A comparison between intellectually disabled and mainstream samples. *Personality and Individual Differences*, 35, 31 – 49.

1093. Yuille, J. C. (1988). The systematic assessment of children's testimony. *Canadian Psychologist*, 29, 247 – 262.

1094. Zajac, R., & Brown, D. A. (2017). Conducting successful memory interviews with children. *Child and Adolescent Social Work Journal*. Online first publication available from 15 December 2017. https://doi.org/10.1007/s10560-017-0527-z.

1095. Zajac, R., Gross, J., & Hayne, H. (2003). Asked and answered: Questioning children in the courtroom. *Psychiatry, Psychology and Law*, 10, 199 – 209.

1096. Zajac, R., Jury, E., & O'Neill, S. (2009). The role of psychosocial factors in young children's responses to cross-examination style questioning. *Applied Cognitive Psychology*, 23, 918 – 935.

1097. Zajac, R., O'Neill, S., & Hayne, H. (2012). Disorder in the courtroom? Child witnesses under cross-examination. *Developmental Review*, 32, 181 – 204.

1098. Zajac, R., Westera, N., & Kaladelfos, A. (2018). The "Good Old Days" of courtroom questioning: Changes in the format of child cross-examination questions over 60 years. *Child maltreatment*, in press.

1099. Zaragoza, M. S., Dahlgren, D., & Muench, J. (1992). The role of memory impairment in children's suggestibility. In M. L. Howe, C. J. Brainerd, & V. F. Reyna (Eds.), *Development of long-term retention* (pp. 184 – 216). New York, NY: Springer.

1100. Zaragoza, M. S., & Lane, S. M. (1994). Source misattributions and the suggestibility of eyewitness memory. *Journal of Experimental Psychology: Learning, Memory, & Cognition*, 20, 934 – 945.

1101. Zaragoza, M. S., & Mitchell, K. J. (1996). Repeated exposure to suggestion and the creation of false memories. *Psychological Science*, 7, 294 – 300.

1102. Zigler, E. F. (1969). Developmental versus difference theories of mental retardation and the problem of motivation. *American Journal of Mental Deficiency*, 73, 536 – 556.

1103. Zigler, E. F., & Balla, D. (1982). Motivational and personality factors in the performance of the retarded. In E. F. Zigler & D. Balla (Eds.), *Mental retardation: The developmental-difference controversy* (pp. 9 – 26). Hillsdale, NJ: Erlbaum.

索　引 315